Christopher Duffy
Der Sturm auf das Reich

CHRISTOPHER DUFFY
DER STURM AUF DAS REICH
DER VORMARSCH DER ROTEN ARMEE 1945

Aus dem Englischen
von Klaus-Dieter Schmidt

Mit 14 Karten

LANGEN MÜLLER

Titel der englischen Originalausgabe:
Red Storm of the Reich
Published by Macmillan Publishing Company, New York, Oxford

1994 by Langen Müller
Alle Rechte für die deutsche Ausgabe
in der F.A. Herbig Verlagsbuchhandlung GmbH, München
Schutzumschlag: Hansbernd Lindemann unter Verwendung einer Fotografie
von Jewgeni Chaldej, Archiv für Kunst und Geschichte, Berlin
Satz: ew print & medien service g.m.b.h., Würzburg
Gesetzt aus: 10 Punkt Times, System Berthold
Druck und Binden: Wiener Verlag, Himberg
Printed in Austria
ISBN 3-7844-2500-3

INHALT

TEIL V · DIE BELAGERUNG DER FESTUNGSSTÄDTE

TEIL VI · DAS »GERMANISIERTE« OSTEUROPA IM JAHR 1945

ANHANG: DIE KRIEGFÜHRUNG – SOWJETISCHE WISSENSCHAFT UND DEUTSCHE KUNST

EINFÜHRUNG

Dieses Buch behandelt einen entscheidenden, aber bislang wenig erhellten Abschnitt des furchtbarsten Krieges der Geschichte – den sowjetischen Vormarsch auf den deutschen Osten von Januar bis Mitte April 1945. Die Darstellung umfaßt die Geschehnisse von der Offensive an der Weichsel bis zum Marsch auf Berlin, ohne diesen selbst einzubeziehen, da zu ihm bereits zahlreiche Veröffentlichungen vorliegen.

Der Sturm auf das Reich hat selbst eine merkwürdige Geschichte aufzuweisen. Das Buch tat, wenn ich so sagen darf, seine ersten Atemzüge als technische Analyse der Weichsel-Oder-Operation, die ich als Lehrmaterial für Offiziers- und Stabslehrgänge der britischen Armee schrieb. Da die Broschüre aber meinen Ansprüchen nicht genügte, begann ich an einer weit umfangreicheren strategischen Studie zu arbeiten. Wie ich bald begriff, hat es eine »Weichsel-Oder-Operation« als solche nie gegeben; vielmehr stellte sie eine auf komplexe Weise mit dem Verlauf des Krieges und der Politik in Europa während der ersten Monate des Jahres 1945 verbundene Episode dar. Meine unmittelbare Sorge galt deshalb auch nicht irgendwelchen hochfliegenden historischen Interpretationen, sondern der Erstellung der grundlegenden chronologischen Abläufe und dem Aufspüren der wichtigsten Abfolgen von Ursache und Wirkung. Bisher wurde in keiner der vorliegenden Arbeiten zum Thema versucht, die sowjetischen und die deutschen Darstellungen der Ereignisse auf überzeugende Weise miteinander in Einklang zu bringen oder einen Überblick darüber zu geben, wie die Operationen auf dem einen Kriegsschauplatz mit denen an anderen Fronten zusammenhingen.

Es ist schon öfters angemerkt worden, daß uns Geschichtswerke genausoviel über die Zeit erzählen, in der sie verfaßt wurden, wie über die Periode, die sie zu erklären versuchen. Die Arbeit an *Der Sturm auf das Reich* fiel in eine Zeit erstaunlicher internationaler Entwicklungen – die des Zerfalls des Kommunismus in weiten Teilen Europas und der deutschen Wiedervereinigung zu einem weit früheren Zeitpunkt, als allgemein erwartet worden war. Dabei wurde die »Jalta-Periode der deutschen Geschichte«, wie ich sie einmal unter Vorbehalt nennen möchte, als eigenständiger Geschichtsabschnitt erkennbar, was wiederum den 1945 angestellten strategischen Überlegungen zu neuer Relevanz verhalf. Dementsprechend mußte ich gewisse historische Themen in meine Überlegungen einbeziehen, für die bei den neuen Deutschen bereits ein verstärktes Interesse erwacht ist, nämlich den Verlust großer Gebiete an die östlichen Nachbarn sowie das Leid und das Blutbad unter der deutschen Zivilbevölkerung, welche 1945 Dimensionen erreichten, die in Westeuropa noch immer kaum zur Kenntnis genommen werden.

In diesem Sinn ist *Der Sturm auf das Reich* als eine Teilantwort auf die gewaltige Herausforderung zu sehen, wie sie Andreas Hillgruber formuliert hat:

> »Das ungeheure Geschehen zwischen dem Herbst 1944 und dem Frühjahr 1945 verlangt noch nach Darstellung, einer Behandlung, die den weltgeschichtlichen Vorgang im Auge hat und doch das Einzelschicksal sieht, wo es im Leiden und Tun, im Handeln und Versagen repräsentativ ist. Dies ist eine Aufgabe, die zum Schwierigsten gehört, was das Geschäft des Historikers für die Zukunft bereithält, und vielleicht ist der Versuch eines Gesamtbildes des Zusammenbruchs der Fronten, der Eroberung Mitteleuropas, der Zerschlagung des Deutschen Reiches und des Untergangs des deutschen Ostens mit all dem, was in ihn eingebunden ist, die letzte große Herausforderung einer Geschichtsschreibung, die den Zerfall der demokratischen Republik, das Aufkommen der nationalsozialistischen Bewegung und ihres jFührersöund die Etablierung des Dritten Reiches und seiner Strukturen mit so viel Anstrengung erforscht hat. (Hillgruber*, S. 35 f.)

---

* Siehe Bibliographie im Anhang S. 414

8

Der Sturm auf das Reich ist, in seiner jetzt abgeschlossenen Form, ein wahrhaft mörderisches Buch. Ich habe zwar die Geschichte der Zerstörung, soweit ich es konnte, auf diejenige von Landschaft und Geräten beschränkt, und ich hoffe, daß die Liebhaber der »Pornographie der Gewalt« bei der Lektüre nicht auf ihre Kosten kommen, aber ich kann nicht verhehlen, daß ich bei vielen Passagen Schwierigkeiten hatte, sie niederzuschreiben, und daß sie, nachdem sie zu Papier gebracht waren, nicht aufhörten, schwer auf mir zu lasten.

Ich bin Charles Dick vom Soviet Studies Research Centre in Sandhurst zu tiefem Dank verpflichtet. Er hat sowohl direkt durch seinen Rat als auch indirekt durch seine gute Laune wesentlich dazu beigetragen, daß ich dieses Buch fertigstellen konnte. Graf von Brühl (16. Panzerdivision) ermutigte mich durch seine Gastfreundschaft und seine Informationen. Weitere Unterstützung erhielt ich von Kriegsveteranen, die es vorzogen, ungenannt zu bleiben.

Vorbemerkungen

1. Die Entfernungen auf den Karten sind in Kilometern angegeben.
2. Bei den Uhrzeiten handelt es sich durchwegs um Moskauer Zeit, die der deutschen um eine Stunde voraus war.

TEIL I

Der Totale Krieg

KAPITEL 1

Der Weg in den totalen Krieg

Berliner Sportpalast, 18. Februar 1943
GOEBBELS: »Wollt ihr den totalen Krieg?«
PUBLIKUM: »Ja.«

Der Zweite Weltkrieg wurde im wesentlichen an der Ostfront gewonnen und verloren. Nur Nationen, denen die Erfahrung dieses
Holocaust erspart blieb, können dazu imstande sein, ihn in gewisser Weise für »heiterer« und »unbeschwerter« als den Ersten aus-
zugeben und als geeigneten Hintergrund von Abenteuerge-
schichten und Komödien zu betrachten.

Statistiken haben ihrer Natur nach nur eine geringe emotionale
Wirkung, aber einige Zahlen verdienen es doch, wiederholt zu
werden. Die Sowjetunion zählte in ihrem »Großen Vaterländischen Krieg« über 27 Millonen Tote – 40 Prozent aller Menschen,
die im Zweiten Weltkrieg ums Leben kamen. Umgerechnet be-
deutet dies, daß jeder Meter Boden zwischen Moskau und Berlin
wenigstens zehn Menschenleben gekostet hat. Unter den sowjetischen Toten waren mindestens sieben Millionen Zivilisten, und
dreieinviertel Millionen waren Soldaten, die in deutscher Kriegsgefangenschaft starben.

Auf der anderen Seite forderte der militärische Einsatz der
Sowjetunion den größeren Teil der 3,25 Millionen Todesopfer un-
ter den im Zweiten Weltkrieg kämpfenden deutschen Soldaten.
Darüber hinaus gerieten annähernd drei Millionen deutsche Sol-
daten in sowjetische Kriegsgefangenschaft, von denen rund ein
Drittel die Strapazen nicht überlebte. Insgesamt beliefen sich die
deutschen Verluste an der Ostfront auf rund zehn Millionen
Menschen – Gefallene, Verwundete, Vermißte oder Kriegsgefan-

13

gene. An Material gingen über 48 000 Panzer, 167 000 Geschütze und fast 77 000 Flugzeuge verloren.

Die Historiker haben sich um Erklärungen bemüht, wie die Menschheit in eine derartige Lage geraten konnte. Ein erster Wendepunkt wurde im späten 18. Jahrhundert ausgemacht, als die junge französische Republik, die sich mit fast ganz Europa im Krieg befand, mit dem Mittel der neu eingeführten Wehrpflicht eine Massenarmee schuf. Frankreich hatte 1794 eine dreiviertel Million Menschen unter Waffen, und bis 1815 hatten das Napoleonische Frankreich und die sukzessiven Allianzen seiner Feinde Millionen von Soldaten mobilisiert. Mindestens ebenso wichtig war der Impuls des Nationalismus, der die zerlumpten Armeen der Französischen Revolution antrieb und bei den anderen europäischen Völkern eine lebhafte Reaktion entzündete, insbesondere in Spanien, Rußland und einigen der deutschen Staaten.

Die ständigen kriegerischen Auseinandersetzungen zwischen 1792 und 1815 hatten vor Augen geführt, daß die Kriegführung nicht mehr ausschließlich die Sache von Königen, anderen herrschenden Kreisen und Berufsarmeen war. In früheren Zeiten war es einem unterlegenen Staat möglich gewesen, sich freizukaufen, indem er dem Sieger Grenzfestungen, Handelskonzessionen oder sonstige kleine Münze in der Währung der internationalen Beziehungen abtrat. Jetzt jedoch konnte der Preis der Niederlage das Ende eines Regimes oder eines ganzen Staates sein.

Die nächsten eineinhalb Jahrhunderte brachten bedeutende soziale und wirtschaftliche Fortschritte mit sich, von denen viele eine erhebliche militärische Dimension besaßen. Zum einen war aufgrund eines Bevölkerungswachstums um das Fünf- bis Zehnfache ein scheinbar unbegrenzter Nachschub an »Kanonenfutter« für die aus Massen von Wehrpflichtigen bestehenden »Millionenheere« vorhanden. Dieses Wachstum hatte wahrscheinlich weniger mit gesteigerter Fruchtbarkeit als mit den verbesserten Lebensbedingungen zu tun, in deren Folge die Kindersterblichkeit zurückging. Zum anderen machten sich die Auswirkungen der gleichzeitig stattfindenden industriellen Revolution bemerkbar.

Diese durchlief zwei Phasen. Die erste war eine »schwere«

14

Revolution, die von Kohle, Koks, Dampfwolken und dem Kreischen und Klirren von Eisen und Stahl geprägt war. Der in Großbritannien ausgelöste Prozeß der Industrialisierung breitete sich in der Mitte des 19. Jahrhunderts rasch über viele Gebiete des europäischen Kontinents aus. 1849 fand der erste operative Truppentransport mit der Eisenbahn statt, als der russische Zar ein militärisches Hilfskontingent entsandte, das dem österreichischen Kaiser helfen sollte, die Revolution in Ungarn niederzuschlagen.

Die industrielle Revolution führte dazu, daß die Armeen mit in Massenproduktion hergestellten Waffen ausgerüstet werden konnten, die qualitativ hochwertig und billig zugleich waren. In der zweiten Hälfte des 19. Jahrhunderts machte die Technologie des Tötens nahezu alle fünf Jahre radikale Entwicklungsschübe durch: In den 1850er Jahren bewirkten die ersten Handfeuerwaffen und Geschütze mit gezogenen Läufen beziehungsweise Rohren eine beispiellose Verbesserung der Zielgenauigkeit und der Reichweite, und in den nachfolgenden drei Jahrzehnten sorgten Hinterlader, Mehrladegewehre und das *Maxim* – das erste kriegstaugliche Maschinengewehr – für eine erhebliche Erhöhung der Feuergeschwindigkeit. Am Ende des Jahrhunderts standen hochexplosive Sprengstoffe, rauchschwaches Pulver und Stacheldraht für den militärischen Einsatz bereit.

Die zweite, »leichte« Phase der industriellen Revolution stand im Zeichen von Erdöl, Verbrennungsmotoren und Elektrizität. In der Kriegführung zeigten sich ihre Auswirkungen in den Dimensionen von Geschwindigkeit, Reichweite und Lenkbarkeit. Das erste bemannte motorisierte Flugzeug hob 1903 ab; acht Jahre später flogen italienische Bomberflugzeuge über Libyen. Die ersten Panzer tauchten 1916 auf. Sie waren langsam, dünnhäutig und unzuverlässig, wurden aber in steigender Anzahl und mit zunehmender Wirkung eingesetzt. Am Ende des Ersten Weltkriegs konnten sie zumindest für sich in Anspruch nehmen, ein bedeutendes Zubehör der modernen Kriegführung geworden zu sein.

Während des Ersten Weltkriegs war die Koordinierung des Einsatzes der neuen Waffengattungen noch mit großen Schwierigkeiten verbunden gewesen. In den 30er Jahren war die Lösung dieses Problems gefunden: in Form kompakter, zuverlässiger und weitreichender Funkgeräte, die zu einem wesentlichen Instrument der Blitzkriegführung werden sollten. Es war wahrscheinlich kein Zufall, daß Heinz Guderian, der Schöpfer der deutschen Panzerwaffe, über Fachkenntnisse auf dem Gebiet des Fernmeldewesens verfügte.

Alles in allem gab die »leichte« industrielle Revolution technisch versierten Kommandeuren die Mittel an die Hand, um die Defensivfeuerkraft zu überwinden, welche die meisten Schlachtfelder des Ersten Weltkriegs beherrscht hatte.

Die Ansichten über Zweck und Art der Kriegführung waren aber nicht nur von der Ausweitung der technischen Möglichkeiten beeinflußt, sondern auch vom Beispiel Napoleons sowie der Aus- oder, besser, Mißdeutung der Schriften des preußischen Militärphilosophen Carl von Clausewitz (1780–1831). Militärische Aktionen hatten sich danach auf das Bestreben zu konzentrieren, in einer großen Schlacht den Sieg zu erringen: die Hauptstreitmacht des Feindes zu stellen und sie durch den Einsatz maximaler Kampfkraft in kürzester Zeit zu vernichten.

Zugleich wurde der spontane Volksnationalismus, den wir zu Beginn des 19. Jahrhunderts beobachtet haben, zunehmend von der Politik vereinnahmt und erwies sich immer dann als eine besonders potente Kraft, wenn er von militärischen Siegen angeheizt wurde. Dieser Mechanismus wurde wiederholt ausgenutzt, so 1870 von Piemont-Sardinien, um das neue vereinte Italien, sowie 1871 von Preußen, um das Deutsche Reich zu erschaffen.

Auf lange Sicht noch beunruhigender war jedoch der Aufstieg linker und rechter totalitärer Ideologien im 20. Jahrhundert. Sie stellten säkulare Religionen dar, die den traditionellen Begriff von Autorität vom Sockel stürzten, der nicht nur für Kontinuität gesorgt, sondern auch eine gewisse Begrenzung der Staatsmacht erlaubt hatte. Im leninistisch-stalinistischen Rußland gab es solche Beschränkungen nicht, genausowenig wie in Nazi-Deutschland, wo der verlorene Weltkrieg, die harten Bedingungen des Versailler Friedensvertrages und die nachfolgenden Finanzkrisen, durch welche die Wirtschaftsordnung binnen kurzer Zeit zweimal zerstört wurde, die alten Gewißheiten unter sich begraben hatten.

16

Schon früh im Ersten Weltkrieg hatten sich Staatsmänner und Generale daran gewöhnt, Verluste in einem Umfang als »annehmbar« zu betrachten, die alles, was bis dahin in der westlichen Kriegführung üblich gewesen war, bei weitem in den Schatten stellten. Gleichzeitig wurde eine weitere psychologische Barriere überwunden, als 1915 in der Türkei 1,5 Millionen Armenier massakriert wurden. Damit war bewiesen, daß es technisch möglich war, gegen eine ganze ethnische Gruppe vorzugehen. Am 22. August 1939, in seinen Anweisungen an die SS für den bevorstehenden Angriff gegen Polen, bezog sich Hitler ausdrücklich auf diese grauenvolle Episode: »Wer spricht jetzt noch von den Armeniern?«

Vor diesem Hintergrund technischen Fortschritts und moralischen Verfalls lief 1941–1945 der Krieg an der Ostfront ab. Um den Charakter dieses Kampfes zu kennzeichnen, haben einige Kommentatoren zu dem Vergleich mit einem Krieg zwischen Insektenvölkern oder von Wesen zweier verfeindeter Planeten gegriffen. Die Bilder mögen wechseln, aber alle erinnern sie uns daran, daß wir es mit einem geschichtlichen Vorgang von nie dagewesener Grausamkeit zu tun haben.

KAPITEL 2

Der Krieg bis 1945

Der »kleine« Krieg

Es dauerte einige Zeit, bis der Zweite Weltkrieg das wurde, was seine Bezeichnung besagt: ein globaler Krieg. Die ersten deutschen Feldzüge waren eine Reihe von Expeditionen, die von einem unverletzlichen Kernland aus unternommen wurden. Zunächst, im Herbst 1939, wurde – unter Duldung und später auch der aktiven Teilnahme der Sowjetunion – Polen überfallen und besiegt. Im Westen beendete die deutsche Offensive am 10. Mai 1940 den »drôle de guerre« oder »Sitzkrieg«, und elf Tage später hatte sich die Spitze der Heeresgruppe A den Weg zum Ärmelkanal gebahnt. Der größere Teil des britischen Expeditionskorps konnte über den Hafen von Dünkirchen fliehen, allerdings um den Preis der Zurücklassung seiner schweren Waffen und sonstigen Ausrüstung. Am 25. Juni gab sich Frankreich geschlagen.

Es ist erhellend, sich die ungekürzte Fassung des deutschen Dokumentarfilms *Sieg im Westen* anzusehen, der nach diesem zweiten Blitzkrieg herauskam. In ihm wird wiederholt auf Bilder aus dem Ersten Weltkrieg zurückgegriffen, und bei der Begrüßung, die den zurückkehrenden Truppen zuteil wird, mischt sich Jubel mit Erleichterung. Man erhält eher den Eindruck, daß ein altes Buch geschlossen, als daß ein neues aufgeschlagen wird.

18

Der Große Vaterländische Krieg 1941-1945

1941

Die Kämpfe hielten auch während der ersten Monate des Jahres 1941 an, da sich England unerklärlicherweise weigerte, einzulenken, und Deutschland – nicht zuletzt deshalb, weil Hitlers Verbündeter Italien in Schwierigkeiten geraten war – in Südosteuropa und Nordafrika eingriff. Dies waren jedoch Kleinigkeiten im Vergleich zu dem großen Unternehmen, das Hitler jetzt im Sinn hatte – den Vernichtungsschlag gegen seinen Vertragspartner Sowjetunion, mit dem er das bolschewistische System zerstören, die überlebenden sowjetischen Streitkräfte in die leeren Weiten jenseits des Ural zurückwerfen und den europäischen Teil der Sowjetunion der deutschen Ausbeutung und Kolonisierung öffnen wollte. Danach wäre Europa in der Tat ein einheitliches geopolitisches Kernland geworden, in dem Bevölkerung und Industrien Deutschlands mit russischem Erdöl, Getreide, Kohle und Eisen versorgt worden wären.

Der »Große Vaterländische Krieg«, wie die Russen ihn nennen, begann am 22. Juni 1944, als die deutsche Wehrmacht, ausgehend von ihren Aufmarschstellungen im besetzten Polen, das Unternehmen Barbarossa in Angriff nahm. Die unvorbereiteten und schlecht verteilten sowjetischen Streitkräfte erlitten die größten Verluste, die die Militärgeschichte bis dahin jemals zu verzeichnen hatte. In einer einzigen Operation zum Beispiel, als die 2. Panzerarmee im September nach Süden vorstieß und die sowjetischen Truppen in der Nordukraine abschnitt, verlor die Rote Armee nicht weniger als 660 000 Mann. Deutschland verfehlte den totalen Sieg zeitlich wie räumlich nur um Haaresbreite. Das deutsche Heer war bereits bis in die Außenbezirke von Moskau und Leningrad vorgedrungen, als es von den ersten sowjetischen Gegenangriffen und dem Einbruch des russischen Winters gestoppt wurde.

Fünf Tage im Dezember 1941 können wahrscheinlich mit mehr Recht als jeder andere Zeitraum als Wendepunkt des Zweiten Weltkriegs bezeichnet werden. Am 6. Dezember begann die erste große sowjetische Gegenoffensive vor Moskau; am 7. Dezember griff Japan den amerikanischen Flottenstützpunkt in Pearl Harbor an, und fünf Tage später erklärte Hitler den Vereinigten Staaten den Krieg. Deutschland sah sich in weniger als einer Woche nicht nur der unmittelbaren Realität eines Winterfeldzuges an der Ostfront gegenüber, sondern auch der Möglichkeit eines Mehrfrontenkrieges mit zwei wirtschaftlichen und militärischen Giganten. Das war der Grund, warum Churchill nach einer nahezu ununterbrochenen Kette von Rückschlägen auf einen letztlichen Sieg über Deutschland hoffen konnte. Art, Zeitpunkt und Kosten dieses Sieges lagen allerdings naturgemäß im dunkeln.

1942

Nachdem sich die Frontlinien vor Moskau und Leningrad stabilisiert hatten, begann die Sowjetunion damit, ihre Armee neu aufzubauen und die lebenswichtigen Industrien hinter den Ural zu verlegen. Den größten Teil des Jahres 1942 hindurch behielten aber immer noch die Deutschen die Initiative. Diesmal legten sie das Schwergewicht ihres Angriffs auf die Südflanke des riesigen Kampfgebietes im Osten. Vor Moskau und Leningrad waren die Fronten weiterhin unbeweglich, während im Sommer 1942 zwei deutsche Heeresgruppen die weiten Ebenen der Ukraine durchquerten; eine von ihnen schwenkte nach rechts in Richtung Kaukasus ab, während die andere auf die Industriestadt Stalingrad an der Wolga zumarschierte.

Die hartnäckige Verteidigung Stalingrads durch die Rote Armee ist eine der berühmtesten Episoden des Zweiten Weltkriegs. Weniger bekannt ist, mit welch technischem Geschick die sowjetischen Kommandeure ihre Ressourcen nutzten – sie banden die Deutschen mit dem unbedingt notwendigen Minimum an Truppen frontal vor Stalingrad, während sie an beiden Flanken die Kräfte für den Gegenangriff zusammenzogen. Die russische Gegenoffensive begann am 19. November, und am 23. November schloß sich die Zange hinter der 6. Armee, Teilen der 4. Panzerarmee sowie zwei rumänischen Armeen. Die Deutschen waren nun nicht mehr die Angreifer, sondern sie wurden jetzt im westlichen Teil Stalingrads belagert, bis Generalfeldmarschall Friedrich Paulus schließlich am 2. Februar 1942 mit 94 000 überlebenden Soldaten kapitulierte.

1943

Die Russen mußten jedoch noch beweisen, daß sie auch in der beweglichen Kriegführung überlegen waren. Im Februar und März wurden sie durch eine entschlossene Gegenoffensive General Erich von Mansteins gezwungen, einen Teil des bereits zurückeroberten Raums im Süden wieder preiszugeben, was dazu führte, daß die Russen um Kursk herum eine potentiell verwundbare Frontausbuchtung hielten.

Der Kursker Bogen wurde zum Ziel eines zusammengefaßten Angriffs (Unternehmen Zitadelle) der Hauptstreitmacht der deutschen Panzerwaffe, und diese verfügte inzwischen über ausgezeichnetes Gerät – den »Tiger« und den »Panther« –, das sie gegen die sowjetischen T 34 einsetzen konnte. Diesmal konnte sich die Rote Armee jedoch ziemlich genau ausrechnen, was auf sie zukam, und eine Kampfpause von 66 Tagen gab ihr die nötige Zeit, um auf allen drei Seiten des Kursker Bogens tiefe Panzerabwehrzonen errichten zu können. Als die deutschen Panzerkeile am 5. Juli angriffen, bissen sie sich an den Panzerabwehrstellungen die Zähne aus und wurden unter dem Feuer der massierten Panzerabwehrbatterien, das ihnen entgegenschlug, innerhalb von zehn Tagen völlig aufgerieben. Am 12. Juli eröffnete die Rote Armee eine Gegenoffensive auf beiden Flanken. Sie schaffte es zwar nicht, wie vorher in Stalingrad, die gegnerischen Truppen einzukesseln, fügte der deutschen Wehrmacht aber einen solchen Verlust an Panzern und Geschützen zu, daß sie nie wieder in der Lage war, eine derart schlagkräftige Streitmacht an der Ostfront in Stellung zu bringen. Von nun an befand sich die Rote Armee fast ständig im Vormarsch. Im Oktober stand sie bereits am Dnjepr.

21

1944

Am 17. Januar entsetzte die Rote Armee Leningrad und beendete damit die mehr als zwei Jahre andauernde Belagerung der Stadt. An der Südflanke begann die 2. Ukrainische Front im Frühjahr die Uman-Botoschany-Operation und drängte die Deutschen aus der Westukraine heraus. Sämtliche sowjetischen Fahrzeuge blieben im Schlamm stecken, bis auf die Panzer, und selbst die rutschten nur auf dem Bauch dahin; dennoch wurden die »Faschisten [...] nicht nur geschlagen, sondern mußten Artillerie, Panzer und Kraftfahrzeuge im Stich lassen und die Ukraine fluchtartig auf Ochsenkarren oder zu Fuß verlassen«. (Konew, S. 16)

Die Hauptkampfzeit des Jahres 1944 war durch eine Reihe von Operationen gekennzeichnet, mit denen die Rote Armee das Territorium der Sowjetunion befreite, den Krieg nach Südosteuropa und Zentralpolen trug und die Stellungen einnahm, aus denen heraus sie 1945 ins Deutsche Reich selbst vorstoßen sollte. Diese Operationen haben also eine unmittelbare Bedeutung für unsere Geschichte und sollen daher etwas eingehender betrachtet werden.

Wenden wir uns zunächst dem Durchbruch im Zentrum zu. Er erfolgte durch zwei aufeinanderfolgende Hammerschläge, welche die Wehrmacht aus Westrußland und Ostpolen vertrieben und die Rote Armee bis an die Weichsel brachten. Die Belorussische Operation begann am 22. Juni 1944, einem heißen Frühsommertag, dem dritten Jahrestag des deutschen Überfalls auf die Sowjetunion. Noch vor Sonnenuntergang desselben Tages hatte die 1. Belorussische Front den linken Flügel der Heeresgruppe Mitte durchbrochen, und nach drei Wochen hatte die Wehrmacht 350 000 Mann verloren, was 28 ihrer 40 Divisionen entsprach. In ihre Front war eine 300 Kilometer breite Lücke gerissen. Die 1. Belorussische Front wurde von ihrem Angriffsschwung bis nach Zentralpolen getragen, zwischen dem 27. Juli und dem 4. August gewann sie zwei Brückenköpfe am Westufer des mächtigen Naturhindernisses Weichsel.

Da die Befreiung unmittelbar bevorzustehen schien, erhob

sich die polnische Heimatarmee am 1. August in Warschau gegen die deutsche Besatzungsmacht. Die »Armia Krajowa« war eine nationalistische Untergrundbewegung, die der Exilregierung in London unterstand, nicht dem von der Sowjetunion gestützten »Lubliner Komitee«, und es stellt sich hier die akademische Frage, ob die 1. Belorussische Front die in Warschau kämpfenden Polen nicht stärker hätte unterstützen können, als sie es tatsächlich tat. Der letzte sowjetische Angriff in diesem Gebiet wurde am 20. September zurückgeschlagen, und am 2. Oktober war der Aufstand zu Ende. Acht Tage später begannen die Deutschen damit, das historische Zentrum Warschaus dem Erdboden gleichzumachen.

Die 1. Ukrainische Front eröffnete am 13. Juli im Süden eine Paralleloffensive, die Lwow-Sandomierz-Operation, durch welche die Heeresgruppe Nordukraine vernichtet, die Westukraine und Südostpolen befreit und auf dem linken Ufer der Weichsel der ausgedehnte Brückenkopf bei Baranow/ Sandomierz erobert wurde.

In Südosteuropa waren die sowjetischen Erfolge, an der zurückgelegten Entfernung gemessen, noch weit spektakulärer als der Vormarsch im Zentrum. Stalin und sein Generalstab sahen die bedeutenden Vorteile, die sie in diesem Gebiet gewinnen konnten, da Deutschland bis zu einem gewissen Grad von der Unterstützung durch seine von Natur aus schwachen Verbündeten (Rumänien, Bulgarien, Ungarn, Kroatien, Slowakei) abhing. In der Slowakei bildete sich eine linke Untergrundbewegung heraus, und in Jugoslawien tobte ein gnadenloser Partisanenkampf oder, besser gesagt, Bürgerkrieg. Insgesamt drei sowjetische Fronten (Armeegruppen) wurden in dieses vielversprechende Gebiet entsandt.

Die Jassy-Kischinjow-Operation begann am 19. August 1944 und hatte augenblicklich zur Folge, daß rumänische Soldaten in großer Zahl auf die sowjetische Seite überliefen. Vier Tage später kündigte die rumänische Regierung das Bündnis mit Deutschland auf. Die deutsche Wehrmacht verlor 16 eigene Divisionen, und die militärischen Rückschläge führten zusammen mit den politischen dazu, daß die vorgeschobenen Bollwerke in Südosteuropa nicht mehr zu halten waren. Deutschland gab die mit Buchenwäldern bedeckten Bergketten der Ostkarpaten preis und unternahm keinen ernsthaften Versuch, die Ebene der unteren Donau nach Süden hin zu verteidigen. Bukarest, die Hauptstadt des treulosen Rumänien, wurde am 1. September von der Roten Armee besetzt, und am 8. erklärte auch Bulgarien Deutschland den Krieg.

Der ursprünglich nach Süden gerichtete Vorstoß der Roten Armee hatte sich zu dieser Zeit in eine gigantische Walze verwandelt, die westwärts über den Balkan rollte. Belgrad und die nordjugoslawische Ebene wurden im Oktober überrannt, und am 15. des Monats verkündete der ungarische Reichsverweser Admiral Miklós Horthy von Nagybánya, den Waffenstillstand mit der Sowjetunion. Am nächsten Tag wurde er von Hitler entmachtet und der ungarische Faschist Ferenc Szálasi an seine Stelle gesetzt.

Ende Oktober kam der rasante sowjetische Vormarsch zum Stillstand. Wider Erwarten kämpften einige ungarische Verbände weiterhin auf seiten der deutschen Heeresgruppe Süd und ermöglichten damit die Bildung eines Kerns von fünf deutschen und zwei ungarischen Divisionen, die Budapest dreieinviertel Monate lang verteidigten. Hinter der ungarischen Hauptstadt bildeten Plattensee und Bakonywald natürliche Hindernisse, in deren Schutz die Heeresgruppe Süd die Zugänge zu Österreich sichern und die Unterstützung oder, wenn möglich, den Entsatz von Budapest organisieren konnte.

Weiter im Nordosten wurden die Deutschen und ihre ungarischen Verbündeten ebenfalls von der Geländebeschaffenheit begünstigt. Die Gebirgskette der Hohen Tatra, der Karpaten und Beskiden verlief parallel zur Achse des rechten Flügels der sowjetischen Truppen und sah einige besonders schwierige Kämpfe der glücklosen sowjetischen 38. Armee. Dieser Frontabschnitt, der als Verbindungsglied zwischen dem südlichen und dem mittleren Abschnitt der Ostfront eine wichtige Rolle in unserer Geschichte spielen wird, wurde von der 1. Panzerarmee und der 1. Ungarischen Armee verteidigt, die unter dem Befehl von Generaloberst Gotthardt Heinrici standen. Sie vermochten dank der Geländevorteile und aufgrund ihres militärischen Könnens eine Frontausbuchtung zu halten, die aus der restlichen Front in Ungarn und Südpolen weit nach Osten hinausragte und sich zwischen dem Abschnitt der Hauptkräfte der Heeresgruppe A in Polen, zu der sie gehörten, und dem der Heeresgruppe Süd in Nordungarn über mehr als 300 Kilometer hinzog.

Wir beenden den Überblick mit einer Zusammenfassung der Entwicklungen an der Nordflanke der Ostfront. Ungarn war für Deutschland sowohl aus militärischen wie auch aus wirtschaftlichen Gründen bedeutsam; zum einen mußte Hitler die Sowjets von der Donau-Flanke des Reichs fernhalten, und zum anderen brauchte er die Ölfelder in Nordwestungarn. An der baltischen Front kamen darüber hinaus symbolische und emotionale Faktoren ins Spiel, da das Gebiet an der Ostküste die Verbindung zum Kernland der alten preußischen Monarchie herstellte und über Jahrhunderte unter starkem deutschem Einfluß gestanden hatte. Im Vergleich zu dem Schwung, mit dem der Angriff weiter im Süden vorgetragen wurde, kam die sowjetische Offensive im Norden nur langsam voran und war relativ begrenzt. Sie erreichte aber immerhin, daß Estland, Lettland und Litauen wieder unter sowjetische Herrschaft gelangten, und band bedeutende deutsche Kräfte an der Ostseeküste.

Die sowjetische Offensive auf diesem Kriegsschauplatz wurde am 11. Juli von der 2. Baltischen Front eröffnet, der am 24. Juli die 3. Baltische Front folgte. Estland wurde abgeschnitten, als die 2. Baltische Front am 8. August die Bucht von Riga erreichte, und am 18. September begannen die Deutschen damit, ihre Truppen über den Hafen von Riga zu evakuieren. Am 16. Oktober war die Stadt endgültig geräumt. Die von dort abgezogenen Verbände stärkten die Hauptkräfte der Heeresgruppe Nord weiter südlich in Kurland, dessen Zugang von Land her am 13. Oktober von der Roten Armee abgeriegelt wurde. Weiter im Süden gab es einen kleinen Brückenkopf in Memel, der über eine unsichere Verbindung mit Königsberg verfügte. Hitler schätzte sowohl Kurland als auch Memel hoch ein, da dort, wie er fand, auf großartige Weise überlegene feindliche Kräfte gebunden wurden. Er haßte es, Gelände aufzugeben.

Zwischen dem 16. und dem 28. Oktober drangen sowjetische

Verbände kurzzeitig ins äußerste Ostpreußen vor und überschritten damit erstmals im Verlauf des Krieges die Grenzen des Deutschen Reiches. Als die Wehrmacht am 5. November das Gebiet um Goldap zurückeroberte, stellte sie fest, daß der Feind die gesamte Einwohnerschaft des Ortes Nemmersdorf massakriert hatte, – ein Vorgeschmack dessen, was dem Rest des Reichs im folgenden Jahr blühen sollte.

Am 4. September war Finnland, der einzige deutsche Verbündete im Norden, abgefallen und hatte sich dem sowjetischen Angriff gegen die drei deutschen Armeekorps, die auf seinem Territorium standen, angeschlossen. Nur mit Mühe gelang es Generaloberst Dr. Lothar Rendulic, mit seinen Truppen der drohenden Einkesselung zu entkommen und sie nach Nordnorwegen zu führen, wo sie Anfang November nach einem langwierigen Rückzug eintrafen.

KAPITEL 3

Werkzeug der Vergeltung

Stalin als Militärführer

Russische Historiker beginnen erst heute, in die Geheimnisse der düstersten Epoche des 20. Jahrhunderts einzudringen: der Ära Stalin. Nach einer Schätzung wurden unter Stalin 40 Millionen Menschen getötet oder eingesperrt, und es ist jetzt schon klar, daß er als Mörder ein Format erreichte, das selbst Hitler in den Schatten stellt. Darüber hinaus versuchen die russischen Militärhistoriker heute nicht mehr, Stalins Verantwortung für die Katastrophen des Jahres 1941 zu bemänteln, die nicht nur daraus resultierten, daß er sich von Deutschland überrumpeln ließ, sondern auch eine Folge der umfangreichen Säuberungen unter dem Offizierskorps der Roten Armee in den späten 30er Jahren waren.

Was die letzte, siegreiche Phase des Großen Vaterländischen Krieges betrifft, dürfte das Urteil über Stalin bei den Revisionisten milder ausfallen. Als Militärführer war er in erster Linie Chef eines persönlichen Stabes, der STAWKA, in deren Rahmen er in der zweiten Hälfte des Krieges besonders eng mit Alexej Innokentjewitsch Antonow zusammenarbeitete, der zunächst stellvertretender Generalstabschef und seit Februar 1945 Generalstabschef war, ein »Pedant im positiven Sinne«, dem es gelang, »viel Neues in die Koordinierung der Generalstabsarbeit einzubringen«. (Wolkogonow, S. 638) Die operativen Planungen wurden in Abstimmung mit dem Generalstab der Roten Armee durchgeführt, und für die Leitung der Kriegsanstrengungen insgesamt bediente sich Stalin des Staatlichen Verteidigungskomitees (GKO = Gossudarstwennyj Komitet Oborony), das sich aus Mitgliedern des Politbüros der KPdSU zusammensetzte.

Ein Militärführer war Stalin, selbst gegen Ende des Großen Vaterländischen Krieges, dennoch nicht, jedenfalls nicht »im eigentlichen Sinne des Wortes [. . .]. Ein Militärführer, das ist eine militärische Persönlichkeit. Stalin war ein politischer Führer: hart, willensstark, machthungrig, der aufgrund historischer Umstände genötigt war, militärische Aufgaben zu übernehmen.« (Wolkogonow, S. 641) Im Verlauf des Krieges wuchs jedoch auch seine Kompetenz als Militärführer, zwar nicht so weit, daß er imstande gewesen wäre, eigene Pläne auszuarbeiten, aber doch weit genug, um in der Lage zu sein, die von den Frontkommandeuren unterbreiteten Vorschläge einzuschätzen. »Seine ›Genialität‹ äußerte sich in der zweiten Hälfte des Kriegs häufig darin, daß er vernünftige Vorschläge akzeptierte« (Wolkogonow, S. 644) und von der STAWKA in das große Schema der Operationen einarbeiten ließ.

Stalin operierte gegen Ende des Krieges mit Truppenbewegungen im großen Rahmen. Die zusammenhängende Planung betraf in dieser Phase nicht mehr nur einzelne Fronten, sondern ganze Frontengruppen, nicht zuletzt, weil aus den zwei Fronten, die im Juni und Juli 1944 in der Sowjetunion und Polen vormarschiert waren, vier Fronten geworden waren, die sich im Januar 1945 anschickten, auf das historische deutsche Territorium vorzustoßen. Wir sprechen hier von einer Größenordnung von 200 Divisionen – 2,5 Millionen Soldaten –, 40 000 Kanonen und Granatwerfern sowie 6000 Panzern und Sturmgeschützen.

Es ist wichtig zu wissen, von welcher Art Stalins Eingriffe in das konkrete Kampfgeschehen waren, da sie sich in dieser Phase des Krieges völlig von derjenigen Hitlers unterschied. Stalin räumte den einzelnen Fronten zwar einen beachtlichen Spielraum für selbständige operative Entscheidungen ein, hielt es aber für notwendig, daß die STAWKA die koordinierte Vorgehensweise der Fronten ständig überwachte und steuerte, und blieb zu diesem Zweck in regelmäßigem Telefonkontakt mit den Befehlshabern der Fronten. Der Grund dafür war, daß sich der Krieg in Europa dem Ende zuneigte, »und es war nur natürlich, daß die militärisch-politische Führung bestrebt war, direkt an der Leitung der Operationen teilzuhaben«. (Larionow, S. 374)

Politische und wirtschaftliche Überlegungen spielten sicherlich eine große Rolle dabei, denn Stalin meldete bereits jetzt, schon vor dem Sieg der Alliierten, seine Ansprüche in Ost- und Mitteleuropa an. In einer Reihe von nach außen hin freundlichen Gesprächen, die zwischen dem 9. und dem 18. Oktober 1944 in Moskau stattfanden, bestätigten die Sowjetunion und der britische Premierminister Winston Churchill die bereits ausgehandelte Vereinbarung über die Einflußsphären der Alliierten, die der Sowjetunion die »Vorherrschaft« in Osteuropa einräumte, und legten für die Balkanstaaten sogar prozentuale beiderseitige »Prioritäten« fest. In Wirklichkeit waren viele entscheidende Fragen jedoch ungelöst geblieben, und die Sowjetunion verfolgte weiterhin mit Nachdruck ihre Doppelstrategie der Unterstützung »nationaler Befreiungsbewegungen« einerseits und der Planungen für den endgültigen militärischen Sieg andererseits, um dem Westen auf der Grundlage des *uti possidetis** gegenübertreten zu können.

Ende Oktober wurde in Debrecen eine Art politischer Behörde für Ungarn eingerichtet, aus der sich eine angeblich repräsentative provisorische Regierung entwickelte. Über die politische Zukunft Polens war mit dem Westen, der weiterhin die Exilregierung in London unterstützte, keine Vereinbarung getroffen worden, und mit der Provisorischen Regierung, die aus dem bereits erwähnten Lubliner Komitee hervorging, wurde im sowjetisch kontrollierten Ostpolen eine Konkurrenzexekutive geschaffen, die von der Sowjetunion als erstem Staat diplomatisch anerkannt wurde, was »einen schweren Schlag gegen die reaktionäre Emigrantengruppe und ihre anglo-amerikanischen Patrone« (Larionow, S. 374) darstellte.

Die wichtigste wirtschaftliche Beute innerhalb der für das neue Polen vorgesehenen Grenzen war das im Südwesten gelegene oberschlesische Industriegebiet, das immer noch von Deutschland gehalten wurde. Als Marschall Iwan Stepanowitsch Konew

---

* Begriff aus dem Völkerrecht: Besitzstand bei Kriegsende.

Ende November Stalin über die Vorbereitungen seiner 1. Ukrainischen Front Bericht erstattete, bemerkte er, daß dieser den Teil der Karte, der die Konzentration von Industriebetrieben und Zechen in Schlesien zeigte, besonders aufmerksam betrachtete.

»Selbst auf der Karte beeindruckten Ausdehnung und Kapazität dieses Industriegebiets. Stalin, der diese Tatsache offensichtlich besonders hervorheben wollte, umkreiste das Gebiet mit dem Finger auf der Karte und sagte dabei ›Gold!‹ mit einer Betonung, die keines weiteren Kommentars bedurfte.« (Konew, S. 5)

In Film, Rundfunk, Presse und den militärischen Tagesbefehlen erschien Stalin als der ikonenähnliche Oberste Befehlshaber. Im täglichen Umgang mit seinen Mitarbeitern dagegen zeigte er gelegentlich eine onkelhafte Jovialität. General Sergej Matwejewitsch Schtemenko erinnerte sich an die Silvesterfeier, zu der er zusammen mit seiner Frau, den Mitgliedern des Politbüros und einer Reihe von Generalen 1944 in Stalins Datscha in Kunzewo, außerhalb von Moskau, eingeladen worden war. Nachdem Stalin um Mitternacht einen Toast auf die sowjetischen Streitkräfte ausgebracht hatte, löste sich die Feier in einzelne Gruppen auf, und die Stimmung wurde zunehmend fröhlicher. Der Altbolschewik Marschall Semjon Budjonny griff zu seiner Ziehharmonika und spielte russische Volkslieder, Walzer und Polkas, und als Stalin danach eine Schallplatte auflegte, war der alte Kavallerist nicht mehr zu halten und wirbelte in einem Kosakentanz quer durch den Saal.

»Es war bereits 03.00 Uhr, als wir aus Kunzewo heimkehrten. Diese erste außerdienstliche Neujahrsfeier im Krieg war wie der Vorbote des baldigen Kriegsendes. Man konnte schon etwas aufatmen, obwohl wir wußten, daß in Kürze eine neue, große Offensive beginnt und daß noch schwere Schlachten vor uns lagen. [. . .] Auch der Weg durch das nächtliche Moskau bot nach wie vor ein kriegsmäßiges Bild. Wir fuhren durch dunkle, menschenleere Straßen, vorbei an zugefrorenen, verhängten Fenstern. Nur hier und da drang schwacher Lichtschein nach außen.« (Schtemenko, S. 273 f.)

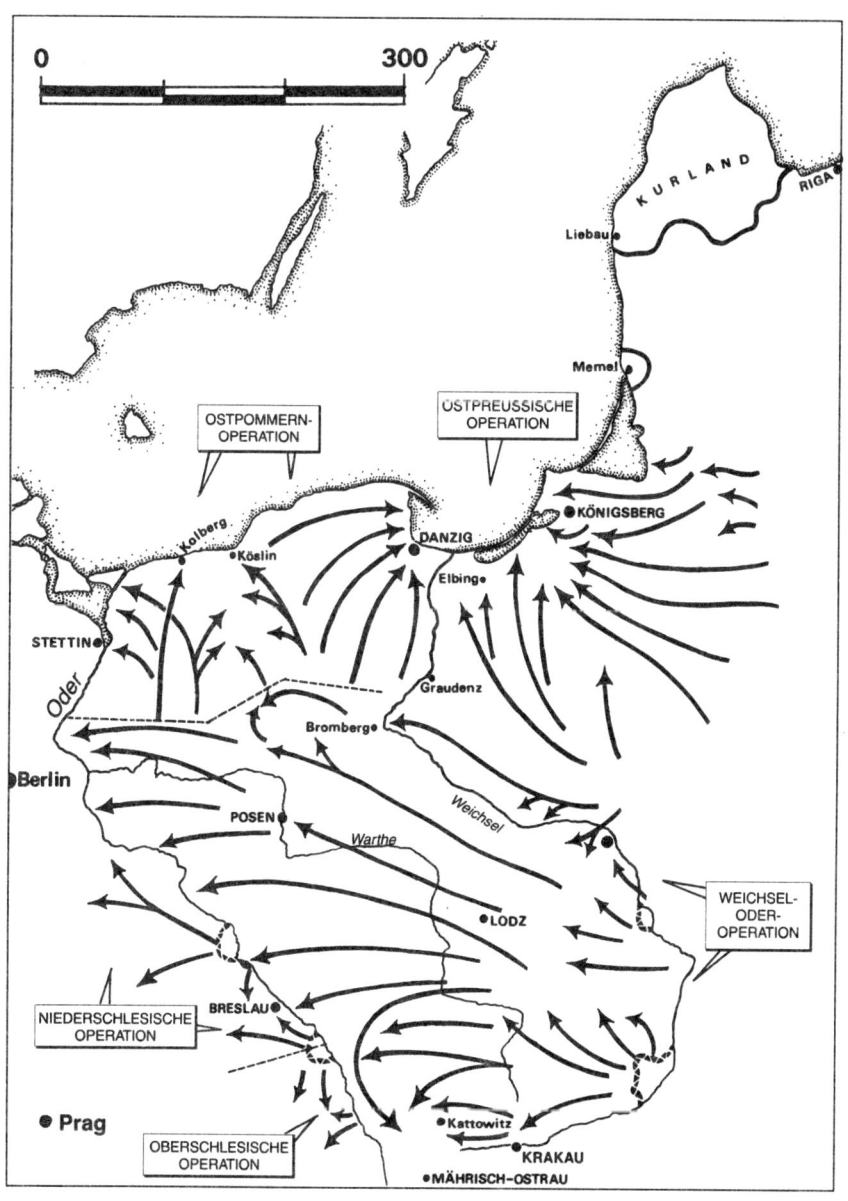

1. Die Operationen von Januar bis April 1945 im Überblick

31

Stalins privates Antlitz war weniger zugänglich. Es war nicht lange her, daß man ihn, von Krankheit und Erschöpfung überwältigt, bewußtlos an seinem Schreibtisch aufgefunden hatte. Als Marschall Georgij Konstantinowitsch Schukow im März 1945 in Stalins Datscha bestellt wurde, hatte auch er den Eindruck, daß »sein Äußeres, seine Gesten und seine Redeweise [...] eine großte Müdigkeit« ausdrückten. Schukow wagte es, ihn zu fragen, ob er etwas von seinem Sohn Jakow gehört habe, der als Artilleriehauptmann diente und im Juli 1941 den Deutschen in die Hände gefallen war. »Er antwortete nicht gleich. Nach mehr als hundert Schritten sagte er gepreßt: ›Jakow wird der Gefangenschaft nicht lebend entkommen. Diese Mörder werden ihn erschießen.‹« (Schukow, S. 572)

Die sowjetischen Kommandeure

Die Befehlshaber der sowjetischen Bodenstreitkräfte hatten die härteste Schule durchlaufen, die man sich denken kann. Sie waren Überlebende der Säuberungen von 1937–1940 und hatten den nationalen Notstand von 1941 und Anfang 1942 durchgestanden, als neben der Gefahr, von den Deutschen getötet oder gefangen zu werden, das sehr reale Risiko bestand, von der eigenen Seite wegen Versagens erschossen zu werden. Danach wurde es den vielversprechenderen Offizieren gestattet, zu lernen und ihre Fähigkeiten zu verbessern, was zur Folge hatte, daß Stalin Anfang 1945 aus einem bemerkenswert reichen Reservoir an Talenten auf der mittleren und höheren Befehlsebene schöpfen konnte.

Die ideologische Zuverlässigkeit wurde durch ein System von Politoffizieren (Kommissaren) gewährleistet, und obwohl stets Sicherheitskräfte bereitstanden, um den Gehorsam, wenn nötig, mit Gewalt zu erzwingen, verschwendete die Sowjetunion keine Mittel auf die Bildung eines bewaffneten Arms der Partei an der Front, wie ihn auf der anderen Seite die SS darstellte. Am 15. März 1945 erwähnte Goebbels Hitler gegenüber, daß er ein vom deutschen Generalstab verfaßtes Buch über die sowjetischen Marschälle und Generale durchgesehen habe, und fügte hinzu, daß er den Eindruck gewonnen hätte,

»dass wir mit dieser Führerauswahl überhaupt nicht konkurrieren könnten. Der Führer ist ganz meiner Meinung. Unsere Generalität ist zu alt und zu verbraucht, und sie steht dem nationalsozialistischen Gedanken- und Haltungsgut völlig fremd gegenüber. Ein grosser Teil unserer Generäle will nicht einmal den Sieg des Nationalsozialismus. Dagegen sind die Sowjetgeneräle nicht nur vom Bolschewismus fanatisch überzeugt, sondern sie kämpfen ebenso fanatisch für seinen Sieg, was natürlich der Sowjetgeneralität eine gewaltige Überlegenheit gibt.« (Goebbels, S. 273)

Der Roten Armee war bis hinunter zu den Panzer- und motorisierten Brigaden, die in der Regel weit vor ihren Stammverbänden operierten, ein gewisses Maß an eigenständigen militärischen Entscheidungen gestattet. So war es möglich, daß ganze Panzerarmeen von sich aus dramatische Manöver ausführten, die den Verlauf einer Operation verändern konnten. Nach Konews Ansicht besaß kein Kommandeur größere Einsicht in die Möglichkeiten der Panzerwaffe als Pawel Semjonowitsch Rybalko, und ein anderer sowjetischer Offizier attestierte ihm:

»Generaloberst Rybalkos 3. Gardepanzerarmee genoß verdientermaßen ein hohes Ansehen. Ihr kommandierender Offizier war ein meisterhafter Taktiker und ein mutiger Soldat. Wann immer diese Armee in Aktion trat, fuhr er im führenden Panzer und übernahm das unmittelbare Kommando auf dem Schlachtfeld, indem er über Funk mit den anderen Panzern, der Infanterie und den Flugzeugen in der Luft in Kontakt blieb.« (Korjakow, S. 63)

Bezeichnenderweise war es eben dieser Rybalko, der fast als einziger General die Zivilcourage besaß, zu protestieren, als Marschall Schukow einige Zeit nach dem Krieg in die Wüste geschickt wurde.

Die allgemeinen Armeen bewegten sich naturbedingt langsamer voran. Dennoch hatten sich einige von ihnen bis zum Beginn der letzten Kämpfe einen beachtlichen Ruf erworben und waren mit dem Zusatz »Garde-« geehrt worden (was unter anderem mit höherem Sold und besserer Verpflegung belohnt wurde). Besonders hervorgetan hatte sich Generaloberst Tschuikows 8. Gardearmee. Wassilij Iwanowitsch Tschuikow (1900–1982) war ein scharfsichtiger und unabhängig denkender Offizier, der sich nicht einmal von dem furchtgebietenden Marschall Schukow einschüchtern ließ.

Im ersten Teil unserer Geschichte werden uns besonders zwei Frontkommandeure beschäftigen, Schukow und Konew. Georgij Konstantinowitsch Schukow (1896–1974) besaß eine Autorität, die weit über seinen eigentlichen Befehlsbereich hinausreichte. Er stammte aus einer armen Bauernfamilie und diente als einfacher Kavallerist in der zaristischen Armee, bevor er als Organisator der berittenen und motorisierten Streitkräfte der Sowjetunion vor dem Zweiten Weltkrieg zu Berühmtheit gelangte. In der Schlacht am Chalchin-Gol in der Mongolei (August 1939), in der er die japanischen Truppen schlug, bewies er sein Talent für die Führung umfangreicher Operationen. Er befehligte die Verteidigung von Moskau (Oktober–Dezember 1941) und den erfolgreichen Angriff bei Kursk (Juli 1943). Im Januar 1943 war er zum Marschall der Sowjetunion ernannt worden. Von den Soldaten verehrt, ging er mit Politkommissaren ziemlich schroff um, und für den stets mißtrauischen Stalin waren seine Popularität und sein herausragendes Können Grund genug, ihm recht reserviert gegenüberzustehen.

Im Juni 1944 übernahm Schukow als Vertreter der STAWKA die Koordination der Belorussischen Operation. Später im Jahr zog Stalin selbst diese Aufgabe an sich, und Schukow wurde im November zum Befehlshaber der 1. Belorussischen Front ernannt, einer der beiden Armeegruppen, die im Januar des folgenden Jahres die große Offensive in Richtung Berlin vortragen sollten.

Schukows Führungsstil bestand im direkten, inspirierenden Kontakt mit seinen Untergebenen; er legte daher großen Wert auf persönliche Erkundungen und Einweisungen. Kurz vor dem Beginn der Offensive erfuhren die höheren Offiziere der 5. Stoßarmee, unter ihnen Oberst W. S. Antonow, daß Schukow auf dem Weg zu ihnen war.

»Wenig später sahen wir, daß zwei Fahrzeuge mit großer Geschwindigkeit über den unbefestigten Weg in unsere Richtung fuhren. Als sie die Hügelkuppe erreichten, hielten sie an. Die Tür des ersten Autos öffnete sich; ein untersetzter Offizier in kurzem Khakimantel stieg aus und kam mit großen Schritten auf uns zu.

General Nikolaj Jerastowitsch Bersarin meldete Schukow, daß alle höheren Offiziere anwesend seien, und der Marschall nahm ihn zur Seite, um mit ihm zu sprechen, wobei er, wie Oberst Antonow sehen konnte, ein Lächeln auf dem Gesicht hatte. Das Gespräch endete mit einigen barschen Ausrufen Schukows: »Nun, was auch passiert, wir werden keine Zeit verlieren! Machen wir uns an die Arbeit!«

Die Divisionskommandeure wurden einzeln zum Rapport bestellt. Antonow war als erster an der Reihe. Als er seinen Bericht abgeschlossen hatte, wollte Schukow von ihm wissen, warum er die Regimenter der zweiten Staffel weiter hinten aufgestellt hatte, als es in den Befehlen festgelegt worden war. Antonow erklärte, daß dort das abfallende Gelände eine bessere Deckung bot, daß er die Regimenter aber nach vorn führen werde, sobald der Angriff begonnen hätte. »Das war mal ein intelligenter Bericht«, sagte daraufhin Schukow in ruhigem Ton. »Das hört sich alles sehr vernünftig an. Denken Sie nur daran, Oberst, diese Regimenter der zweiten Staffel nicht aus den Augen zu verlieren.«

Am Ende seines Besuchs rief Schukow noch einmal sämtliche Divisionskommandeure zu sich und erkundigte sich bei jedem von ihnen nach seiner Karriere an der Stabsakademie. Dann schüttelte er ihnen die Hand und machte sich wieder auf den Weg. Antonow hatte den Eindruck, daß er sich seiner eigenen Vergangenheit erinnert hatte. (Antonow, S. 195f.)

Die andere Armeegruppe an der Mittelachse war die 1. Ukrainische Front, befehligt von Marschall Iwan Stepanowitsch Konew (1897–1973), dem Günstling Stalins. Wie sein Rivale Schukow war Konew ein Mann von eisernem Willen, kam allerdings nicht aus so ungünstigen Verhältnissen wie dieser und war der einzige unter den sowjetischen Oberbefehlshabern, der seine militärische Laufbahn als Politoffizier begonnen hatte. Erst Mitte der zwanziger Jahre war er in das Korps der regulären Offiziere übergewechselt. Im Großen Vaterländischen Krieg bewies er seine Fähigkeit zur Führung von Offensivoperationen erst relativ spät, nämlich beim Gegenangriff von Kursk, befreite dann aber im Verlauf des Jahres 1944 in höchst wirkungsvoller Weise große Gebiete der Ukraine. Im Februar desselben Jahres wurde er zum Marschall ernannt.

Konews Kriegsmemoiren sind analytischer und im Stil literarischer als die fachmännischen Aufzeichnungen Schukows. Sein politischer Instinkt war stets gut ausgebildet, und die Telefongespräche, die er fast jede Nacht mit Stalin führte, taten ein übriges, um ihm die Gunst des Obersten Befehlshabers zu erhalten. Konew war stolz auf die peinlich genaue Planung seiner Operationen und die Präzision, mit der er seinen Untergebenen seine Absichten vermittelte, aber:

»Es war mir stets zuwider, wenn in meiner Gegenwart Vorgesetzte ihren Unterstellten stur, formal und ohne Gefühl dafür, daß sie Menschen vor sich hatten, Aufgaben stellten. [. . .] Formal scheint alles richtig, doch es klingt trocken, herzlos und zeigt, daß jeder Kontakt zum Unterstellten fehlt.« (Konew, S. 39)

Zumindest in diesem Punkt waren Konew und Schukow einer Meinung.

Die sowjetischen Ressourcen

Die sowjetische Kriegsindustrie befand sich mitten in der zweiten der beiden großen Umstellungsphasen, die sie während des Großen Vaterländischen Krieges durchlief. Die erste war die des Aufbaus von Produktionsstätten im Schutz des Urals gewesen. Jetzt, in der zweiten Phase, wurden die Zechen und metallurgischen Fabriken im Donez-Becken und in anderen befreiten Gebieten der Sowjetunion wieder in Betrieb genommen, was den Gesamtausstoß der Produktion, zusätzlich zu dem beachtlichen Ergebnis der sibirischen Industrie, erheblich vergrößerte.

Die Sowjetunion produzierte 1944 schätzungsweise 29 000 Panzer und Sturmgeschütze, 40 300 Flugzeuge, 122 500 Kanonen und Granatwerfer sowie 184 Mio. Granaten, Minen und Flugzeugbomben. (Erickson 1983, S. 405) Dabei muß neben der Quantität auch die Qualität beachtet werden, denn in diesen Zahlen sind 2000 der neuen IS-2-Stalin-Panzer, über 11 000 auf 8,5-Zentimeter-Kanonen hochgerüstete T 34 (T 34/85) und mehr als 3000 neue, auf Panzerchassis montierte 100-, 122- und 152-Millimeter-Sturmgeschütze enthalten. Wie die Krieger von Sparta oder die Grenadiere Friedrichs des Großen riefen die sowjetischen Maschinenwaffen nicht nur in lebendigem Zustand, sondern auch noch nach ihrem Fall ehrfürchtiges Staunen hervor. Joseph Goebbels schrieb, nachdem er am 8. März 1945 ein Schlachtfeld in Schlesien besucht hatte, in sein Tagebuch:

»Sowohl der Marktplatz in Lauban als auch die Anfahrts- und Abfahrtsweg sind übersät mit abgeschossenen feindlichen Panzern. Hier haben unsere Abwehrwaffen tatsächlich ganze Arbeit gemacht. Es beschleicht einen ein heimliches Grauen, diese ungetümen, roboterhaften Stahlkolosse zu sehen, mit denen Stalin Europa unterjochen will.« (Goebbels, S. 166)

Weniger schreckenerregend, aber nicht weniger wichtig war die Flotte ungepanzerter Fahrzeuge, deren Anzahl sich am Ende des Krieges auf 665 000 belief, von denen 427 000 aus amerikanischer Produktion stammten. Diese Fahrzeuge verliehen den Infanterieeinheiten der gepanzerten und motorisierten Verbände ihre Mobilität.

Die Mannschaftsstärke der sowjetischen Streitkräfte war ähnlich beeindruckend. Etwa 7 109 000 Mann standen unter Waffen, von denen sechs Millionen an der Ostfront kämpften, wo ihnen lediglich knapp 2,1 Millionen deutsche Soldaten gegenüberstanden.

Zu dieser generellen Überlegenheit kam hinzu, daß die Truppen mit viel Geschick in jenen Sektoren konzentriert wurden, in denen die Hauptstöße erfolgen sollten. So wurden zum Beispiel in der Zwei-Fronten-Offensive in Zentralpolen nahezu ein Drittel aller Infanterieverbände und 43 Prozent der vorhandenen Waffen eingesetzt. Konews und Schukows 163 Divisionen verfügten somit über

2 203 000	Soldaten,
4 529	Panzer,
2 513	Sturmgeschütze,
13 763	Feldgeschütze (76 Millimeter oder mehr),
14 812	Granatwerfer,
4 936	Panzerabwehrkanonen,
2 198	Katjuschas (Mehrfach-Raketenwerfer, sogenannte »Stalinorgeln«) und
5 000	Flugzeuge.

Der Eindruck einer roboterhaften Streitmacht verliert sich jedoch bald, wenn man die Zusammensetzung dieser Massen näher in Augenschein nimmt. Das menschliche Potential der Sowjetunion war gewaltig, aber nicht unerschöpflich. Zu Beginn unserer Geschichte erreichten nur die besten Panzer- und sonstigen Armeen annähernd ihre Sollstärke. In anderen Truppenteilen gab es Divisionen, die um fünfzig oder sechzig Prozent geschrumpft waren, das heißt nur noch Brigadegröße besaßen, und viele Kompanien gingen anstatt mit 75, mit dreißig oder vierzig Mann in die Schlacht. Die Mannschaften wurden zunehmend mit unausgebildeten Bauern sowie befreiten Kriegsgefangenen und Zwangsarbeitern aufgefüllt, was zu einigen schweren Fällen von Disziplinlosigkeit führte.

Die altgedienten Soldaten, die eine harte, aber zweckmäßige Ausbildung durchlaufen hatten, waren deshalb um so wertvoller. Nicht selten hatten Schläge und grobe Späße zur Erziehung der Rekruten beigetragen. Ein Überlebender erinnerte sich daran, daß er und seine Kameraden ermutigt worden waren, bei ihren Nachbareinheiten zu stehlen, was ihnen selbst verlorengegangen war. »Es war eine Erziehungsmethode – um mutig zu werden bis zur Unverschämtheit.« (Tarassuk, S. 55)

An der Front waren die Bestrafungen noch wesentlich härter als in der Ausbildung. Kommandierenden Offizieren auf der unteren Ebene der kämpfenden Einheiten war keinerlei Eigeninitiative erlaubt, und jeder, der einen Befehl nicht wörtlich und mit Erfolg ausführte, lief Gefahr, ohne viel Federlesens erschossen zu werden oder in einer Strafkompanie unter Kriminellen zu landen, die eingesetzt wurden, um Minenfelder zu räumen oder das feindliche Feuer auf sich zu ziehen; die besten Überlebenschancen hatte man dort noch, wenn man einen Arm- oder Beinschuß abbekam und in die relative Sicherheit der Etappe gebracht wurde.

Der Plan

Schon im Oktober 1944 hatte man in der Sowjetunion darüber nachzudenken begonnen, wie man dem Krieg ein erfolgreiches Ende bereiten könnte. Der Plan entwickelte sich in drei Stufen.

Den Anfang der konkreten Planungen machte General Schtemenko, Chef der Operativen Verwaltung des Generalstabs, als er seine Stellvertreter und die Leiter der Stabsabteilungen zusammenrief, um ein Grundschema auszuarbeiten, das auf der Tatsache aufbaute, daß die Rote Armee der Wehrmacht zahlenmäßig überlegen war und Deutschland von der Sowjetunion und ihren Verbündeten praktisch eingekreist war. »Jetzt bedurfte es nur noch eines letzten Ansturms, um den Gegner in kurzer Zeit endgültig zu schlagen.« (Schtemenko, S. 277) Die Entscheidung würde im Mittelabschnitt fallen, in »Richtung Berlin«, und dafür mußten, so folgerte der sowjetische Generalstab, die deutschen Kräfte vor und während der Hauptoffensive an den Flanken beschäftigt werden.

Der Generalstab schätzte, daß die für November und Dezember geplanten Aktivitäten an den Flanken dafür sorgen würden, daß Deutschland 26 Divisionen in Ostpreußen und 55 in der Nähe von Budapest konzentrieren würde, so daß man im Mittelabschnitt in Polen nur mit 49 Divisionen zu rechnen hatte. Die Kämpfe um Budapest hielten unvermindert an; im Norden jedoch sah der Generalstab die Notwendigkeit, Anfang 1945 weitere Angriffe einzuleiten, um die deutschen Truppen in Ostpreußen einzuschließen und zu schlagen, damit die beiden zentralen Fronten freie Bahn nach Berlin hatten. Der Angriff in Ostpreußen fiel zwei Armeegruppen zu:

– der 2. Belorussischen Front, die von Süden und Südwesten vorstoßen sollte, um Ostpreußen abzuschneiden und die rechte Flanke des Vormarschs auf Berlin zu decken, und
– der 3. Belorussischen Front, die von Osten her einen frontalen Angriff auf Königsberg durchführen sollte, um die dortigen Feindkräfte zu binden.

Um es noch einmal hervorzuheben: Zweck dieser Operationen war es, den Schlag in der Mitte zu erleichtern, wo die 1. Ukrainische und die 1. Belorussische Front, wie man hoffte, die Verbände der Wehrmacht in 45 Tagen fortlaufender Angriffsaktionen vernichten würden. Schließlich »wurde das Vorhaben grafisch niedergelegt, das heißt mit allen Berechnungen und Begründungen in die Karte eingetragen und noch einmal nach allen Seiten hin kritisch erörtert«. (Schtemenko, S. 278)

Die zweite Stufe der Planung begann Anfang November 1944, als der Entwurf des Generalstabs den Oberbefehlshabern und Stäben der einzelnen Fronten vorgelegt wurde, die, zumindest was die anfänglichen Zielsetzungen betraf, genauere Einzelheiten einfügten und Änderungen vornahmen, die den jeweiligen lokalen Gegebenheiten entsprachen. Am 25. November, zum Beispiel, konnte Marschall Schukow das Hauptquartier davon überzeugen, daß es nicht zweckmäßig war, die 1. Belorussische Front auf geradem Weg in Richtung Berlin vorrücken zu lassen, da er sie in ein schwer befestigtes Gebiet geführt hätte, sondern ihre Stoßrichtung statt dessen, an Łódź und Posen vorbei, nach Nordwesten zu verschieben.

Die letzte Stufe der Planung war Ende Dezember erreicht, als der Entwurf noch einmal geprüft und schließlich genehmigt wurde. Vor früheren Operationen war es üblich gewesen, daß die Frontbefehlshaber dem Operationsplan in einer großen Konferenz seine endgültige Gestalt gaben. Diesmal jedoch erstatteten sie Stalin, mit Rücksicht auf seine Rolle als Frontkoordinator, einzeln Bericht.

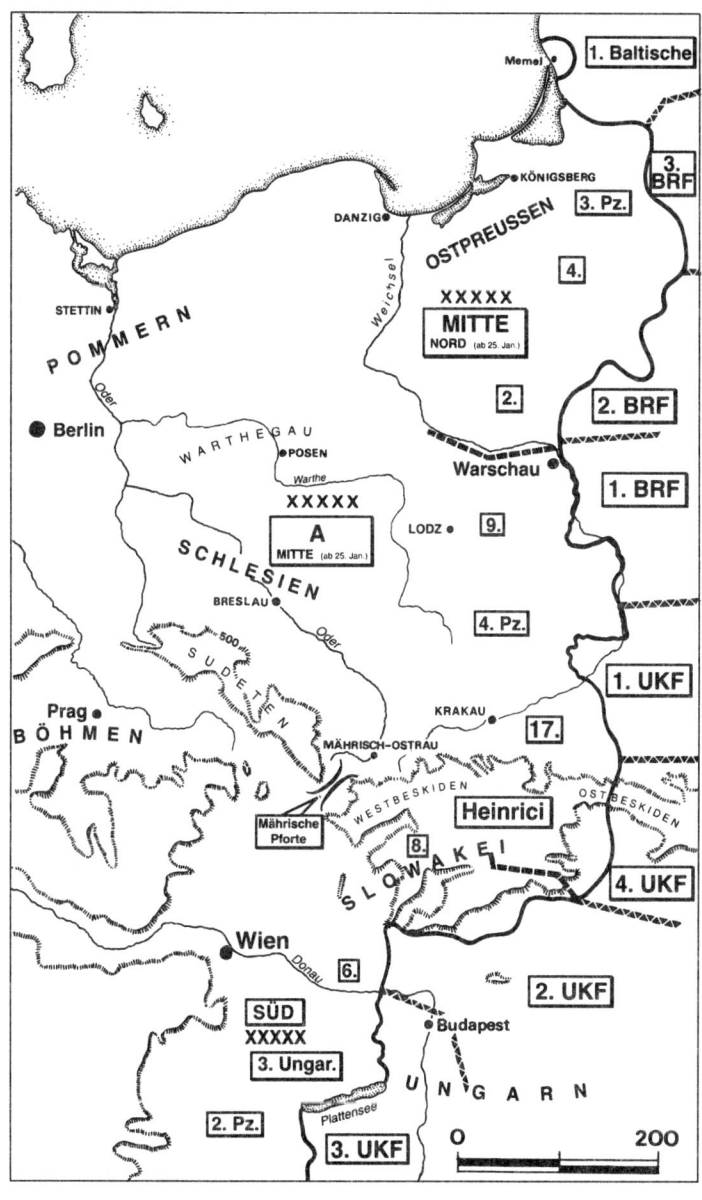

Memel
1. Baltische

KÖNIGSBERG
3. BRF

3. Pz.

DANZIG
OSTPREUSSEN

4.

STETTIN
Weichsel

P O M M E R N

XXXXX
MITTE
NORD (ab 25. Jan.)

Oder

● Berlin
W A R T H E G A U
●POSEN

Warthe
Warschau ●

2.

2. BRF

1. BRF

XXXXX
A
MITTE (ab 25. Jan.)

LODZ ●
9.

S C H L E S I E N

BRESLAU ●

Oder

4. Pz.

500

S U D E T E N

KRAKAU ●
1. UKF

Prag ●
B Ö H M E N

MÄHRISCH-OSTRAU ●

17.

W E S T B E S K I D E N
O S T B E S K I D E N

Mährische
Pforte

Heinrici

S L O W A K E I
8.

4. UKF

Wien ●
Donau
6.

2. UKF

SÜD
XXXXX
3. Ungar.

● Budapest

U N G A R N

2. Pz.
Plattensee

3. UKF

0   200

2. Truppenaufstellung an der Ostfront Anfang Januar 1945

41

Blieb nur noch der exakte Zeitplan festzulegen. Die Sowjetunion hatte sich schon seit langem eine Winteroffensive zur Regel gemacht, nicht zuletzt deshalb, weil der Boden zu dieser Jahreszeit hart gefroren war, wodurch es den gepanzerten und motorisierten Verbänden möglich war, querfeldein zu fahren. Über das ursprünglich festgesetzte Angriffsdatum machen die Quellen unterschiedliche Angaben: Sie nennen entweder den 20. Januar oder einen Zeitpunkt zwischen dem 15. und dem 20. Januar. Beide Eckdaten wurden jedoch hinfällig, als sich Stalin am Ende der ersten Januarwoche entschloß, die Operation um einige Tage vorzuziehen. Nach außen hin reagierte er damit auf ein Telegramm, in dem ihn Winston Churchill am 6. Januar gedrängt hatte, einen Großangriff zu starten, um die Alliierten an der Westfront zu entlasten. Stalin hatte am folgenden Tag geantwortet:

»Wir bereiten eine Offensive vor, haben aber zur Zeit ungünstiges Wetter. Doch in Anbetracht der Lage unserer Verbündeten an der Westfront hat sich der Generalstab des Obersten Befehlshabers entschlossen, die Beendigung unserer Vorbereitungen zu beschleunigen und ohne Rücksicht auf das Wetter an der ganzen Länge unserer Zentralfront nicht später als in der zweiten Januarhälfte eine großangelegte Offensive auszulösen. Sie dürfen beruhigt sein, daß wir alles uns Mögliche tun werden, um den glorreichen Streitkräften unserer Alliierten beizustehen.« (Zit. in: Churchill, S. 327)

Diese Episode ist ein wenig rätselhaft. Die deutsche Offensive in den Ardennen hatte schon lange ihren Schwung verloren, und die Nachfolgeoperation in Lothringen (Unternehmen Nordwind) war keine große Angelegenheit. Wahrscheinlich war Stalin deshalb so schnell bereit, seinen Zeitplan umzustoßen, weil im Februar die Konferenz von Jalta bevorstand und er bis dahin sicherstellen wollte, daß er Polen in der Tasche hatte und seine Truppen ein gutes Stück in Richtung Berlin vorgerückt waren. Hatte sich die Rote Armee erst einmal tief in Mitteleuropa festgesetzt, so das Kalkül, würde der Sowjetunion eine entsprechend wichtige Rolle bei der nach dem Krieg fälligen Neuordnung der Welt zufallen.

Der Zeitplan der sowjetischen Offensive wurde zu einer Folge zeitlich versetzter Schläge auf weit auseinanderliegenden Kriegsschauplätzen umgestaltet, um Deutschland zunächst einmal aus dem Gleichgewicht zu bringen. Den Anfang sollte am 12. Januar Konews 1. Ukrainische Front machen. Am 13. war die 3. Belorussische Front (Tschernjachowskij) im nördlichen Ostpreußen an der Reihe, und am 14. schließlich sollten die 1. Belorussische Front (Schukow) im nördlichen Polen und die 2. Belorussische Front (Rokossowskij) im südlichen Ostpreußen gleichzeitig losschlagen.

Die Vorbereitungen für die Weichsel-Oder-Operation im einzelnen

Das vor den Fronten von Konew und Schukow liegende Kampfgebiet war eine fünfhundert Kilometer breite und über fünfhundert Kilometer tiefe Ebene, die sich von der Weichsel bis über die Oder hinaus erstreckte – von Westpolen über Schlesien bis nach Brandenburg. Die Bedingungen begünstigten rasche Angriffsbewegungen: Der unter einer dünnen Schneedecke liegende Erdboden war hart wie Eisen, die Flüsse und Kanäle waren zugefroren, und das Gelände war, bis auf die Bergregion der Łysogóry nördlich von Kielce und ein dichtes altes Waldgebiet entlang der Pilica, flach und offen. Zu den obersten Prioritäten der Operation gehörte es, die gepanzerten Spitzen in ständiger Vorwärtsbewegung zu halten, an Kielce und den anderen Städten vorbei vorzustoßen und die Flüsse Pilica, Radomka und Nida hinter sich zu bringen, bevor die Wehrmacht sie als Verteidigungslinien nutzen konnte.

Die Grundzüge der gemeinsamen Offensive der beiden Fronten in Zentralpolen waren von drei Brückenköpfen vorgegeben, die die Rote Armee im Spätsommer 1944 auf der Westseite der Weichsel erobert hatte, nämlich:

- dem ausgedehnten Brückenkopf Baranow im Abschnitt der 1. Ukrainischen Front und

43

- den kleineren Brückenköpfen Puławy und Magnuszew im Abschnitt der 1. Belorussischen Front.

Da das Flußufer zwischen diesen isolierten Brückenköpfen von den Deutschen gehalten wurde, hätte die Rote Armee bei einem Angriff in den dazwischenliegenden Sektoren zu einem Sturm über die Weichsel ansetzen, das heißt unter Kampfbedingungen ein natürliches Hindernis von einem Kilometer Breite überwinden müssen. Die Weichsel-Oder-Operation war deshalb im wesentlichen unter Ausnutzung der drei Brückenköpfe geplant worden. Erst nach dem Beginn der Offensive sollte die 47. Armee an Schukows äußerster rechter Flanke unterhalb Warschaus den Fluß überqueren. Ein weiterer Grundzug der Operation war ihre nordwestliche Stoßrichtung, welche die Angriffskeile zwar von der direkten Route ins Reich abdrehen, sie aber nördlich an einigen schwer einnehmbaren Stützpunkten und Ortschaften vorbeiführen würde.

Der Brückenkopf Baranow zog sich 75 Kilometer an der Weichsel hin und war fast sechzig Kilometer tief. Es war der bei weitem größte Brückenkopf am anderen Ufer der Weichsel, aber dennoch mit rund neunzig Prozent der Truppen der 1. Ukrainischen Front – fünf kompletten allgemeinen Armeen und den beiden Panzerarmeen – bis zum Bersten gefüllt. Konew hatte vor, seinen Durchbruch auf einer Frontlänge von 39 Kilometern zu bewerkstelligen, wobei er besonders auf zwei Achsen vorgehen wollte – derjenigen von Rybalkos 3. Gardepanzerarmee im Süden (die bei Radomsko abschwenken und das oberschlesische Industrierevier im Norden umgehen sollte) und derjenigen von Leljuschenkos 4. Panzerarmee im Norden (die den Befehl erhielt, mit der Südflanke von Schukows Front zusammen eine Zangenbewegung gegen die deutschen Truppen im Raum von Kielce und Radom durchzuführen).

Der Brückenkopf Puławy an Schukows linker Flanke war der kleinste der drei in die Operation einbezogenen Brückenköpfe und bot nur Platz für zwei allgemeine Armeen, weshalb hier zwei Panzerkorps (das IX. und das XI.) die Rolle übernahmen, für die in den anderen beiden Brückenköpfen komplette Panzerarmeen zur Verfügung standen. Sie sollten den Angriff der 1. Ukrainischen Front gegen die deutschen Gruppierungen im Raum Kielce-Radom unterstützen.

Schukows Hauptkräfte waren im Brückenkopf Magnuszew und in dessen Nähe bereitgestellt worden, der zwar bis zu 23 Kilometer tief, aber mit rund zwanzig Kilometern Breite recht schmal war, so daß dort – angesichts von zwei allgemeinen Armeen, die im Brückenkopf selbst lagen, einer dritten, die auf beiden Flußufern aufmarschiert war, und zwei Panzerarmeen, die dicht dahinter am Ostufer der Weichsel standen – ein ziemliches Gedränge herrschte.

Im einzelnen bestand die geplante Offensive der 1. Belorussischen Front wie diejenige von Konews Front aus mehreren Schlägen, und auch hier sollten die beiden Panzerarmeen den Vormarsch anführen. Am linken Flügel würde die 1. Gardepanzerarmee westnordwestlich in Richtung Łódź und Posen vorgehen, während die 2. Gardepanzerarmee am rechten Flügel Warschau im Süden umgehen und in etwa parallel zum Unterlauf der Weichsel nordwestlich bis ins Gebiet von Bromberg vorstoßen würde, wo der Fluß eine scharfe Biegung nach Nordosten machte.

Die Planung für beide Fronten reichte nicht über die ersten Tage hinaus, in denen eine grobe Linie, die von Tschenstochau über Posen nach Bromberg führte, angezielt wurde. Der Name »Weichsel-Oder-Operation« wurde der Offensive erst dann hastig verliehen, als die Rote Armee die Linien der Anfangsphase bereits überschritten hatte und ein gutes Stück auf dem Weg an die Oder und ins Reich vorangekommen war.

Ein gewisses Überraschungsmoment ist für jede militärische Operation von Wert, und für den Erfolg der sowjetischen Offensiven in der Spätphase des Großen Vaterländischen Krieges, als sich die Fronten auf den Zugang zur großen westeuropäischen Halbinsel einengten, war es besonders wichtig. Die Rote Armee hatte die Techniken der *maskirowka,* des Tarnens und Täuschens, bis zu diesem Zeitpunkt bereits zu einer ausgeklügelten Kunst entwickelt, deren Mittel von beiden Fronten eingesetzt wurden, einschließlich manch altehrwürdiger List aus dem Grundvokabular der Kriegführung.

Die Verbände wurden, unter Umgehung bewohnter Gebiete, im Schutz der Dunkelheit Schritt für Schritt an ihre Aufmarschgebiete herangeführt, während andernorts umfangreiche Aktivitäten vorgetäuscht wurden, indem man die Einheimischen durch auffällige Straßen- oder Rundfunkdurchsagen darauf vorbereitete, daß sie in Kürze ihre Wohnungen verlassen müßten, um den anmarschierenden Truppen Platz zu machen. Gleichzeitig wurde strengstens auf Geheimhaltung geachtet; jeder erfuhr nur das, was er unbedingt wissen mußte – Regimentskommandeure hatten keine Ahnung von den Aufgaben ihrer Division, Kompanie- und Zugführer waren im ungewissen über die Rolle ihres Regiments, und den einfachen Soldaten wurde ein bevorstehender Angriff erst ein, zwei, höchstens drei Stunden vor seinem Beginn mitgeteilt.

Die wahrscheinlich größte »Maskerade« war die Aufstellung von Attrappenverbänden im Abschnitt der 6. Armee an der äußersten linken Flanke von Konews Front, südlich der oberen Weichsel. Oberst Samoilow und seine Pioniere und Infanteristen hatten am 21. Dezember mit der Arbeit begonnen und wenig später Attrappen von 320 T 34, 250 anderen Fahrzeugen und 600 Geschützen fertiggestellt, die Anfang Januar mit Hilfe des IV. Gardepanzerkorps, das für kurze Zeit aus dem Gebiet des Brückenkopfs Baranow herübergekommen war, zur gefälligen Beachtung durch die Deutschen aufgestellt wurden. Sie wurden zu diesem Zweck zwar gut getarnt, aber nicht *zu* gut. Die T-34-Attrappen waren für gewöhnlich mit Sackleinen bespannte Drahtgestelle; es gab allerdings auch exaktere Modelle, die an wichtigen Punkten plaziert wurden. Andere Attrappen konnten mit Hilfe von Seilen und Winden auf und ab bewegt werden, und um dem Ganzen den Anschein von Realität zu geben, fuhren einige wenige echte Fahrzeuge zwischen den unbeweglichen Fälschungen hin und her.

Die Wehrmacht tappte, wie beabsichtigt, in die für sie aufgestellte Falle. Ihre Aufklärung ortete das IV. Gardepanzerkorps im Abschnitt der 6. Armee, und sie zog daraus den irrigen Schluß, daß ein großer Angriff in Richtung Krakau bevorstand. Sie unterschätzte insgesamt das Ausmaß der Truppenkonzentration, die sich in den drei sowjetischen Brückenköpfen vollzog, und die Heranführung von neun kompletten Armeen und einem Panzerkorps aus der STAWKA-Reserve, die an der Offensive in Zentralpolen teilnehmen sollten, entging ihr völlig. Die STAWKA-Reserve (RWGK), die unmittelbar Stalins Befehl unterstand, umfaßte sämtliche Panzerarmeen und war »die wesentliche Quelle der Kräfte« geworden, »die gebraucht wurden, um in entscheidenden Momenten mächtige Angriffsgruppierungen an den wichtigsten Achsen zu bilden«. (Dick, S. 108)

Die logistischen Vorbereitungen waren gründlich. Beide Fronten waren, als die Offensive begann, reichlich mit Nachschub ausgestattet. Am Beispiel von Schukows Armeegruppe läßt sich veranschaulichen, um welche Mengen es sich dabei handelte. Oberste Priorität hatte die Versorgung mit Munition; daneben mußte die 1. Belorussische Front aber auch den Treibstoff für gut 2000 Panzer und Sturmgeschütze, 7000 Lkws, 3000 schwere Artilleriezugmaschinen und 2500 Flugzeuge sowie die für die Verpflegung der Truppen täglich benötigten 1500 Tonnen Brot und 220 Tonnen Fleisch bereitstellen. Die Depots wurden mit Hilfe von 1200 Eisenbahnzügen (mit 68 000 Waggons) gefüllt, und Tausende von Lastkraftwagen wurden überholt, um den Nachschub von den Endbahnhöfen an die jeweiligen Bestimmungsorte zu transportieren.

Die Schienenstränge in Ostpolen waren auf die russische Spurweite verbreitert worden, was für sich genommen schon eine enorme Leistung darstellte, und der Transport in die Brückenköpfe auf der anderen Seite der Weichsel war ein besonders schwieriges Unterfangen, da die sowjetischen Pioniere erst wenige Brücken fertiggestellt hatten, die außerdem nicht sonderlich stabil waren. Als im Dezember der Wasserstand anstieg und das Eis aufbrach, zeigte sich, daß die Weichsel ein tückischer Fluß war:

»Unterhalb der Wasseroberfläche bewegten sich Eisschollen beinahe auf der Flußsohle und stauten sich unsichtbar an den Brückenpfeilern. Dadurch vergrößerte sich der Druck der Strömung, und die Ufer und das Flußbett um die Brückenpfeiler herum wurden unterspült.« (Tschuikow 1966, S. 53)

Man setzte Zugmaschinen ein, um die Eisschollen von den Pfeilern wegzuziehen und anschließend zu sprengen oder durch Beschuß mit 120-Millimeter-Granaten zu zertrümmern.

Die Rote Armee hatte die Weichsel im Juli und August 1944 überschritten. In den ersten Wochen danach waren ihre Brückenköpfe unter feindlichem Druck zwar etwas geschrumpft, aber der Ansturm der Wehrmacht war im September verebbt, und so konnten die Russen fast vier Monate lang unbehelligt ihre nächste Offensive vorbereiten. Es war eine relativ ausgedehnte Schonfrist, und sie wurde gut genutzt.

Da die Rote Armee jetzt auf ausländischem Boden kämpfte, konnte sie sich nicht mehr auf ein bereits vorhandenes Agentennetz hinter den feindlichen Linien stützen und war gezwungen, intensive Aufklärung zu betreiben, um sich ein genaues Bild der deutschen Verteidigungsmaßnahmen und der Gruppierungen und Bewegungen der Wehrmacht zu machen. Die Erkundung in der Tiefe erfolgte durch den Einsatz von Spähtrupps (den Vorgängern der *speznas*) und Aufklärungsflugzeugen, die bis zu fünfhundert Kilometer ins deutsche Hinterland vordrangen und regelmäßig Fotografien der vorderen Stellungen anfertigten.

Marschall Konew behauptet (möglicherweise um seinen Ruf als kämpfender Soldat zu festigen), daß er es nicht als unter seiner Würde betrachtete, persönlich - auf allen vieren kriechend - das Gelände zu erkunden:

> »Einige Theoretiker, die die operative Kunst überbewerten, sind zwar der Meinung, daß die vorbereitende Arbeit im Gelände nicht Sache der operativen Abteilung, sondern der Kommandeure der unteren Führungsebene sei. Ich glaube aber, daß sich eine eingehende Vorbereitung im Gelände und die nachfolgende Umsetzung theoretischer Postulate in die Praxis durchaus miteinander vertragen.« (Konew, S. 9)

Manchmal wurden für Aufklärungsaufgaben auch größere Verbände eingesetzt. So erhielt Oberst Antonow Ende November 1944 den Befehl, mit seiner Division den Raum in Richtung Warschau zu sondieren.

»Es war ein klarer, frostiger Tag. Wir folgten der Straße, die westwärts über eine Ebene mit einzelnen Waldgebieten führte und uns
in die Nähe von Praga, einer Vorstadt von Warschau, brachte. Vor
uns lag ein Ruinenhaufen, von dem aus man einen guten Blick
über die Umgebung hatte – das Terrain im Süden von Praga war offen und flach, während sich im Norden und Osten die dunklen
Wälder des Weichseltals ausbreiteten. Durchs Fernglas waren die
rauchenden Ruinen von Warschau zu erkennen. Die Westseite der
Weichsel und das Flußufer selbst waren mit Leichen übersät – teils
in Zivilkleidern, teils in Uniformen. Vor dem qualmenden Hintergrund zeichneten sich in düsterer Weise die Skelette von Häuserzeilen ab. Wir waren wie erstarrt bei diesem furchtbaren Anblick.«
(Antonow, S. 181)

Schukow schloß aus Antonows Bericht, daß es unmöglich war,
die 5. Stoßarmee im direkten Angriff gegen Warschau über die
Weichsel setzen zu lassen.

Die Erkenntnisse der Aufklärung gingen umgehend in die operativen und taktischen Planungen ein, die anschließend in Stabsspielen und Kommandostabsübungen, die bis hinunter zur Regimentsebene stattfanden, durchexerziert und eingeübt wurden.
Diese Probeläufe konnten sich mehrere Tage lang hinziehen, und
sie erwiesen sich als äußerst nützlich, da sie versteckte Mängel
aufdeckten und das Zusammenspiel zwischen den einzelnen
Waffengattungen und Truppenteilen vervollkommneten.

Den letzten Schliff erhielten die Pläne in den letzten Tagen vor
der Offensive von den beteiligten Frontbefehlshabern. In dieser
abschließenden Phase wurde Amazasp Chatschaturowitsch
Babadschanjan als Kommandeur des IX. Gardepanzerkorps kurz
vor dem Angriffstermin zusammen mit den Kommandeuren der
anderen Panzer- und motorisierten Verbände zu seinem Frontbefehlshaber Marschall Schukow bestellt.

»Alle kannten Schukows schroffes Wesen und waren dementsprechend aufgeregt. Nicht alles, was man sich über den Marschall erzählte, war aus der Luft gegriffen. Es entspricht aber nicht der
Wahrheit, daß er grundlos grob wurde und seine Unterstellten
würdelos behandelte. Er liebte tapfere, sachliche, energische und

49

kühne Menschen. Feiglinge und Faulpelze hatten bei ihm allerdings nichts zu lachen.«

All das erfuhr Babadschanjan aber erst später, und so ging er, der erst Oberst war, mit einigem Herzklopfen in Schukows Arbeitszimmer, um ihm, in Anwesenheit zweier Generale aus dessen Stab, Bericht zu erstatten. Schukow zeigte sich zufrieden über die Gefechtsbereitschaft von Babadschanjans Korps. Dann wechselte er plötzlich das Thema und sagte:

> »›Es gibt zwei Kategorien von Menschen. Die einen träumen davon, in ihrem Bett zu sterben, die anderen ziehen den Tod auf dem Schlachtfeld vor. Wozu gehören Sie?‹
> ›Zur zweiten, Genosse Marschall.‹ Meine Antwort kam wie aus der Pistole geschossen.
> Schukow lachte lauthals. ›Anders habe ich es nicht erwartet.‹«

Danach kam Schukow aufs Thema zurück und erläuterte die Aufgabe der Panzerverbände:

> »›Die Panzerverbände sollen die gegnerische Verteidigung aufspalten, zügig und möglichst tief ins Hinterland des Gegners vorstoßen, seine Truppenführung und die Versorgung desorganisieren sowie Panik verursachen. Der Gegner darf sich keinesfalls festsetzen und Widerstandsknoten ausbauen. Stoßen Sie unbeirrt vor.‹« (Babadschanjan, S. 199f.)

Für viele sowjetische Soldaten war die Kampfpause in den Brückenköpfen eine Zeit knochenharter Arbeit; sie schaufelten Schützengräben und waren mit der Heranschaffung von Proviant und Ausrüstung beschäftigt. Die Truppenteile waren eng zusammengepfercht, und die systematischen deutschen Artillerieangriffe sowie die Bomben und Bordgeschütze der deutschen Jagdbomber forderten trotz aller Tarnung und anderer Formen der *maskirowka* einen erheblichen Blutzoll.

Die Politoffiziere taten, was sie konnten, um die Moral der Truppe aufrechtzuerhalten. Zur Auflockerung des von Langeweile geprägten Einerleis der politischen Schulungen und der Zeitungsartikel ließen sie alte Kämpfer von früheren Siegen der Roten Armee erzählen, und in einigen Frontabschnitten taten sie ein übriges, indem sie die Soldaten an die Stätten der Nazigreuel führten, wie im Fall der 1. Gardepanzerarmee, bei der der Anblick und der Geruch des Todeslagers von Maidanek einen besonders nachhaltigen Eindruck hinterließen.

Die Bemühungen, die Truppe bei Laune zu halten, gipfelten, wenn möglich, in Schießübungen mit scharfer Munition. Für Leljuschenkos 4. Panzerarmee zum Beispiel war es ein anregendes Erlebnis, ihre neuen IS-2-Stalin-Panzer und die 152-Millimeter-Sturmgeschütze M 43 an erbeuteten deutschen Panzern auszuprobieren. Einer der Politoffiziere beobachtete dabei, wie ein altgedienter Panzersoldat eine Gruppe seiner Kameraden zu einem Tiger-Panzer führte, der von zahlreichen Einschußlöchern übersät war, und sie darauf hinwies, daß die Frontpanzerung 100 Millimeter dick war. Sie sollten deshalb unnötigen Ärger vermeiden und auf die Seiten oder die Rückfront zielen. (Krainjukow, S. 57)

Alles in allem waren in der gesamten Militärgeschichte nur wenige Heere besser auf ihre Aufgabe vorbereitet als Konews und Schukows Armeegruppen am Vorabend der Weichsel-Oder-Operation.

KAPITEL 4

Das Reich vor dem Sturm

Die Führung

Adolf Hitler war kein großer Mann, jedenfalls nicht, wenn man diese Bezeichnung mit der Vorstellung bleibender Werte verbindet. Er besaß aber zweifellos gewisse Eigenschaften dessen, was man Größe nennt, die ihn befähigten, eine Nation in seinen Bann zu schlagen und zu begeistern und eine persönliche Dominanz über Menschen zu errichten, die ihm intellektuell, gesellschaftlich und moralisch überlegen waren.

Dem äußeren Anschein nach war Hitler Ende Januar 1945 der absolute Herrscher über die deutsche Kriegsmaschinerie. Der Prozeß, in dem er diese Position erlangte, hatte lange Zeit vorher begonnen. Das entscheidende Datum war das Jahr 1938 gewesen, in dem der Generalstabschef des Heeres, Generaloberst Ludwig Beck, aufgrund seiner ablehnenden Haltung Hitlers Eroberungspolitik gegenüber zurücktrat und der Reichskriegsminister, Generalfeldmarschall Werner von Blomberg, sowie der Oberbefehlshaber des Heeres, Generaloberst Werner Freiherr von Fritsch, durch sexuelle Erpressung gezwungen wurden, ihre Posten aufzugeben.

Der neue Oberbefehlshaber des Heeres, der inkompetente Generalfeldmarschall Walther von Brauchitsch, wurde 1941 verabschiedet, als Hitler sich entschloß, selbst den Oberbefehl über die Armeen im Osten zu übernehmen, und spätestens nach dem fehlgeschlagenen Attentatsversuch vom 20. Juli 1944 war jedem Offizier klar, daß die geringste Widerspenstigkeit als Verrat ausgelegt werden konnte. Am 19. Januar 1945 schließlich ordnete Hitler an, daß jede geplante Truppenbewegung bis hinunter zur Korps- und Divisionsebene mit ihm persönlich abzuklären sei, bevor sie ausgeführt werden durfte.

Hitler sprach, wenn es um seine militärischen Qualifikationen ging, mit Vorliebe von seiner Zeit als Frontsoldat im Ersten Weltkrieg. Seine gefeierten »Eingebungen« verhalfen Deutschland in den dreißiger Jahren auf diplomatischem Parkett und zu Beginn des Zweiten Weltkriegs auf dem Schlachtfeld zu einer Reihe unvergleichlicher Triumphe. Er verfügte über ein bemerkenswert genaues Gedächtnis, und sein Wissen über die Militärtechnik beeindruckte bei einem Besuch im Führerhauptquartier West in Ziegenberg sogar einen Fachmann wie den Stukaflieger Oberstleutnant Hans-Ulrich Rudel. Hitler hatte ihn in sein Privatzimmer eingeladen, das »geschmackvoll und zweckdienlich einfach eingerichtet« war, und sich mit ihm, angefangen bei der Ju 87, über technische Verbesserungen auf sämtlichen Gebieten der Waffentechnik unterhalten – »alles mit den gleichen erstaunlichen Kenntnissen«. (Rudel, S. 227)

Hitlers Vorstellungswelt war stark von historischen Bezügen geprägt. Vor allem durch das kampferfüllte Leben Friedrichs des Großen fühlte er sich inspiriert, und wenn er auf das über seinem Schreibtisch hängende Porträt des Alten Fritz angesprochen wurde, pflegte er zu erklären: »Vor diesem Bilde hole ich mir immer neue Kraft, wenn die schlechten Nachrichten mich niederzudrücken drohen. Sehen Sie diese gewaltigen, blauen Augen, diese große Stirn. Welch' ein Kopf!« (Guderian, S. 378)

Daß Friedrich der Große ziemlich rauh mit seinen Generalen umgegangen war, verstand er als Rechtfertigung für die Art, in der er selbst diese Offizierskaste behandelte. Im übrigen hatte sich auch Friedrich der Große in hoffnungslos erscheinender Lage gegen alle Wahrscheinlichkeit behauptet; in seinem schwärzesten Jahr, 1759, war Preußen nur durch die Uneinigkeit unter seinen Feinden gerettet worden. Und konnte man nicht mit einigem Recht darauf hoffen, daß das Bündnis zwischen Bolschewiken und Kapitalisten, Deutschlands gegenwärtigen Feinden, durch die eigenen inneren Widersprüche zerbrechen würde? Hitler erläuterte in einer Besprechung mit Generalmajor Thomale Ende Dezember 1944, wie er die Lage sah:

>»Das Umorganisieren wird nie ein Ende nehmen. Die Fabrikationsbedingungen in der Heimat ändern sich, der Ausbildungsstand ändert sich, die Führungsfähigkeit ändert sich auch. Das ist auch nichts Neues. Ich habe vor kurzem in einem Band mit Briefen Friedrichs des Großen gelesen. Der schreibt in einem Brief folgendes: ›Ich bin einst in den Krieg gezogen‹ – das war das fünfte Jahr des Siebenjährigen Krieges – ›mit der wunderbarsten Armee, die es in Europa gegeben hat; ich habe heute einen Sauhaufen, ich habe keine Führer mehr, meine Generale sind unfähig; die Offiziere sind keine Führer mehr, meine, meine Mannschaften sind miserabel.‹ Es ist ein Urteil vernichtender Art. Trotzdem hat der Mann den Krieg doch durchgehalten.« (*Kriegstagebuch*, S. 1647)

Diese Illusion der überlegenen tyrannischen Herrschaft führte dazu, daß es der deutschen Kriegführung an Zielgerichtetheit und Koordination mangelte. Goebbels sah diese Situation und notierte in seinem Tagebuch,»dass wir weder auf dem militärischen noch auf dem zivilen Sektor über eine starke zentrale Führung verfügen, weil alles an den Führer selbst herangetragen werden muss und das nur in einer geringen Anzahl der Fälle überhaupt gemacht werden kann«. (Goebbels, S. 153) Die Folge war das, was Historiker später Hitlers»schwache Diktatur« nennen sollten – eine Polykratie, in der die einzelnen Regierungsbehörden und die Teilstreitkräfte eigene Wege gingen und sich gegenseitig ihre Ressourcen und ihr Prestige streitig machten.

Es war stets schwierig gewesen, Hitler auf geselligere Ebene näherzukommen:

»Er war Vegetarier, Antialkoholiker, Nichtraucher. Das waren an und für sich sehr schätzenswerte Eigenschaften, welche seiner Überzeugung und einer asketischen Lebensweise entsprangen. Verhängnisvoll aber wirkte sich seine menschliche Vereinsamung aus. [. . .] Einsam ging er durch die Welt, erfüllt von seinen gigantischen Plänen.« (Guderian, S. 401)

Gegen Ende des Krieges kam noch hinzu, daß seine Fähigkeit, rationalen Argumentationen zu folgen, durch seinen neurologischen Zustand ernstlich beeinträchtigt war. Er hatte von der Bombe, die am 20. Juli 1944 in seinem alten Hauptquartier in Rastenburg explodiert war, ein unkontrollierbares Zittern zurückbehalten, und seine fieberhafte Erregung war nur unter dem Einfluß von Medikamenten zu besänftigen, die ihm sein Leibarzt, der sinistre Theodor Morell, verschrieb.

Hitler war auch im geographischen Sinn isoliert. Am 16. Dezember 1944, gleichzeitig mit dem Beginn der Ardennenoffensive, hatte er sein Hauptquartier in den Adlerhorst bei Ziegenberg im Taunus in der Nähe von Bad Nauheim verlegt. Einen Monat später war er wieder in Berlin, wo er durch die Betonwände seines Bunkers und die massiv gebaute Reichskanzlei darüber selbst vor Bomben von mehr als 1000 Kilogramm geschützt war. Zossen, das heißt der Bunkerkomplex des Oberkommandos des Heeres, sei nicht sicher, erklärte er, »und zwar nicht deswegen, weil es an sich nicht sicher sein könnte, sondern weil es vom Heer gebaut worden ist, nicht von einer Baufirma. [...] Die Heeresbauten ([des OKH in] Zossen) sind durchgehend Schwindelbauten.« (*Kriegstagebuch,* S. 1656)

Er verließ seine Zufluchtsstätte immer seltener, und der Generalstabschef des Heeres, Generaloberst Heinz Guderian, mußte erhebliche Mühen auf sich nehmen, um ihm zweimal täglich – mittags um 12 Uhr und nach Mitternacht – die angeforderten Lageberichte vorzulegen. Laut Guderian dauerte die Fahrt von Zossen nach Berlin vierzig Minuten, so daß er für die beiden Fahrten jeden Tag drei Stunden verlor, wozu noch die Zeit kam, die die Zusammenstellung der Berichte und die Lagebesprechungen selbst in Anspruch nahmen, die häufig bis zu drei Stunden dauerten. Auch als im Januar die Vorträge teilweise von Verbindungsoffizieren übernommen wurden, blieb Guderian immer noch die Aufgabe, sie einzuweisen.

Das wichtigste Anschauungsmaterial zur Vorlage bei Hitler waren Lagekarten, die von der Operationsabteilung des Generalstabs ständig auf den neuesten Stand gebracht wurden. »Feindliche Angriffe wurden auf den Karten deutlich durch rote Pfeile eingezeichnet, die nicht zu übersehen waren. Darüber hinaus gab es an der Seite der Karten eine Legende, die in klarer graphischer Form den gegenwärtigen Zustand der einzelnen Einheiten zeigte.« (Humboldt, S. 93) Der Maßstab der Lagekarten war 1:300 000, also recht klein, so daß auf jeder Karte nur ein Kriegsschauplatz wiedergegeben werden konnte. General Hans Krebs, der Guderian am 29. März 1945 als Generalstabschef des Heeres ablöste, war so kühn, eine Karte im Maßstab von 1:1 000 000 anzufertigen. Die Wirkung war verheerend: Zum erstenmal waren die Ost- und die Westfront auf einer Karte zu sehen, so daß sofort ins Auge fiel, welche enormen Geländegewinne die Alliierten errungen hatten. Hitler war außer sich und beschimpfte Krebs als Defätisten.

Der Kampf um die Macht

Außerhalb des Führerbunkers war weniger eine klare Machthierarchie zu erkennen als eine Reihe losgelöster Einfluß- und Zuständigkeitszentren, und diese beiden Dinge deckten sich durchaus nicht miteinander.

Neben Hitler ragten insbesondere vier Männer aus der Führung des Reiches heraus. Das Schwergewicht unter ihnen war, körperlich und als populäre Figur, Reichsmarschall Hermann Göring (1893–1946), der Oberbefehlshaber der Luftwaffe und Ministerpräsident (anfangs auch Innenminister) von Preußen. Er hatte sich im Ersten Weltkrieg als Fliegeras hervorgetan und war danach in der NSDAP einer von Hitlers engsten Mitstreitern im Kampf um die Macht geworden. Nach der »Machtergreifung« wurde er mit dem Oberbefehl über die Luftwaffe belohnt, die er zu einer modernen, schlagkräftigen Waffengattung ausbaute. Im Verlauf des Krieges verlor er jedoch das Vertrauen Hitlers, da er allzuoft Versprechungen gemacht hatte, die er nicht einhielt: die Engländer in Dünkirchen zu vernichten, die in Stalingrad eingekesselte 6. Armee mit Nachschub zu versorgen und den deutschen Himmel von feindlichen Bombern freizuhalten.

Männer von Geschmack verachteten Göring wegen des Pomps

seines mit geplünderten Kunstschätzen vollgestopften Jagdsitzes Karinhall, wegen seines geschminkten Gesichts und der Extravaganz seiner Garderobe, die von weiten, zeltartigen Uniformjacken und -mänteln bis zu einer eigenen Version des Jagdanzugs der alten Germanen reichte. Vulgär, brutal und inkompetent, wie er war, verdankte Göring seine letztlich unangreifbare Stellung seiner Beliebtheit bei der großen Masse der Partei, die in ihm den Mann von Welt sah, der es verstand, das Leben zu genießen.

Göring riß sich gelegentlich von Karinhall los, um in der Nähe stationierte Einheiten der Luftwaffe zu besuchen. So präsentierte er sich Ende Januar 1945 den erstaunten Stabsoffizieren des II. Fliegerkorps in der Schorfheide nordwestlich des Oderbruchs,

> »die Pelzmütze auf dem Kopf, an einem langen Überrock eine außergewöhnlich große Pistole in einem besonderen Halfter befestigt, die er abschnallte und auf den Kartentisch legte. Den Stabsoffizieren waren Görings Uniform-Auftritte nichts Neues, doch jene Pistole hatten sie noch nie bei ihm gesehen. Verwundert fragten sie, woher sie stamme. Sie sei, erwiderte Göring, ein Geschenk der deutschen Industrie aus dem Jahre 1938.
> Auf der Karte wurde ihm deutlich gemacht, daß die russischen Spitzen bei Kunersdorf stehen.
> Göring, mit dem Zeigefinger auf den Kartentisch pochend, zitierte als Antwort Friedrich den Großen: ›Kunersdorf, Kunersdorf, dort wollte ich ihnen eine auf die Nuß geben.‹« (Paul, S. 75f.)

Die zweite herausragende Nazigröße war Dr. Joseph Goebbels (1897-1945). Hätte er einem anderen Herrn als Hitler gedient, wäre er möglicherweise als jemand in Erinnerung geblieben, dessen Karriere von schöpferischer Hingabe an seine Aufgabe gekennzeichnet war. Ein größerer Kontrast als der zwischen Goebbels und Göring war kaum denkbar. Die schmale Figur, das spitze Gesicht und der längliche Kopf verliehen Goebbels eine gewisse Ähnlichkeit mit einer altägyptischen Mumie, und im Gegensatz zu Göring nahm seine relative Bedeutung innerhalb der Naziführung gegen Ende des Krieges zu. Als Propagandaminister bereits für alle Belange der Medien- und Öffentlichkeitsarbeit zuständig, wurde er am 24. Juli 1944 außerdem zum Generalbevollmächtigten für den totalen Kriegseinsatz ernannt und begann sofort damit, das deutsche Volk auf einen nationalen Kampf bis zum Tod einzustimmen. Lügen, Phantasievorstellungen und Selbsttäuschungen hatten stets zu Goebbels' Repertoire gehört; gleichzeitig jedoch verfügte er durch sein Amt als Gauleiter von Berlin über direkte Einsichten in die alltäglichen Lebensbedingungen in der unter dem Krieg leidenden Hauptstadt, und in seine mit wirkungsvoller Schauspielerstimme vorgetragenen Reden mischte sich zunehmend ein neuer Zug von eindringlichem Realismus. Die Sowjetunion hatte durch ihre im Oktober 1944 in Ostpreußen begangenen Massaker zu erkennen gegeben, daß sie nicht gewillt war, Gnade zu üben, und Goebbels versuchte die Deutschen davon zu überzeugen, daß angesichts des Terrorbombardements deutscher Städte und der auf der Konferenz von Casablanca im Januar 1943 erhobenen Forderung der bedingungslosen Kapitulation von den westlichen Alliierten kaum etwas Besseres zu erwarten war.

Martin Bormann (1900–1945?), die dritte Größe im Quartett der herausragenden Naziführer, war ein untersetzter, schwitzender Gewaltmensch und Intrigant. Als Hitlers Sekretär bestimmte dieser »finstere Bursche« (Guderian, S. 408), wer Zugang zum »Führer« hatte, und als Leiter der Parteikanzlei kontrollierte er die gesamte politische und administrative Struktur der NSDAP und über sie die des Reichs, da ihre regionalen Repräsentanten, die Gauleiter, zugleich als Reichsstatthalter fungierten, das heißt Partei- und Staatsamt in einer Person vereinigten.

Da die Gauleiter für die örtliche Verteidigung und Verwaltung zuständig waren, waren regelmäßige Konflikte mit den militärischen Stellen unvermeidlich. Aber auch untereinander gerieten sie häufig genug in Streit. So begann der Gauleiter von Oberschlesien, Fritz Bracht, 1944 damit, die Grenzen seines Gaus zu befestigen, wodurch er den Unwillen des Generalgouverneurs von Polen, Hans Frank, auf sich zog, da die Stacheldrahthindernisse und anderen Verteidigungsanlagen in einigen Abschnitten bis auf das Gebiet des sogenannten Generalgouvernements (Polen) reichten. Frank verwehrte Brachts Männern zunächst jeden Zugang zu seinem Herrschaftsbereich, ließ sich dann jedoch so weit erweichen, sie nur unter Polizeikontrolle zu stellen und von den Lkws, die Baumaterial über die Grenze brachten, Einfuhrzölle zu erheben. Bracht wandte sich daraufhin an Hitler und erreichte, daß die Grenze zeitweise vor seine Verteidigungslinien verlegt wurde. Über den Protest, den Frank dagegen einlegte, war noch nicht entschieden worden, als die Rote Armee eintraf und das Problem auf ihre Weise löste.

Können Göring, Goebbels und Bormann noch gewisse menschliche Züge attestiert werden, so verzerrt sie bei ihnen auch gewesen sein mochten, so ist dies im Fall der vierten Größe im Machtzentrum der Nazis nicht möglich. Heinrich Himmler (1900–1945) »lebte nicht auf diesem Planeten« (Guderian, S. 405). Nur ein außergewöhnlich ehrgeiziger und rücksichtsloser Mensch konnte eine derartige Machtstellung erlangen: Himmler war nicht nur der eigentliche Schöpfer und Leiter (Reichsführer) der SS sowie Chef der deutschen Polizei, sondern seit 1943 auch Innenminister und in den letzten beiden Kriegsjahren außerdem Oberbefehlshaber des Ersatzheeres, Chef der Heeresrüstung, Befehlshaber der Heeresgruppe Oberrhein und seit dem 25. Januar 1945 Befehlshaber der neu geschaffenen Heeresgruppe Weichsel.

Es bereitet einige Schwierigkeiten, Himmlers Karriere und das, wofür er verantwortlich war, mit seinem individuellen Erscheinungsbild in Einklang zu bringen. Dieser im persönlichen Umgang durchaus freundliche Mann war der Chef der Allgemeinen SS, die die Wachmannschaften der Todeslager stellte. Umgekehrt waren die schlanken, jungen Krieger der Waffen-SS einem Mann zur Treue verpflichtet, der von furchtsamem Wesen war und dessen hervorstechende körperliche Merkmale ein fliehendes Kinn, feiste Wangen sowie Augen waren, die weniger bebrillt als verglast erschienen.

> »›Himmler war für die Waffen-SS ein Fremdling, den man zwar ertrug, aber nicht so recht würdigte. Man hatte nur zu oft erlebt, wie wenig fundiert seine militärischen Ansichten waren und daß er darin selbst von dem jüngsten Leutnant widerlegt werden konnte‹, urteilte der General der Waffen-SS Steiner, den Himmler selbst allerdings einmal ›seinen ungehorsamsten General‹ genannt hat.« (Murawski, S. 68)

Den deutschen Streitkräften fehlte eine koordinierende Körperschaft, ein einheitliches Oberkommando, das Hitler gegenüber mit einer Stimme gesprochen hätte. Die Schuld daran trug, wie Guderian eingestand, hauptsächlich der Generalstab des Heeres, der sich in den dreißiger Jahren geweigert hatte, einen Teil seiner Kompetenzen abzutreten (Guderian, S. 416, 420–22). Der Wehrmachtführungsstab im Oberkommando der Wehrmacht besaß keinen wirklichen Einfluß, und seine Sitzungen wurden gegen Ende des Krieges, als die Luftwaffe die Masse ihrer Flugzeuge verloren hatte und buchstäblich auf dem trockenen saß, das heißt kaum noch über Treibstoff verfügte, immer sinnloser.

Die Kriegführung wurde zusätzlich dadurch kompliziert, daß die Verantwortlichkeit für die Operationen des Heeres geteilt war, und zwar aus rein geographischen, nicht aus funktionalen Gründen. Diese Struktur stärkte zwar Hitlers Macht als Oberbefehlshaber der Wehrmacht, widersprach aber ansonsten jeglicher Logik.

Das Oberkommando der Wehrmacht (OKW)

Das OKW, das für die Kriegführung in Skandinavien und Westeuropa sowie im Mittelmeerraum und auf dem Balkan verantwortlich war, stand am unmittelbarsten unter Hitlers Diktat. Die Trennlinie zwischen diesem und dem Zuständigkeitsbereich des Oberkommandos des Heeres verlief durch ein zwischen Belgrad und Budapest gelegenes Dorf, weshalb es der Wehrmacht schwerfiel, den Kampf an der Donau als einheitliche Operation zu organisieren. Chef des OKW war der farblose Generalfeldmarschall Wilhelm Keitel (1882–1946), der in Wirklichkeit als Hitlers persönlicher Stabschef fungierte und nur dessen Befehle weitergab. Den Hauptteil der konkreten Arbeit erledigte der Chef des Wehrmachtführungsstabes, Generaloberst Alfred Jodl (1890–1946), der zwar eine aktivere Persönlichkeit war, aber seit einem heftigen Zusammenprall mit Hitler zur Zeit des Stalingrad-Feldzugs davor zurückschreckte, sich noch einmal mit ihm anzulegen.

Das Oberkommando des Heeres (OKH)

Der einzige, der 1945 Hitler gegenüber eine umfassende Sicht des Krieges äußerte, war Generaloberst Heinz Guderian (1888–1954), der vom 21. Juli 1944 bis zum 29. März 1945 als Chef des Generalstabs an der Spitze des für die Ostfront zuständigen OKH stand. Guderian war der führende deutsche Theoretiker, Organisator und Praktiker des Panzerkriegs gewesen und hatte sich mit all seiner schöpferischen Energie und geistigen Unabhängigkeit in die Aufgaben gestürzt, die sein neuer Posten bereithielt. Er nahm kein Blatt vor den Mund, wenn er glaubte, daß der Krieg falsch geführt wurde. Seiner Meinung nach waren Hitler als Österreicher und Jodl als Bayer nicht fähig, die tödliche Gefahr zu begreifen, die dem Reich aus dem Nordosten drohte. »Uns Preußen ging es um die engere Heimat, die so mühsam errungen und in jahrhundertelanger Arbeit der christlichen, abendländischen Kultur erschlossen war, in der die Gräber unserer Ahnen lagen und die wir liebten.« (Guderian, S. 351)

Es muß allerdings gesagt werden, daß nicht alle Angelegenheiten des OKH mit einem solchen Sinn für historische Zusammenhänge geführt wurden. Laut Generalmajor Müller-Hillebrand waren die Offiziere des OKH, einschließlich derjenigen der Operationsabteilung, jeden Abend betrunken wie die Amtmänner; er erinnerte sich besonders an eine Besprechung am 5. Dezember 1944: »Zuerst einmal gab es ein gewaltiges Freßfest mit genügend Essen, um zu platzen, und dann ein Saufgelage. Guderian blieb bis 2 Uhr nachts. Zu dieser Zeit standen schon alle auf den Tischen. Ich war empört.« (Irving 1977, S. 741)

Die deutsche Wirtschaft

In einigen Bereichen war die deutsche Kriegsindustrie immer noch zu bemerkenswerten Leistungen fähig. Die Produktion von Jagdflugzeugen erreichte im September 1944 mit 3375 Maschinen den höchsten Stand des gesamten Krieges, und im Dezember wurden 1854 Panzer, Sturmgeschütze und Geschütze auf Selbstfahrlafetten produziert, was ebenfalls einen Monatsrekord darstellte. In technischer Hinsicht waren viele der Waffen mindestens genauso fortgeschritten wie diejenigen der Alliierten. Diese Leistungen wurden unter den Bedingungen schwerer Luftangriffe durch alliierte Bomber erreicht, und sie waren überwiegend Albert Speer (1905–1981), dem Minister für Rüstung und Kriegsproduktion, zu verdanken. Im Gesamtzusammenhang des Krieges gesehen, waren die deutschen Anstrengungen jedoch nicht mehr als das letzte fiebrige Aufbäumen eines sterbenden Schwindsüchtigen. Speer selbst wies darauf hin, daß der Krieg allein schon aus wirtschaftlichen Gründen nicht mehr zu gewinnen war.

Es ist erstaunlich festzustellen, daß das Reich, trotz des totalitären Gepränges und des rücksichtslosen Vorgehens in einigen Bereichen, niemals in vollem Umfang auf den totalen Krieg eingestellt war. Die Materialressourcen wurden zwar in großem Umfang militärischen Zwecken zugeführt, aber die gesamte langfristige Planung war auf die Schaffung einer militärisch-ökonomischen Supermacht bis zur Mitte der 40er Jahre ausgerichtet gewesen und nicht darauf, jene Feldzüge zu versorgen, die seit 1939 tatsächlich geführt wurden. In den Konstruktionsbüros und Facharbeitergruppen war immer noch das Klima einer handwerklich bestimmten Industrie zu spüren, die zwar Waffen von ausgezeichneter Qualität herstellte, aber selten in Mengen, die ausreichend gewesen wären, um den Bedürfnissen der Streitkräfte zu genügen. Schon 1941, während des Unternehmens Barbarossa, waren erhebliche Engpässe aufgetreten, und sie waren seither nicht kleiner geworden.

Bis in die Spätphase des Krieges hinein sorgte ein Heer von vier Millionen ausländischen Arbeitern dafür, daß das Leben in Deutschland teilweise unter Friedensbedingungen weitergehen konnte. Noch im Juli 1943, wenige Monate nachdem Goebbels im Berliner Sportpalast seine berühmte Rede mit der Frage »Wollt ihr den totalen Krieg?« gehalten hatte, waren in deutschen Haushalten eine halbe Million Bediensteter angestellt und 3,2 Millionen Männer durch Büroposten gebunden. Wehrmacht, Behörden und Industrie mußten plötzlich feststellen, daß sie miteinander um die verfügbaren Arbeitskräfte und potentiellen Soldaten konkurrierten. Goebbels zog als Generalbevollmächtigter für den totalen Krieg zwischen August und Oktober 1944 eine halbe Million Männer aus der Wirtschaft ab. 1945 folgten weitere umfangreiche Einziehungen, und im März 1945 notierte er mit Genugtuung, daß ihm die verschiedensten Behörden des Reichs, von der Post bis zum Forstamt, freiwillig Kontingente für den Fronteinsatz anböten (Goebbels, S. 141). Im selben Monat beklagte sich Speer darüber, daß er anstatt der zwei Millionen benötigten Arbeitskräfte nur 180 000 Mann zur Verfügung hatte, um beschädigte Eisenbahngleise zu reparieren.

In dieser Zeit fielen einige der wirtschaftlich produktivsten Gebiete des Reichs in die Hände der von Osten und Westen auf Reichsgebiet vorstoßenden Alliierten. Am 26. Januar 1945 trat eine Krise der Kohleversorgung ein, da die Eisenbahnzüge aus dem oberschlesischen Industrierevier ausblieben. Im Februar war die halbe Deutsche Reichsbahn gezwungen, auf die im Vergleich zur Steinkohle weniger effiziente Braunkohle als Brennstoff zurückzugreifen, und die Lokomotiven spuckten zwischen ihren Versorgungsstops, die jetzt nicht mehr erst nach zweihundert, sondern schon nach 70 bis 80 Kilometern nötig waren, Funkenfontänen und dicke, schwefelhaltige Wolken in die winterliche Luft. Nachdem im März die Montanindustrie des Saarlands verlorengegangen war, konnte sich das Reich nur noch auf die Bergwerke und Eisenhütten des Ruhrgebiets und den belagerten südwestlichen Rest des oberschlesischen Industrireviers um Mährisch-Ostrau stützen.

Die Versorgung mit Erdöl war schon vorher durch den Verlust Rumäniens im August 1944 ins Stocken gekommen. Das Reich hing danach völlig von den durch Luftangriffe verwundbaren Kohleverflüssigungsanlagen zur synthetischen Herstellung von Benzin sowie von den Erdölquellen im niederösterreichischen Zistersdorf und in Nagykanisza und anderen Orten in der Nähe des Plattensees ab, die durch den Vormarsch der Roten Armee bedroht waren. Hitler war jetzt, da lebenswichtige Gebiete gefährdet waren, mehr denn je davon überzeugt, daß er recht gehabt hatte, als er sich über die Einwände seiner militärischen Kritiker hinwegsetzte – über »alle die Leute, die mich früher dauernd angegriffen haben wegen meiner ›wahnsinnigen‹ Politik, große Räume zu halten«. (*Kriegstagebuch, S.* 1652)

Zu all diesen Problemen kamen die ununterbrochenen amerikanischen und britischen Luftangriffe hinzu – »die Bomber sind unsere Vernichtung«, wie Hitler feststellte (*Kriegstagebuch, S.* 1649) –, durch die im September 1944, wenn auch nur zeitweise, die gesamte Kraftstoffproduktion durch Kohleverflüssigung ausgeschaltet wurde. Weitere verheerende Schläge folgten im Dezember, und zwischen dem 13. und 15. Januar 1945 wurden die Anlagen durch eine Reihe von Luftangriffen nahezu völlig zerstört. Ein deutscher Bericht vom 27. Februar bestätigt, daß die Ölproduktion aus der Kohleverflüssigung dadurch vollständig ausgefallen war.

Die Industrieproduktion wurde darüber hinaus von den angloamerikanischen Angriffen auf die Eisenbahn beeinträchtigt. Die Anzahl der verfügbaren Waggons der Reichsbahn verringerte sich zwischen Juli und Dezember 1944 von 136 000 auf 87 000. Im Februar 1945, als nur noch 28 000 Waggons vorhanden waren, schätzten deutsche Stellen, daß 36 000 nötig gewesen wären, um 80 Prozent des öffentlichen Verkehrs und 25 Prozent der Industrieproduktion, also kaum mehr als das Gerippe des zivilen und wirtschaftlichen Lebens, aufrechtzuerhalten. Der Verlust an Lokomotiven war mindestens genauso schwerwiegend; allein am 14. Februar wurden 104 von ihnen zerstört. Gegen Ende des Monats war die Rüstungsindustrie überwiegend darauf beschränkt, Munition herzustellen und letzte Hand an Fahrzeuge und Waffen zu legen, die sich bereits in der Produktion befanden. Da der Eisenbahnverkehr zusammengebrochen war, blieben viele dieser wertvollen Geräte nach ihrer Fertigstellung jedoch auf den Fabrikhöfen stehen.

Deutschland besaß große Vorräte des schweren Dieselöls, mit dem die Schiffe der Kriegsmarine angetrieben wurden, so daß die noch vorhandenen Einheiten in erheblichem Umfang eingesetzt werden konnten, um Soldaten und zivile Flüchtlinge aus dem baltischen Raum über die Ostsee abzutransportieren. Die Luftwaffe dagegen wurde schwer getroffen, als die Royal Air Force am 8. Februar 1945 die Kohleverflüssigungsanlagen in Pölitz bei

Stettin zerstörte, und auch das Heer war aufgrund des Mangels an Treibstoff und Munition in seiner Beweglichkeit und Kampfkraft entscheidend geschwächt. Viele der Panzer etwa, die der 7. Panzerdivision verlorengingen, waren nicht etwa abgeschossen, sondern wegen Treibstoffmangels aufgegeben worden. Im Januar wurden die Panzer- und Panzergrenadierdivisionen insgesamt von einem durch die Umstände erzwungenen Demotorisierungsbefehl erfaßt, durch den der Fuhrpark um 25 Prozent reduziert wurde, so daß viele Infanteristen gezwungen waren, den weiteren Rückmarsch zu Fuß oder auf Fahrrädern anzutreten.

Die verheerenden Auswirkungen des Luftkrieges machten sich auch auf der Führungsebene des Reichs bemerkbar. Die Angriffe der leichten und schnellen britischen Mosquito-Bomber, die fast jede Nacht ungehindert am Himmel über Berlin auftauchten, zerrten an Goebbels' Nerven genauso wie an denen der Berliner insgesamt, und als am 13. März 1945 sein Propagandaministerium getroffen wurde, trauerte er um den »ganze[n] schöne[n] Bau an der Wilhelmstraße« (Goebbels, S. 244). Mitte Januar verzögerte sich der Umzug des OKH von Friedberg nach Zossen um 14 Stunden, weil die Eisenbahnstrecke beschädigt worden war, und zwei Monate später, am 15. März, wurde das OKH selbst zum Ziel eines Angriffs. Die militärische Führung des Reichs wurde wahrscheinlich nur durch die Geistesgegenwart der aus dem Warthegau geflohenen Ehefrau von Heinz Guderian gerettet, die einen Unteroffizier beobachtete, der an seinem Radarschirm in Zossen eine sich nähernde Bomberstaffel verfolgte. Als sie bemerkte, daß die weißen Punkte vom direkten Kurs auf Berlin abschwenkten, ahnte sie die Gefahr für das Hauptquartier und rief sofort bei ihrem Mann an, der seine Leute umgehend in die Bunker schickte. Die Operationsabteilung ignorierte die Warnung, und ihr Chef, General Hans Krebs, erlitt eine Wunde an der Schläfe, die ihn für einen oder mehrere Tage (die Berichte machen unterschiedliche Angaben) außer Gefecht setzte.

Wie gefährlich es in dieser Zeit war, sich überhaupt noch innerhalb des Reichs zu bewegen, zeigte der Tod von Generalleutnant Wolfdietrich von Xylander, dem hochbegabten Stabschef der Heeresgruppe A, dessen Flugzeug am 14. Februar in den fürchterlichen alliierten Luftangriff auf Dresden geriet und dabei abgeschossen wurde.

Die deutschen Streitkräfte

Das deutsche Heer stand 1945 unter mindestens genauso schwerem Druck wie die deutsche Wirtschaft. In den letzten Monaten des vorangegangenen Jahres war die Mannschaftsstärke an der Ostfront nach Schätzungen sowjetischer Historiker auf 3,7 und nach denen ihrer bundesdeutschen Kollegen auf 1,84 Millionen Mann geschrumpft. Die Vorteile lagen auf jeden Fall bei der Roten Armee, die sechs Millionen Mann ins Feld führen konnte. Im Gebiet der Brückenköpfe an der Weichsel war die Wehrmacht im Verhältnis von 1:5 unterlegen; manche Einheiten sahen sich sogar 30- oder 40fach überlegenen Angreifern gegenüber. »Es war kein Wunder, daß diese Divisionen durch den sowjetischen Ansturm oftmals einfach überrannt wurden.« (Glantz 1986, S. 507)

Das deutsche Heer war hinsichtlich des motorisierten Transports generell noch recht rückständig. Um Geschütze zu ziehen und Nachschub heranzuschaffen, war die natürliche Pferdestärke immer noch unentbehrlich. Rund neun Zehntel der an der Ostfront kämpfenden deutschen Divisionen waren noch nicht motorisiert (siehe S. 391); am 12. Januar 1945 führte die Wehrmacht nicht weniger als 1 136 318 Pferde in ihren Büchern, von denen 923 679 dem Feldheer zugeteilt waren.

Die Motorisierung beschränkte sich hauptsächlich auf die ursprünglichen Divisionen der Waffen-SS und die ihnen entsprechenden Panzer- und Panzergrenadierdivisionen der Wehrmacht selbst. Insofern war das deutsche Phänomen des Blitzkriegs genau das, wofür es die russischen Historiker halten, nämlich ein »elitäres bourgeoises« Konzept, das auf dem Können und der Kühnheit einer Minderheit gut ausgerüsteter Verbände beruhte und nicht auf dem Einsatz motorisierter Massenarmeen nach sowjetischem Muster. Andererseits wurde die Hauptlast des Kampfs auf dem Schlachtfeld von den Landsern der gewöhnlichen Infanteriedivisionen getragen.

Im Herbst 1944 und während des nachfolgenden Winters ging die politische Führung des Reichs daran, aus den letzten Reserven an mehr oder weniger kampffähigen Männern neue Einheiten aufzustellen. Der äußere Grund dafür war die Notwendigkeit, alle verfügbaren Kräfte gegen die mit fast hundertprozentiger Sicherheit zu erwartende Invasion der Alliierten zu mobilisieren; nach der Offiziersverschwörung, die zu dem Bombenattentat vom 20. Juli 1944 geführt hatte, gefiel den Naziführern aber auch der Gedanke, Kampfverbände zu schaffen, die alles sich selbst und nichts der militärischen Hierarchie der Wehrmacht zu verdanken hatten.

Es gab zwei Arten dieser neu ausgehobenen Truppen. Die von Himmler als Befehlshaber des Ersatzheeres und Goebbels als Generalbevollmächtigtem für den totalen Krieg aufgestellten Volksgrenadierdivisionen waren von Anfang an für den Einsatz als aktive Kampfverbände gedacht. Binnen weniger Monate wurden eine halbe Million Volksgrenadiere mobilisiert; eine ihrer Divisionen, die 6., lag an einem wenig beneidenswerten Frontabschnitt gegenüber dem Brückenkopf Magnuszew, als die 1. Belorussische Front am 14. Januar 1945 um 6.30 Uhr ihren Angriff eröffnete.

Der Deutsche Volkssturm wurde durch einen Erlaß vom 25. September 1944 geschaffen. Zu ihm einberufen wurden alle nicht zum Waffendienst eingezogenen waffenfähigen Männer im Alter von 16 bis 60 Jahren. Die entsprechenden Listen wurden von den örtlichen Parteigliederungen aufgestellt, und die Offiziere wurden, überwiegend nach dem Grad ihrer politischen Zuverlässigkeit, von den Gau- beziehungsweise Kreisleitern der Partei ernannt. Der Volkssturm umfaßte schließlich 1,5 Millionen Mann, die nicht in der oben angegebenen Mannschaftsstärke der deutschen Streitkräfte enthalten sind.

Es ist charakteristisch für den chaotischen Zustand, in dem sich Deutschland damals befand, daß niemand exakt angeben kann, aus welchem Anlaß der Volkssturm gegründet wurde. Wie Guderian schreibt, habe er, nachdem ihm im September 1944 die Verfügung über die 100 Festungsinfanteriebataillone, mit denen er die Befestigungen hinter der Ostfront bemannen wollte, größtenteils entzogen worden war, einen alten Vorschlag von General Alfred Heusinger, Chef der Operationsabteilung des OKH, wieder aufgegriffen, einen Landsturm aus bisher vom Wehrdienst zurückgestellten Männern zu bilden, der im Fall des Gelingens eines sowjetischen Durchbruchs eingezogen werden sollte; dies sei der Ursprung des Volkssturms gewesen. (Guderian, S. 327) 1956, zwei Jahre nach Guderians Tod, widersprach Heusinger dessen Darstellung, indem er erklärte, daß er nur vorgeschlagen hätte, die Bevölkerung von Ostpreußen zu evakuieren; für bewaffnete Zivilisten wäre seiner damaligen Überzeugung nach in der modernen Kriegführung kein Platz gewesen.

Eine Gruppe Soldaten des Panzerkorps Großdeutschland erlebte mit, wie ein Volkssturmbataillon in einem Fabrikhof antrat:

>»Etliche gebeugte, krummbeinige Gestalten, die Gesichter voller Falten und Runzeln, trugen trotz ihrer sechzig oder fünfundsechzig Jahre die feldgraue Uniform und den Karabiner über der Schulter. Noch seltsamer aber waren die Jungen [. . .]. Man hatte sie hastig in abgenutzte Uniformen gesteckt, die für Männer bestimmt waren, und mit einem Gewehr ausgerüstet, das oft ebenso groß war wie sie. In ihren Augen konnte man nur eine Sorge lesen: die von kleinen Jungen bei Schulbeginn. Keiner von ihnen ahnte, welch unmögliches Abenteuer ihn erwartete. [. . .] Rührende Details unterstrichen den ersten Akt der Tragödie, in die diese Kinder hineingezogen werden sollten. Viele von ihnen trugen in der erst vor kurzem von den Schulsachen entleerten Mappe ein wenig Proviant oder Kleider mit sich, die eine fürsorgliche Mutter hineingestopft hatte. Sie tauschten sogar Sacharinbonbons aus, die laut Lebensmittelzuteilung Kindern unter vierzehn zustanden.« (Sajer, S. 419 f.)

Tatsächlich jedoch erwiesen sich einige der aus der Hitlerjugend kommenden Milchbärte, sobald sie mit Panzerfäusten bewaffnet waren, als die hartnäckigsten und wirkungsvollsten Kämpfer des Volkssturms. Was die Bewaffnung betraf, so mußten sich viele Volkssturmmänner mit russischen oder italienischen Gewehren oder der Walther-»Volksmaschinenpistole« begnügen, und die Ausbildung beschränkte sich mangels Material und Übungsein-

richtungen überwiegend aufs Exerzieren; die zugeteilte Übungs-
munition bestand häufig nur aus einer Handvoll Patronen.

Der Volkssturm wurde nicht für die örtliche Verteidigung per
se eingesetzt, geschweige denn für Guerillaaktionen, sondern zu
Bataillonen formiert, die – wie schlecht sie auch bewaffnet sein
mochten – Lücken in der Front, feste Stellungen und bebaute Gebiete halten sollten. Dabei behaupteten sich die im Osten kämpfenden Männer für gewöhnlich besser als jene im Westen, von denen viele nur darüber nachdachten, wie sie sich den Amerikanern
oder Engländern ergeben konnten.

Moral und Leistungsniveau

Der Krieg war, am Maßstab jeder rationalen Einschätzung der
verfügbaren menschlichen und materiellen Ressourcen gemessen, für Deutschland verloren. Schon 1942 erkannten gut informierte Stabsoffiziere des OKH, daß sich eine Katastrophe abzu-
zeichnen begann. Deren Umrisse wurden deutlicher, als die
6. Armee im Februar 1943 in Stalingrad kapitulierte, und von Mitte 1944 an war kaum noch zu übersehen, daß die Wehrmacht ausgebrannt und die Sache hoffnungslos war. Dennoch sieht man
sich dem Paradoxon gegenüber, daß die Rote Armee noch Anfang 1945 kein Anzeichen dafür feststellen konnte, daß die Moral
des Feindes nachgelassen hätte. Die Sowjets gingen bei ihren Planungen weiterhin davon aus, daß sie »es mit einem erfahrenen,
hartnäckigen und starken Gegner zu tun haben würden, den [sie]
bereits gut kannten« (Schukow, S. 552). Zur Erklärung dessen
müssen wir uns das technische Können, den Zusammenhalt und
die Motivation der deutschen Streitkräfte näher anschauen.

Das Panzerkorps Großdeutschland zum Beispiel mußte bis
Ende 1944 Verluste hinnehmen, die sich auf 192 Prozent seiner ursprünglichen Stärke summierten, und war trotzdem in der Lage,
im folgenden Frühjahr ohne jedes Anzeichen von Erschöpfung
weiterzukämpfen. Dieses Panzerkorps war zugegebenermaßen
ein Eliteverband, aber 1944 kamen, auf das gesamte deutsche
Heer hochgerechnet, auf jeden eigenen Verlust immer noch vier

getötete oder verwundete sowjetische Soldaten, und nur ihre Überlegenheit in der Ersatzzuführung (6:1) erlaubte es der Roten Armee, ihren kampfentscheidenden numerischen Vorteil bis zum Ende des Krieges aufrechtzuerhalten und zu vergrößern. (Magenheimer 1976, S. 47)

Zu den Gründen, die für den Zusammenhalt und Kampfgeist der deutschen Truppen verantwortlich waren, gehörte die alt-preußische Tradition der Auftragstaktik, nach der die Aufgaben zwar klar vorgegeben wurden, die Entscheidung über die Art und Weise ihrer Durchführung aber weitgehend den untergeordneten Kommandeuren überlassen war. In der Heeresdienstvorschrift von 1936 liest es sich so:

»Befehle haben sich besonders dann der Einzelheiten zu enthalten, wenn Änderungen der Lage nicht ausgeschlossen sind, bevor der Befehl zur Ausführung kommt. In größeren operativen Verhältnissen, zumal wo für eine Reihe von Tagen befohlen werden muß, ist dies vornehmlich zu beachten. Dann tritt die Gesamtabsicht in den Vordergrund; der Zweck, auf den es ankommt, ist besonders zu betonen. Für die Durchführung der bevorstehenden Kriegshandlungen sind Gesichtspunkte zu geben, die Art der Ausführung ist zu überlassen.« (Creveld, S. 45)

Die Folgen der Auftragstaktik waren keineswegs immer positiv (siehe S. 390), aber sie ermutigte zweifellos zur Eigeninitiative, und ihr Fortbestehen gab (auch wenn sie durch die schweren Verluste auf der Kommandeursebene an Qualität einbüßte) den deutschen Offizieren und Unteroffizieren ein einzigartiges Mittel in die Hand, mit dem sie unerwarteten Notfällen begegnen konnten. So war es möglich, verschiedenartigste Truppenteile in Windeseile zusammenzufassen, um auch dann noch einen Gegenangriff zu starten oder sich den Weg in sichere Positionen freizukämpfen, wenn andere Truppen bereits zusammengebrochen wären oder kapituliert hätten.

Die Auftragstaktik beruhte auf dem von den Militärsoziologen gepriesenen Prinzip des Zusammenhalts kleiner Einheiten, das vom deutschen militärischen Ethos gleichfalls gefördert wurde:

»Die Soldaten fühlten sich in ihrer Kompanie heimisch, und so eng wie möglich zusammenzuhalten war der einzige Schutz, den sie hatten. Das gleiche galt für die Verwundeten, die alles versuchten, um innerhalb von vier Wochen aus dem Lazarett entlassen zu werden und zu ihren Einheiten zurückkehren zu können. Dort waren sie zu Hause. Dies erklärt auch ein wenig, wieso ein Bataillon den ganzen Krieg über als Gemeinschaft zusammenhielt. Das gleiche Gefühl gab es in größeren Einheiten wie Divisionen oder Regimentern. Die Artillerie gehörte zur Infanterie, und die Infanterie gehörte zur Artillerie. Es gab eine gegenseitige Abhängigkeit und gegenseitiges Vertrauen. Das ist die einzige Erklärung.« (Condne, S. 658)

Die Sichtweise des einzelnen Landsers wurde besonders gut von einem ehemaligen Oberleutnant der 21. Panzerdivision ausgedrückt. Anfang 1945 war die große Hoffnung, die man in die Ardennenoffensive gesetzt hatte, zerstoben, und von dem Vertrauen in die »Wunderwaffen« war nur noch wenig übriggeblieben:

»Noch der letzte Soldat war sich bewußt, daß der Krieg verloren war. Er war bestrebt zu überleben, und der einzige Sinn, den er sehen konnte, war, die Front im Osten zu sichern, um so viele Flüchtlinge wie möglich zu retten. Es stieß ihm bitter auf, daß er zum ersten Mal in diesem Jahrhundert auf deutschem Boden kämpfen mußte, und er sah keinen anderen Ausweg, als bei seiner Einheit zu bleiben und zu seinem Treueid zu stehen. Er begriff, daß der Anschlag auf Hitler vom 20. Juli gescheitert war, und hoffte trotz der ins Auge springenden Tatsachen auf eine politische Lösung für die Beendigung des Krieges, ohne allerdings zu wissen, wie diese Lösung aussehen könnte. Schließlich ließ ihm die Forderung nach bedingungsloser Kapitulation im Lichte der Selbstachtung keine andere Wahl, als den hoffnungslosen Kampf fortzusetzen.« (Liebeskind, S. 646)

Die Ardennenoffensive

Deutschland konnte sich jetzt, da sich der Krieg mit raschen Schritten dem entscheidenden Stadium näherte und die materiellen und menschlichen Reserven knapp waren, keinen einzigen Fehler auf strategischem oder taktischem Gebiet mehr leisten. Die militärische Führung des Reichs mußte gegen Ende 1944 zwei grundlegende Probleme lösen: Sie mußte zum einen die Anforderungen der Ost- und der Westfront ausbalancieren und zum anderen, da die Ostfront wesentlich länger war als die Westfront, genauestens festlegen, wie die der Roten Armee gegenüberstehenden Truppen zu verteilen waren.

Was das erste Problem betraf, war Hitler von August 1944 an zunehmend von der Idee eingenommen, eine schlagkräftige Reserve für eine Entlastungsoffensive im Westen zusammenzuziehen. Er hoffte, durch diesen Schlag Differenzen unter den Alliierten hervorzurufen, denn er konnte sich nicht vorstellen, daß die Sowjetunion bereit sein würde, für die Westmächte, wie er sich ausdrückte, die »Kastanien aus dem Feuer zu holen« (Magenheimer 1976, S. 22). Der Plan wurde am 10. November im einzelnen festgelegt, als Hitler die »kleine Lösung« seiner Generale, die vorgeschlagen hatten, den amerikanischen Frontbogen bei Aachen abzuschnüren, zurückwies und sich statt dessen für eine Offensive durch die Ardennen entschied, die sich den Weg zum Hafen von Antwerpen bahnen und die nördlich der Durchbruchsstelle stehenden anglo-amerikanischen Verbände vernichten sollte.

Generalfeldmarschall Walter Models Heeresgruppe B (28 Divisionen) ging am 16. Dezember bei Schneefall und wolkenverhangenem Himmel von der Eifel aus zum Angriff über. Die Offensive war hervorragend geplant, wurde taktisch klug durchgeführt und überraschte die Amerikaner an einem Frontabschnitt, der nur schwach gesichert war. Weit oben im Norden drang die Kampfgruppe Peiper der 6. SS-Panzerarmee über die schmalen, vereisten Straßen tief hinter die feindlichen Linien vor; der bedeutendste Erfolg jedoch gelang General Hasso von Manteuffels 5. Panzerarmee in der Mitte, wo eine der Panzerdivisionen bis auf die Höhen an der Maas vorstieß.

Aber es reichte nicht aus. Das OKW war nicht bereit, den Erfolg auszunutzen, indem es Manteuffels Armee, die zur Wehrmacht und nicht zur SS gehörte, durch seine Hauptkräfte verstärkte. Die abgeschnittenen amerikanischen Einheiten hielten an den Straßenkreuzungen von St. Vith (bis zum 21. Dezember) und Bastogne hartnäckig aus und brachten damit den deutschen Zeitplan durcheinander. Das schlimmste von allem aber war, daß am 23. Dezember der Himmel aufklarte und die alliierten Luftstreitkräfte nach mehreren Tagen erzwungener Untätigkeit wieder in das Geschehen eingreifen konnten.

Am 24. Dezember war der Angriffsschwung gebrochen, und vom 30. Dezember an sahen sich die deutschen Verbände durch den Vorstoß von Pattons 3. Armee, die nordwärts in Richtung auf das belagerte Bastogne zumarschierte, mit einer Gefährdung ihrer linken Flanke konfrontiert. Am 8. Januar gestattete Hitler die ersten Absetzbewegungen, und fünf Tage später begann der vollständige Rückzug der an der Offensive beteiligten Truppen. Die letzte deutsche Angriffsbemühung im Westen war das von Jodl angeregte Unternehmen Nordwind, mit dem durch einen Angriff im Nordelsaß (1.–9. Januar) noch einmal versucht wurde, die Initiative wiederzuerlangen.

Die letzten Entscheidungen

Insgesamt 250 000 Mann und 1700 Panzer und Sturmgeschütze waren für das Wagnis im Westen aufgeboten worden, darunter die wahrscheinlich schlagkräftigste mobile Reserve des deutschen Heers, General Sepp Dietrichs 6. SS-Panzerarmee mit ihrem Kern von vier SS-Panzerdivisionen. Die Ardennenoffensive hatte den Clausewitzschen »Kulminationspunkt« bereits überschritten, als Generaloberst Guderian, für den Krieg im Osten zuständig, am 24. Dezember nach Ziegenberg fuhr, um Hitler die von der Roten Armee drohende Gefahr vor Augen zu führen. Er war von Generalmajor Reinhard Gehlen, Chef der OKH-Geheimdienstabteilung Fremde Heere Ost, mit den neuesten Zahlen und Einschätzungen versehen worden und hoffte

Hitler überreden zu können, den Schwerpunkt der Verteidigungsanstrengungen in den Osten zu verlagern, wo für spätestens Mitte Januar ein Großangriff der Sowjets erwartet wurde.

Guderian hätte sich die Mühe sparen können. Hitler verharmloste die Gefahr an der Weichsel, indem er Gehlens Darstellung kurzerhand als »Blödsinn« vom Tisch wischte, und weigerte sich, die an der Ostseeküste in Kurland festsitzenden Truppen abzuziehen oder eine »rechtzeitige Evakuierung« Norwegens und des Balkans in Erwägung zu ziehen. Danach kam Jodl auf das bevorstehende Unternehmen Nordwind zu sprechen, das nach Guderians Ansicht jetzt, da das zerbombte Ruhrgebiet bereits lahmgelegt war, während das unschätzbare oberschlesische Industrierevier weiterhin in vollem Umfang produzierte und für das Reich von lebenswichtiger Bedeutung war, nur eine weitere Verschwendung von Ressourcen darstellte, – aber »alles dies half nichts«:

>»Ich wurde abgewiesen und verlebte einen todernsten, traurigen Christabend in dieser höchst unchristlichen Umgebung. Die Nachricht von der Einschließung Budapest's, die an diesem Abend einlief, trug nicht dazu bei, die Stimmung zu verbessern. Mit dem Hinweis, daß die Ostfront sich selbst helfen müssen, wurde ich abgespeist.« (Guderian, S. 347 f.)

Aber nicht nur das, sie wurde auch noch an ihrem wichtigsten Abschnitt geschwächt. Während Guderian am Heiligabend 1944 mit dem Zug nach Zossen zurückfuhr, setzte Hitler Herbert Gilles nördlich von Warschau stehendes IV. SS-Panzerkorps mit seinen zwei SS-Divisionen nach Ungarn in Marsch, wo es versuchen sollte, das eingeschlossene Budapest zu entsetzen. Es war nicht die erste und auch nicht die letzte Umgruppierung, durch welche die verringerten, die dem Ansturm der Roten Armee in Polen gegenüberstehenden deutschen Kräfte geschwächt wurden.

Die Aufgabe, die Front in Polen zu halten, fiel zum größten Teil der Heeresgruppe A unter Generaloberst Josef Harpe zu, dessen Verantwortungsbereich sich von den Karpaten bis nördlich von Warschau über mehr als 700 Kilometer erstreckte. Er verfügte im Januar 1945 über 400 000 Mann, 5000 Feldgeschütze und schwere

Granatwerfer sowie 1136 Panzer und Sturmgeschütze und konnte auf die Unterstützung von 515 Flugzeugen zählen. Diese Kräfte waren über drei Befehlsbereiche aufgeteilt, die im folgenden von Süden nach Norden der Reihe nach aufgezählt werden:

- Armeegruppe Heinrici (1. Panzerarmee und 1. Ungarische Armee) und 17. Armee. Diese drei Armeen sicherten einen stark verteidigten Nebenkriegsschauplatz an der Gebirgsflanke im Süden der Hauptrichtung Berlin;
- die 4. Panzerarmee;
- die 9. Armee (die am 27. Januar in die neugeschaffene Heeresgruppe Weichsel eingegliedert wurde). Die 4. Panzerarmee und die 9. Armee bildeten gemeinsam eine dünne Linie entlang der Weichsel und konnten, da ihnen lediglich vier Panzerdivisionen und zwei Panzergrenadierdivisionen zur Verfügung standen, nur auf relativ schwache Panzerkräfte zurückgreifen.

Links von Harpes Frontabschnitt, an der Ostseeküste, hielt die Wehrmacht, um mit Guderian zu sprechen, einen »Balkon«, von dem aus die Heeresgruppe Mitte, wie sie irreführend genannt wurde, unter Generaloberst Hans Reinhardt Nordostpolen, das Gebiet um Danzig und Ostpreußen sicherte. Die Heeresgruppe Mitte war mit 580 000 Mann sowie drei Panzer- und vier Panzergrenadierdivisionen vergleichsweise stark.

Guderian war überzeugt, daß die Heeresgruppe Mitte eine ständige Bedrohung der Nordflanke der in der Richtung Berlin operierenden sowjetischen Verbände darstellte, und deshalb entsetzte es ihn, daß Hitler darauf bestand, bedeutende Kräfte weit oben im Norden, im isolierten Brückenkopf von Kurland, zu belassen (die Heeresgruppe Nord unter Generaloberst Ferdinand Schörner, die von 30 Divisionen am 9. Oktober bis zum 1. März langsam auf 22 verringert wurde).

Die schwerwiegendste Fehlentscheidung war nach Guderians Ansicht jedoch die Gewichtsverlagerung zugunsten des ungarischen Kriegsschauplatzes, wo in den Kämpfen um Budapest einige der wertvollsten Panzerkräfte gebunden waren. Das IV. SS-Panzerkorps war, wie erwähnt, am 24. Dezember aus Polen abgezogen worden, und im neuen Jahr sollte diese Umgruppierung noch weitaus größere Dimensionen annehmen.

Nachdem er seinen Standpunkt bei seinem Besuch in Ziegenberg am Heiligabend nicht hatte durchsetzen können, kam Guderian am 31. Dezember auf diesen Punkt zurück. Diesmal jedoch galt sein erster Besuch dem Oberbefehlshaber auf dem westlichen Kriegsschauplatz, Generalfeldmarschall Gerd von Rundstedt, und dessen Stabschef, General Siegfried Westphal, die sich beide keinen Illusionen über die Lage im Osten hingaben und drei Divisionen an der Westfront sowie eine in Italien in Marschbereitschaft versetzten. Nun konnte Guderian mit mehr Aussicht auf Erfolg erneut an Hitler und Jodl herantreten, und Hitler willigte tatsächlich, wenn auch widerstrebend, ein, diese vier Divisionen zu verlegen, befahl aber, sie in Ungarn einzusetzen und nicht an der bedrohten Front in Polen.

Im neuen Jahr unternahm Guderian dann eine Blitzreise durch die Frontabschnitte im Osten, um herauszufinden, was dort unter den gegebenen Bedingungen eventuell noch getan werden konnte. Im Hauptquartier der Heeresgruppe Süd im ungarischen Eszterhaza erfuhr er am 5. Januar die näheren Einzelheiten über den mißlungenen Versuch des neu eingetroffenen IV. SS-Panzerkorps Anfang des Monats, nach Budapest durchzubrechen. In der Nacht vom 5. auf den 6. Januar brachte ihn sein Kommandozug dann nach Polen zum Hauptquartier der Heeresgruppe A in Krakau. Der Stabschef der Heeresgruppe, Generalleutnant von Xylander, unterbreitete ihm einen detaillierten und wohldurchdachten Vorschlag für eine Operation namens »Schlittenfahrt«. Nach Einschätzung der Heeresgruppe würde der Feind, wenn die gegenwärtigen Stellungen beibehalten wurden, innerhalb von sechs Tagen bis zur Oder durchgebrochen sein. Um dieser Gefahr vorzubeugen und um zu verhindern, daß die Heeresgruppe durch konzentrische Vorstöße von den Brückenköpfen Baranow und Magnuszew aus eingeschlossen wurde, schlugen Harpe und von Xylander vor, ihre Hauptkräfte zwei Tage vor dem vermuteten Angriffstermin in eine rückwärtige Position zu verlegen, die sogenannte Hubertusstellung, die 100 Kilometer kürzer war als die Front an der Weichsel. Diese Frontverschiebung wäre in zweierlei Hinsicht von Vorteil gewesen. Zum einen wäre ein Puffer gegen das vorbereitende Artilleriefeuer der Roten Armee geschaffen worden, das nur noch ausgedünnte oder gar nicht mehr besetzte deutsche Stellungen getroffen hätte, und zum anderen hätte sie die Aufstellung einer aus den vier Panzerarmeen bestehenden mobilen Reserve ermöglicht, die, in zwei Gruppen aufgeteilt, ihrerseits eine Zangenbewegung gegen die aus dem Brückenkopf Magnuszew vorrückenden sowjetischen Verbände hätte ausführen können. Laut von Xylander hatte man Grund zu hoffen, daß der sowjetische Vorstoß an der Hubertusstellung, oder spätesten an der Grenze zu Oberschlesien, zum Stehen gebracht worden wäre:

> »Mehr wird auf diese Weise nicht zu erreichen sein. Es bleibt aber dann das oberschlesische Industriegebiet arbeitsfähig, der Feind von deutschem Boden entfernt, und für die oberste Führung des Reiches wird Zeit gewonnen, die durch uns geschaffene militärische Situation in politisches Handeln umzusetzen.« (Xylander, in: Ahlfen, S. 39)

Guderian telefonierte mit Generaloberst Reinhardt und erfuhr von ihm, daß die Heeresgruppe Mitte in ähnlicher Weise an einen begrenzten Rückzug dachte, in diesem Fall aus den Stellungen an der Narwa in Nordpolen bis zur Grenze von Ostpreußen. Guderian hielt diese Vorschläge für vernünftig und beschloß, sie Hitler vorzulegen, auch wenn er sich keine großen Hoffnungen darauf machte, sie durchsetzen zu können.

Am 9. Januar war er zum drittenmal in Ziegenberg, und wie bei den vorherigen Lagebesprechungen brauste Hitler auch diesmal auf, als Guderian die von der Abteilung Fremde Heere Ost angefertigten Karten und Diagramme hervorholte. Er beruhigte sich danach zwar wieder ein wenig, aber die Besprechung verlief dennoch ergebnislos. Hitler und Jodl waren durch nichts davon zu überzeugen, daß es notwendig war, hinter der Front eine angemessene Reserve zu bilden.

> »Zum Trost für mich sagte Hitler beim Abschluß des Vortrages: ›Die Ostfront hat noch nie so viele Reserven gehabt wie jetzt. Das

ist Ihr Verdienst. Ich danke Ihnen dafür.‹ Ich erwiderte: ›Die Ostfront ist wie ein Kartenhaus. Wird die Front an einer einzigen Stelle durchstoßen, so fällt sie zusammen, denn 12 ½ Divisionen sind
für die gewaltige Ausdehnung der Front viel zu wenig!‹ [...] Mit
der verletzenden Weisung Hitlers, ›der Osten muß sich allein helfen und mit dem auskommen, was er hat‹, kehrte ich in mein
Hauptquartier bei Zossen zurück.« (Guderian, S. 351)

Auf ausdrücklichen Befehl Hitlers verblieben die Hauptkräfte der
Heeresgruppe A in der von den Sowjets so genannten »taktischen
Verteidigungszone«, die aus einem 5 bis 7 Kilometer tiefen Gür-
tel von Stellungen unmittelbar an der Front und einer 12 bis 15 Kilometer hinter ihr errichteten zweiten Linie bestand. Die vier
kostbaren Panzerdivisionen konnten kaum als operative Reserve
bezeichnet werden, da sie zum überwiegenden Teil höchstens
25 Kilometer, zumeist sehr viel weniger, hinter der Front aufgestellt waren.

Das Verhängnis der deutschen Streitkräfte an der Weichsel
rückte unterdessen immer näher. Der 20. Dezember verging allerdings, ohne daß der von einigen Analytikern für diesen Tag
vorausgesagte Angriff stattgefunden hätte. Am 4. Januar 1945
schlossen deutsche Offiziere aus Verhören von Kriegsgefangenen
darauf, daß der Beginn der Offensive Mitte Januar zu erwarten
sei, und der Stab der 4. Panzerarmee rechnete damit, daß die Offensive am 11. oder 12. Januar eröffnet werden würde. Am 9. Januar kam Guderian zur letzten Lagebesprechung vor der sowjetischen Operation mit Hitler zusammen, die, wie erwähnt, nichts
einbrachte.

Als der Oberbefehlshaber der Heeresgruppe A, Generaloberst
Josef Harpe, am nächsten Morgen in seinem Kommandeurswagen von den Stellungen am Brückenkopf Baranow nach Krakau
zurückkehrte, wußte er noch nichts von den schlechten Neuigkeiten. Ein schneidender Wind fegte über das flache Land, aber
Harpe zog den Pelzkragen seines Mantels um sein Gesicht und
erwärmte sich darüber hinaus an dem Gedanken, daß Hitlers
Glück und Intuition ihn davon abhalten würden, das deutsche
Heer in Polen schutzlos in seinen exponierten Stellungen zu be-

lassen. Das Auto raste durch die Straßen von Krakau und hielt vor der Schule an, in der der Stab der Heeresgruppe A untergebracht war. Ein schlanker, jugendlich wirkender Mann kam Harpe entgegen und begrüßte ihn. Es war sein Stabschef von Xylander, der einen ungewohnt niedergeschlagenen Eindruck machte – und dies nicht ohne Grund, wie Harpe feststellen mußte, als er erfuhr, welches Ergebnis Guderians Vortrag bei Hitler gehabt hatte. Die Nachricht war eben erst eingetroffen:

»Der Führer hat alles abgelehnt: Kurland, Verstärkungen aus dem Westen, ›Schlittenfahrt‹. Die Front bleibt stehen, wo sie ist. Und die Situation bleibt, wie sie ist. Der Führer glaubt nicht an den russischen Angriff.« (Zit. in: Thorwald 1950, S. 30)

TEIL II

Von der Weichsel zur Oder

KAPITEL 5

Durchbruch an der Weichsel

Konew und die 1. Ukrainische Front

In der Nacht vom 11. auf den 12. Januar 1945 bereiteten sich die zehn Armeen der 1. Ukrainischen Front darauf vor, den ersten Schlag der sowjetischen Offensive an der Weichsel auszuführen. Es war technisch unmöglich, im Brückenkopf Baranow Stille zu bewahren, während die Panzer, Sturmgeschütze und Kanonen in Stellung gebracht wurden, deshalb dröhnte über Lautsprecher Musik in die Nacht hinein, die das Brummen der Dieselmotoren übertönte. Marschall Konew hatte ein kleines Haus am Waldrand zu seinem Beobachtungsposten erkoren, es besaß ein Fenster nach Westen, von dem aus er einen guten Blick auf die deutschen Linien gehabt hätte, wenn ihm nicht Nebel, niedrig hängende Wolken und Schneesturm die Sicht zeitweise völlig versperrt hätten. Luftunterstützung würde nicht zur Verfügung stehen; die Artillerie jedoch würde auf voreingestellte Ziele feuern, und Panzer und Infanterie hatten aufgrund des schlechten Wetters ein zusätzliches Überraschungsmoment auf ihrer Seite.

Die schwere und mittlere Artillerie der Roten Armee stand, bei bis zu 300 Geschützen pro Frontkilometer, buchstäblich Rad an Rad. Ihre ersten Salven trafen um 4.35 Uhr die 4. Panzerarmee und die rechts von ihr stehende 17. Armee. Die Luft erglühte in einem unnatürlichen Licht, und bald wölbte sich »Feuer und Rauch [...] über dem Gelände westlich der Weichsel. Der gefrorene Boden wurde hundertmal aufgerissen, Häuser loderten wie Fackeln auf, Bunker stürzten zusammen,

Straßen wurden zerrissen und Menschen zerfetzt.« (Haupt 1968, S. 283 f.)

Um fünf Uhr gingen die ersten sowjetischen Einheiten vor, nicht als große Welle, sondern in Schwärmen von »Vorausbataillonen« – kleinen Kampfgruppen, die die vordersten deutschen Gräben überwanden und das Gebiet bis etwa 600 Meter dahinter erkundeten, was genügte, um die großen Stützpunkte zu lokalisieren, die sich noch zwischen dem ersten und dem zweiten Grabensystem hielten.

Die Wucht des ersten Angriffs traf die deutschen Truppen derart heftig, daß sie glaubten, es bereits mit dem Hauptvorstoß zu tun zu haben und nicht nur mit einer geballten Aufklärungsoperation. Sie waren in keiner Weise auf den großen Angriff vorbereitet, der unerwartete Schrecken über sie bringen sollte. Um zehn Uhr erhielt die sowjetische Artillerie erneut den Befehl, das Feuer zu eröffnen:

> »Die bisherige Stille wich einem allgemeinen Donnern, Dröhnen, Krachen und Pfeifen. Kartuschen und Mörsergranaten fielen auf ein Gebiet von zehn Kilometern Breite und Tiefe, über dem Rauchfahnen, Feuer und mit Schnee gemischter Staub aufstiegen. Der Boden bebte, und die Erde des Schlachtfelds verfärbte sich schwarz.« (Leljuschenko, S. 275)

Während der nächsten 107 Minuten bestrich das Artilleriefeuer die gesamte Tiefe der Verteidigung und »wirbelte mit seinen Detonationen so gewaltige Wolken von schwarzem Pulverqualm und braunem Erdstaub auf, daß sich eine noch mit feindlichem künstlichem Nebel gemischte Schicht bis zu 10 Kilometer Tiefe als Wolkenbank über das Kampffeld legte«. (Ahlfen, S. 47) Unter dem Gewicht dieses furchtbaren Trommelfeuers wurde das Hauptquartiers der 4. Panzerarmee zerstört, rund zwei Drittel der Artillerie und ein Viertel der Mannschaften gingen verloren. Aschfahl und am ganzen Leibe zitternd, irrten die Überlebenden umher, und die Rote Armee erlebte das seltene Schauspiel, daß deutsche Soldaten in Panik aus ihren Stellungen flohen.

Die Hauptkräfte der sowjetischen Infanterie gingen am späten

Vormittag zum Angriff über, und zwar unter Ausnutzung von 150 Meter breiten Geländestreifen, die bewußt vom Artilleriefeuer ausgespart worden waren. Unterstützt wurden sie von speziell für diese Aufgabe abgestellten Panzern und Sturmgeschützen, während die beiden Panzerarmeen, die alles in allem eine Fahrzeugflotte von mehr als 2000 Panzern und motorisierten Geschützen darstellten, noch zurückgehalten wurden. Als sich die schneebedeckten Panzer der 4. Armee auf der rechten Seite des Mittelabschnitts um 14 Uhr in Bewegung setzten, waren sie vor dem Hintergrund der Landschaft kaum auszumachen. Eine Stunde später befanden sie sich in Aktion, und um 17 Uhr hatten sie bis zu 20 Kilometer hinter sich gebracht und begannen, nordwestlich hinter das verteidigte Stadtgebiet von Kielce abzuschwenken. Die entsprechende Formation auf der linken Seite der Mitte war Rybalkos 3. Gardepanzerarmee, die ebenfalls die deutschen Linien durchbrach und sich der Operation gegen die Reserveeinheiten der 4. Panzerarmee anschloß.

Diese Reserve bestand aus den zwei Panzerformationen von General Walther Nehrings XXIV. Panzerkorps, die Seite an Seite in der Stoßrichtung der sowjetischen Panzerarmeen standen, nämlich aus der 17. Panzerdivision im Süden und der 16. Panzerdivision im Norden, die zusammen nur die Stärke einer einzigen vollständigen Panzerdivision besaßen. Zur 4. Panzerarmee gehörten außerdem eine Sturmgeschützabteilung (die von der 16. Panzerdivision abgezogen worden war) und eine Tiger-Abteilung (mit höchstens 40 Panzern). Sie verfügte damit, bei großzügigster Schätzung, über insgesamt 250 Panzer und Sturmgeschütze – eine geradezu mitleiderregende Zahl, wenn man ihr die 3660 Panzer und Sturmgeschütze der 1. Ukrainischen Front gegenüberstellt.

Zusätzlich zu dieser verheerenden numerischen Unterlegenheit waren die gepanzerten Kräfte der 4. Panzerarmee auch noch so aufgestellt worden, als hätte man sichergehen wollen, daß sie die volle Wucht von Konews Eröffnungsangriff traf. Verbände dieser Art formieren sich normalerweise außerhalb der Reichweite des ersten gegnerischen Vorstoßes, um sich die Freiheit zu bewahren, Gegenangriffe, vornehmlich gegen die Flanken der vorrückenden feindlichen Truppen, durchzuführen. In diesem Fall jedoch war die Panzerreserve auf Befehl Hitlers dicht hinter der »taktischen Verteidigungszone« in Bereitschaft gehalten worden, was zur Folge hatte, daß sie schon nach wenigen Stunden nur noch ums eigene Überleben kämpfte. Besonders groß waren die Schäden an den Befehlsstellen und Nachrichtenverbindungen. So mußte General Nehring ungeduldig an seinem Platz verharren, während der beängstigende Lärm des sowjetischen Angriffs um seine Südflanke herum vorwärtskroch.

Erst am späten Nachmittag des 12. Januar erhielt er die Erlaubnis, das XXIV. Panzerkorps in Marsch zu setzen, aber auch dann nur in Form des Befehls, zum »Eckpfeiler Kielce« an seiner Nordflanke aufzuschließen. Als die Funkverbindung mit den Hauptquartieren beider Panzerdivisionen wieder hergestellt war, stießen die sowjetischen Panzersäulen bereits fast ungestört an den Bereitstellungsräumen der deutschen Panzerverbände vorbei oder über sie hinweg vor.

Die wertvolle Abteilung von Tiger-Panzern wurde in ungeschützter Stellung während des Auftankens überrascht und fast vollständig vernichtet. Was die beiden Panzerdivisionen betraf, so wurde die 17. vom vollen Gewicht des Frontalangriffs der 3. Gardepanzerarmee getroffen und buchstäblich von ihr überrollt. Die überlebenden Truppenteile mußten anschließend noch den Vormarschstreifen zweier weiterer sowjetischer Armeen (der 4. Panzerarmee und der 3. Armee) überqueren, um den vorgesehenen Sammelpunkt bei Kielce zu erreichen, und im Verlauf der Nacht und des nächsten Tages wurde ihr Hauptquartier zerstört und ihr Kommandeur, Oberst Brux, verwundet und gefangengenommen. Der 16. Panzerdivision, die näher bei Kielce stand, wurde am 12. Januar ein Aufschub der Urteilsvollstreckung gewährt, da die sowjetische 4. Panzerarmee an ihrer Südflanke vorbeieilte, und sie war so in der Lage, für den Rest des Tages eine nach Süden gerichtete Linie bei Sczecno zu halten.

Zum rechten Flügel seiner Armee, wo das LXVIII. Panzerkorps durch die aus dem südlichen Sektor des Brückenkopfs Baranow vorstürmenden Truppen versprengt worden war, hatte Generaloberst Harpe jeden Kontakt verloren. Zu diesem Korps gehörten trotz seiner Bezeichnung keine vollständigen Panzerdivisionen, und es hatte daher nicht einmal, wie Nehring im Norden, die theoretische Chance, einen Gegenstoß auszuführen.

Am 13. Januar, dem zweiten Tag der Offensive, durchbrachen die sowjetischen Angriffsverbände die rückwärtigen deutschen Stellungen und rückten auf einer Breite von 60 Kilometern zwischen 25 und 40 Kilometer tief vor. Am 14. überquerten sie fast auf der gesamten Länge des Flusses die Nida und schickten sich an, die Verfolgung der zurückweichenden deutschen Truppen aufzunehmen.

Die deutsche 4. Panzerarmee hatte inzwischen praktisch aufgehört zu existieren. An der Südflanke verschwand das LXVIII. Panzerkorps von den Lagekarten (sein Truppenstamm wurde später in die 17. Armee eingegliedert). In der Mitte zogen sich die Überreste der Panzergrenadierdivisionen des XXIV. Panzerkorps, abgeschirmt von den verbliebenen Einheiten der 16. und 17. Panzerdivision, die in erbitterte Kämpfe mit sowjetischen Panzerverbänden verstrickt waren, in die allgemeine Richtung von Kielce zurück.

In der Nacht vom 13. auf den 14. Januar mußte das Panzerregiment 2 der 16. Panzerdivision erkennen, daß es abgeschnitten war, und unternahm daraufhin einen verzweifelten Versuch, zum Sammelpunkt auf den Höhen nördlich von Morawica durchzubrechen, aber nur zwei Kompanien mit 18 Panzern konnten über eine Doppelbrücke über die Czarna Nida entkommen. Am 14. Januar folgten ihnen die Überreste der 17. Panzerdivision und die Tiger-Abteilung der Armee. Für die restlichen Kompanien des Panzerregiments 2 gab es keine Rettung; sie wurden in den Wäldern bei Radomica und Komorka aufgerieben. Der befehlshabende Offizier beging Selbstmord, und wenig später wurde sein Panther-Panzer von einem Tiger, der ihn versehentlich für einen T 34/85 hielt, abgeschossen. Nur einige wenige Panzerbesatzungen konnten sich zu Fuß auf die Höhen bei Morawica durchschlagen, wo sich der gemischte Verband herausbildete, der als Nehrings »wandernder Kessel« bekannt ist.

Nehring war fast völlig abgeschnitten, und der abgerissene Funkkontakt mit seinen Vorgesetzten ließ sich nicht wiederherstellen. Doch seine Herkunft (er stammte aus Westpreußen) und sein Instinkt rieten ihm, sich mit seinen Männern über die Straßen in Richtung Norden abzusetzen. Aus Rücksicht auf seinen linken Nachbarn, General Hermann Recknagels XXXXII. Armeekorps, verzögerte er jedoch den Abmarsch; es hatte an der Nordflanke des sowjetischen Brückenkopfs gestanden und sah sich jetzt der Gefahr gegenüber, gegen die Weichsel gedrängt zu werden. Recknagels Einheiten trafen, nachdem sie ihre schwere Ausrüstung aufgegeben hatten, im Verlauf des 18. Januar zu Fuß bei Nehrings Truppen ein, und noch am selben Tag begann die Odyssee von Nehrings »wanderndem Kessel« (siehe S. 99).

Schukow und die 1. Belorussische Front

Als am 14. Januar, zwei Tage nach dem Beginn der Offensive im Süden, Marschall Schukows 1. Belorussische Front aus den Brückenköpfen Puäformel Öo(l;ß)üawy und Magnuszew heraus zum Angriff überging, hatten die Auswirkungen des ersten sowjetischen Schlags bereits katastrophale Ausmaße angenommen: Die Heeresgruppe A hatte eine ihrer drei Armeen, die 4. Panzerarmee, verloren, und die Front war gesprengt.

Schukows Einheiten gegenüber stand die 9. Armee, eine der stolzesten und kampferfahrensten Verbände der Wehrmacht. Ihr Kommandeur, General Smilo Freiherr von Lüttwitz, stand in der Nachfolge der gefeierten Generale Walter Model und Fedor von Bock und hatte sich den Ruf erworben, seine Truppen von der Front zu führen. Die Deutschen befanden sich nach dem, was mit der 4. Panzerarmee geschehen war, in höchstem Alarmzustand, und ihre beiden Panzerarmeen, die 19. und die 25., standen als operative Reserve bereit, um kurzfristig in die Kämpfe einzugreifen. Doch das alles sollte ihnen angesichts der Wucht des sowjetischen Ansturms nicht viel nutzen.

Schukow hatte auf seiner linken Flanke in dem kleinen Brückenkopf Puławy zwei Schützenarmeen und zwei Panzerkorps aufgestellt. Die deutschen Verteidigungsstellungen waren zwar nicht sehr tief gestaffelt, aber äußerst stark, und die Rote Armee

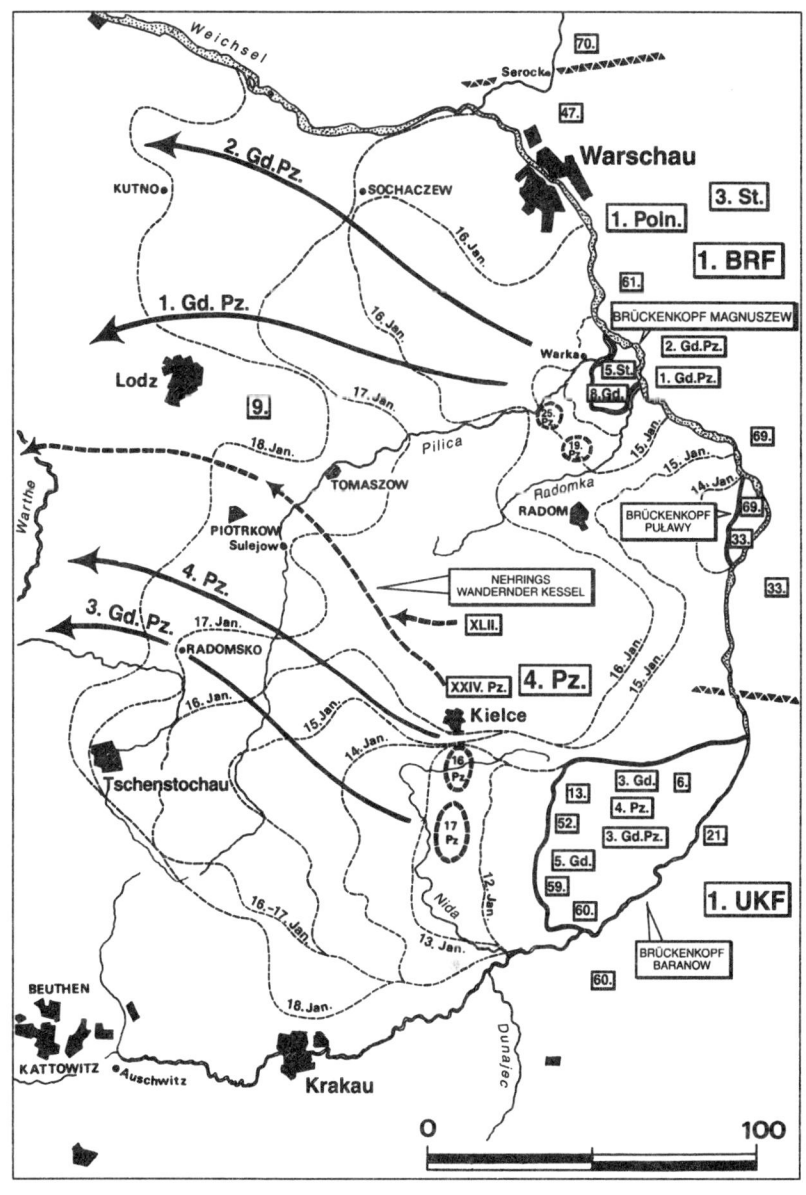

3. Durchbruch an der Weichsel, 12.–18. Januar 1945

89

ging entsprechend massiv gegen sie vor – mit einem zwei Stunden andauernden konzentrierten Artillerieangriff, nach dessen Ende die Panzer- und Schützeneinheiten in rascher Folge vorstießen.

Die im Brückenkopf Puławy liegenden Truppen verbrachten eine kalte, schlaflose Nacht, bevor am 14. Januar um 8.30 Uhr die Artillerie das Feuer eröffnete: »Vier Kilometer weit stöhnte und bebte die Erde unter einem Rauchschleier. Die Abschüsse und Explosionen der Granaten verschmolzen zu einem ständigen Donnern.« (Juschtschuk, S. 107) Kaum hatte die Artillerie das Feuer eingestellt, als die Angriffsverbände vorstießen. Die 33. und die 69. Armee stießen bereits am ersten Tag in eine Tiefe von 20 Kilometern hinter der Front vor, und die beiden Panzerkorps rollten energisch auf Radom zu, einen bedeutenden Straßen- und Eisenbahnknotenpunkt und wichtigste Nachschubbasis der deutschen 9. Armee.

Der Angriff aus dem Brückenkopf Puławy war auf die Sekunde genau auf die Eröffnung der größeren Offensive aus dem Brückenkopf Magnuszew auf der rechten Seite abgestimmt worden, an der drei allgemeine Armeen und zwei komplette Panzerarmeen teilnahmen. Generaloberst Bersarins 5. Stoßarmee sollte von der Mitte des Brückenkopfs aus losschlagen, und auch hier fand man in der Nacht vor dem Angriff keinen Schlaf, schon gar nicht im Armeestab:

»Langsam verrannen die letzten Stunden vor dem Angriff. Alles war vorbereitet, berücksichtigt, kontrolliert, trotzdem war jeder von uns unruhig. Unwillkürlich schweifte der Blick zur Karte und blieb auf den dunkelblauen taktischen Zeichen der gegnerischen Verteidigung haften. Auf dem Weg von der Weichsel zur Oder gab es sieben Verteidigungslinien [. . .].
Diese Hindernisse mußten während der Offensive nicht nur in einer festgelegten Zeit durchbrochen, sondern auch die Einführung der beweglichen Verbände in der Hauptrichtung sichergestellt werden.
Ist es da verwunderlich, daß alle Generäle und Offiziere in diesen letzten Minuten vor dem Angriff aufgeregt waren?« (Bokow 1979, S. 57 f.)

Bersarin hatte mit starker Luftunterstützung gerechnet, aber als sich der dichte Nebel bis zum Morgengrauen nicht auflöste, war ihm klar, daß er nicht darauf hoffen konnte. Die Spannung legte sich ein wenig, als Schukow auf dem Beobachtungsposten eintraf, um sich über den Zustand der Armee zu unterrichten. Er war erfreut über das, was er hörte, und bemerkte, daß er sich des Erfolges mit 200prozentiger Sicherheit gewiß sei.

Die meisten sowjetischen Flugzeuge wurde tatsächlich durch den Nebel am Boden festgehalten, doch die Ziele der Artillerie waren bereits festgelegt worden. Um 8.25 Uhr erhielten die Kanoniere den Befehl, ihre Geschütze zu laden, und fünf Minuten später folgte der Feuerbefehl. Der bis zu sieben Kilometer Tiefe reichende Artillerieangriff war kurz (in den meisten Abschnitten 25 Minuten), aber heftig. Pioniere und Minenräumpanzer arbeiteten eng zusammen, um 800 Korridore durch die feindlichen Minenfelder zu schaffen. Ihre systematische und gefährliche Arbeit ermöglichte es den »Vorausbataillonen«, vorzurücken und die vordersten deutschen Schützengräben anzugreifen, womit sie ihrerseits den Hauptkräften der Schützenverbände den Weg bahnten. Ein zweiter Artillerieschlag erwies sich als unnötig.

Im allgemeinen war Schukow also der gleichen Taktik gefolgt wie Konew, nur daß seine Schützenverbände und die unmittelbar zu ihrer Unterstützung eingesetzten Panzer die deutsche Verteidigung zunächst allein durchbrechen mußten, bevor er seine beiden Panzerarmeen in die Schlacht warf, sosehr die Kommandeure der Panzereinheiten auch an der Leine zerrten, an die sie gelegt worden waren. Generalleutnant M. J. Katukow von der 1. Gardepanzerarmee wartete in erzwungener Untätigkeit im Befehlsstand von Generaloberst Tschuikow, dessen 8. Gardearmee ihm den Weg freikämpfte, auf seinen Einsatz:

> »Ich sah Tschuikow telefonieren, verstand aber nicht, was er sprach. Der Lärm war zu groß. Gleich darauf erschienen dunkel auf weißem Feld die ausgeschwärmten Schützen. Gespannt verfolgte der Armeeoberbefehlshaber durch das Fernglas das Kampfgeschehen in diesen ersten entscheidenden Minuten.« (Katukow, S. 315)

Im nördlich anschließenden Frontabschnitt leistete die 5. Stoßarmee der 2. Gardepanzerarmee denselben Dienst. Die Schützenverbände überquerten dabei an mehreren Stellen die Pilica, was ein gewagtes Unterfangen darstellte, da die dünne Eisdecke von Einschußlöchern deutscher Granaten übersät war und von dunklen Rinnen unterbrochen wurde, in denen das schnell fließende trübe Wasser des Flusses zu sehen war. Die Artilleriegeschosse fielen noch auf die Furten, als einer der Divisionskommandeure, Oberst Antonow, während der Nacht das Flußufer erreichte:

»Wir bildeten eine Kette und begannen den Fluß zu überqueren. Als wir fast schon das gegenüberliegende Ufer erreicht hatten, ging Granatfeuer neben uns nieder. Das Eis zersplitterte, und ein großes Eisstück traf mich am Kopf. Ich fiel ins Wasser, aber die Kälte brachte mich wieder zu Bewußtsein. Hauptmann Konosobko eilte herbei, und mit seiner Hilfe wurde ich aus dem Wasser gezogen und ans Ufer gebracht.« (Antonow, S. 218)

Den mobilen Reserven der Wehrmacht erging es genauso schlecht wie jenen an Konews Frontabschnitt zwei Tage zuvor. Oberflächlich betrachtet, hätten sie sich besser schlagen können, da die betreffenden Einheiten, die 19. und 25. Panzerdivision (siehe S. 88), bereits um 7.45 Uhr am 14. Januar die Erlaubnis zum Gegenangriff erhielten und um 10.30 Uhr ihre Ausgangslinien überschritten. Die Deutschen waren unleugbar schnell auf den Beinen, aber sie vergaben diesen Vorteil, den einzigen, den sie auf ihrer Seite hatten, indem sie getrennte Gegenangriffe in unterschiedlichen Richtungen unternahmen: die 19. Armee gegen die 69. Armee (aus dem Brückenkopf Puławy) und die 8. Gardearmee, die 25. gegen die 5. Stoßarmee.

Am 15. Januar durchbrachen Schukows allgemeine Armeen trotz teilweise heftiger Gegenwehr die rückwärtigen Stellungen der »taktischen Verteidigungszone«. Die 69. Armee ließ sich vom Schwung des Ausbruchs aus dem Puławy-Brückenkopf 50 Kilometer weit tragen und drang bis nach Radom vor. Der ihr am nächsten stehende Truppenteil aus dem Brückenkopf Magnuszew, Tschuikows 8. Gardearmee, eröffnete um neun Uhr einen schulmäßigen Angriff auf die Eisenbahnlinie, die von Radom nordwärts nach Warka an der unteren Pilica entlangführte. Tschuikow war persönlich anwesend, als die Truppen, von einer kompletten Raketenwerferbrigade mit 36 Katjuschas (»Stalinorgeln«) unterstützt, bei Sonnenuntergang über die Gleise vorstießen.

Im Norden bekam es die 5. Stoßarmee mit deutschen Gegenangriffen auf ihre Brückenköpfe am Unterlauf der Pilica zu tun. Oberst Antonow hatte sich von seinem unfreiwilligen Bad erholt und stand mit seiner Division südwestlich von Warka:

»Der Morgen war grau und neblig. Das von einer weißen Schneedecke überzogene Tal erstreckte sich unterhalb des Berges, an dessen Hang wir standen [...]. Fast am Fuß des Abhangs hoben Schützen Gräben aus und bereiteten Gruben und Schützenlöcher vor. Die Artilleristen und die Besatzungen der Sturmgeschütze stellten ihre Waffen auf. Wir machten uns auf allen Seiten zum Kampf bereit. Oberst Kasanzew führte mich zur Fernglashalterung. Durch das Glas konnte man sehen, daß der Feind in Säulen durch die kleinen Waldstücke anmarschierte, die zwischen den Bergen und dem Tal verstreut waren. Sie waren dabei, sich in Linien aufzuteilen, und die Panzer fuhren mit voller Geschwindigkeit und überholten die Infanterie.«

Antonow alarmierte über Funk und Feldtelefon seine Regimenter, aber die Stille blieb noch für kurze Zeit ungestört, bis der Schlagabtausch begann:

»Ein erstes donnerndes Geräusch erfüllte den Morgen – eine Salve der Artilleriegruppe der Division. Fast gleichzeitig eröffnete die schwere Artillerie der Deutschen aus der Richtung von Warka das Feuer auf unsere Stellungen. Der Erdboden erzitterte unter den explodierenden Granaten und den Ketten der vorwärtsratternden Panzer. Ein merkwürdiger klingelnder Ton hing in der Luft. Ungeachtet der Verluste, die ihnen das Sperrfeuer unserer Artillerie beibrachte, rückten die deutschen Panzer, gepanzerten Fahrzeuge und die abgesessene Infanterie vor und eröffneten einen mehrere Minuten dauernden kombinierten Panzer- und Infanterieangriff.

In diesem Augenblick krachten die Salven von Kowalewskijs Artilleriedivision, der selbstfahrenden Divisionsartillerie und sämtlicher Geschütze, die unmittelbar in der Feuerlinie aufgestellt waren, los. Gleichzeitig eröffneten die Schützenbataillone mit allen zur Verfügung stehenden Waffen das Feuer. Über den ausgeschalteten deutschen Panzern stiegen schwarze Rauchfahnen auf, und die Infanterie warf sich zu Boden, um Schutz gegen unsere Kugeln und Granaten zu finden.«

Bis Mittag wurden nicht weniger als fünf Gegenangriffe zurückgeschlagen, und die Kanonade donnerte ohne Pause weiter. »Am Morgen waren das Tal, die Berge und die Lichtungen mit reinem weißen Schnee bedeckt gewesen, doch jetzt war alles schwarz verfärbt.« (Antonow, S. 219ff., 223) Ein sechster und letzter Gegenangriff wurde am frühen Nachmittag abgewehrt.

Schließlich war sogar der anspruchsvolle Schukow mit den Erfolgen der Schützenverbände zufrieden; immerhin hatten sie die »taktische Verteidigungszone« der Deutschen durchbrochen und sämtliche Gegenangriffe auf ihre vorgeschobenen Linien zurückgeschlagen. Auf der linken Seite der Mitte war die 1. Gardepanzerarmee zu stundenlanger Untätigkeit verdammt gewesen, bevor endlich das Telefon schrillte und General Katukow von Schukow den schlichten Befehl erhielt: »Beginnen Sie das Spiel!« (Katukow, S. 317) Es war das vereinbarte Signal, daß der Zeitpunkt gekommen war, seine Panzereinheiten in den Durchbruch einzuführen.

Die 1. Gardepanzerarmee donnerte durch den Abschnitt von Tschuikows 8. Gardearmee, um in Richtung auf Łódź und Posen vorzustoßen. Die Spitze bildete die 44. Gardepanzerbrigade unter Oberst I. I. Gussakowskij, der die Aufgabe hatte, einen Brückenkopf auf der anderen Seite der Pilica zu erobern, bevor die Deutschen in der Lage waren, den Fluß als Verteidigungslinie zu nutzen. Er erreichte ihn in der Nacht vom 15. auf den 16. Januar und schickte seine mechanisierte Infanterie zu Fuß über das Eis. Da es zwingend notwendig war, die Panzer und Sturmgeschütze zur Unterstützung der Infanterie ans andere Flußufer zu bringen, das Eis aber zu dünn war, um die schweren Fahrzeuge zu tragen, mußten sich die Pioniere etwas einfallen lassen. Sie fanden schließlich eine Furt und sprengten eine Gasse ins Eis. Zwanzig Panzer und sechs Sturmgeschütze fuhren das Ufer hinunter und versanken bis zu den Auspuffrohren, und manchmal auch über sie hinaus, in dem schwarzen Wasser, während sich die Eisschollen an den Panzertürmen stauten. Sechs Panzer und zwei Sturmgeschütze (die später herausgezogen wurden) blieben im Fluß liegen, die anderen Fahrzeuge aber kamen durch und gaben Gussakowskij die verzweifelt benötigte zusätzliche Feuerkraft.

Als der Rest des XI. Gardepanzerkorps, des Stammverbandes der Brigade, auf der Szene erschien, brachte er eine 60-Tonnen-Brücke mit, die Panzer tragen konnte, und Gussakowskij war mit Hilfe der 45. Panzerbrigade in der Lage, alle Gegenangriffe der deutschen 25. Panzerdivision abzuwehren, die in immer neuen Wellen von Panzern, Sturmgeschützen, Schützenpanzerwagen und abgesessener Infanterie gegen den sowjetischen Brückenkopf anbrandeten.

Der nachrückende Verband auf Schukows rechter Mitte war die 2. Gardepanzerarmee, eine massive Formation, deren Aufmarschgebiet rund 15 Kilometer breit und 50 bis 60 Kilometer tief war. Ihr Vorrücken über die untere Pilica war, wie erwähnt, von der 5. Stoßarmee vorbereitet worden. Sie schwenkte anschließend nach Nordwesten und bewegte sich in raschem Tempo auf Sochaczew zu, einen wichtigen Straßen- und Eisenbahnknotenpunkt hinter Warschau. Die polnische Hauptstadt wurde gleichzeitig auch von Norden her bedroht, wo die 47. Armee in Aktion getreten war und den Übergang über die Weichsel flußabwärts der Stadt erzwang.

Unterdessen war auf dem linken Flügel des sowjetischen Durchbruchs in Polen die 3. Gardepanzerarmee von Konews 1. Ukrainischer Front tief in den deutschen rückwärtigen Raum vorgedrungen, während sich die 4. Panzerarmee durch Kielce und die Umgebung der Stadt vorankämpfte.

Als der 15. Januar zu Ende ging, hatten die beiden sowjetischen Fronten eine breite Bresche in die deutsche Verteidigungszone geschlagen und waren dabei, ihre Brückenköpfe an der Weichsel auf einer Frontlänge von 500 Kilometern miteinander zu verbin-

95

den. In den meisten Abschnitten hatten ihre Panzerarmeen, Panzerkorps und mechanisierten Verbände ihre Ausgangsstellungen bis zu 100 Kilometer weit hinter sich gelassen. Die deutsche Heeresgruppe A hatte jeden Zusammenhalt verloren; viele Einheiten waren restlos aufgerieben worden, und die versprengten, zusammenhanglosen Überreste kämpften um ihr Leben.

KAPITEL 6

Die deutsche Antwort

Die Operationen des Panzerkorps Großdeutschland und der 6. SS-Panzerarmee

Am 15. Januar, dem letzten Tag seines vorübergehenden Aufenthalts in Ziegenberg, war nicht einmal mehr Hitler imstande, sich vorzumachen, die Ostfront könnte »mit dem auskommen, was sie hat«. Guderian war weit weg, und Hitler zog, ohne ihn um Rat zu fragen, die beiden Divisionen des Panzerkorps Großdeutschland aus Ostpreußen ab, um sie im Kampfgebiet um Kielce einzusetzen.

Die betreffenden Verbände – die Fallschirm-Panzerdivision Hermann Göring (den Zusatz »Fallschirm« trug sie ehrenhalber) und die Panzergrenadierdivision Brandenburg – waren erster Güte, und in einem in konventionellem Tempo durchgeführten Feldzug hätte einiges für eine solche Umgruppierung gesprochen. Aber wie die Dinge lagen, war Guderian entsetzt, als er von Hitlers Entscheidung erfuhr, denn die Verlegung schwächte die deutschen Streitkräfte in Ostpreußen gerade in dem Augenblick, als sie unter schweren sowjetischen Druck gerieten (siehe S. 191). Im übrigen würden die beiden Divisionen wahrscheinlich zu spät an ihrem Bestimmungsort eintreffen, um das Loch in der Front in Südpolen, wo die Lage bereits außer Kontrolle geraten war, noch stopfen zu können.

Guderian brachte seinen Protest mit allem Nachdruck vor, den die umständliche Verbindung zwischen Ziegenberg und Zossen zuließ, aber es führte nur dazu, daß Hitlers Beziehung zu seinem Generalstabschef recht gespannt war, als er nach Berlin zurückkehrte und sein Hauptquartier im Bunker unter der Reichskanzlei aufschlug. »Berlin ist sehr praktisch als Hauptquartier«, kommentierte sein persönlicher Adjutant, SS-Sturmbannführer Otto Günsche, den Umzug. »Man kann dort bald mit der S-Bahn von der Ostfront zur Westfront fahren.« (Zit. in: Paul, S. 55)

Nach dem von Hitler am frühen Morgen des 15. Januar erteilten Marschbefehl sollte das Panzerkorps Großdeutschland die Bresche im Frontabschnitt der Konews Front gegenüberstehenden 4. Panzerarmee schließen, aber es kam nie auch nur in die Nähe seines vorgesehenen Einsatzortes. Zum einen waren die Eisenbahnverbindungen zwischen Ostpreußen und Polen sehr schlecht; noch schlimmer aber wirkte sich der zeitlich versetzte Beginn der sowjetischen Offensive an den verschiedenen Frontabschnitten aus: Während Konew bereits am 12. angegriffen hatte, schlug Schukow weiter im Norden erst am 14. los, was bedeutete, daß sich das Panzerkorps Großdeutschland noch auf dem Anmarsch nach Süden befand, als es an seiner linken Flanke von der 1. Belorussischen Front angegriffen wurde. Die Bahnhöfe entlang der Strecke wimmelten bereits von zivilen Flüchtlingen, und als die Verbände in die Nähe von Łódź gelangt waren, wo sie aussteigen und abladen sollten, fanden sie sich in der alptraumhaften Situation, augenblicklich, bereits während des Entladens, im Kampf zu stehen, da sie direkt in den Vormarschstreifen von Schukows Front geraten waren und von dieser sofort unter Beschuß genommen wurden.

> »Ihr Führer, General v. Saucken, ein alter ostpreußischer Kavallerist, mittelgroß, hager, stand am 18. Januar am Rande von Lodz vor einer Tuchfabrik und suchte das verschneite Gelände mit seinem Glas ab. Hinter ihm wogte die beginnende Flucht aus der Stadt. Hin und wieder schoben sich sowjetische Panzer heran, und kleine weiße Schneeflocken stäubten auf, wo ihre Granaten einschlugen.« (Thorwald 1950, S. 77)

Dietrich von Saucken war klar, daß er seinen Auftrag im Süden nicht erfüllen konnte, da die 1. Gardepanzerarmee von Norden näherrückte und kurz davorstand, ihm den direkten Rückzugsweg abzuschneiden. Er ließ seine Einheiten deshalb östlich und südlich von Łódź Aufstellung nehmen und hielt so lange wie möglich aus, um den versprengten Truppen der 9. Armee Deckung zu geben. Als seine Zeit abgelaufen war, brach er nach Südwesten aus, kämpfte sich bis zur Warthe durch und erreichte am 22. Januar Nehrings »wandernden Kessel« (siehe S. 104). Vereint schlugen sich diese Kräfte sodann bis an die Oder durch und stießen dort zu den Verbänden, die das Kernland des Deutschen Reichs verteidigen sollten.

Sauckens Verband war allerdings nur ein Korps, wenn auch von ausgezeichnetem Ruf. Das Schicksal eines anderen Truppenteils beschäftigte Guderian noch wesentlich stärker, dasjenige der 6. SS-Panzerarmee nämlich, die nach dem Ende der Ardennenoffensive verfügbar geworden war. Sie stellte eine Reserve von erheblicher operativer Bedeutung dar, und Guderian wollte sie sich für den Hauptabschnitt der Ostfront sichern. Für den Transport hatte er die nach Berlin führenden Eisenbahnverbindungen vorgesehen.

Als er am 16. Januar in die Reichskanzlei kam, mußte er jedoch feststellen, daß Hitler entschlossen war, die 6. SS-Panzerarmee zum Schutz der Erdölquellen und Raffinerien nach Ungarn zu schicken. Die Eisenbahnverbindung in diese Gegend war umständlich und von begrenzter Kapazität, dennoch bestand Hitler auf seinem Vorhaben. Die Diskussion verlief stürmisch, und zwar nicht nur aufgrund dieser Meinungsverschiedenheit, sondern auch deshalb, weil Hitler über die Lage in Polen wütend war. Er verkündete, daß er Generaloberst Harpe als Befehlshaber der Heeresgruppe A ablösen und durch Generaloberst Ferdinand Schörner ersetzen werde, einen fanatischen und ebenso tatkräftigen wie brutalen Mann, der seinem Führer treu ergeben war.

Die Saga von Nehrings »wanderndem Kessel«

Es hat etwas Unwirkliches und Abstruses an sich, auf rein operativer Ebene über den Krieg zu sprechen. Für die Deutschen in Polen war der Überlebenskampf gejagter und abgeschnittener

Einheiten und Verbände, die jegliche Nachrichtenverbindung mit dem Oberkommando verloren hatten, die alltägliche Realität. Die meisten dieser versprengten Truppenteile wurden von den Schützenverbänden der zweiten sowjetischen Angriffswelle aufgerieben; einige aber konnten sich zu Kampfgruppen zusammenschließen, die durch die Lücken zwischen den Panzerspitzen der Roten Armee zu entkommen versuchten. Sie wurden als »wandernde Kessel« bekannt und erhielten den Namen ihres jeweiligen ranghöchsten Offiziers. Hier trat das deutsche Improvisationstalent besonders vorteilhaft zutage.

Der berühmteste dieser »wandernden Kessel« war die Gruppe von General Walther Nehring, den wir vor der 1. Ukrainischen Front in der Nähe von Kielce verlassen haben. Wir werden seine Geschichte deshalb im folgenden etwas eingehender nachzeichnen. Nehring befehligte das um die 16. und 17. Panzerdivision herum gruppierte XXIV. Panzerkorps. Am 15. Januar wußte er wenig mehr, als daß er abgeschnitten war oder doch bald sein würde. Er kämpfte weiter in der Gegend von Kielce, bis er in der Nacht vom 16. auf den 17. Januar nach Nordwesten ausbrach. Später schrieb er darüber:

> »Jedem ist klar, daß nur das Zusammenhalten aller zum Ziel führen kann, das Absplittern in Einzelgruppen aber Tod oder Gefangenschaft bedeutet. Kameradschaft, Disziplin und Opferbereitschaft zeigen sich hier immer wieder. Große körperliche Anstrengungen mußten gebracht werden, denen viele Kameraden erlagen.« (Zit. in: Paul, S. 56 f.)

Nehring hatte das Glück, zu Beginn seines Marsches einem Treibstoffkonvoi zu begegnen und die Tanks seiner Fahrzeuge randvoll auffüllen zu können. Er vermied jetzt prinzipiell jeden unnötigen Kontakt mit sowjetischen Truppen und ließ seine Einheiten nur nachts auf Nebenstraßen und Waldwegen weitermarschieren. Tagsüber suchte man sich einen Lagerplatz und versteckte die Panzer, so gut es ging, zwischen Häusern und Scheunen.

Als Nehring am Morgen des 18. Januar rund 40 Kilometer

nördlich von Kielce stand, stellte er fest, daß sich ihm eine starke sowjetische Abteilung aus dem Brückenkopf Puławy näherte, die ihm den beabsichtigten Fluchtweg nach Norden versperrte (siehe S. 88 f.). Er wich dem Feindkontakt aus und wandte sich nach Westen – in eine Richtung, die zu seinem Glück mit dem ungefähren Grenzverlauf zwischen den Fronten von Konew und Schukow zusammenfiel. Während des Tages traf das XXIV. Panzerkorps auf die versprengte, unter schwerem Druck stehende Infanterie des XXXXII. Armeekorps, das aus der Tasche zwischen den Brückenköpfen Baranow und Pu3awy floh. So wurde Nehring doch noch dafür belohnt, daß er bei Kielce ausgehalten hatte, obwohl sich von den fünf Divisionen des Korps nur die 342. unter Generalmajor Heinrich Nickel eine gewisse Kampfkraft bewahrt hatte. Sie bildete zusammen mit der 16. Panzerdivision Nehrings Hauptschlagkraft. Der Kommandeur des XXXXII. Armeekorps, General Hermann Recknagel, unterstellte sich Nehrings Befehl, fiel aber schon fünf Tage später.

In der Nacht vom 18. auf den 19. Januar gelang es dem »wandernden Kessel« zum ersten Mal, Kontakt mit der Außenwelt aufzunehmen. Nehrings Stab konnte über ein Funkgerät der Luftwaffe ein kurzes Gespräch mit Luftwaffengeneral Seidemann in Posen führen. Seidemann selbst hatte keine Ahnung, wo sich die Rote Armee oder die deutschen Stellungen befanden, informierte aber Guderian über die Kontaktaufnahme, der seinerseits das frisch eingetroffene Panzerkorps Großdeutschland aufforderte, nach Nehring Ausschau zu halten.

Am 20. Januar erreichte Nehrings Gruppe das 50 Meter breite Hindernis der Pilica. Die Berichte darüber, was nun geschah, widersprechen sich in Einzelheiten, die wesentlichen Ereignisse aber sind klar: Nehrings Truppen schlugen einen Panzerangriff zurück und gelangten zu einer zwischen Sulechów und Tomaszów Mazowiecki gelegenen kleinen Brücke, die Nehring auf seiner Karte entdeckt hatte und die er durch Baumstämme so weit verstärken ließ, daß sie von Lastkraftwagen und leichten Panzerfahrzeugen überquert werden konnte. Bevor die Nachhut über den Fluß ging, fuhren zwei ihrer Panzer ins Wasser, um die zusammenbrechende Brücke abzustützen; danach rasten die Pan-

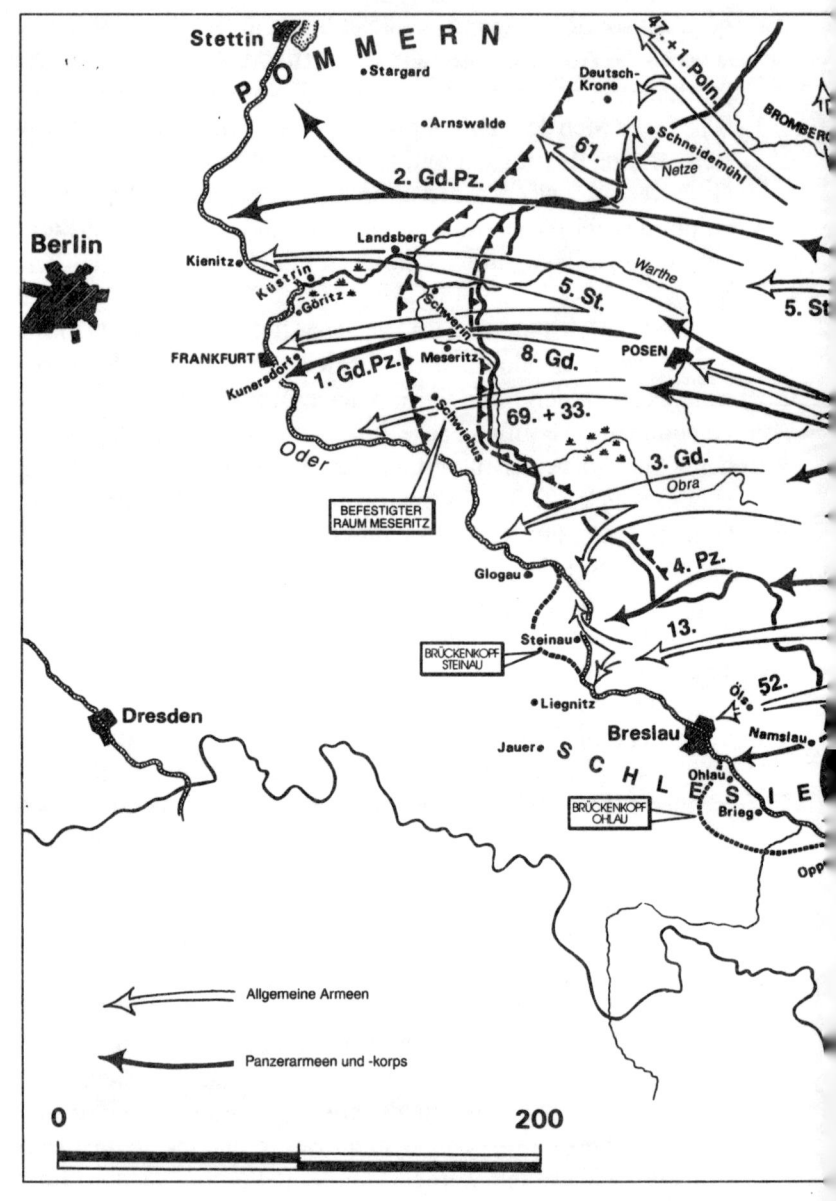

4. Die Weichsel-Oder-Operation, 12. Januar–2. Februar 1945

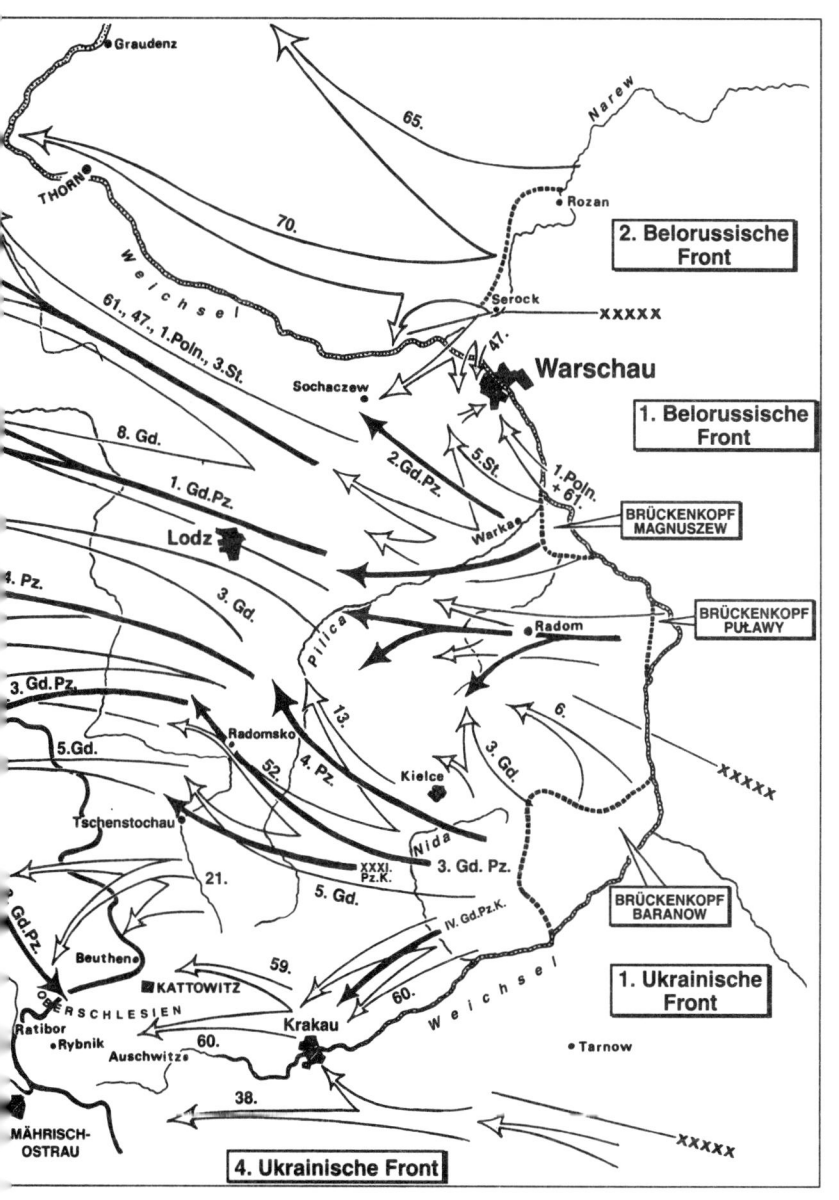

Graudenz

65.

Narew

Rozan

THORN

70.

Serock

2. Belorussische
Front

Weichsel

61., 47., 1.Poln., 3.St.

xxxxx

8. Gd.

Sochaczew

47.

Warschau

2.Gd.Pz.

5.St.

1. Belorussische
Front

1. Gd.Pz.

Lodz

1.Poln.
+ 6.

BRÜCKENKOPF
MAGNUSZEW

4. Pz.

3. Gd.

Pilica

Warka

Radom

BRÜCKENKOPF
PUŁAWY

3. Gd.Pz.

Radomsko

13.

6.

5.Gd.

52.

4. Pz.

Kielce

3. Gd.

xxxxx

Tschenstochau

Nida

XXXI.
Pz.K.

3. Gd. Pz.

5. Gd.

21.

IV.Gd.Pz.K.

BRÜCKENKOPF
BARANOW

Gd.Pz.

Beuthen

59.

60.

Weichsel

1. Ukrainische
Front

OBERSCHLESIEN

KATTOWITZ

Krakau

Tarnow

Ratibor
Rybnik

60.

Auschwitz

38.

MÄHRISCH-
OSTRAU

xxxxx

4. Ukrainische Front

zer IV mit Vollgas über die Brücke, bevor die Holzbalken endgültig nachgaben.

Auf der anderen Flußseite suchten sich die in einer einzigen Kolonne aufgereihten Fahrzeuge einen Weg durch die Wälle und Gräben einer starken deutschen Verteidigungslinie – der a-1-Stellung (siehe S. 403) –, die von niemandem mehr gehalten wurde, was deutlich auf ein Versagen des Oberkommandos hinwies. Dichter Nebel verhinderte jedoch, daß Nehrings Kolonne die Aufmerksamkeit der sowjetischen Panzer und Flugzeuge auf sich zog.

Am 21. Januar kam Nehrings Gruppe, ohne etwas davon zu ahnen, dem durch Łódź vorrückenden linken Flügel von Tschuikows 8. Gardearmee gefährlich nahe. Nehring aber hielt sich, obwohl er keinen genauen Grund dafür angeben konnte, nicht an den Rat seiner Stabsoffiziere, die ihm empfahlen, die gut zu befahrende Straße zu nehmen, die durch Łódź nach Westen führte, sondern ließ seine Truppen statt dessen in einem Linksbogen durch die Wald- und Heidelandschaft im Süden marschieren. Auf dem Weg mußte ein Fahrzeug nach dem anderen zurückgelassen und gesprengt werden, weil der Treibstoff ausging, aber die 16. Panzerdivision traf bald auf Wegzeichen, die die Insignien des Panzerkorps Großdeutschland trugen, und begegnete schließlich einem Aufklärungstrupp, von dem sie erfuhr, daß das Korps auf der anderen Seite der Warthe bei Sieradz auf Nehrings »wandernden Kessel« warte und daß eine kleine Gruppe am rechten Flußufer in Stellung gegangen sei, um ihn zu empfangen.

Immer noch vom Nebel geschützt, erreichte Nehrings Vorhut, nachdem sie in elf Tagen 250 Kilometer zurückgelegt hatte, am Morgen des 22. Januar die Warthe. Der Rest des »wandernden Kessels« war so weit auseinandergezogen, daß es mehrere Tage dauerte, bis die letzten Gruppen erschöpfter Soldaten den Fluß überquert hatten. Von den Panzern war kein einziger übriggeblieben.

Von Saucken, der Kommandeur des Panzerkorps Großdeutschland, erklärte Nehring, daß seine Retter ihrerseits abgeschnitten seien, da die Rote Armee bereits eine Reihe der auf dem direkten Weg zur Oder liegenden Straßenkreuzungen erobert habe. Die vereinten Truppen des »wandernden Kessels« und des Panzerkorps Großdeutschland konnten sich jedoch weitere 100 Kilometer bis zur Oder durchschlängeln. Am 27. Januar kamen sie auf dem letzten Teilstück ihres Weges, nun schon auf Reichsgebiet, auf der Straße von Guhrau nach Glogau, an einem mehrere Kilometer langen Flüchtlingstreck vorbei, der von wild gewordenen sowjetischen Panzern niedergeschossen, zerquetscht und plattgewalzt worden war. Der Anblick bewirkte, daß sie, als sie endlich bei Glogau die Oder erreichten, in erschüttertem Schweigen über den Fluß gingen. Aber ihnen wurde keine Zeit gelassen, ihre Eindrücke zu verarbeiten. Sie wurden (so verzweifelt war die Lage des Reichs) sofort nach ihrer Ankunft in einen Gegenangriff auf einen sowjetischen Brückenkopf unmittelbar südlich von Glogau geworfen (siehe S. 115 f.).

KAPITEL 7

Konews Vorstoß zur Oder

Die Befreiung von Tschenstochau und Krakau

Die Panzerspitzen der Roten Armee müssen, in Anbetracht der Entfernungen, die sie zurücklegten, sehr schnell gefahren sein. Die sowjetischen Panzer- und motorisierten Einheiten hatten schon am 16. Januar Ziele erreicht, die ursprünglich für einen viel späteren Zeitpunkt der Operation vorgesehen gewesen waren. Um den Erfolg des Durchbruchs auszunutzen, befahl die STAWKA Konew und Schukow, weiter nach Westen und Nordwesten in Richtung auf Breslau und Posen vorzustoßen. Wenn die Panzer- und motorisierten Truppen ohne Pause nachsetzten, war zu erwarten, daß sie die deutschen Reserven, soweit vorhanden, überrollen und verhindern würden, daß sich der Feind hinter den Flußläufen sammelte und in Stellung ging. Konew, der weniger weit vorzugehen hatte, sollte als erster deutsches Territorium betreten und das natürliche Hindernis der Oder erreichen.

Die Rote Armee kam in dieser Phase der Operation schneller voran als jemals zuvor im bisherigen Verlauf des Krieges. Die Schützenverbände legten in 24 Stunden bis zu 30, die Panzer- und motorisierten Einheiten zwischen 45 und 70 Kilometer zurück. Sie überquerten die Flüsse Nida, Pilica und Warthe, wobei es ihnen an vielen Stellen gelang, die Flußübergänge in intaktem Zustand zu erobern. An anderen Stellen wurden von den Pioniereinheiten, die dicht hinter den kämpfenden Einheiten marschierten und gelegentlich sogar an den Kämpfen teilnahmen, Brücken und Eisübergänge errichtet.

Als Nehrings Kampfgruppe in der Nacht vom 16. auf den 17. Januar aus dem Raum von Kielce ausbrach, räumte sie damit das letzte Widerstandsgebiet in der Nähe des ehemaligen Brückenkopfs Baranow. Die äußerste rechte Flanke von Konews 1. Ukrainischer Front war jetzt sicher, und die gesamte 4. Panzerarmee konnte sich dem allgemeinen Vorstoß anschließen, der in einigen Abschnitten bereits weit nach Westen vorgedrungen war. Der Wallfahrtsort Tschenstochau fiel am Abend des 17. Januar unzerstört in sowjetische Hand.

»Quietschend und ratternd rollten Panzerketten und schwere Kanonen über schneebedeckte Nebenstraßen und die Hauptdurchfahrtsstraße der Stadt entlang, die Allee der Heiligen Jungfrau. [...] Eine tödliche, blutgetränkte Stille lag über dem Westufer der Weichsel; nur frisch aufgerissene Erde, umgestürzte Bäume, tote Pferde und verstümmelte Leichen zeigten noch an, wo die deutschen Stellungen gewesen waren.« (Korjakow, S. 49)

Am selben 17. Januar legte die STAWKA die ehrgeizigen neuen Ziele fest. Konew erhielt zwei Hauptaufgaben:

– seine Spitzen (angeführt von der 3. Gardepanzerarmee) im Eiltempo gegen Breslau an der Oder zu führen und

– die beiden allgemeinen Armeen auf seinem linken Flügel (die 59. und die 60.) aus der zweiten Staffel nach vorn zu werfen und eine zweite Südachse zu eröffnen, die über Krakau auf das oberschlesische Industrierevier ausgerichtet sein sollte.

Die Operation zur Befreiung Krakaus befehligte Konew persönlich. Die 60. Armee bedrängte die Stadt von Süden und Südosten, während die 59. Armee von Norden und Nordwesten in sie eindrang und das IV. Gardepanzerkorps sie im Westen umging. Die deutschen Truppen zogen, angesichts der drohenden Einschließung, am 19. Januar so hastig aus Krakau ab, daß sie nicht einmal mehr die Zeit fanden, die unter vielen Bauten angebrachten Sprengminen zu zünden. Konew bemerkte dazu:

»Man sagt, Soldaten stumpfen im Lauf eines langen Krieges Zerstörungen gegenüber ab. Sosehr das sonst auch zutreffen mag, war für uns die Tatsache, daß wir Krakau unversehrt hatten befreien können, doch eine große Freude.« (Konew, S. 29)

Die Einnahme von Krakau war nicht nur wegen der historischen Assoziationen, die mit der alten Hauptstadt von Polen verbunden waren, ein wichtiger Meilenstein, sondern vor allem deshalb, weil damit der Weg ins oberschlesische Industrierevier frei war.

Als Einheiten der 3. Gardepanzerarmee an diesem und dem nächsten Tag die deutsche Grenze überschritten und nach Osten auf Breslau zumarschierten, war dies ein Ereignis von sogar noch größerer Symbolkraft. Außer ein paar zusammengewürfelten Einheiten, die ihnen in den Weg geworfen wurden, war dort kaum etwas vorhanden, was den Vormarsch der Roten Armee hätte aufhalten können. Major Tenschert und die 600 Mann seines Jäger-Ersatz- und Ausbildungsbataillons gingen in der Nähe von Groß Wartenberg in Stellung, worüber Tenschert berichtet:

»Auf dem Gut Grunwitz war gerade die Besitzerin, eine resolute Dame, beim Aufbruch zur Flucht. Auf einem gummibereiften Wagen mit 2 Pferden davor war das Nötigste verladen. Sie führte uns noch durchs Haus, zeigte ihre Vorräte vor allen Dingen in Speisekammern und Kellern, riet uns noch, zuerst die älteren Jahrgänge zu nehmen und ja nichts dem Russen zu überlassen, und übergab uns dann die Schlüssel zu Haus und Hof. Wie mag es dieser tapferen Frau mit den Ihren ergangen sein? Sie war eine der Letzten, die ging, nachdem Aushalte-Prediger schon längst über alle Berge waren.« (Zit. in: Ahlfen, S. 87)

Die 3. Gardepanzerarmee und die Einnahme des oberschlesischen Industriereviers

An der Südflanke des großen sowjetischen Durchbruchs gelegen, arbeitete das oberschlesische Industriegebiet, das jetzt zum Gegenstand komplexer wirtschaftlicher und militärischer Überlegungen wurde, immer noch mit unverminderter Energie für das

Reich. In ihm wurden jährlich aus 104 Bergwerken 95 Millionen Tonnen Kohle gefördert und in 15 Fabriken 2,4 Millionen Tonnen Stahl produziert. Zu den Fertigprodukten, die dort hergestellt wurden, gehörte die berühmte 8,8-Zentimeter-Kanone, deren wichtigster Produzent in Kattowitz beheimatet war. Dieses Industriepotential war, wie Rüstungsminister Albert Speer hervorhob, für das Reich von lebenswichtiger Bedeutung, und es wurde noch wertvoller, als das Saargebiet verlorenging und die Bergwerke, Fabriken und Transportwege des Ruhrgebiets durch alliierte Luftangriffe schwer beschädigt wurden.

Speer tat, was er konnte, um die Wehrmacht zu überreden, Hitlers Befehl, die Gebiete, in die die Rote Armee vorrückte, vor deren Eintreffen zu zerstören, nicht zu beachten. Als es soweit war, erwies sich die Hitlersche Politik der verbrannten Erde allerdings aufgrund der Geschwindigkeit, mit der die Rote Armee vorankam, und wegen des Mangels an Pionieren und Sprengexperten sowieso als undurchführbar. Die Verteidigung Oberschlesiens sollte von der 17. Armee unter General Friedrich Schulz gewährleistet werden, die eine 120 Kilometer lange Stellung zu halten hatte, die sich entlang der nördlichen Grenze des industriellen Ballungsraums von der Oder bei Oppeln über Dabrowa bis nach Auschwitz erstreckte. Schulz kalkulierte, daß er für die Verteidigung eines derart ausgedehnten Gebiets, das zudem noch von Fabriken, Bergwerken und Wohnsiedlungen übersät war, anstatt der sieben ausgedünnten, die ihm zur Verfügung standen, 12 komplette Divisionen benötigt hätte.

Auf sowjetischer Seite überdachte Konew die Situation an seiner Südflanke. Stalin hatte keinen Zweifel daran gelassen, welche Bedeutung er der Region als Wirtschaftsfaktor beimaß (siehe S. 30). Ein direktes Vorgehen, das zu ihrer Zerstörung geführt hätte, verbot sich also von selbst. Außerdem wäre es in einem 70 Kilometer breiten und 110 Kilometer tiefen Gebiet, das von einem ganzen System ineinander verwachsener Städte mit massiven Wohnhäusern und Eisenbetonbauten bedeckt war, auf alle Fälle schwierig und verlustreich gewesen, den Gegner vernichtend zu schlagen. Konew sah deshalb, wenn auch widerstrebend, davon ab, ein zweites Stalingrad in Szene zu setzen. Gleichzeitig war er überzeugt davon, daß er rasch handeln mußte, um zu verhindern, daß die deutschen Truppen in Stellung gehen konnten, deren Stärke er im übrigen überschätzte: Er rechnete mit elf Divisionen. Darüber hinaus waren, wie er wußte, Verstärkungen im Anmarsch.

Die Lösung war ein weiträumiger Umfassungsangriff, der das Gebiet einerseits unter schweren Druck setzen und den deutschen Truppen andererseits einen Rückzugskorridor offen lassen sollte, mit anderen Worten, er wiederholte in größerem Maßstab die Taktik, mit der er Krakau befreit hatte:

- Er befahl den beiden Armeen an seiner äußersten linken Flanke (der 59. und der 60.), ihren Vorstoß nach Westen fortzusetzen und frontal in das Gebiet einzudringen.

- Die 21. Armee sollte, von Nordosten kommend, die Nordflanke sichern.

- Das abschließende und zugleich kühnste Element bildete Rybalkos 3. Gardepanzerarmee, die sich im Vormarsch auf Breslau befand, nunmehr aber scharf nach links, das heißt nach Süden schwenken und das Gebiet tief im Rücken der deutschen Front einnehmen sollte.

Die 3. Gardepanzerarmee führte den Schwenk am 20. Januar durch, der, für sich genommen, bereits eine bemerkenswerte technische Leistung darstellte. Danach begann Rybalko am rechten Ufer der oberen Oder flußaufwärts vorzurücken und die deutschen Truppen, die sich dort immer noch nach Osten verteidigten, aus ihren Stellungen zu werfen, wodurch er den Verbänden der Mitte und des linken Flügels der 1. Ukrainischen Front in einem breiten Abschnitt den Weg zum Fluß öffnete. Noch wichtiger jedoch war, daß dem oberschlesischen Industrierevier, wie dem Hauptquartier der Heeresgruppe A am 23. Januar klarwurde, durch Rybalkos Vormarsch und den gleichzeitigen Druck seitens der drei allgemeinen sowjetischen Armeen aus dem Norden und Osten die Einschließung drohte. General Schulz, als Befehlshaber vor Ort, bat das Hauptquartier der Heeresgruppe am 25. Januar um die Erlaubnis, sich aus dem drohenden Kessel zurückziehen zu dürfen, wurde aber, ebenso wie am nächsten Tag, als er seine Bitte wiederholte, abschlägig beschieden.

Am 26. Januar näherte sich die 3. Gardepanzerarmee Rybnik und stand somit kurz davor, den deutschen Truppen den Rückzug abzuschneiden. Konew war sich bewußt, daß er jetzt die Möglichkeit hatte, die schätzungsweise 100 000 Mann, die sich in dem Kessel befanden, vernichtend zu schlagen. Aber er blieb dem Ziel treu, nach dem die oberschlesische Lebensader des Reichs zwar durch eine rasche Operation durchtrennt, aber nicht zerstört werden sollte, und so kam es, daß im Zeitalter des totalen Krieges das alte Prinzip der »goldenen Brücke« wiederbelebt wurde.

Konew fuhr selbst an die Front (das genaue Datum gibt er in seinen Memoiren nicht an), zunächst zur 21. Armee, der er befahl, so zügig wie möglich frontal anzugreifen, anstatt, wie bisher geplant, gleichzeitig nach Nordnordwesten zu schwenken. Danach begab er sich zu Rybalkos 3. Gardepanzerarmee, wo er den beiden führenden Korps aus Rybalkos Kommandeurswagen über Funk den Befehl zum Halten gab und ein drittes Korps aus der zweiten Staffel, das sich noch nicht entfaltet hatte, in Richtung Ratibor in Marsch setzte. Anschließend beobachteten Konew und Rybalko von einer Anhöhe aus, wie ihre Befehle in die Tat umgesetzt wurden. Die Sicht war ausgezeichnet, so daß Konew bemerkte, daß viele der Panzer mit weißem Tüll getarnt waren, den Rybalkos Männern am Vortag im Lager einer Textilfabrik erbeutet hatten. Konew schreibt weiter:

> »Auf dem Gefechtsfeld vor uns sahen wir wie auf der flachen Hand Rybalkos Panzerverbände vorgehen. Unter gegnerischem Feuer rollten seine Brigaden – wie auf dem Übungsplatz – auf das schlesische Industriegebiet zu. Zur Linken, wo Gussews 21. Armee kämpfte, hörte man pausenlos Artilleriefeuer und den Gefechtslärm unserer vorgehenden Infanterie, während aus der Tiefe des rückwärtigen Raumes immer neue Panzermassen vorrückten – das Korps, das Rybalko gerade durch Funk in Richtung Ratibor eindrehen ließ. [. . .] Heute noch sehe ich das kontrastreiche Bild vor mir:

111

rauchende Schlote, Artilleriebeschuß, Kettengeklirr, tüllbedeckte Panzer mit aufgesessener Infanterie und Soldaten, die auf Ziehharmonikas spielten, deren Klang ich nicht hören konnte.« (Konew, S. 35 f.)

In der Nacht vom 27. auf den 28. Januar begannen die deutschen Truppen aus dem Frontbogen von Kattowitz herauszuströmen wie Flüssigkeit aus dem Hals einer Flasche. Konew sah in dem frontalen Druck, den seine drei allgemeinen Armeen ausübten, die Ursache für diesen Rückzug; in Wirklichkeit jedoch war er die Folge eines Befehls aus dem Hauptquartier der Heeresgruppe A. Das überraschendste daran war, daß er von Generaloberst Ferdinand Schörner gekommen war, der den Oberbefehl über die Heeresgruppe am 20. Januar mit dem ausdrücklichen Auftrag Hitlers angetreten hatte, die Entschlossenheit der deutschen Verteidigung in Südpolen zu stärken. Schörner, ehemaliger Schullehrer aus Bayern und ergebener Hitler-Anhänger, besaß jedoch genügend militärischen Sachverstand, um sich darüber im klaren zu sein, daß der Frontbogen von Kattowitz nicht mehr zu halten war. Hitler teilte er seinen Schritt erst mit, als der Rückzug der 17. Armee bereits in Gang war:

»Mein Führer, ich habe soeben die Räumung des oberschlesischen Industriegebiets befohlen. Die Truppe hat sich seit vierzehn Tagen dort erbittert geschlagen, sie kann nicht mehr. Wenn wir nicht räumen, verlieren wir eine ganze Armee, der Weg nach Mähren wird frei. Wir gehen auf die Oder zurück, dort wird gehalten.«

Schörner hatte einen Wutausbruch erwartet, aber »durch das Telefon kam nur die Antwort eines müden, im Augenblick offenbar völlig erschöpften Mannes: »Ja, Schörner, wenn Sie meinen. Sie führen ja schon richtig.«« (Thorwald 1950, S. 104f.) Schörner war vermutlich der einzige General, dem Hitler eine solche Meldung durchgehen ließ.

Nachdem die Rote Armee das reiche, aber rußige Industriegebiet am 29. Januar endgültig eingenommen hatte, blieb nur noch dessen südwestlicher Ausläufer, nach Mähren hinein (siehe S. 165), in deutscher Hand. Zu den Eroberungen der Roten Armee gehörte auch der schrecklichste Ort, den es jemals auf der Erde gab – das Todeslager Auschwitz, das zwei Tage zuvor von der 60. Armee entdeckt worden war. Falls die sowjetischen Soldaten noch eine Rechtfertigung für ihren Kampf gebraucht hatten, dann fanden sie sie dort angesichts der zu Skeletten abgemagerten Leichen, der Knochen und des grauen Moders, die alles waren, was von den Opfern übriggeblieben war, und der Berge von Kleidung, Koffern, falschen Zähnen, Brillen und geschorenen Haaren. Konew befand sich in der Nähe, erlaubte sich aber keinen Umweg an diesen Ort des Grauens:

> »Ich hatte zwar erste Meldungen über das Lager erhalten, doch die Leitung der im vollen Gang befindlichen Kampfhandlungen beanspruchte mich so, daß die Zeit fehlte, es zu besichtigen und das Gesehene seelisch zu verarbeiten. Es war Krieg, und ich hatte kein Recht, über meine Person zu verfügen.« (Konew, S. 32)

Konews Vorstoß an die Oder

Die Oder schlängelte sich vom Odergebirge mehr als 800 Kilometer weit durch einige der fruchtbarsten Gebiete des Reichs bis zum Stettiner Haff, von dem aus die Mündungsarme Dievenow, Swine und Peene die Verbindung zur Ostsee herstellen. Im Mittelabschnitt zwischen Oppeln und Küstrin war der Fluß 100 bis 200 Meter breit und zwei oder mehr Meter tief, und wo er durchgehend zugefroren war, war die Eisdecke noch zu dünn, um Panzer oder Geschütze zu tragen. Die Oder stellte daher ein natürliches Hindernis dar, das die Grenzen und den Charakter der Weichsel-Oder-Operation entscheidend mitbestimmte.

Die Rote Armee hatte, wie gerade dargestellt, schon am 20. Januar die Grenze der alten preußischen Provinz Schlesien überschritten. »Nach einwöchigem Kampf war die deutsche Verteidigung durchbrochen, überrannt oder umgangen; die 4. Panzerarmee und die 9. Armee waren zu einer versprengten Masse aus Männern und zerfetzten Maschinen verkümmert, die als letzte Nachhut zähflüssig in Richtung Oder schwappte, von wo es hoffentlich nach Hause ging.« (Erickson 1983, S. 460)

Der 90-Grad-Schwenk der 3. Gardepanzerarmee hatte verhindert, daß sie als Speerspitze von Konews Front die Oder erreichte. Der Vorstoß wurde jetzt von Leljuschenkos 4. Panzerarmee auf dem rechten Flügel und den benachbarten allgemeinen Armeen angeführt. Sie eroberten vom 22. Januar an mehrere Flußübergänge, die nach und nach zu zwei großen Brückenköpfen verschmolzen:

– Der im Süden gelegene Brückenkopf begann am späten 22. Januar Gestalt anzunehmen, als die 5. Gardearmee in der Nähe von Brieg, oberhalb von Breslau, die Oder erreichte und überquerte, und wurde Schritt für Schritt ausgebaut, bis er ein Gebiet von acht Kilometern Breite und rund 25 Kilometern Tiefe umfaßte. Er wurde als Brückenkopf Ohlau bekannt.

– Von größerer Bedeutung jedoch war der zweite Brückenkopf, der unterhalb von Breslau bei Steinau erobert wurde. Den Grundstein legte eine motorisierte Kampfgruppe der 4. Panzerarmee unter dem Befehl von Oberst Tschurilow, die in der Nacht vom 22. auf den 23. Januar bei Göben über den Fluß setzte, was auf deutscher Seite offenbar völlig unbemerkt blieb, denn am nächsten Tag tauchte aus Richtung Breslau ein Dampfschiff auf,

»das offenbar mit militärischem Nachschub beladen war. Oberst Tkatschuk, der Kommandeur des betreffenden Panzerregiments, tarnte seine Fahrzeuge, so daß sie einen Hinterhalt bildeten. Das Dampfschiff näherte sich, ohne Verdacht geschöpft zu haben, und auf ein Signal von Oberst Tschurilow eröffneten zwei der Panzer das Feuer. Drei Minuten später stand das Schiff in Flammen und versank in der Fahrrinne. Zwei Stunden danach tauchte ein weiteres Schiff auf, das das gleiche Schicksal ereilte.« (Leljuschenko, S. 286)

Der Brückenkopf Steinau wurde mit Hilfe der 13. Armee, die ihn von der linken Flanke her erreichte, ausgebaut. Aber inzwischen waren die Deutschen gewarnt, und die sowjetischen Truppen hatten außerdem mit einer Reihe natürlicher und technischer

Schwierigkeiten zu kämpfen. Leljuschenko selbst wäre am 26. Januar fast auf dem Fluß verlorengegangen, als das Motorboot, das seine Fähre zog, den Dienst versagte und er ein Stück weit flußabwärts getrieben wurde.

Auf deutscher Seite war man zuerst nur in der Lage, eine provisorische Verteidigung dieses Teils von Schlesien aufzubauen, da die einzigen verfügbaren Truppen die unter dem Druck der sowjetischen Offensive von der Weichsel zurückweichenden Verbände oder hastig aus dem Hinterland herangeführte Einheiten waren, unter ihnen Major Tenscherts Bataillon (siehe S. 108), das abgeschnitten wurde, als die Rote Armee das in der Nähe von Breslau gelegene Oels erreichte. Das Bataillon brach am frühen Morgen des 23. Januar über den Flughafen von Oels und durch die Stadt aus.

>Unter MG- und Granatwerferfeuer geht es in wildem Rennen zwischen dicht beieinander abgestellten Flugzeugen (ohne Betriebsstoff) hindurch hinein in die Stadt, [. . .] über den Ring zum Breslauer Tor hinaus. In dem menschenleeren Stadtinneren ist es gespenstisch ruhig, nur ganz vereinzelte Brände flackern, die schwarze Nacht liegt wie ein Trauerflor über Allem.« (Tenschert, in: Ahlfen, S. 90)

Breslau selbst war unmittelbar bedroht, bis die von der Westfront kommende 169. Infanteriedivision eintraf, um die Verteidigung der Stadt zu stärken, und dafür sorgte, daß sie als deutsche Bastion zwischen den Brückenköpfen Ohlau und Steinau erhalten blieb. Dem südlichen Brückenkopf den Namen von Steinau zu geben war im Grunde etwas verfrüht, da das Personal der Unteroffiziersschule von Jauer in der Stadt selbst noch hinhaltenden Widerstand leistete. Erst am Abend des 3. Februar konnten die alten Haudegen außer Gefecht gesetzt werden.

Kaum weniger heroisch war der Einsatzwille, den von Saukkens Panzerkorps Großdeutschland und die Reste von General Nehrings »wanderndem Kessel« bewiesen, die gerade erst mit Müh und Not aus Zentralpolen entkommen waren. Obwohl es ihnen an Panzern, Munition und Treibstoff fehlte und sie keine

Zeit gehabt hatten, sich zu erholen, wurden sie umgehend gegen die Nordflanke und das Hinterland des Brückenkopfs Steinau in den Kampf geschickt. Nehrings 16. Panzerdivision rückte von Glogau aus am Westufer der Oder vor und gelangte bis Gaffron, wo sie von der Roten Armee aufgehalten wurde. Das Panzerkorps Großdeutschland befand sich in einer noch weit schlimmeren Lage. Es wurde nicht nur am entblößten Ostufer der Oder eingesetzt, sondern erhielt darüber hinaus von Hitler den Befehl, von seinen Nachschubwegen abzudrehen und die sowjetischen Truppen von Osten her anzugreifen. Von Sauckens Vormarsch wurde von der Roten Armee an dem natürlichen Hindernis der Bautsch-Niederung südlich von Guhrau gestoppt, und es wäre möglicherweise das letzte Kapitel der Geschichte des Korps gewesen, wenn Nehring nicht eine Pontonbrücke über die Oder gelegt und ihm damit einen Rückzugsweg eröffnet hätte. Die letzten Abteilungen brachten sich am 2. Februar in Sicherheit, aber der Fehlschlag des Unternehmens kostete von Saucken, den keine Schuld daran traf, das Kommando über das Korps.

Marschall Konew hatte, an den üblichen Maßstäben gemessen, einen Sieg ersten Ranges erzielt. Die 1. Ukrainische Front hatte einen bedeutenden Teil der 4. Panzerarmee der deutschen Wehrmacht vernichtet, dem Reich durch die Einnahme des oberschlesischen Industriegebiets einen schweren Schlag zugefügt und ihren triumphalen Erfolg schließlich durch die Eroberung von Brückenköpfen am Westufer der Oder gekrönt, von denen aus der endgültige Schlag gegen das Herz von Deutschland geführt werden konnte. Konews Offensive war aber nur die Südachse der Weichsel-Oder-Operation. Wir müssen daneben auch die Fortschritte auf der Nordachse in Rechnung ziehen, wo Schukow von der mittleren Weichsel bis ins unmittelbare Aufmarschgebiet für den Vorstoß nach Berlin gelangte.

KAPITEL 8

Schukows Vorstoß zur Oder

Wir haben Schukows 1. Belorussische Front am Abend des 15. Januar verlassen, als sie nach dem Sturm aus den Brückenköpfen Puławy und Magnuszew hinter der deutschen taktischen Verteidigungszone sich den Übergang über die Pilica zu erkämpfen begann.

Am 17. Januar legte die STAWKA, wie wir gesehen haben, neue, ehrgeizige Ziele für den weiteren Vormarsch fest (siehe S. 107), und am 18. und 19. befanden sich die Spitzen der Front auf voller Verfolgungsjagd in der allgemeinen Richtung Posen. Wie an Konews Front, wurde die Offensive von den Panzerarmeen, den Panzerkorps und den schneller fahrenden Teilen der allgemeinen Armeen der ersten Staffel vorangetragen. Alles sprach für einen raschen Ausbau des bisherigen Erfolgs; die deutsche 9. Armee war nicht in der Lage, der vorwärtsstürmenden Roten Armee organisierten Widerstand entgegenzusetzen, und der Frost war einerseits nicht so heftig, daß er sich lähmend auswirkte, andererseits jedoch kalt genug, daß die Flüsse und der unter einer dünnen Schneedecke liegende Erdboden gefroren waren. In diesen aufregenden Tagen des Nachsetzens bildeten sich zwei Hauptachsen des Vormarschs heraus.

117

Die Südachse – Łódź und Posen

Die 1. Gardepanzerarmee kämpfte sich, Tschuikows 8. Garde-armee kurz hinter sich, auf einer südlichen Route voran, die über Łódź (von der deutschen Besatzungsmacht in Litzmannstadt um-getauft) und Posen zur Oder führte. Tschuikow selbst blieb stets dicht hinter den Spitzen seiner Armee und genoß die Freiheit, die sich aus der Tatsache ergab, daß das Oberkommando dem raschen Gang der Ereignisse kaum zu folgen vermochte und häufig nicht auf dem laufenden war. Als er am Nachmittag des 15. Januar auf dem Weg zum Kommandeur seines XXVIII. Gardeschützen-korps durch die Ortschaft Borki kam, stieß er dort auf eine aufge-regte Menge polnischer Bauern. Sie stießen Schreie, Stöhnen und Klagerufe aus, und Tschuikow entdeckte in ihrer Mitte zwei tote Männer, einen Müller und seinen Sohn, die von SS-Soldaten erschossen worden waren.

> »In diesem Augenblick tauchte auf der Landstraße eine Men-schenkolonne auf [. . .].
> Die Polen stießen Flüche und Verwünschungen aus. Es waren deutsche Gefangene, die von unseren Soldaten abgeführt wurden. An der Spitze gingen zwei Offiziere in strammer Haltung, die Sol-daten waren völlig erschöpft. Sie vermochten kaum die Beine zu heben.
> Wir befürchteten, daß die Polen wie eine Meute über die Gefange-nen herfallen würden, und standen bereit, um einzugreifen, falls man sich an den Deutschen zu rächen versuchte. Aber unsere Be-fürchtung war grundlos. Die Männer, Frauen und Kinder drohten den Gefangenen nur mit den Fäusten, aber niemand rührte sich vom Fleck. Lediglich Flüche prasselten auf die Soldaten nieder: ›Ihr Hunde! Deutsche Schweine!‹« (Tschuikow 1966, S. 70f.)

Am Abend des 18. Januar blickte Tschuikow durch den Feldste-cher auf das vor ihm liegende Łódź, die zweitgrößte Industrie-stadt Polens. Er hatte zwei Möglichkeiten: stehenzubleiben und weitere Befehle abzuwarten oder weiter nach Westen vorzurük-ken, um die Stadt in die Zange zu nehmen; er entschied sich je-doch aus eigenem Ermessen dafür, sie frontal anzugreifen. Sie wurde am nächsten Tag eingenommen, ohne daß Tschuikows Einheiten auf größeren Widerstand gestoßen wären. Während der Fahrt durch die Stadt stellte Tschuikow mit Verwunderung fest, wie weit der Versuch, sie zu germanisieren, getrieben worden war; überall waren deutsche Namen und Beschriftungen zu sehen – auf den Straßenschildern, über den Geschäften und auf den Türen der Cafés und Restaurants.

>>Aber die Stadt hatte sich nicht unterwerfen lassen [. . .]. Als unsere Einheiten in Łódź einmarschierten, hatte die Bevölkerung die Dächer, Balkone und Fenster mit polnischen und sowjetischen Fahnen geschmückt. [. . .] Die Einwohner drängten sich in Massen auf den Straßen und bereiteten den Panzer- und Infanteriekolonnen [. . .] einen freudigen Empfang. Sie hatten auch allen Grund dazu, denn die fünfjährige braune Finsternis war zu Ende. Über Łódź ging die Sonne auf.<< (Tschuikow 1966, S. 78)

Die nächste Stadt auf der südlichen Vormarschachse von Schukows Front war Posen, ein Ort von einiger militärischer und symbolischer Bedeutung. Posen wachte über einen Verkehrsknotenpunkt, an dem sich sechs Eisenbahnstrecken und sieben Straßen trafen, einschließlich der Hauptverbindungen nach Berlin, und anders als das unbefestigte Łódź oder die Pseudofestung Warschau war Posen mit seiner Zitadelle als innerer Verteidigung und einem Ring von acht massiv gebauten Forts, Relikten aus dem 19. Jahrhundert, als die Stadt zu Preußen gehört hatte, tatsächlich ein stark gesichertes Bollwerk.

Posen war 1939, nachdem Polen zwischen der Sowjetunion und Deutschland aufgeteilt worden war, erneut unter deutsche Herrschaft gekommen und zur Hauptstadt des Reichsgaus Wartheland geworden, in dem vorexerziert wurde, wie die deutsche Kolonisation Osteuropas vonstatten gehen sollte. Die polnische Bevölkerung wurde deportiert, um deutschen Zuwanderern aus den baltischen Staaten, Wolhynien, dem Balkan und dem Reichsgebiet selbst Platz zu machen, die sich in den durch Straßen, Eisenbahnstrecken und neue landwirtschaftliche Ansiedlungen erschlossenen ländlichen Gebieten niederließen. Die Verantwortung für all dies trug SS-Obergruppenführer Arthur Greiser, ein

Einheimischer – er war in der Provinz Posen geboren –, der als Gauleiter, Reichsstatthalter und Reichsverteidigungskommissar über den Warthegau herrschte.

Was sich angesichts der näher kommenden Roten Armee in Posen ereignete, sollte sich in vielen deutschen Gebieten, die 1945 unter sowjetische Bedrohung gerieten, wiederholen. Greiser, der absolutes Vertrauen zu Hitler hatte, lehnte es ab, irgend etwas zu tun, um die deutschen Zivilisten aus seinem Gau zu evakuieren, bis er am 20. Januar aus Berlin einen Befehl erhielt, den er als Erlaubnis interpretierte, die Evakuierung einzuleiten. Die Folge war, daß der entsprechende Eventualplan, der eine schubweise Räumung des Ostens, der Mitte und des Westteils des Gaus vorgesehen hatte, über den Haufen geworfen und die Evakuierung in allen Gebieten gleichzeitig begonnen werden mußte. Für die Flüchtlinge aus dem Ostteil hieß dies, daß sie der Gnade der nach Rache verlangenden polnischen Bevölkerung und der ihnen kaum günstiger gesonnenen sowjetischen Soldaten ausgeliefert waren.

Greisers Flucht verlief weniger dramatisch. Er setzte sich noch in der Nacht des 20. Januar ab, nachdem er am frühen Abend seine Mitarbeiter zusammengerufen hatte, um ihnen den Stand der Dinge mitzuteilen.

»Er sah bleich und müde aus und wirkte völlig verfallen. [. . .] ›Meine Herren‹, sagte er mit einer Stimme, der nichts mehr von ihrer einstigen pathetischen Sprachgewalt geblieben war, ›in einem, spätestens zwei Tagen wird der Russe in Posen sein.‹ Seine Augen sahen über die Versammelten hin. Sie wirkten trüb und verschwommen. Er blickte keinen der Anwesenden an. Noch glaubte dieser oder jener, nun werde Greiser von der ›Festung Posen‹ und vom ›Kampf bis zum Ende‹ sprechen. Aber er erklärte nur: ›Ich gebe hier mein Lebenswerk preis. Unvollendet. Zutiefst bin ich verbunden mit diesem Lande. Mein Sohn ruht in dieser Erde . . .‹ Noch immer blickte er über die Anwesenden hinweg, als bereiteten ihm so viele fragende Blicke Pein. ›Heute Nacht noch verlasse ich Posen. Ein Führerbefehl ruft mich nach Berlin zur Übernahme einer Aufgabe beim Reichsführer SS. Mein Stellvertreter übernimmt die Führung des Gaues.‹

Er ließ einige hastige Dankesworte folgen. Dann verließ er, wie gejagt, den Raum. Vielleicht fühlte er die verständnislosen, erstaunten und auch die erleichterten Blicke hinter sich.« (Thorwald 1950, S. 83)

Die sowjetische 1. Gardepanzerarmee näherte sich bereits der Stadt, und am 21. Januar überquerten Einheiten des XI. Gardepanzerkorps flußabwärts die Warthe und stürmten um die nördlichen Ausläufer von Posen herum voran. Dennoch fiel es der Roten Armee in dieser Stoßrichtung schwer, angemessene Brückenköpfe für die nachfolgenden Truppen zu erobern. Sie verlegte deshalb das Schwergewicht und konzentrierte sich am 24. und 25. Januar darauf, südlich der Stadt den Übergang über den Fluß zu erzwingen und sie auf dieser Seite zu umgehen. Die sowjetischen Einheiten überrannten dabei eine Reihe von Flugplätzen, auf denen ihnen nicht weniger als 700 Flugzeuge in die Hände fielen. Zuerst bezweifelte der Kommandeur der 1. Gardepanzerarmee, M. J. Katukow, diese Zahl, und die STAWKA war sogar so skeptisch, daß sie eine Kommission entsandte, die die Angaben prüfen sollte. Wie sich herausstellte, trafen sie tatsächlich zu.

Die Eroberung von Städten war jedoch keine Aufgabe für Panzerarmeen, und so wurde Posen den nachrückenden allgemeinen Armeen überlassen. Als erste traf Tschuikows 8. Gardearmee, die schneller vorangekommen war als ihr linker Nachbar, die 69. Armee, vor Ort ein und unternahm einige abtastende Angriffe auf das Vorfeld der Forts von Posen, die deutlich machten, daß die Stadt stark befestigt war und entschlossen verteidigt wurde. Am 25. Januar war von der 69. Armee immer noch nichts zu sehen; sie lag zwei Tagesmärsche zurück.

»Trotzdem meldete der Stab dieser Armee an den Frontstab: ›Die Vorhuteinheiten der 69. Armee sind bereits in Straßenkämpfe in der Stadt Posen verwickelt.‹ Ähnliche ›Erfolgsmeldungen‹ wiederholten sich ununterbrochen zwei Tage hintereinander. Wir amüsierten uns über diesen Bluff, wahrscheinlich wollte unser Nachbar alle Siegeslorbeeren allein einheimsen.« (Tschuikow 1966, S. 82)

Am 26. Januar – die 69. Armee war immer noch nicht aufgetaucht – warf Tschuikow zwei Divisionen in einen Angriff auf Posen, bei dem zwei Forts am Südrand der Stadt erobert wurden. Der Angriff machte aber auch klar, daß der Gegner nicht daran dachte, sich wie in Łódź aus der Stadt drängen zu lassen. Tschuikow wußte, daß er einen langen Kampf vor sich hatte.

Posen wurde tatsächlich von einer zahlenmäßig starken (60 000 Mann), aber ansonsten eher schwachen Besatzung gehalten, die aus abgeschnittenen oder versprengten Wehrmachteinheiten, zusammengekratzten Landesschützenverbänden, Polizeieinheiten und Bodenpersonal der Luftwaffe zusammengewürfelt war. Die einzige wirklich ernst zu nehmende Einheit waren 2000 »gläubige«, kampferpichte Fahnenjunker. Der Festungskommandant der Stadt war Generalmajor Ernst Mattern, ein schwerer, großer Mann, der vorher Kommandant des Truppenübungsplatzes Warthelager bei Posen gewesen war. Er war klug oder resigniert genug, um sich keinerlei Illusionen über den Ausgang der Belagerung hinzugeben. Dennoch erließ er pflichtgetreu einen kämpferischen Tagesbefehl, der mit den vollmundigen Sätzen endete:

»Wir haben den Feind, der sich schon dem Ziele nahe glaubte, zum Stehen gebracht. Wir werden ihn auch weiterhin aufhalten. Die Stunde gebietet uns, unsere Pflicht zu tun. Sie findet uns dazu bereit!«

Er konnte allerdings, wie sein Adjutant beobachtete, nicht verhindern, daß seine Hand zitterte, als er den Tagesbefehl unterschrieb. (Thorwald 1950, S. 87)

Unterdessen näherten sich die Spitzen der 1. Gardepanzerarmee der alten deutschen Grenze an der Obra, wo am 1. September 1939 der Zweite Weltkrieg begonnen hatte. Schukows Südflanke hatte sich von den Brückenköpfen an der Weichsel bis unmittelbar an die Tore des alten Deutschen Reichs vorgekämpft. Es ist deshalb an der Zeit, daß wir uns Schukows rechter Flanke zuwenden und berichten, was sich dort während derselben Zeitspanne ereignete.

Warschau und die Nordachse

Die traurigen Reste der polnischen Hauptstadt lagen unmittelbar an der Nordflanke der aus dem Brückenkopf Magnuszew ausbrechenden Truppen der 1. Belorussischen Front. Flucht, Deportation, Bombenangriffe, Kämpfe, Massaker und Hunger hatten die Bevölkerung der Stadt von 1,31 Millionen im Jahr 1939 auf nur noch 162 000 verringert, und nachdem im Oktober 1944 der Warschauer Aufstand niedergeworfen worden war, hatte Hitler die Zerstörung der Stadt angeordnet, der unter anderem die Johannes-Kathedrale, das Königsschloß, das Opernhaus und die Bibliothek zum Opfer fielen. Eine militärische Notwendigkeit bestand dafür nicht, zumal nicht einmal der Versuch unternommen wurde, die Ruinen als taktischen Vorteil zu Nutzen. Mitte Januar 1945 wurde Warschau nur noch von einer Rumpfbesatzung gehalten, die aus vier Bataillonen Festungsinfanterie sowie einigen Pionier- und Artillerieformationen bestand. Die Qualität dieser Truppen kann daran ermessen werden, daß eine der Einheiten ein »Ohrenbataillon« war, das in Gänze aus einem Lazarett rekrutiert worden war und aus Männern bestand, die allesamt mehr oder weniger taub waren; nahezu jeder zweite von ihnen brauchte ständige medizinische Betreuung.

Die Bedrohung der »Festung« Warschau nahm rasch konkrete Formen an. Am 16. Januar wurde die 2. Gardepanzerarmee in den Durchbruch im Nordabschnitt des Brückenkopfs Magnuszew eingeschleust, und am Abend des 17. hatten ihre Spitzen Sochaczew erreicht, einen wichtigen Verkehrsknotenpunkt 80 Kilometer westlich von Warschau (siehe S. 95), wodurch dessen Besatzung von den Hauptkräften der 9. Armee abgeschnitten wurde. Die unmittelbare Umfassung Warschaus erfolgte durch die 47. Armee, die im Norden der Stadt über die Weichsel vorrückte, sowie durch die 1. Polnische Armee und die 61. Armee, die sie von Süden umfaßten. Am Morgen des 17. Januar kämpften die Einheiten aller drei Armeen in den Straßen der polnischen Hauptstadt.

Die deutschen Truppen in und um Warschau befanden sich bereits im Rückzug. Das XXXVI. Panzerkorps, das hinter Warschau gestanden hatte, war durch die konzentrischen Angriffe aus seinem Bereitstellungsraum gedrängt worden und hatte sich gezwungen gesehen, zusammen mit der 2. Armee über die Weichsel zu fliehen. Warschau war ganz offenkundig nicht zu halten, und am späten Abend des 16. Januar nutzte das Hauptquartier der Heeresgruppe A den Ermessensspielraum, der ihm vom OKH gewährt worden war, und ordnete die Räumung der Stadt an. Der Widerstand am 17. Januar war daher nicht mehr als ein Nachhutgefecht. Um 14 Uhr befand sich kein Deutscher mehr in Warschau.

Eine kleine Gruppe von Offizieren der 2. Gardearmee fuhr in die Stadt, um sich vor dem Durchmarsch ihrer Einheiten den Zustand der Straßen anzusehen.

»Die Stadt lag in völliger Stille vor uns. Wir waren angesichts des Ausmaßes der Verwüstungen wie vom Donner gerührt. [. . .] Von den Häusern waren nur noch Ruinen übriggeblieben, und die Straßen waren von Bergen aus zertrümmertem Mauerwerk blockiert.« (Semjonow, S. 191)

Dichtauf folgte eine Division der 3. Stoßarmee:

»Je weiter wir in die Stadt hineinkamen, desto mehr wurden wir von Grauen und Wut erfaßt. Wir hatten viele in Trümmern liegende Städte und Dörfer gesehen, aber ich glaube wirklich, daß wir nirgendwo auf etwas gestoßen waren, das sich mit der Barbarei und dem Ausmaß der Zerstörung vergleichen ließ, die wir hier um uns herum sahen.« (Schatilow, S. 162)

Hitler erfuhr von den Ereignissen in Warschau auf eine Art und Weise, die ihn ganz besonders in Rage versetzte. Aufgrund eines Wirrwarrs in den Nachrichtenverbindungen erhielt er zunächst die Mitteilung, seine »Festung« sei bereits gefallen, bevor die Meldung hereinkam, daß Warschau immer noch in deutscher Hand sei, wenn auch die Räumung unmittelbar bevorstehe. Hitler erneuerte daraufhin seinen Befehl, die Stadt bis zum letzten Mann zu verteidigen, aber die Situation war nicht mehr zu retten, und Warschau wurde schließlich doch aufgegeben.

Für Hitler war dieser Vorfall ein weiterer Beweis dafür, daß es der Wehrmacht an Loyalität und Entschlossenheit fehlte, und in der Nacht vom 18. auf den 19. Januar ließ er den Chef der Operationsabteilung des OKH, Oberst Bogislaw von Bonin, und zwei Oberstleutnants mit vorgehaltener Waffe verhaften, obwohl ihm Guderian als Geste der Solidarität erklärt hatte, daß er allein der Verantwortliche sei und daß deshalb er, und nicht seine Untergebenen, verhaftet und vernommen werden müsse. Nach Bonins Verhaftung verlangte er eine Untersuchung gegen sich,

> »die mir auch zuteil wurde. Stundenlange Verhöre durch die [...] Herren Kaltenbrunner [RSHA] und Müller [Gestapo] nahmen in diesen Schicksalstagen Zeit, Arbeitskraft und Nerven in Anspruch, während draußen sich der Todeskampf der Ostfront um den Boden der Heimat abspielte und um das nackte Leben seiner Bewohner.« (Guderian, S. 360)

Bonin wurde von einem Konzentrationslager ins andere geschleppt, bis er von den Amerikanern zunächst befreit und dann ihrerseits in Gefangenschaft genommen wurde.

Nachdem sie Warschau in weitem Bogen umfaßt hatte, stieß die 2. Gardepanzerarmee, von der 47. und der 61. Armee unterstützt, rasch nach Westnordwesten vor. Die sowjetischen Kommandeure bewiesen jetzt, daß sie fähig waren, geschickt und kühn zu handeln, auch wenn sie den Kontakt zu ihren Stammverbänden verloren hatten.

Die Erfahrungen, die Oberstleutnant Dolbanossows motorisiertes 1181. Schützenregiment machte, waren typisch für diese Phase der Offensive. Das Regiment rückte als Spitze der Nordflanke der 47. Armee in atemberaubendem Tempo am linken Ufer der Weichsel vor. In der ersten Nacht legte es, ohne jeden Zwischenfall, sechzig Kilometer zurück, obwohl im Abschnitt der 2. Belorussischen Front offenbar schwere Kämpfe im Gang waren, wie das tiefe Geschützdonnern anzeigte, das von der anderen Seite der Weichsel zu hören war. Als sich das Regiment dem Dorf Pyaski näherte, fuhren Dolbanossow und sein Stabschef Borodin im Vertrauen darauf, daß der Weg von seiner Vorhut, dem 3. Bataillon, gesichert worden war, auf das Dorf zu.

»Plötzlich blieb die Kolonne stehen, und von vorn hörten wir schweres Feuer aus kleinen Waffen und die Detonation von Granaten. [. . .] Unsere Aufklärer berichteten, daß der Zug an der Spitze das Feuer auf deutsche Schützenpanzerwagen eröffnet habe, die einen Hinterhalt gelegt hatten.

›Aber wo ist das 3. Bataillon?‹ wollte unser Regimentskommandeur wissen.

›Wir wissen es nicht. Auf unserem Vormarschweg ist niemand zu sehen.‹

›Genosse Borodin‹, befahl Dolbanossow, ›gehen Sie mit dem Stab zu diesem Wald dort auf der linken Seite und organisieren Sie eine Rundumverteidigung. Setzen Sie sich ans Funkgerät, rufen Sie die Artillerie vor und stellen Sie Kontakt mit dem 3. Bataillon her und finden Sie heraus, wo es ist. [An den Aufklärungstrupp gewandt:] Zugführer! Geben Sie durch, daß der Hinterhalt abgeriegelt werden soll.‹

Die Regimentsführung und die unterstützenden Truppenteile schwenkten von der Straße ab und gingen im Wald in Deckung, während die Aufklärungstruppen die Deutschen in ihrem Hinterhalt einschlossen. Da sie aber nur mit Maschinenpistolen bewaffnet waren, konnten sie den Feind nicht vernichten. Vom 3. Bataillon war nichts zu hören, und die Minuten verstrichen in bangem Warten.« (Gurjewitsch, S. 186)

Ungefähr eine Stunde später erschien die Regimentsbatterie mit ihren 57-Millimeter-Kanonen und brach den Widerstand der Deutschen. In der Morgendämmerung wurden am Waldrand fünf ausgebrannte Schützenpanzerwagen sichtbar; die 32 überlebenden deutschen Soldaten ergaben sich Dolbanossows Einheiten. Kurz darauf tauchte auch das 3. Bataillon auf; es hatte, wie sein Kommandeur erklärte, in der eintönigen Landschaft die Orientierung verloren. Das Regiment setzte sich wieder in Marsch und legte als Vorhut innerhalb von zehn Tagen 250 Kilometer zurück.

Zusammenfassend können die Operationen von Schukows rechtem Flügel als westwärts auf die Oder gerichteter Vorstoß beschrieben werden, von dem wiederholt Truppenteile nach Norden abbogen, um die lange und immer verwundbarer werdende

Nordflanke gegen eventuelle Schläge des Gegners aus Hinterpommern abzuschirmen, wo sich die Rote Armee gezwungen sah, eine Reihe von Städten anzugreifen oder einzuschließen – Bromberg, Deutsch Krone, Pyritz, Arnswalde, Bahn und insbesondere Schneidemühl, den »Eckpfeiler« der Verteidigung in Hinterpommern.

In Schneidemühl entwickelten sich auf dem ausgedehnten Gelände des Güterbahnhofs heftige Kämpfe zwischen der unter dem Kommando von Oberst Remlinger stehenden Festungsbesatzung und Einheiten der sowjetischen 47. Armee. Als sehr nützlich für die Deutschen erwies sich dabei ein Panzerzug, mit dessen Hilfe es gelang, den Russen eine ganze Zugladung voller Munition und Verpflegung unter der Nase wegzuschnappen. Einmal geschah es auch, daß beide Seiten von verschiedenen Enden aus ein und denselben Zug plünderten. Schneidemühl fiel am 14. Februar, als die Festungsbesatzung einen Ausbruchsversuch unternahm – nur tausend Männer kamen durch, der große Rest wurde in den darauffolgenden Tagen getötet oder gefangengenommen.

Schukows Vorstoß an die Oder

In der letzten Januarwoche mochte es Schukows Armeen einen kurzen Augenblick lang so vorkommen, als wäre der Krieg schon zu Ende. Am 26. Januar überschritten mehrere Einheiten die alte deutsche Grenze, und sie sahen die Landschaft kaum anders als die russischen Soldaten, die bereits 1757, 1813 und 1914 in Deutschland einmarschiert waren:

»Etwa gegen 17 Uhr betraten die ersten Sowjetsoldaten deutschen Boden. Neugierig und gespannt blickten sie aus ihren Fahrzeugen auf die Felder, die Bäume am Straßenrand und die spitzen Hausdächer. Keiner konnte sich so recht vorstellen, daß von hier der Krieg ausgegangen war.« (Bokow 1979, S. 83)

Am 26. Januar berichtete Schukow der STAWKA, daß auf deutscher Seite keine durchgehende Verteidigungsfront und keine größeren Reserven mehr vorhanden seien. Er schlug deshalb vor, den Vorstoß zur Oder fortzusetzen, die Vorräte aufzufüllen und eine schnelle Offensive in Richtung Berlin zu entfalten. Die STAWKA stimmte zu, und am nächsten Tag erhielt Schukow den Befehl, zur Oder vorzurücken, seine Vorräte auf zwei Treibstoff- und zwei Munitionsnormen (siehe S. 355) zu ergänzen und Anfang Februar den Angriff auf Berlin einzuleiten, mit dem Ziel, die Stadt am 15. oder 16. Februar zu stürmen. Konew reichte am 28. Januar einen ähnlichen Vorschlag ein, der am 29. genehmigt wurde. Der einzige Punkt, der zu Sorgen Anlaß gab, war die langgezogene Nordflanke der 1. Belorussischen Front. Schukow hatte seine ursprünglichen operativen Ziele inzwischen weit hinter sich gelassen, und zwischen seiner Armeegruppe und ihrem Nachbarn zur Rechten, der langsamer vorankommenden 2. Belorussischen Front unter Marschall Rokossowskij, war eine große Lücke entstanden. In dem Tagesbefehl, den Schukow herausgab, nachdem die STAWKA seinem Vorschlag zugestimmt hatte, war von derartigen Sorgen nichts zu spüren:

>»Es liegen genügend Beweise dafür vor, daß der Gegner Kräfte heranführt, die Verteidigungsstellungen im Vorfeld der Oder beziehen sollen. Wenn es uns aber gelingt, uns am Westufer der Oder festzusetzen, wird der Erfolg der Operation zur Einnahme von Berlin garantiert sein.« (Tschuikow 1978, S. 100)

Es war das erste Mal, daß die deutsche Hauptstadt in einem solchen Befehl genannt wurde, und entsprechend groß war der Eindruck, den er damit bei den Soldaten hervorrief.

Ein Schneesturm fegte über das Land, als die Hauptkräfte der 1. Belorussischen Front am 28. Januar den Angriff auf die brandenburgische Grenze eröffneten. Schukows Frontabschnitt zwischen Konews Front im Süden und Pommern im Norden, wo der deutsche Widerstand an Heftigkeit zunahm, war mittlerweile auf rund 100 Kilometer Länge geschrumpft.

Schukows linker Flügel stieß fast augenblicklich auf eine Reihe gestaffelter Verteidigungsstellungen, die hinter der alten deutsch-polnischen Grenze entlang dem sumpfigen Flußlauf der Obra verliefen. Der »Tirschtiegel-Riegel«, wie er auf deutscher Seite genannt wurde – bei der Roten Armee hieß er einfach der Befestigte Raum Meseritz –, war vor dem Krieg zum Schutz der kürzesten Verbindung von Polen nach Berlin errichtet worden und stellte allein schon von seiner Anlage her eine starke Verteidigungsposition dar, auch wenn die Ausrüstung der Befestigungen zum großen Teil bereits ausgeschlachtet und die Verteidigung dem Volkssturm überlassen worden war. Die Folge waren äußerst verworrene Kämpfe, die sich der Kontrolle der Oberkommandos beider Seiten entzogen.

In einigen Abschnitten blieb der Volkssturm entweder völlig ungestört, oder es gelang ihm, die Angreifer durch demonstrativen Widerstand zurückzuschlagen. Friedrich Helmigk, damals Führer einer Volkssturmkompanie, die einen Bunker rund zehn Kilometer südwestlich von Meseritz hielt, berichtete über den ersten Kontakt mit dem Feind, der in einer Formation von 13 Panzern auf die Panzersperren vor seinem Bunker zurollte:

»Jetzt kommt der erste Panzer aus dem Hohlweg hervor, dann der zweite und der dritte. Sie halten vor der Sperre. Ich habe außer meinem Jagdglas meinen Fernrohrkarabiner, den ich mir genau eingeschossen habe. Der Führerpanzer öffnet seinen Deckel, und einige Russen klettern heraus. Ein dicker Offizier mit Krückstock geht mit zwei Mann an die Sperre und besichtigt die Hindernisse. Die Kerls benehmen sich, als wenn tiefster Friede wäre. Ein paar Worte mit dem Feldwebel, dann nehme ich den Offizier in mein Fadenkreuz, halte auf den Bauchnabel und gebe Feuer. Der Mann kippt wie ein Taschenmesser um, es sind nur 150 m bis dort. Auf meinen Schuß hin spritzen die Russen auseinander. Unser MG hämmert jetzt dazwischen, was aus dem Lauf will. Wir hatten vorher einen Schuß als ›Feuer-frei‹-Befehl an die 6 Schartentürme gegeben. Unser Minenwerfer pfeffert seine Serie von 10–12 Minen auf die Panzer. Wir beide schleifen schleunigst in unseren Fuchsbau. Kaum sind wir drüben und die Panzertürme wieder verrammelt, bekommen wir 5–6 15-cm-Granaten auf unsere Türen gesetzt. Unser MG schweigt. Das Gewehr ist kaputtgeschossen, ein

Mann leicht verwundet. Ob und wieviel Verluste die Russen haben, ist nicht festzustellen. Sie sind verschwunden. Nur die Panzer stehen noch da.«

Einige Zeit darauf schlugen Helmigk und seine Männer einen Infanterieangriff zurück, und um 15 Uhr traten die sowjetischen Panzer auf demselben Weg, den sie gekommen waren, den Rückzug an. (Kissel, S. 165)

An anderer Stelle dagegen gelang Babadschanjans XI. Gardepanzerkorps, der Speerspitze der 1. Gardepanzerarmee, ein tiefer Einbruch in den Befestigten Raum Meseritz. Nachdem Babadschanjans Einheiten in der Nacht vom 28. auf den 29. Januar die Obra überwunden hatten, teilte er sein Korps in zwei Kolonnen auf. Links marschierte die 44. Gardepanzerbrigade unter Oberst Gussakowskij, dem wir zuletzt Mitte Januar beim Durchqueren der Pilica begegnet sind (siehe S. 94). Als sich seine Brigade im Lauf des Tages dem Raum Hochwalde näherte, kam der Chef der Pionierkompanie, die er zum Sondieren der Marschroute vorausgesandt hatte, aufgeregt zu ihm und meldete:

»›Genosse Oberst, die Straße ist durch Eisenbahnschienen gesperrt. Sie stehen aufrecht in Schächten.‹
›Kann man sie herausziehen?‹ erkundigte sich Gussakowskij.
›Ja, Genosse Brigadekommandeur.‹
›Dann räumen Sie sofort die Straße.‹«

Gussakowskij beschloß, die Meseritzer Befestigungen zu durchbrechen, ohne auf die Hauptkräfte des Korps zu warten. Am Abend entfernten die Pioniere das Hindernis von der Straße und überzeugten sich davon, daß sie dahinter nicht vermint war. Das war zwar an sich eine gute Nachricht, deutete aber auch darauf hin, daß der Gegner vorhatte, an dieser Stelle mit seinen Panzern zu einem Gegenangriff auszuholen. Darüber hinaus wurden die Marschverhältnisse von Minute zu Minute schlechter:

»Der Nordwind trieb tiefhängende Wolken vor sich her. Die Eiskruste auf den Straßen taute, Wasserpfützen glänzten. Von einer

130

Anhöhe bei Hochwalde hörte man MG-Feuer. Der Gegner beschoß die Vortruppe der Brigade.« (Katukow, S. 333)

Gussakowskij stellte seine Brigade in Gefechtsordnung auf, und
am 30. Januar um 3.00 Uhr früh war er durch das von ihm gefun-
dene »Tor« bei Kalau durch die Hauptzone des Befestigten
Raums Meseritz geschlüpft, ohne einen einzigen Panzer zu verlieren. Vermutlich gehörte er zu den Nutznießern einer Karte der
deutschen Verteidigungsanlagen (siehe S. 202), die den sowjetischen Streitkräften in die Hände gefallen war. Auf jeden Fall
rückt er im Verlauf des Tages zügig in Richtung Schwiebus vor,
wo Truppenteile der 69. und der 33. Armee sowie des VIII. Motorisierten Gardekorps dabei waren, einem deutschen »wandernden Kessel«, der versucht hatte, sich nach Westen durchzuschlagen, den Gnadenstoß zu versetzen. Deutsche Panzer und
Artillerie legten beiderseits der Stadt Sperrfeuer, und der Himmel wurde abwechselnd von rosa und zartgrünen Leuchtkugeln
in ein unwirkliches Licht getaucht.

Gussakowskij stieß bis weit hinter den befestigten Raum vor
und verlor, als deutsche Truppen hinter ihm die Straße abriegel-
ten, jeden Kontakt zu seinem Stammverband. Er mußte zur
Rundumverteidigung übergehen, während sich der Rest von Babadschanjans Korps und die 1. Gardepanzerarmee weiter in Richtung Oder vorkämpften. Am 1. Februar wurde die Vorausabteilung des ebenfalls zu Babadschanjans linker Kolonne gehörenden VIII. Motorisierten Gardekorps in Kunersdorf abgeschnitten, wo das V. SS-Gebirgsjägerkorps gewillt zu sein schien, die
Niederlage zu rächen, die Friedrich dem Großen dort am 12. August 1759 durch Russen und Österreicher beigebracht worden
war. Aber seine Angriffe wurden mit Hilfe einer Katjuscha-Batte-
rie abgewehrt. »Überall lagen Leichen«, und die »Panzersoldaten, deren Munitionsvorräte knapp wurden, öffneten die Luken
und bekämpften den Gegner mit Handgranaten.« (Katukow,
S. 341)

Die 1. Gardepanzerarmee, die 69. Armee und die 33. Armee
brachen noch am selben Tag zur Oder durch und setzten sich bereits verschiedentlich am Westufer des Flusses fest. Einem unbe-

helligten Durchmarsch am nächsten kam dabei Schukows rechter Flügel, wo die 2. Gardepanzerarmee und die 5. Stoßarmee durch die Hügellandschaft nördlich der sumpfigen Warthe-Niederung vorwärtsstürmten. Am 30. Januar überquerten sie bei Zorndorf den Boden, auf dem die Preußen unter Friedrich dem Großen 1758 in einer erbitterten Schlacht ein russisches Heer geschlagen hatten, und am Morgen des 31. Januar ging der von Oberst Chariton F. Jessipenko angeführte Voraustrupp der 5. Stoßarmee zu Fuß über die vereiste Oder und nahm kampflos die Kleinstadt Kienitz ein.

Diese Episode hatte etwas Irreales an sich. Der Berliner Rundfunk meldete gerade, daß die Wehrmacht in vorbereiteten Stellungen an der Bzura, nicht weit von Warschau, eine großartige Verteidigungslinie aufbaue, und dennoch tauchten, ganze 68 Kilometer von Berlin entfernt, plötzlich sowjetische Soldaten auf. Überall spazierten deutsche Soldaten durch die Straßen; »deutsche Offiziere saßen in den Restaurants. Die Züge zwischen Kienitz und Berlin verkehrten fahrplanmäßig, die Telefonverbindungen funktionierten normal.« (Schukow, S. 558). Dem Bahnhofsvorsteher schien es das Natürlichste der Welt zu sein, sich an Jessipenko zu wenden und ihn zu fragen:

»›Gestatten Sie, daß ich den Zug nach Berlin abfertige?‹
Darauf erwiderte der Oberst ernsthaft: ›Herr Stationsvorsteher, das geht nicht. Der Personenverkehr nach Berlin muß für kurze Zeit unterbrochen werden, wenigstens bis Kriegsende.‹« (Bokow 1979, S. 85)

Die Rote Armee konnte sich zwar in Kienitz halten, aber schon die nachfolgenden Einheiten der 5. Stoßarmee sahen sich all den Problemen gegenüber, die ein Flußübergang unter feindlichem Feuer mit sich bringt. Als sie auf dem hohen Flußufer eintrafen und über das weiße Band des vereisten Flusses blickten, entdeckten sie am westlichen Ufer einen dunklen Streifen, der anzeigte, wo die Verteidiger in Stellung gegangen waren.

Die 301. Schützendivision erhielt den Befehl, in der Nacht vom 2. auf den 3. Februar einen Sturmangriff über den Fluß zu unternehmen. Um sich nicht vorzeitig zu verraten, verzichtete man sogar auf das vorbereitende Artilleriefeuer. Als der Angriff begann, stand eine Gruppe von Offizieren in gespannter Erwartung auf einem Beobachtungsposten:

»Plötzlich stieg am gegenüberliegenden Ufer eine Rakete auf, und als sie zerbarst, gingen mehrere Leuchtkugeln über dem Fluß nieder. Die weiße Eisfläche hob sich klar hervor, und darauf sah man die dunklen Linien unserer vorrückenden Regimenter. Im selben Augenblick eröffneten die gegnerischen Maschinengewehre am anderen Ufer das Feuer, und ein glühender Strom weißer Leuchtspurgeschosse durchschnitt die Dunkelheit der Nacht. Unsere Artillerie antwortete, indem sie die deutschen Maschinengewehre ins Visier nahm. Die Schützenkompanien rannten in wilder Hast über das Eis, versagten es sich aber selbst jetzt noch, ihren üblichen Kampfruf *Ura!* auszustoßen. Die mächtige Welle ergoß sich über das Ufer, und die nächtliche Schlacht auf der Westseite der Oder begann.« (Antonow, S. 325)

Zuletzt erreichte in der Mitte von Schukows Front auch Generaloberst Tschuikow mit den beiden Korps seiner 8. Gardearmee, die nicht bei Posen zurückgeblieben waren, die Oder, und am 2. Februar befahl er seinen Truppen, mit allen Hilfsmitteln, die gerade zur Hand waren, den Fluß zu überqueren. »Ich beobachtete die Oder durch das Scherenfernrohr. Ein breiter, zwischen Dämme eingebetteter Strom!« (Tschuikow 1966, S. 96) Die Infanterie arbeitete sich robbend und mit Hilfe von Brettern, Stangen und Reisigbündeln über die dünne Eisdecke. Auch einige Panzerabwehrgeschütze konnten, auf Skier gestellt, über den Fluß geschafft werden. All diese Aktivitäten mußten jedoch eingestellt werden, als Staffeln von jeweils sieben oder neun Focke-Wulf 190 am Himmel erschienen und die Übergangsstellen mit Bomben und MG-Feuer belegten. Am nächsten Tag wurden die Übersetzmanöver wieder aufgenommen, obwohl die Bedingungen noch schwieriger geworden waren.

Es gab am »russischen« Ufer der Oder bei Frankfurt und in Küstrin, wo mit Panzerfäusten bewaffnete Einheiten aus Volkssturmmännern und Hitlerjungen die sowjetischen Panzer zurückgedrängt hatten, zwar immer noch bedeutende deutsche Brückenköpfe, aber ansonsten war die Verteidigung der Oder nur schwach oder gar nicht vorhanden. Bis zum 2. Februar hatten die Armeegruppen von Konew und Schukow daher die mittlere Oder an vielen, fast über ihre gesamte Länge verteilten Punkten erreicht und eine Reihe von kleineren und größeren Brückenköpfen am Westufer erobert. Am selben Tag erklärte die STAWKA die Weichsel-Oder-Operation offiziell für beendet.

KAPITEL 9

Aufschub der Vollstreckung

»Stalin ante portas!«

»Stalin ante portas! Dieser Schreckensruf verbreitet sich mit Windeseile durch die Hauptstadt, als heute morgen die Meldung eintrifft, daß es den Russen gelungen ist, die Oder zu über-schreiten. Sie haben westlich der Oder bei Kynitz einen Brücken-kopf gebildet und dringen mit etwa hundert Panzern auf Wriezen vor. Wriezen ist etwa 60 bis 70 km von der Stadtgrenze Berlins ent-fernt.
Zwischen Wriezen und Berlin steht nichts. Keine Pak, keine Pan-zersperre, kein einziger Soldat.«

So lautet der Eintrag, den Goebbels' Sekretär, Wilfried von Oven, am 31. Januar 1945 in sein Tagebuch schrieb. (Oven, S. 564)

Vier Tage später faßte Armeegeneral A. I. Antonow, stellver-tretender Chef des sowjetischen Generalstabs, vor den in Jalta konferierenden Staatschefs der Alliierten zusammen, was die Sowjetunion erreicht hatte, seit die Rote Armee am 12. Januar im gesamten Frontverlauf von den Karpaten bis zur Ostsee ihre große Offensive begonnen hatte. Das Kernstück war die Weichsel-Oder-Operation gewesen, durch die das oberschlesi-sche Industriegebiet eingenommen, Ostpreußen abgeschnitten und Polen befreit worden war und an deren Ende die Rote Armee an der Oder stand. Die sowjetischen Truppen waren mit einer beispiellosen Durchschnittsgeschwindigkeit von 30 Kilometern pro Tag vorgestoßen, hatten die deutsche Heeresgruppe A

135

vernichtet und Verluste bewirkt, die sich nach Schätzung der STAWKA auf 400 000 Mann und mindestens 45 Divisionen beliefen. Die sowjetischen Verluste waren mit 15 000 Gefallenen und 60 000 Verwundeten vergleichsweise gering; sie entsprachen ungefähr den Verlusten, die die britischen Streitkräfte am 1. Juli 1916, dem ersten Tag der Schlacht an der Somme, erlitten hatten.

Auf deutscher Seite hatte man schon fast die Hoffnung aufgegeben, die sowjetischen Brückenköpfe am Westufer der Oder zurückerobern oder die zwischen ihnen liegenden Flußabschnitte halten zu können. Oberstleutnant Hans-Ulrich Rudel war mit seinem Stukageschwader aus Oberschlesien eingetroffen, und die 1. Fliegerdivision unterstellte ihm alle Flugzeuge, die ihr zur Verfügung standen. Er sah allerdings wenig Sinn darin, seine berühmten »Panzerknacker« – die Ju 87G – gegen die Übergangsstellen der sowjetischen Streitkräfte einzusetzen, da es fast überall möglich war, die Oder zu überqueren, und die Bomben nur verhältnismäßig kleine Löcher im Eis hinterließen, die leicht zu umgehen waren. Dort, wo die Rote Armee den Fluß noch nicht erreicht hatte, versuchte man das Eis mit Sprengladungen zu brechen, die jedoch kaum Wirkung zeigten. Danach wurden Bataillone der Luftverteidigung aufs Eis geschickt, um es mit Hilfe von Motorsägen zu zerschneiden, aber die Eisplatten waren bereits wieder zusammengefroren, bevor es gelang, sie aus dem Wasser zu hieven.

Von deutscher Seite aus gesehen, hatte sich der Kriegsschauplatz innerhalb von 22 alptraumhaften Tagen aus dem fernen Zentralpolen bis auf Hörweite an die Reichshauptstadt herangeschoben. Der Verlust des oberschlesischen Industrireviers war allein schon ein tödlicher Schlag für das Reich. Rüstungsminister Speer hatte wiederholt darauf hingewiesen, wie wichtig die Bergwerke und Fabriken dieses Gebiets waren, und Ende Januar verfaßte er eine neue Denkschrift,

»die mit dem mitleidlosen Satz begann: ›Der Krieg ist verloren.‹ Er gab sie mir [Guderian] vor der Aushändigung an Hitler zu lesen. Man mußte ihr leider zustimmen. Hitler las den ersten Satz und

sperrte sie dann zu den übrigen warnenden Schriften, die ihm zu-
gegangen waren, in seinen Panzerschrank.« (Guderian, S. 369 f.)

Bei einem auch nur beiläufigen Blick auf die Chronologie des
Zweiten Weltkriegs sticht einem etwas sehr Merkwürdiges ins
Auge: Nach dem Abschluß der Weichsel-Oder-Operation stand
die Rote Armee bereits wenige Autostunden vor Berlin, und
trotzdem dauerte der Krieg noch drei Monate an. Die Ursachen
dafür sind kompliziert – es käme einer Beleidigung des Lesers
gleich, ihm etwas anderes vorspiegeln zu wollen –, sie lassen sich
aber in eine gewisse Ordnung bringen, die, stark verkürzt, folgen-
dermaßen aussieht:

– Die Weichsel-Oder-Operation war zwar der Brennpunkt der
  sowjetischen Winteroffensive Anfang 1945, ihre Ergebnisse
  konnten aber nur stabilisiert und ausgenutzt werden, wenn die
  unterstützenden Angriffe an beiden Flanken mit ihr Schritt
  hielten. Nach Lage der Dinge waren die sowjetischen Streitkräfte jedoch sowohl an der Mittelgebirgs- wie auch an der Ostseeflanke auf unerwartete Schwierigkeiten gestoßen, so daß sich
  Konew gezwungen sah, seine Aufmerksamkeit nach Süden zu
  wenden, ebenso wie Schukow nach Norden blicken mußte. Die
  Ereignisse an diesen Fronten werden in späteren Teilen dieses
  Buchs behandelt.

– Das sowjetische Oberkommando hielt einen frühen Vorstoß
  über die Oder aber auch aus unmittelbareren Gründen nicht für
  angeraten. Die Armeen hatten sich weit von ihren Nachschub-
  basen entfernt, die Soldaten waren erschöpft, ihre Disziplin
  nahm stetig ab, die Luftunterstützung klappte nicht, und die
  deutschen Truppen begannen die Oder verbissen zu verteidigen. Diesen Punkten werden wir uns jetzt zuwenden.

Ein »Wirbelsturm aus Feuer und glühendem Metall« – die deutsche Frontalverteidigung der Oder

Die Rote Armee verlor den Schwung ihres siegreichen Vormarsches sehr abrupt, man könnte fast sagen: von einem Augenblick zum anderen. Der 4. Februar, der erste Tag der Konferenz der Alliierten in Jalta, war der Begrüßung und dem Informationsaustausch über die Kriegslage gewidmet, und im Gespräch mit Churchill, das zu einem frühen Zeitpunkt des vollgepackten Terminkalenders stattfand, befand sich Stalin noch im Hochgefühl der unvergleichlichen Erfolge seiner Streitkräfte in Polen und im Osten Deutschlands. Nur wenige Stunden später jedoch, als er mit Roosevelt zusammenkam, war seine Stimmung umgeschlagen, und er sprach mit einem Anflug von Verzweiflung über den gewaltigen Widerstand, der an der Oder aufgebaut wurde. Am Abend skizzierte Antonow in seinem Vortrag das bisher Erreichte (siehe oben), betonte aber auch, daß die Deutschen offenbar entschlossen waren, Berlin mit allen zur Verfügung stehenden Kräften zu verteidigen, und daß von Westen Verstärkungen herangeführt wurden.

Kehren wir zu Ovens Tagebuch zurück, um einen ersten Anhaltspunkt dafür zu bekommen, was sich damals abspielte:

> »1. Februar 1945
> Die bedrohliche Lage vor Berlin hat sich buchstäblich über Nacht zu unseren Gunsten gewandelt. Seit gestern abend taut es plötzlich. Das Plätschern in den Regentonnen klingt wie Engelsmusik in unseren Ohren. Die Oder und Warthe, das Oder-, Warthe- und Netzebruch mit ihren zahllosen Wasserläufen sind zu Hindernissen geworden, an denen sich unser Widerstand in den bedrohten Gebieten festigt. [...]
> 3. Februar 1945
> Das Tauwetter hält an. Linde Frühlingsluft zieht durch die Straßen Berlins, in denen überall emsig an Panzersperren und Pakstellungen gebaut wird.« (Oven, S. 566 f.)

Das Tauwetter machte die sowjetischen Grasflugpisten in Polen unbrauchbar und trug so dazu bei, daß der Roten Armee in einem kritischen Augenblick die Luftunterstützung fehlte. Ein noch größeres Problem stellten die unbefestigten Straßen dar, deren aufgeweichter Zustand die Nachschubzufuhr verhinderte, da die benutzbaren Eisenbahnstrecken nur bis Zentralpolen reichten und die restlichen 500 oder mehr Kilometer mit Lkws bewältigt werden mußten.

Das Eis auf der Oder begann rapide wegzuschmelzen, und die deutschen Truppen beschleunigten den Vorgang noch, indem sie es mit Sprengstoff und Eisbrechern aufbrachen. Das Flußufer und andere Verteidigungsstellungen waren mit den Schnellfeuerkanonen von über 300 Flakbatterien gesäumt, die aus ihren statischen Stellungen im Innern des Reichs entfernt und auf direkten Befehl Hitlers an die Oder transportiert worden waren. Diese Kanonen waren ausgezeichnete Panzerknacker. Darüber hinaus waren starke Heeresverbände von der Westfront abgezogen und mit der Eisenbahn und über die befestigten Straßen des Reichs in höchster Eile gegen die Rote Armee in Stellung gebracht worden. 13 oder 14 Divisionen versperrten jetzt den direkten Weg nach Berlin, und an Schukows rechter Flanke in Pommern begann sich eine bedrohliche Streitmacht von etwa 33 Divisionen zu konzentrieren.

Die Luftangriffe gegen den ersten sowjetischen Vormarsch über die vereiste Oder waren wirkungsvoller gewesen, als Rudel vermutet hatte, und durch die Zuführung von Flugzeugen, die von der Luftverteidigung im Westen gegen Briten und Amerikaner zur Bodenunterstützung an der Ostfront umgeleitet wurden, erlangten die Deutschen hier sogar die Luftüberlegenheit. Hitler hatte dafür gesorgt, daß die meisten deutschen Jagdflugzeuge mit Bombenhalterungen ausgestattet waren, und diese Vorsichtsmaßnahme zahlte sich jetzt aus. Von den vielen Betonpisten in der Nähe von Berlin aufsteigend, war die Luftwaffe in der Lage, in rascher Abfolge Einsätze gegen die nahe gelegenen Brückenköpfe, die Oderübergänge und die sowjetischen Truppen zu fliegen, die weit auseinandergezogen an der langen Flanke nach Pommern standen.

Rudels eigene Fliegerlaufbahn ging am Morgen des 9. Februar zu Ende, als er mit einigen anderen Maschinen seines Stukageschwaders in einem neuen sowjetischen Brückenkopf nördlich von Frankfurt, bei Lebus, nach Panzern Ausschau hielt. Die Jagd auf Panzer war zu einer besonders gefährlichen Angelegenheit geworden, da die sowjetischen Fla-Kanoniere erfahrene, versierte Männer waren, während Rudel mehrere neue Besatzungen bei sich hatte, für die der Einsatz eine besondere Gefährdung darstellte. Er befahl den anderen Ju 87, in sicherer Höhe zu bleiben, während er selbst in seiner üblichen Art mehrere Angriffe flog – im Sturzflug steil hinuntertauchend, dann für einen Moment in die Horizontale gehend, um einige Geschosse mit dem panzerbrechenden Wolframkern aus seiner 3,7-Zentimeter-Zwillingskanone loszujagen, und anschließend im Tiefflug und Zickzackkurs abdrehend, um dann wieder auf 800 Meter Höhe zu steigen, außerhalb der Reichweite von Handfeuerwaffen. Hätten die sowjetischen Truppen nicht schon so dicht vor Berlin gestanden, wäre Rudel das Risiko eines solchen Angriffs niemals eingegangen.

Er hatte bereits zwölf Panzer in Brand geschossen und flog den dreizehnten an, als eine seiner Kanonen Ladehemmung hatte und ihm in der anderen, wie er annahm, nur noch ein Schuß verblieben war:

»Und schon rase ich aus achthundert Meter Höhe herunter. Völlig auf den neuen Anflug konzentrieren, Abwehrbewegungen, aus vollen Rohren schlägt mir wieder Feuer entgegen. Jetzt stillhalten . . . schießen . . . er brennt! Jubel in meinem Herzen, tief donnere ich über den Panzer hinweg. Abwehrbewegungen . . . ein Schlag in der Maschine, etwas lodert durch mein Bein durch, wie eine Scheibe glühenden Stahls. Mir wird schwarz vor Augen, und der Atem stockt. Aber ich muß doch fliegen . . . fliegen . . . du darfst nicht willenlos schwachwerden; beiß die Zähne aufeinander, du mußt es erzwingen. Es zuckt durch meinen ganzen Körper.« (Rudel, S. 249)

Es wurde eine holprige Landung, aber er kam lebendig, wenn auch halb bewußtlos, auf dem Erdboden an.

Die Gegenangriffe auf die sowjetischen Brückenköpfe an der Oder wurden sowohl aus der Luft als auch am Boden verbissen

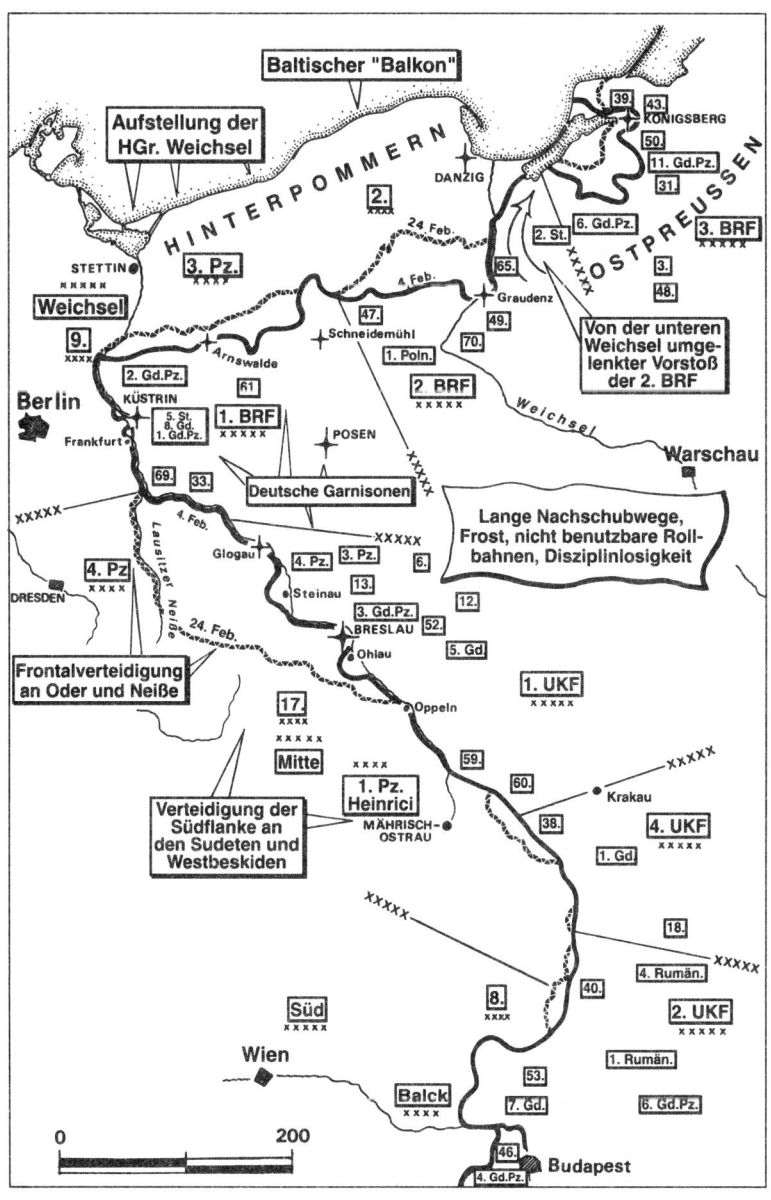

5. Die sowjetische Offensive ist gestoppt, Februar 1945

vorgetragen. Davon zeugen die Akten des IX. Schützenkorps der 5. Stoßarmee, das während des gesamten Vormarschs von der Weichsel zur Oder nur 961 Mann verloren hatte, jetzt aber vom 1. bis 10. Februar den Verlust von 3154 Mann hinnehmen mußte. Die 5. Stoßarmee war allein am 2. und 3. Februar das Ziel von 5008 Luftangriffen.

»Das Dröhnen der Panzer- und Flugzeugmotoren, das Krachen der Granaten und Bomben, das trockene Knattern der MG- und MPi-Feuerstöße – all dies verschmolz in einer ungeheuerlichen Kanonade. Es schien, als könnte selbst die Erde diesem Wirbelsturm aus Feuer und glühendem Metall nicht standhalten.« (Bokow 1979, S. 109)

Schukow wußte, daß er viel verlangte, als er der 5. Stoßarmee am 4. Februar den Befehl gab, ihren Brückenkopf nördlich von Küstrin zu erweitern. Er gab Anweisung, nur nachts und mit klar definierten Zielen anzugreifen. Tagsüber sollte sich die Armee darauf beschränken, Gegenangriffe der deutschen Bodentruppen abzuwehren und die Luftangriffe zu überleben, indem sie sich tief eingrub und die feindlichen Flugzeuge mit massivem Sperrfeuer empfing.

Das waren die Bedingungen, unter denen die Rote Armee im Februar und März 1945 die deutschen Verteidiger langsam zurückdrängte. Ende März hatte die 5. Stoßarmee ihren Brückenkopf auf 27 Kilometer Breite und 3–5 Kilometer Tiefe ausgebaut. Vier Divisionen von Tschuikows 8. Gardearmee und zwei Divisionen der 69. Armee waren im Rücken der sowjetischen Front weiterhin durch den Kampf um Posen gebunden. Die Zitadelle der Stadt fiel erst am 22. Februar (siehe S. 275); doch der energische Tschuikow sammelte seine Kräfte, und es gelang ihm, seinen Brückenkopf südlich von Küstrin bis Ende März auf 14 Kilometer Breite und eine durchschnittliche Tiefe von vier Kilometern zu erweitern.

Die Veränderung des psychologischen
und moralischen Gleichgewichts

Es ist nicht leicht zu klären, welchen Standpunkt Schukow in dieser Zeit schwerwiegender Entscheidungen einnahm. Der deutsche Historiker Erich Murawski hebt in seiner Darstellung der Kämpfe in Pommern die Bedeutung von General Wassilij Danilowitsch Sokolowskij hervor, einem brillanten, aber hochmütigen und intriganten Ukrainer, den Stalin als Kontrolleur und eine Art Superstabschef an Schukows Front geschickt hatte. Nach Murawskis Ansicht war es Sokolowskij und nicht Schukow, der die STAWKA auf die Verwundbarkeit der Pommernfront hinwies und empfahl, die 1. Belorussische Front an der Oder haltmachen und nach Norden abschwenken zu lassen, um wenigstens die Umgebung von Stettin zu säubern, bevor der Stoß auf Berlin fortgesetzt wurde. Schukow teilte, laut Murawski, den Wunsch Tschuikows und anderer Generale, sofort einen schnellen Vorstoß auf Berlin durchzuführen, und begründete diese Auffassung damit, daß die deutsche Führung andernfalls unnötig Zeit gewänne, um im Süden den böhmischen Kessel zu einer besonderen Festung auszubauen und die Verteidigung an der Oder zu stärken, was möglicherweise dazu geführt hätte, daß die westlichen Alliierten vor der Roten Armee in Berlin eingetroffen wären. Nach einer heftigen Auseinandersetzung zwischen Schukow und Sokolowskij entschied sich Stalin am 4. Februar schließlich dafür, Sokolowskijs Vorschlägen zu folgen. (Murawski, S. 59f.)

Murawski gibt nicht an, auf welche Quellen er sich beruft. Gegen seine Interpretation spricht allein schon die Meldung, die Schukow am 31. Januar an die STAWKA schickte:

»1. Im Zusammenhang damit, daß der linke Flügel der 2. Belorussischen Front stark hinter dem rechten Flügel der 1. Belorussischen Front zurückgeblieben ist, hat die Breite dieser Front am Abend des 31. Januar 500 Kilometer erreicht.
Bleibt der linke Flügel K. K. Rokossowskis nach wie vor dort, wo er ist, wird der Gegner zweifellos gegen die in die Länge gezogene rechte Flanke der 1. Belorussischen Front vorgehen.

Ich bitte darum, K. K. Rokossowski den Befehl zu geben, unverzüglich mit seiner 70. Armee in westlicher Richtung vorzustoßen,
zumindest gestaffelt hinter dem rechten Flügel der 1. Belorussischen Front.
2. Ich bitte darum, den Genossen I. S. Konew zu verpflichten, daß
er schneller zur Oder vordringt.« (Schukow, S. 560)

Er war sich bewußt, daß ihm der Nachschub ausging und daß die
deutsche Luftwaffe vorübergehend Luftüberlegenheit gewonnen
hatte. Die STAWKA, die über die Lage nicht ganz auf dem laufenden war und immer noch versuchte, einen Sinn in Stalins Weisung zu finden, daß sowohl Schukow als auch Konew den endgültigen Vorstoß nach Berlin unternehmen sollten, reagierte nicht
sofort auf seine Meldung. Stalin ließ sich schließlich von seiner
instinktiven Vorsicht leiten und entschied sich dafür, Schukow
und Konew an der Oder haltmachen zu lassen und ihre Flanken
in Pommern und Schlesien zu sichern.

Aber welche Haltung Schukow Ende Januar und Anfang Februar 1945 auch immer eingenommen haben mag: nach dem
Krieg fühlte er sich jedenfalls genötigt, die Entscheidung, den
Vorstoß nach Berlin hinauszuschieben, zu rechtfertigen. Sein
hartnäckigster Kritiker in dieser Frage war Generaloberst Tschuikow, dem er im Juni 1965 mit einem Artikel in der militärhistori-
schen Zeitschrift *Wojenno-Istoritscheskij Schurnal* unter dem
Titel »Na Berlinskom Naprawlenii« (In Richtung Berlin) antwortete. Auf einer von der Gruppe der sowjetischen Streitkräfte in
Deutschland veranstalteten Konferenz stimmte Schukow dem
Diskussionsleiter, Generalmajor S. M. Jenjukow, zwar insoweit
zu, daß es der 1. und 2. Gardepanzerarmee physisch möglich gewesen wäre, Berlin zu erreichen und vielleicht sogar einzunehmen. Tatsächlich hätte er selbst, ebenso wie Tschuikow, damals
den Wunsch gehabt, gernau dies zu tun.

»Aber, Genosse Jenjukow, es wäre unmöglich gewesen, wieder
umzukehren, weil der Gegner die Rückzugswege leicht hätte
abriegeln können. Der Gegner hätte mit einem Schlag aus dem
Norden leicht unsere Sicherung durchbrechen, die Oderübergänge

erreichen und unsere Truppen in eine äußerst schwierige Lage bringen können. Es ist an dieser Stelle darauf hinzuweisen, daß man fähig sein muß, sich selbst zu beherrschen, der Versuchung zu widerstehen und keine übereilten Abenteuer einzugehen. Wenn ein Kommandeur Entscheidungen trifft, darf er nie den gesunden Menschenverstand außer acht lassen.« (Golownin, S. 25)

In seinen Memoiren kam Schukow, mit einem Rückblick auf den russisch-polnischen Krieg von 1920, erneut auf die Gefahr zu sprechen, den Bogen zu überspannen, indem man das Glück allzusehr herausfordert: »Dazu bietet der Angriff der Roten Armee auf Warschau im Jahre 1920 ein sehr lehrreiches Beispiel, als der nicht gesicherte und ohne Umsicht geführte Vorstoß der Roten Armee statt zum Erfolg zu einer schweren Niederlage unserer West-Front führte.« (Schukow, S. 564) Ein weiteres gewichtiges Beispiel war die leichtsinnige Verfolgungsjagd nach der Schlacht um Stalingrad, welche die sowjetische Front für Mansteins Gegenangriff bei Charkow verwundbar gemacht hatte.

Wie aus den Angaben eines nach dem Krieg in den Westen übergelaufenen sowjetischen Offiziers hervorging, wurde die Fortsetzung der Offensive auch durch die Folgen des Armeebefehls beeinträchtigt, mit dem die Rotarmisten ermutigt worden waren, sich an der deutschen Bevölkerung zu rächen. Schukow und Konew konnten kaum etwas tun, um den Plünderungen, Vergewaltigungen und Brandschatzungen Einhalt zu gebieten (siehe S. 299 f.):

»Im Großen hat sich das Austoben niedriger und grausamer Instinkte dahin ausgewirkt, daß die in der Roten Armee gehütete und bekanntlich besonders strenge Ordnung aus den Fugen geraten war. Das erschwerte die Funktionen der Fernmeldeverbindungen und des Nachschubs ebenso wie das Erteilen und Ausführen von Befehlen. Mit einem Wort, die Schlagfertigkeit der Roten Armee kurz vor den Toren Berlins und in Schlesien war gelähmt.« (Ahlfen, S. 153)

Während die Rote Armee in physischer und moralischer Hinsicht an Stärke verlor, wurde es für Hitler leichter, sich als den einzig möglichen Retter des deutschen Volkes darzustellen. Die sowjetischen Greuel spielten ihm dabei ebenso in die Hand wie die Ergebnisse der Konferenz von Jalta, auf der die Alliierten übereingekommen waren, daß Polen »im Norden und Westen beträchtlichen Gebietszuwachs erhalten muß« (zit. in: Churchill, S. 54) – und zwar auf Kosten Deutschlands, das seinerseits in alliierte Besatzungszonen aufgeteilt werden sollte. Hitler war höchst erfreut, als ihm am 13. Februar das Kommuniqué Seite um Seite, so wie es aus dem Fernschreiber kam, gebracht wurde, und rief triumphierend aus:

»›Was diese Kaffeehausdiplomaten und Politiker vom Auswärtigen Amt faseln! Hier hat man es schwarz auf weiß! Wenn wir diesen Krieg verlieren, wird Deutschland zu bestehen aufhören. Es kommt darauf an, die Nerven zu behalten und nicht nachzugeben.‹« (Zit. in: Irving 1975, S. 692)

TEIL III

DIE SÜDFLANKE

KONEW UND DER KAMPF UM SCHLESIEN

KAPITEL 10

Die Kämpfe an der Oder

Die sowjetischen Pläne

Das nominelle Ende der sogenannten Weichsel-Oder-Operation hatte in der Praxis wenig zu bedeuten. Schukow war zwar tatsächlich an der mittleren Oder zum Stehen gekommen, aber weiter südlich in Schlesien holten Konew und seine 1. Ukrainische Front nur Atem, um gestärkt in den geplanten Zwei-Fronten-Angriff auf Berlin zu gehen. Den Plan für diese Operation, soweit er die 1. Ukrainische Front betraf, hatte Konew am 28. Januar an die STAWKA geschickt, die ihn ohne Korrektur genehmigte. Danach sollte sich Konew der deutschen Hauptstadt von Süden nähern, während Schukow sie von Osten her frontal angreifen sollte. Konews unmittelbare Aufgabe war es jedoch, die schlesische Hauptstadt Breslau durch eine Zangenbewegung einzuschließen. Danach konnte er weiter nach Westen vorstoßen, zu Schukows Armeegruppe aufschließen und sich auf diese Weise für den großen Schlag gegen Berlin in Stellung bringen.

Breslau stellte das größte Hindernis auf Konews Vormarschstreifen durch die niederschlesischen Ebenen dar. Die STAWKA hatte daher seinem Plan eines doppelten Umfassungsangriffs zugestimmt, ausgehend von seinen beiden wichtigsten Brückenköpfen auf der »deutschen« Seite der Oder, der eine oberhalb, der andere unterhalb von Breslau gelegen:

– Den linken Flügel bildeten zwei allgemeine Armeen und zwei Panzerkorps, die im Brückenkopf Ohlau bereitstanden.

– Der rechte Flügel, der vom Brückenkopf Steinau aus den Hauptangriff führen sollte, bestand aus der 4. Panzerarmee und zwei allgemeinen Armeen, zu denen als Verstärkung noch Rybalkos weit herumgekommene 3. Gardepanzerarmee kam, die aus Oberschlesien abgezogen wurde.

Als Datum für den Beginn dieser Niederschlesischen Operation wurde der 8. Februar festgelegt. Bis dahin war die Rote Armee mit Umgruppierungen ihrer Einheiten und der Erweiterung ihrer Brückenköpfe beschäftigt. Daneben unternahm sie einen isolierten Vorstoß über Grottkau ins schlesische Hinterland.

Die deutschen Streitkräfte am Vorabend der Niederschlesischen Operation

Die Heeresgruppe A (die am 25. Januar zur Heeresgruppe Mitte wurde) stand seit dem 20. Januar unter dem Oberbefehl von Generaloberst Ferdinand Schörner, dem vermutlich wichtigsten Vertreter des nationalsozialistischen Führungsstils in der Wehrmacht. Hitler hatte uneingeschränktes Vertrauen zu Schörner, und Goebbels attestierte ihm:

»Er ist kein Schreibtisch- oder Kartengeneral; die grösste Zeit des Tages verbringt er bei der kämpfenden Truppe, zu der er ein zwar hartes, aber doch sehr vertrautes Verhältnis hat. Insbesondere hat er sich die sogenannten ›trainierten Versprengten‹ aufs Korn genommen. Unter ›trainierten Versprengten‹ versteht er jene Soldaten, die es immer wieder verstehen, sich in kritischen Situationen von der Truppe abzusetzen und unter irgendeinem Vorwand in das Hinterland zu verschwinden. Er geht mit solchen Figuren ziemlich brutal um, lässt sie am nächsten Baum aufhängen und ihnen ein Schild beigeben, auf dem steht: ›Ich bin ein Deserteur und habe mich geweigert, deutsche Frauen und Kinder zu beschützen.‹« (Goebbels, S. 165)

Während die Front im Abschnitt der Heeresgruppe A, dem Schukow gegenüberstand, stabilisiert werden konnte, befand sich die Lage weiter südlich, in Niederschlesien, gefährlich im Fluß. Die dort stehende 4. Panzerarmee unter General Fritz Gräser verfügte in und um Breslau über eine zusammengewürfelte Garnison und zwei Infanteriedivisionen, hatte ansonsten aber nur so viele Felddivisionen wie Konew komplette Armeen.

Die jenseits der Oder abgeschnittenen Einheiten waren unwiderruflich verloren, und das deutsche Oberkommando befürchtete, daß der Sowjetunion ein weiteres Geschenk in den Schoß fallen könnte – die Giftgastanks der chemischen Fabrik in Dyhernfurth, einer am Ostufer der Oder gelegenen kleinen Stadt unterhalb von Breslau.

Es war eine der Merkwürdigkeiten des Zweiten Weltkriegs, daß keiner der Beteiligten so weit ging, auf dem Schlachtfeld Giftgas einzusetzen. Die Forschung auf diesem Gebiet war allerdings unvermindert vorangetrieben worden, und in Dyhernfurth lagerte ein neues, höchster Geheimhaltung unterliegendes Gift, das man der Roten Armee nicht überlassen wollte. Der 4. Panzerarmee, die das Gift verschwinden lassen sollte, wurde mitgeteilt, daß es nicht genüge, die Fabrik zu überfallen und die Tanks zu sprengen, da hinterher immer noch genügend Rückstände übrigbleiben würden, die von sowjetischen Wissenschaftlern analysiert werden konnten. Die Fabrik müsse deshalb eingenommen und so lange gehalten werden, bis das Flüssiggas in die Oder gepumpt worden sei. Mit der Ausführung dieses delikaten Auftrags betraute Gräser Generalmajor Max Sachsenheimer.

Zuerst dachte man bei der 4. Panzerarmee an einen herkömmlichen Angriff mit Artillerievorbereitung und einem sorgfältig geplanten Vorstoß zweier Fallschirmjägerkompanien, die von den benachbarten Heeresgruppen angefordert wurden. Sachsenheimer war aufgrund einer eingehenden Lagebeurteilung jedoch anderer Ansicht: Seine Hauptaufgabe bestand darin, die Fabrik für jene Zeitspanne zu sichern, die nötig war, um das Flüssiggas abzupumpen, und das ließ sich am besten durch eine rasche und in aller Stille durchgeführte Operation mit den zur Verfügung stehenden Mitteln bewerkstelligen, das hieß mit einer kleinen

Kampfgruppe von einigen hundert Infanteristen, zwei Batterien 8,8-Zentimeter-Flak und einer leichten Pionier-Sturmbootkompanie mit 81 Sturmbooten. Zwei Wissenschaftler und 80 Techniker sollten den fachlichen Teil der Operation übernehmen.

Bei einer Geländeerkundung, die er persönlich unternahm, sah Sachsenheimer, daß die Eisenbahnbrücke nach Dyhernfurth nur dicht am »deutschen« Ufer zwischen zwei Pfeilern gesprengt war, sonst aber noch benutzt werden konnte, und daß gegenüber am Oderdamm beiderseits der Brücke als Bewachung jeweils nur ein Maschinengewehr aufgestellt worden war. Die Bahnlinie führte jenseits der Oder in einem weiten Bogen an Dyhernfurth vorbei, und ein Nebengleis zweigte direkt in das bewaldete Fabrikgelände ab, was bedeutete, daß der Stoßtrupp bloß den Gleisen zu folgen brauchte, um ans Ziel zu gelangen. Im Schloß von Dyhernfurth sangen »offenkundig betrunkene Rotarmisten ihre Lieder [. . .]. Nein, es war kein Singen mehr, was da herüberscholl. Es war ein zunehmendes Grölen, das auf den Grad steigender Trunkenheit schließen ließ.« (Ahlfen, S. 129)

Nachdem Gräser Sachsenheimers Plan zugestimmt hatte, brach der bunt zusammengewürfelte Stoßtrupp am Morgen des 5. Februar auf. Der Hauptteil folgte dem Bahndamm in Richtung Brücke, und während die Flak hinter dem diesseitigen Oderdeich in Stellung gebracht wurden, schaltete Major Josse mit einer kleinen Gruppe fast lautlos die beiden sowjetischen Maschinengewehre auf der anderen Seite der Brücke aus. Eine weitere Gruppe sollte eine halbe Stunde später 2 $\frac{1}{2}$ Kilometer flußabwärts ein Ablenkungsmanöver starten, indem sie mit 26 Sturmbooten über die Oder ging.

Die Techniker und ihre Begleittruppe drangen unterdessen in das verlassene Fabrikgelände vor, während der Hauptteil der Infanteristen an allen Zufahrtswegen einen Schutzschild aus Panzerfäusten bildete. In der Fabrik stellte man fest, daß die Pumpenanlage noch völlig intakt war; als die Motoren eingeschaltet wurden, waren seit dem Beginn der Operation nicht mehr als 65 Minuten vergangen.

Die Rote Armee reagierte erst nach 13 Uhr, als von Norden, aus Richtung Seifersdorf, 18 Panzer anrollten, die jedoch vom Feuer

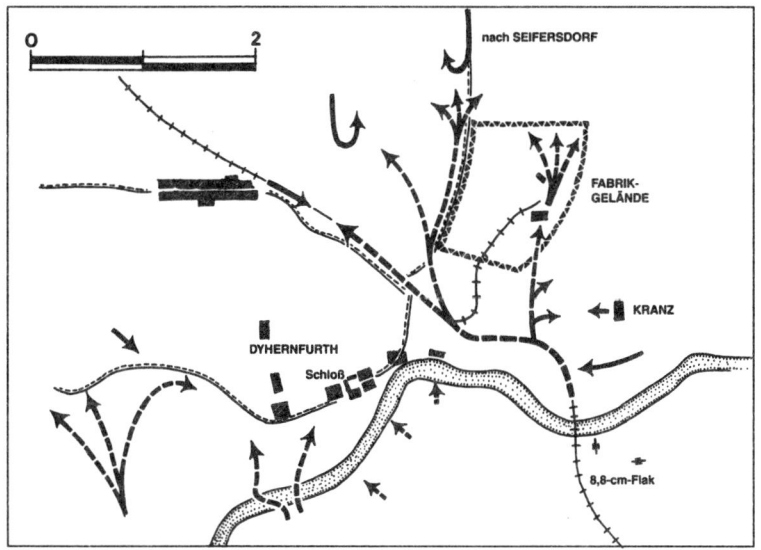

6. Das Stoßtruppunternehmen von Dyhernfurth, 5. Februar 1945

der Panzerfäuste zurückgeschlagen wurden. Am späten Nachmittag, kurz vor Einbruch der Dämmerung, erfolgte ein weiterer, wesentlich gefährlicherer Vorstoß, diesmal von Osten, aus dem nahe gelegenen Ort Kranz. Acht Panzer stießen unweit der Brükke gegen den Bahndamm vor und drohten diejenigen von Sachsenheimers Männern, die auf dem rechten Flußufer operierten, abzuschneiden, einschließlich der Gruppe, die sich in der Fabrik befand. Jetzt kamen die 8,8-Zentimeter-Fla-Kanonen zu ihrem Recht:

»Diese nichtsahnenden Panzer waren ein höchst wichtiges Ziel für die versteckt stehende Flak. Erst nun wurden die Lafetten ausgedreht, die Kanonenrohre knapp über die Dammkante des Oderdeichs gekurbelt, schnell auf die Ziele gerichtet – dann schossen die bekannten langen rot-gelben Feuerzungen mit scharfem Knall aus den Rohren. Bei der kurzen Entfernung von 750 Metern folgten Einschlag und Abschuß kaum wahrnehmbar dicht hintereinander.« (Ahlfen, S. 132)

153

Sechs der Panzer wurden getroffen, und die meisten von ihnen gingen sofort in Flammen auf. Damit waren ein paar Stunden Dunkelheit gewonnen, um die Arbeit auf dem Fabrikgelände zu beenden. Als die Tanks leergepumpt waren und er von den Wissenschaftlern eine schriftliche Bestätigung der gelungenen Vernichtung des Gases erhalten hatte, teilte Sachsenheimer der Heeresgruppe über Funk mit, daß der Auftrag erledigt sei, und der Stoßtrupp zog sich noch im Laufe der Nacht ohne weitere Zwischenfälle wieder über die Oder zurück. Der Roten Armee ist sehr wahrscheinlich die Bedeutung dessen, was dort unter ihrer Nase abgelaufen war, nie bewußt geworden.

Die Operation von Dyhernfurth nimmt in den Annalen des Krieges keinen herausragenden Platz ein, war aber dennoch eine in ihrer Art klassische Aktion, die aufgrund der exakten Zielbestimmung, der Einfachheit der Konzeption und der Schnelligkeit und Effektivität der Ausführung bemerkenswert ist. Die beiden Fallschirmjägerkompanien tauchten übrigens nie bei der 4. Panzerarmee auf.

Günstige Nachrichten trafen auch von dem an Gräsers rechten Flügel angrenzenden Frontabschnitt ein, wo die 17. Armee mit zwei Divisionen einen Gegenangriff unternommen hatte, durch den die über Grottkau eingedrungenen sowjetischen Truppen zurückgeworfen wurden. Am 7. Februar erlebten die Bewohner von Ottmachau und Neisse, wie Dr. Groll, der Landrat des Kreises Grottkau, in seinem Tagebuch vermerkte, voller Freude, daß deutsche Panzer wieder ostwärts rollten:

>»Gleich scheint die Sonne wieder heller! Es gibt doch noch eine deutsche Wehrmacht! Die ganze Bevölkerung, Einheimische und Flüchtlinge, sind auf den Straßen und jubeln den Truppen zu.« (Zit. in: Ahlfen, S. 121)

Die Niederschlesische Operation – 8.–24. Februar 1945

Die kleinen Triumphe von Dyhernfurth und Grottkau wurden von der sowjetischen Offensive, die am 8. Februar aus den Brükkenköpfen an der Oder vorgetragen wurde, völlig in den Hintergrund gedrängt. Sie begann mit einem 50minütigen Artillerieschlag, und um sechs Uhr morgens verließen die Truppen und Panzer der Roten Armee ihre Ausgangsstellungen. Der Boden war aufgrund des Tauwetters aufgeweicht, und die sowjetischen Einheiten kamen in einigen Abschnitten nur langsam voran. In der Nähe von Herzogswaldau, im Frontabschnitt der deutschen 4. Panzerarmee, schlug eine frisch aufgestellte Kompanie den ersten Angriff eines von zwei Panzern unterstützten sowjetischen Bataillons zurück. Hauptmann der Reserve Heinz beschreibt den Kampfverlauf wie folgt:

»Ein russischer Schütze hat mit Leuchtspurmunition einen Strohschober neben dem Stall in Brand geschossen, wir bergen unsere Munitionsvorräte, jagen das Vieh hinaus. Die beiden Panzer sind inzwischen bis zur Straße Rädlitz–Ischerey vorgerückt. Einer hält neben unserem Gehöft, der andere westlich davon. Ich rufe nach einer Panzerfaust, schleiche mich an den Panzer heran. Die Panzerfaust ist ein neues, unbekanntes Modell. Ich muß erst probieren, ehe ich sie entsichern kann. Dann ein Klatschen, Funken sprühen. Den hat's erwischt! 3 aufgesessene Infanteristen lassen sich herabrutschen. Der Panzer brennt, Munition geht hoch. Der andere Panzer ist mit Panzerschreck beschossen worden. Doch haben die Brüder nicht getroffen. Er fährt in Deckung hinter unsere Scheune. Leider erfahre ich es zu spät. Die Hintertore sind verrammelt. Ich eile auf den brennenden Stallboden, um ihn durchs Fenster abzuschießen. Da haut er gerade ab. Er hat bemerkt, daß hier nicht alles stimmt. Er fährt zum Wald zurück und deckt uns mit Granaten ein.
Leutnant Jung, der Adjutant, wird schwer verwundet (Lungenschuß). Ich bekomme einen Splitter in die linke Ferse. Eine Kuh wird von einer Granate in blutige Fetzen zerrissen. Ich sehe zurückgehende Soldaten, die wohl aus Rädlitz kommen. Rädlitz ist bisher tapfer verteidigt worden. Meine Bedeckung ist im Gelände. Ich schieße noch allein aus dem Dachfenster. Dann versagt mein Sturmgewehr, ich schnappe mir einen Karabiner. Neue Panzer sind im Anrollen von Rädlitz. Hier ist weiterer Widerstand sinnlos.« (Zit. in: Ahlfen, S. 112f.)

»Sinnlos« war das richtige Wort. Schörner hatte die 4. Panzerarmee gegen den Brückenkopf Steinau und die 17. Armee gegen
den von Ohlau eingesetzt, aber am Ende des Tages löste sich der
Zusammenhalt der deutschen Verbände auf, und die Rote Armee
war 60 Kilometer tief in die deutsche Front eingebrochen.

Breslau war jetzt nahezu gänzlich eingeschlossen, stand aber in
der Mitte von Konews Offensive weiterhin wie ein Fels in der
Brandung, an dem sich der Vormarsch zweier seiner allgemeinen
Armeen brach. Konew befahl deshalb Rybalkos 3. Gardepanzerarmee, nach links einzuschwenken und sich hinter Breslau mit
den aus dem Brückenkopf Ohlau vorrückenden Truppen zu vereinigen. Es war in kleinerem Maßstab eine Wiederholung der Bewegung, die die 3. Gardepanzerarmee einige Tage zuvor an der
Flanke und im Rücken des oberschlesischen Industriegebiets
ausgeführt hatte.

Als die Hauptkräfte der Armee am 10. und 11. Februar auf der
von Breslau nach Liegnitz führenden Autobahn ostwärts donnerten, war es offensichtlich, daß die Rote Armee beabsichtigte, die
schlesische Hauptstadt einzuschließen. Die Wehrmacht holte
durch die immer enger werdende Lücke noch so viele Einheiten
ihrer 269. Infanteriedivision heraus wie möglich, bis sich am
15. Februar der Ring um Breslau schloß, als sich die aus den beiden sowjetischen Brückenköpfen ausgebrochenen allgemeinen
Armeen unweit der Stadt die Hände reichten und Rybalkos
3. Gardepanzerarmee westlich davon in Stellung ging. Gut 35 000
Mann regulärer Truppen und 80 000 Zivilisten waren in der Stadt
abgeschnitten:

> »Im Kessel [. . .], in dem die eingeschlossenen Truppenteile der
> Garnison fieberhaft nach einem Ausweg suchten, brodelte es. Ei-
> nige kämpften mit dem Mut der Verzweiflung, ein Teil gab sich je-
> doch gefangen. Auf den Straßen südwestlich Breslaus stauten sich
> Schlangen von Kraftfahrzeugen und Fuhrwerken mit Menschen.
> Da sie durch keine Lücke mehr entkommen konnten, mußten sie
> in die Stadt zurückkehren.« (Konew, S. 53)

Die Einschließung von Breslau war der vorläufige Schlußpunkt
hinter der unaufhaltbaren Abfolge deutscher Katastrophen in

Schlesien. Mitte Februar begann sich die Front auf diesem Kriegsschauplatz zu stabilisieren und eine zusammenhängende Verteidigungslinie zu bilden, die für die nächsten zwei Monate Bestand haben sollte. Konews 1. Ukrainische Front war nun innerhalb eines nahezu rechtwinkligen Frontverlaufs der deutschen Streitkräfte gebunden:

- Die in östlicher Richtung verteidigende 4. Panzerarmee versuchte Stellungen an den kleinen Flüssen zu halten, die nach Norden zur mittleren Oder hin flossen, und verhinderte damit Konews weiteren Vorstoß ins deutsche Kernland.

- Die mit Blick nach Norden parallel zu den Sudeten stehende 17. Armee bedrohte, gewissermaßen als Spiegelbild des Frontverlaufs in Pommern, wo Schukows rechte Flanke auf ähnliche Weise gefährdet war, Konews langgezogene linke Flanke.

Indem er Rybalko gegen Breslau einsetzte, hatte Konew die westwärts gerichtete Stoßkraft seines aus dem ehemaligen Brückenkopf Steinau kommenden rechten Flügels geschwächt. Leljuschenkos 4. Panzerarmee mußte also ohne Unterstützung auskommen und erreichte, obwohl sie nicht zu den durch besondere Kühnheit glänzenden Panzerverbänden gezählt wurde, bereits am 14. Februar die Lausitzer Neiße. Die Strafe für diesen ungewohnten Wagemut folgte auf dem Fuße, als die deutsche 4. Panzerarmee unmittelbar westlich der Bober eine Zangenbewegung gegen Leljuschenkos rückwärtige Verbindungen in Gang setzte, an der zwei Verbände beteiligt waren, die in den zurückliegenden Wochen vieles zusammen durchgemacht hatten: das Panzerkorps Großdeutschland, das nach Norden, und das XXIV. Panzerkorps, das nach Süden vorstieß. Es gelang ihnen zwar nicht, sich zu vereinigen, aber die sowjetische Armee war trotzdem eine Zeitlang abgeschnitten und mußte um ihr Leben kämpfen. »Es entwickelte sich eine erbittert geführte zweitägige Schlacht. Jeder war in die Kämpfe einbezogen, vom einfachen Soldaten bis hin zu den Generälen.« (Leljuschenko, S. 400)
Der deutsche Angriff wurde am 19. Februar abgebrochen, als

157

Leljuschenko die Nachschubwege freigekämpft hatte und ihm die 3. Gardepanzerarmee und die 52. Armee auf seiner linken beziehungsweise rechten Seite zu Hilfe geeilt waren. Die sowjetischen Truppen rückten auf einer Breite von 100 Kilometern an die Lausitzer Neiße vor, wo sie von sechs deutschen Divisionen, die sich verbissen wehrten, zum Halten gebracht wurden. Da Konew zudem die wachsende Gefahr an der linken Flanke und im Rükken in Rechnung ziehen mußte, erklärte er die Niederschlesische Operation am 24. Februar für beendet. Die Rote Armee gab die meisten ihrer Brückenköpfe jenseits der Lausitzer Neiße auf und behielt nur einen heiß umkämpften Vorposten zwischen Forst und Guben. Der Schwung des Angriffs, der am 12. Januar an der Weichsel begonnen hatte, war endgültig aufgebraucht.

Die deutschen Gegenangriffe im Süden – Lauban (2.–5. März) und Striegau (9.–14. März)

Die Front am Fuß der Sudeten wurde von der 17. Armee unter General Friedrich Schulz gehalten, einem früheren Stabschef von Generalfeldmarschall Manstein, dem als aus Schlesien stammendem Pastorensohn »die Erfüllung seiner Aufgabe [. . .] nicht nur Sache des Verstandes, des Gehorsams und des Willens« war, »sondern er empfand es auch als eine das Herz ansprechende und vom Herzen ausgehende Berufung, alles nur Mögliche und Denkbare für den Schutz seiner Heimat und für die Rettung seiner Landsleute zu tun«. (Ahlfen, S. 151)

Ein Abschnitt der Frontlinie der 17. Armee reichte bis auf 20 Kilometer an die Außenbezirke von Breslau heran, so daß es nahelag, einen Gegenangriff auf den sowjetischen Belagerungsring um die Stadt zu unternehmen. Drei Divisionen wurden dafür eingesetzt, und der 19. Panzerdivision gelang es am 14. Februar auch, kurzzeitig die Verbindung zu den Festungstruppen herzustellen. Am nächsten Tag jedoch konnte die Rote Armee die Lücke wieder schließen, und die deutschen Truppen zogen sich in ihre Ausgangsstellungen zurück.

Die Kämpfe südlich von Breslau und die Probleme, die die Rote Armee im Westen, jenseits der Bober, hatte, zeigten dennoch, daß die 1. Ukrainische Front dringend eine Pause brauchte, um sich zu konsolidieren und zu verstärken. Konew kam schon am achten Operationstag »zu der Überzeugung, daß die Front in nächster Zeit außerstande sei, die ursprünglich geplanten Ziele zu erreichen, und vorläufig auf eine Offensive gegen Berlin verzichten mußte«. (Konew, S. 56)

Anfang März hatten sich die deutsche Moral und Kampfkraft so weit erholt, daß Schörner in der Lage war, auf dem äußersten linken Flügel der 17. Armee in der Gegend von Lauban, wo die 6. Volksgrenadierdivision gezwungen gewesen war, den angreifenden sowjetischen Truppen zu weichen, zu einem umfangreichen Gegenschlag auszuholen. Das unmittelbare Ziel der Rückeroberung von Lauban bestand darin, die wichtige Eisenbahnlinie, die von Mitteldeutschland an den Sudeten entlang nach Schlesien führte, wieder ungefährdet nutzen zu können. Im größeren Rahmen gesehen, würde ein erfolgreicher Angriff möglicherweise die Umgruppierung der sowjetischen 3. Gardepanzerarmee stören und Konew dazu veranlassen, von seiner östlichen Flanke in Oberschlesien Kräfte abzuziehen.

Schörner übertrug dem Hauptquartier von Nehrings XXIV. Panzerkorps das Kommando über die Operation. Nehring sah davon ab, weitere Einheiten in die Straßenkämpfe in Lauban zu schicken, und unternahm statt dessen mit zwei Panzerkorps einen weiten Umfassungsangriff gegen die Straße nach Bunzlau, der in der Nacht vom 1. auf den 2. März begann und die 3. Gardepanzerarmee völlig überraschte. Nachdem der erste Schreck verflogen war, leistete sie jedoch heftigen Widerstand gegen die Spitzen der deutschen Zangenbewegung. Der deutsche Vormarsch fiel hinter den Zeitplan zurück, und Nehring entschied sich für die von einem seiner Untergebenen vorgeschlagene »kleine Lösung«, Lauban unmittelbar nördlich der Stadt abzuschneiden, um zu verhindern, daß die sowjetischen Truppen durch das Tal der Queis ungeschoren davonkamen. Am 5. März trafen die Führer-Grenadierdivision und die 8. Panzerdivision auf dem Lindenberg zusammen, während die Artillerie den Rückzugsweg der sowjetischen Truppen entlang der Queis beschoß. Die Zahl der

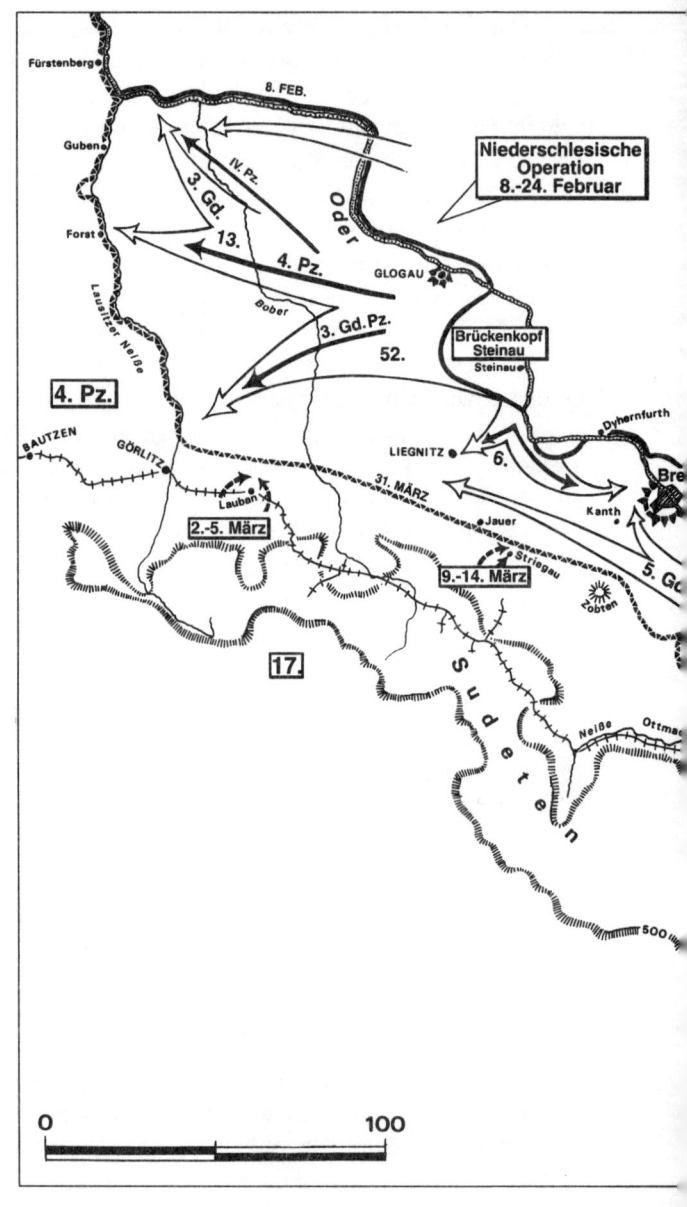

7. Schlesien, Februar–März 1945

Oberschlesische
Operation
15.-31. März

OPPELN

IV.
Gd
Pz.

4. Pz.

21.

15. MÄRZ

59.

KATTOWITZ

Neustadt

Leobschütz

60.

RATIBOR

Ketscher

31. MÄRZ

TROPPAU

38.

1. Pz.

MÄHRISCH-
OSTRAU

B e s k i d e n

JABLUNKA

ÜTZ

Gefangenen war nur gering (176), aber Lauban war der Roten Armee entrissen und die Umgebung der Stadt mit den Wracks von 162 russischen Panzern übersät. Auf deutscher Seite waren nur zehn Panzer verlorengegangen.

Auf Goebbels wirkte der Sieg von Lauban, in dem er eine Bestätigung von Schörners Politik der eisernen Faust für den Gegner und des Henkerstricks für deutsche Drückeberger und Defätisten sah, wie ein Lebenselixier, und er fuhr am 8. März an die Front, um den Schauplatz des erfreulichen Ereignisses zu besuchen:

»Das Wetter ist klar und frostig. Über der Landschaft liegt eine wunderbare Sonne. Nachdem man das Trümmerfeld von Berlin hinter sich hat, kommt man in ein Gebiet hinein, das scheinbar vom Krieg noch gänzlich unberührt ist. Man fühlt sich direkt glücklich, wieder einmal freies Land und freie Luft zu atmen.« (Goebbels, S. 163)

Schörner war eigens nach Görlitz gekommen, um Goebbels zu empfangen, und auf der Fahrt nach Lauban berichtete er über die Lage seiner Heeresgruppe und erläuterte seinen Plan, den Feind durch eine Reihe von Gegenangriffen aus dem Gleichgewicht zu bringen.

»Auf dem Marktplatz in Lauban, der völlig zerstört ist, haben Fallschirmjäger, die bei der Operation von Lauban sehr ruhmvoll beteiligt waren, Aufstellung genommen. Schörner spricht zu den Truppen und findet in seiner Rede die rühmendsten Wort für mich und für meine Arbeit. Er preist insbesondere meinen ständigen und unermüdlichen Kampf für einen totalen Krieg und wünscht diesen Bestrebungen Glück. Er sagt, dass ich als einer der wenigen Männer das Ohr der Front in vollem Umfange besässe. Ich antwortete darauf mit einem sehr starken Appell an die Moral der Truppe und vor allem an die geschichtlichen Aufgaben, die sie heute zu versehen hat. In der Tat bietet ja auch das Lokalkolorit dazu die besten Voraussetzungen. In diesem Raum gibt es kaum eine Stadt und kaum ein Dorf, in dem Friedrich der Grosse nicht einen seiner Siege erfochten oder eine seiner Niederlagen erlitten hat.« (Goebbels, S. 166)

Laut Goebbels' Sekretär hatte sein Chef mit feuriger Beredsamkeit gesprochen und wurde, als er das Schlachtfeld mit den zerschossenen Panzern besichtigte, von den Offizieren und Mannschaften mit ähnlich glühender Begeisterung begrüßt. (Oven, S. 601) Es mag interessant sein zu erfahren, wie die eigentlichen Helden der Front, die die Ehre hatten, der flammenden Rede des Propagandaministers zu lauschen, das Ereignis erlebten:

»Nur wenige Tage nach der Einnahme von Lauban erfolgt Anruf auf dem Gefechtsstand der Führer-Grenadierdivision von Generaloberst Schörner, sofort ein Bataillon nach Lauban zu entsenden, das bei einem Besuch Laubans durch Reichsminister Goebbels mitwirken soll, zumal der Minister eine Rede zu den Frontsoldaten zu halten wünsche. Nach vielem Hin und Her gelingt es schließlich, etwa 100 Mann zusammenzubekommen, die mit Lastkraftwagen nach Lauban gefahren werden. Am 8. März steigt dann die Rede von Goebbels vor den angetretenen Soldaten und Volkssturmmännern auf dem Marktplatz in Lauban. Lobpreisungen auf Schörner, Lobpreisungen auf Goebbels, und nebenbei werden auch die Taten der Soldaten erwähnt. Einige Hitlerjungen werden mit dem E. K. ausgezeichnet, von den Männern der Einheiten erhält niemand eine Auszeichnung.« (*Geschichte des Panzerkorps Großdeutschland,* Bd. 3, zit. in: Ahlfen, S. 164)

Schörners nächster Schlag war am 9. März ein von zwei Divisionen vorgetragener Angriff gegen das gut 70 Kilometer weiter östlich gelegene Striegau, der zu einer in jeder Hinsicht grimmigen Angelegenheit wurde. Der Winter war mit Frost, Nebel und Schneeschauern zu einem kurzen Besuch zurückgekehrt. Diesmal reichten die deutschen Kräfte für eine doppelte Umgehung nicht aus, und es entwickelte sich ein grausamer, hin und her wogender Kampf um Striegau und die Höhen im Nordosten der Stadt. In der Nacht vom 11. auf den 12. März brachen die sowjetischen Hauptkräfte aus – »wie die wilde Sau« in der Sprache der Landser, die im Licht von Fahrzeugscheinwerfern so viele von ihnen niederschossen, wie sie nur konnten. Die Kämpfe dauerten an, bis die Rote Armee am 14. Februar aus der Gegend verdrängt werden konnte. Als am nächsten Tag die Sonne aufging, freuten sich die Soldaten über den ersten warmen Frühlingstag. Aber es wurde auch sichtbar, mit welcher Brutalität die Rote Armee in Striegau gewütet hatte.

Die vier unter Nehrings Befehl stehenden Divisionen hatte Schörner für einen großen Entsatzversuch von Breslau aufgespart. Sie waren, noch im Hochgefühl des Sieges von Lauban, mit der Eisenbahn ostwärts ins Vorland der Sudeten transportiert worden, wo sie auf dem Zobtenberg, unweit von Breslau, ihre Beobachtungsposten aufstellten. Sie konnten Tag und Nacht die Feuer in der Stadt sehen und beobachten, wie die sowjetischen Lastkraftwagen bei Kanth ungestört mit voll aufgeblendeten Scheinwerfern über die Autobahn brausten. Aber niemand regte sich darüber auf; es war in dieser Phase des Krieges nichts Ungewöhnliches mehr. Und der Verkehr auf der Autobahn sollte auch keine Unterbrechung erfahren, denn Schörner verlor, bevor er seinen Schlag gegen Breslau führen konnte, durch ein Ereignis, das er schon lange befürchtet hatte, die Initiative: Konew eröffnete an seinem Südflügel eine großangelegte Offensive gegen Oberschlesien.

KAPITEL 11

Heinricis Kommando in Oberschlesien

Die Bedrohung von Konews linkem Flügel

Rückblenden sind in Geschichtsdarstellungen ebenso umständlich und ermüdend wie im Kino, aber es sprach einiges dafür, die Geschehnisse in Niederschlesien und der Lausitz ohne Unterbrechung bis Anfang März zu verfolgen, das heißt so lange, bis es nicht mehr möglich war, die Situation im weiter östlich gelegenen Bergland zwischen Südwestpolen und der Slowakei weiterhin zu ignorieren.

Ähnlich wie die mittlere Oder und die Lausitzer Neiße als natürliche Hindernisse die Westgrenze des sowjetischen Vormarschs bildeten, wurde er im Süden durch die Bergkette begrenzt, die Mitteleuropa in west-östlicher Richtung durchzieht. Da Gelände dieser Art für Angriffsoperationen nicht sehr günstig ist, konnte die Wehrmacht dort Stellungen in einem Bogen halten, der zwischen dem flacheren ungarischen Vormarschgebiet der Roten Armee im Süden und dem polnischen und niederschlesischen Raum im Norden ein gutes Stück nach Osten ragte.

Zu Beginn der Weichsel-Oder-Operation hielt die wichtigste Gruppierung am Südflügel der Heeresgruppe A, die Armeegruppe Heinrici, noch die fruchtbaren Gebiete der Ostslowakei, die Zips und die gesamte Hohen Tatra mit ihrem höchsten Gipfel, der Kaiser-Franz-Joseph-, heute Gerlsdorfer Spitze (2655 m):

»Niemand wird den Anblick der in der Morgensonne silbern er-
strahlenden schneebedeckten Gipfel vergessen, die über der tief
darunter liegenden Ebene in den Wolken zu schweben schienen.«
(Ahlfen, S. 77)

Heinricis Armeegruppe wurde zwar von der 4. Ukrainischen
Front bedrängt, aber erst der Zusammenbruch der deutschen
Verteidigung in Polen bewirkte, daß ihre ursprünglichen Stellungen unhaltbar wurden. Die benachbarte 17. Armee auf der polnischen Seite befand sich trotz der herangeführten Verstärkungen
in vollem Rückzug, und der Verlust des oberschlesischen Industriegebiets zwang Heinrici schließlich am 29. Januar, auf eine
neue Verteidigungslinie in den Ausläufern der Westbeskiden zu-
rückzufallen, die den von slowakischen Partisanen bedrohten Ja-
blunkapaß und den noch weit wichtigeren Verbindungsweg
durch die Mährische Pforte zwischen den Beskiden und den Sudeten abdeckte.

Unter dem Schutz von Heinricis Armeegruppe stand auch das
wirtschaftlich lebenswichtige Gebiet um Mährisch-Ostrau. Nachdem in der letzten Januarwoche das oberschlesische Industriegebiet verlorengegangen war, verfügte das Reich in dessen südwest-
lichem Ausläufer über die buchstäblich letzten verbliebenen Anlagen zur Raffination von Erdöl und zur Herstellung von Eisen,
Stahl, chemischen Produkten und Textilien. Die Gegend von
Mährisch-Ostrau war ein besonders wertvoller Aktivposten, und
obwohl sie erst vor relativ kurzer Zeit ins Reich eingegliedert worden war, ging ihre Bevölkerung (überwiegend Polen, Tschechen
und Slowaken) auch unter deutscher Herrschaft friedlich ihrer
Arbeit nach.

»An Stelle der schönen Trachten der Landbevölkerung, denen wir
in den Karpatentälern und den slowakischen Bergen begegnet waren, fanden wir hier die Bekleidung des modernen Industriearbei-
ters. Man fühlte sich in einen grauen Alltag und in ein babyloni-
sches Durcheinander verschiedenster Sprachen versetzt.« (Ahlfen, S. 142)

Aber wie enttäuschend es in ästhetischer Hinsicht auch gewesen sein mochte, war es doch ein gut zu verteidigendes Gebiet.

Heinricis Armeegruppe überstand, unter ihrem alten Namen als 1. Panzerarmee kämpfend, vom 30. Januar bis zum 22. Februar trotz ihrer überdehnten Aufstellung einen ersten Ansturm der 1. Ukrainischen Front. Sie gab dabei im Hauptabschnitt des Angriffs im Norden der Bergkette kaum 20 Kilometer Boden preis; mit anderen Worten, die Rote Armee hatte nur ein Drittel des Weges nach Mährisch-Ostrau hinter sich bringen können.

Diese Standhaftigkeit war nicht zuletzt dem kühlen Professionalismus von Generaloberst Gotthardt Heinrici zu verdanken, einem kleinen, grauhaarigen Mann mit einem maskenhaften Gesicht, der als Pastorensohn weder zu den eleganten Adligen noch zu den vulgären Nazis gehörte und der Öffentlichkeit so gut wie unbekannt geblieben war. Für seine gegenwärtige Aufgabe wichtiger war jedoch, daß er im Ersten Weltkrieg Generalstabsoffizier gewesen war und mit großem Interesse beobachtet hatte, wie geschickt die Franzosen ihre Truppen auszudünnen pflegten, bevor sie mit deutschem Artilleriefeuer eingedeckt wurden.

Am 23. Februar erschien bei Heinrici ein hochgestellter Gast, Rüstungsminister Albert Speer, der sich mit ihm in offener und realistischer Weise über den Stand der Dinge unterhielt. Speer versprach, Heinrici umgehend Jagdpanzer als Verstärkung zu schicken, und einige Tage später trafen tatsächlich 70 dieser panzerbrechenden Fahrzeuge bei ihm ein. Speers Abstecher nach Oberschlesien war Welten von der Treibhaushysterie des Goebbels-Besuchs in Lauban entfernt.

Die Oberschlesische Operation (15.–31. März)

Anfang März waren die Überlegungen der Oberkommandos beider Seiten wesentlich von Heinricis einsamem Kampf an der Gebirgsfront im Südosten beeinflußt. Auf sowjetischer Seite plante die STAWKA eine neue Oberschlesische Operation, um die Bedrohung der langen linken Flanke der in Richtung Berlin stehenden Truppen zu beseitigen. Die 4. Panzerarmee wurde zu diesem

Zweck von der Lausitzer Neiße, wo sie nur 120 Kilometer von der deutschen Hauptstadt entfernt gewesen war, 180 Kilometer nach Osten verlegt, um Gussews 21. Armee zu verstärken, die im Raum von Oppeln bereitstand, um von Norden gegen Heinrici vorzugehen. Ein zweiter Schlag sollte von Osten durch die beiden Armeen an Konews linkem Flügel (die 59. und die 60.) sowie von der leidgeprüften 38. Armee der 4. Ukrainischen Front durchgeführt werden.

Da sich deutlich abzeichnete, daß die Sowjetunion einen großangelegten Schlag in Oberschlesien plante, vertagte das deutsche Oberkommando seinen Plan für den Entsatz von Breslau und teilte Nehrings XXIV. Panzerkorps statt dessen Heinricis Frontabschnitt zu. Beide Seiten hatten also wertvolle Ziele oder Positionen aufgegeben – auf deutscher Seite war die Besatzung von Breslau nunmehr auf sich allein gestellt, und die Rote Armee hatte sogar noch weit mehr geopfert, indem sie eine ihrer vier Panzerarmeen von der Berlin-Achse abzog, um sie in einem Gebiet einzusetzen, das trotz seiner wirtschaftlichen Bedeutung nur einen Nebenkriegsschauplatz darstellte.

Als erste von Nehrings Einheiten trat die 16. Panzerdivision in Aktion, die, ihrem Korps vorauseilend, am 11. März gerade rechtzeitig eintraf, um östlich von Sohrau die Panzerverbände der 4. Ukrainischen Front zurückzuschlagen. Der eigentliche Beginn der Oberschlesischen Operation war jedoch die am 15. März eingeleitete Zangenbewegung, die in der Nähe von Neustadt, etwa 50 Kilometer südlich von Oppeln, abgeschlossen werden sollte. Die Rote Armee konnte in den ersten vier Tagen der Offensive deutliche Durchbrüche erzielen. In der Nacht vom 16. auf den 17. März nahmen die Spitzen der von Norden angreifenden 4. Panzerarmee die Glatzer Neiße unter schweres Feuer und begannen sie mit Hilfe einer Pontonbrücke zu überqueren. Zu diesem Zeitpunkt hatte Leljuschenko während einer Feuerpause die Ehre, seinen Chef zu empfangen:

»Ich erklärte ihm die Lage, und Iwan Stepanowitsch Konew blieb stehen, um die Truppen beim Übergang zu beobachten, als vom gegnerischen Flußufer plötzlich ein Artilleriegeschoß pfeifend

168

heranflog und in den Jeep mit der Begleitung des Frontbefehlshabers einschlug. Das Fahrzeug machte einen Sprung, aber die Granate explodierte nicht, und niemand kam zu Schaden – es war offenbar ein panzerbrechendes Geschoß gewesen.« (Leljuschenko, S. 304)

Der unerschütterliche Konew wünschte Leljuschenko Glück und setzte seine Inspektionstour fort.

Am 18. März trafen die von Westen vorrückenden Einheiten bei Neustadt mit der von Osten kommenden 59. Armee zusammen, so daß die im Oppelner Frontvorsprung befindlichen deutschen Kräfte eingeschlossen waren. Die deutsche Front konnte jedoch dank der 16. Panzerdivision, die ihre Aufgabe bei Mährisch-Ostrau erfüllt hatte und nach Westen zurückkehrte, vor dem Zusammenbruch gerettet werden. Am 20. März deutete alles darauf hin, daß die Krise trotz des abzusehenden Untergangs der im Oppelner Kessel eingeschlossenen Truppen vorläufig überstanden war:

> »In Oberschlesien sind unsere Kräfte im grossen und ganzen aus den von den Sowjets durchgeführten Umklammerungen herausgeführt worden. Die Front hat notdürftig gehalten. Der Feind gruppiert wegen seiner schweren Verluste um; auch bei uns sind gewisse Umgruppierungen im Gange.« (Goebbels, S. 329)

Heinrici konnte am 22. März seinen Posten guten Gewissens räumen, um ein anderes wichtiges Kommando im Norden zu übernehmen (siehe S. 267), und die 1. Panzerarmee der Obhut von Generaloberst Nehring überlassen.

Die Rote Armee rundete die Oberschlesische Operation mit einer letzten Einschließungsbewegung ab, die am 24. März begann. Ein klarer Himmel begünstigte das vorbereitende Boden- und Luftbombardement, und

> »nach jedem sowjetischen Sperrfeuer stieg eine solide Wand aus Erdbrocken und unbeschreiblichem Schutt, aus Flammen und Rauch aus den deutschen Stellungen auf. Der Boden erzitterte un-

169

ter den Detonationen wie bei einem Erdbeben. Deutsche Geschütze und ihre Besatzungen wirbelten wie Kinderspielzeug durch die Luft, wenn sie einen direkten Treffer erhielten, und schwere Panzer wurden von der Druckwelle umgeblasen wie leere Konservendosen.« (Karpow 1987, S. 200)

Die Offensive wurde am 31. März durch die Einnahme von Ratibor und Katscher abgeschlossen. Die Oberschlesische Operation habe, schreibt Leljuschenko, alles in allem zur Zerschlagung der starken gegnerischen Gruppierung geführt, deren drohender Schatten über der linken Flanke der 1. Ukrainischen Front gelegen hatte; die deutschen Verluste hätten sich auf insgesamt 40 000 Gefallene und 14 000 Gefangene belaufen. Doch zugleich räumt er ein, daß der Geländegewinn gering gewesen sei, aber dies sei eine Folge »der Absichten der Kommandeure, der Geländebeschaffenheit und des deutschen Verteidigungssystems« gewesen. (Leljuschenko, S. 309)

Tatsächlich waren die größten Einbrüche in die deutsche Front nicht mehr als 40 Kilometer tief – soviel hatte die Rote Armee in der stürmischsten Phase der Weichsel-Oder-Operation an einem einzigen Tag zurückgelegt! Im größten Teil des Frontverlaufs hatte die Wehrmacht jedoch viel weniger an Boden eingebüßt, und vor Mährisch-Ostrau und der Mährischen Pforte war die Front, von einem kleinen Abschnitt abgesehen, den Heinrici kurz vor Eröffnung des vorbereitenden sowjetischen Artilleriefeuers am 10. März aus taktischen Gründen freiwillig geräumt hatte, absolut fest geblieben. Mährisch-Ostrau konnte noch bis zum 28. April gehalten werden, und die 1. Panzerarmee blieb ein festgefügter, schlagkräftiger Truppenverband, der der Roten Armee in der Tschechoslowakei bis zum Ende des Krieges verbissene Rückzugsgefechte lieferte (siehe S. 320).

Die unglückselige Folge der Hartnäckigkeit und des Könnens der deutschen Truppen an der Südflanke des mitteleuropäischen Kriegsschauplatzes war, daß das Naziregime in Deutschland ein paar Wochen länger standhielt, als es sonst vielleicht der Fall gewesen wäre. Ein ähnlicher Prozeß – mit gleicher Wirkung – vollzog sich auch im Norden, nur in einem noch größeren Maßstab.

TEIL IV

DIE BALTISCHE FLANKE

KAPITEL 12

Die Lage in Ostpreußen

Auf deutscher Seite

Die Ostseeküste schwingt sich vom Ostufer der Danziger Bucht in einem Bogen aus Dünenlandschaften, Flußmündungen und den beiden langen, schmalen Landstreifen der Kurischen und der Danziger Nehrung, hinter denen sich die gleichnamigen Haffs erstrecken, nach Nordosten. Östlich an Pommern angrenzend, bildete Westpreußen mit Danzig und Gdingen, das seit 1939 Gotenhafen genannt wurde, die Landbrücke zwischen jener alten preußischen Provinz und Ostpreußen, der Heimat einiger der stolzesten Adelsfamilien des Reichs. An der Nordspitze von Ostpreußen hielt die Wehrmacht Anfang 1945 am Ausgang des Kurischen Haffs zur Ostsee noch den Brückenkopf Memel und die weit größere Enklave in Kurland.

Die in den ersten Monaten des Jahres 1945 auf dem baltischen Kriegsschauplatz durchgeführten Operationen hingen auf komplexe Weise miteinander zusammen, doch als Ganzes betrachtet, bildeten die deutschen Militärstellungen einen langen Vorsprung oder »Balkon« entlang der Nordflanke der in Richtung Berlin vorrückenden sowjetischen Armeen. Zwar liefen die deutschen Truppen Gefahr, durch sowjetische Vorstöße an die Ostseeküste aufgesplittert zu werden, doch stellten sie einen erheblichen Ablenkungsfaktor dar, der den Fortbestand des Reichs bis weit in den Frühling hinein sicherte.

Guderian und das OKH bezweifelten den Nutzen der beiden Brückenköpfe, da sie schwer zu halten waren und unverhältnis-

mäßig starke Truppenkontingente banden. Die beiden kampferprobten Divisionen, die in Memel gestanden hatten, wurden in
der letzten Januarwoche nach Samland verlegt (siehe S. 186). Was
Kurland betraf, stimmte Hitler nur einer begrenzten Verringerung der dort stehenden rund 30 Divisionen der 16. und 17. Armee
zu; der »Boden« war ihm heilig, und die Kriegsmarine brauchte
die Standorte in Kurland, um ihre Präsenz in der östlichen Ostsee
aufrechtzuerhalten, wo sie ihre U-Boot-Übungen abhielt.

Guderian versuchte Anfang Februar, Hitler davon zu überzeugen, daß es im Interesse des Reichs notwendig sei, Kurland zu
räumen, um die freigewordenen Kräfte als Reserve gegen den auf
Berlin zielenden Vorstoß der Roten Armee einzusetzen, aber seine Vorschläge wurden allesamt abgeschmettert:

> »Ich wurde eindringlich und sagte dem störrischen Mann schließ-
> lich: ›Ich sehe keine andere Möglichkeit mehr, uns Reserven zu
> verschaffen, und ohne diese können wir die Verteidigung der
> Reichshauptstadt nicht führen. Ich tue es wirklich nur für Deutsch-
> land!‹ Da fuhr der auf der ganzen linken Seite zitternde Mann
> hoch: ›Wie können Sie so etwas sagen? Mein ganzes Leben ist ein
> einziger Kampf für Deutschland!‹ Und nun ging ein Zorneserguß
> von ungemeiner Heftigkeit vor sich, bis Göring mich am Ärmel
> nahm und in das Nebenzimmer zog, wo wir eine Tasse Kaffee zur
> Beruhigung tranken.« (Guderian, S. 374 f.)

Die Evakuierung der kurländischen Gruppierung wurde erst am
3. Mai genehmigt, nachdem Hitler Selbstmord begangen hatte.
Annähernd 26 000 Soldaten konnten noch über die Ostsee nach
Holstein gebracht werden, während 190 000 Mann zusammen
mit 14 000 lettischen Freiwilligen zurückblieben und sich der
Roten Armee ergaben.

Die Verteidigung Ostpreußens und der angrenzenden Gebiete
Nordpolens war Aufgabe der Heeresgruppe Mitte (ab 25. Januar
1945: Heeresgruppe Nord) unter Generaloberst Georg-Hans
Reinhardt. Ihre Stellungen, die weniger aus technischen Gründen ausgewählt worden waren, sondern sich aus dem Frontverlauf, wie er bis Ende 1944 entstanden war, ergeben hatten, er-

streckten sich über eine Länge von 360 Kilometern. In dieser Lage konnte es sich Reinhardt kaum leisten, die Panzerkräfte zu entbehren, die er jetzt befehlsgemäß an andere Fronten abgeben mußte (allein im Dezember wurden vier Panzerdivisionen nach Ungarn verlegt). Darüber hinaus standen die deutschen Truppen in einer unregelmäßigen Nord-Süd-Linie, die ein gutes Stück vor den starken natürlichen und künstlichen Abwehrstellungen verlief, deren Hauptpfeiler die inmitten der Masurischen Seen gelegene Festung Lötzen bildete.

Hitler hatte, wie nicht anders zu erwarten gewesen war, Reinhardts Bitten um Erlaubnis, seine Truppen in günstigere Stellungen zurückziehen zu dürfen, strikt abgelehnt. Zu seiner Heeresgruppe gehörten folgende drei Armeen:

– die 3. Panzerarmee, die am linken Flügel die nördlichen und östlichen Zugangswege zur ostpreußischen Hauptstadt Königsberg abdeckte,

– die 4. Armee, die in der Mitte einen Frontvorsprung hielt, der sich nördlich der Masurischen Seen weit auf polnisches Territorium vorschob, und

– die 2. Armee, die am rechten Flügel den sowjetischen Brückenköpfen am Narew gegenüberlag und deren Frontabschnitt nördlich von Warschau an denjenigen der Heeresgruppe A grenzte.

Auf sowjetischer Seite

Die sowjetischen Planungen für das Vorgehen in Ostpreußen stellten nur eine Komponente der großen Offensive im Januar 1945 dar. Sie war im Vergleich zu dem Vorstoß in der Hauptrichtung Berlin zwar von zweitrangiger Bedeutung, konnte aber zu dessen Erfolg beitragen, wenn es gelang, die deutschen Truppen, die die lange Ostseeflanke bedrohten, zu binden und, wenn möglich, zu vernichten.

Zahlenmäßig waren die Truppen, die sich in diesem Gebiet gegenüberstanden – jeweils rund 1,65 bis 1,8 Millionen Mann – ungefähr gleich stark. Die Rote Armee war mit ihren 3800 Panzern und Sturmgeschützen, 25 000 mobilen Geschützen und Granatwerfern sowie ausreichend Treibstoff und Munition jedoch beweglicher und besaß die größere Feuerkraft, und sie nutzte diesen Vorteil, indem sie ihren Angriff schwerpunktmäßig gegen die beiden Flanken von Ostpreußen richtete, was einer klaren Aufgabenverteilung zwischen den beiden an der Grenze der Provinz stehenden sowjetischen Armeegruppen entsprach:

– Im Norden sollte die 3. Belorussische Front unter Marschall Tschernjachowskij von Osten gegen Königsberg vorstoßen.

– Im Süden sollte die 2. Belorussische Front unter Marschall Rokossowskij westnordwestlich über die untere Weichsel an die westpreußische und pommersche Küste vordringen, um Ostpreußen als Ganzes vom übrigen Reich abzuschneiden.

Die Operation war nicht als Zangenbewegung gegen Ostpreußen gedacht, sondern als doppelter, auf fast parallelen Achsen durchgeführter Vorstoß zur Ostseeküste. Das Hauptgewicht des Angriffs traf daher auf deutscher Seite die 3. Panzerarmee und die 2. Armee, während es die 4. Armee in der Mitte im wesentlichen mit der in breiter Front entfalteten 50. Armee der 2. Belorussischen Front zu tun bekam.

Tschernjachowskijs Front griff am 13. Januar als erste an, und da deren Operationen gewissermaßen »aus einem Guß« waren, werden wir zunächst dem Vorstoß auf Königsberg ohne Unterbrechung bis in den Februar hinein folgen.

KAPITEL 13

Die 3. Belorussische Front im Norden von Ostpreußen

Der Auftakt (13.–24. Januar)

Es war ein kalter, nebliger Morgen, als die 3. Belorussische Front am 13. Januar ihre Offensive im Norden von Ostpreußen mit einem Artillerieangriff eröffnete, in dessen Verlauf nahezu 120 000 Schuß Munition abgefeuert wurden. Major Baumann befand sich zu diesem Zeitpunkt gerade auf dem Rückweg zu seiner zur 3. Panzerarmee gehörenden Batterie:

> »Schon auf der Fahrt zur Front, während der Zug die ostpreußische Landschaft durchquerte, nahm man in der Luft ein kaum merkliches Vibrieren wahr. Beim Verlassen des Königsberger Bahnhofs war ein schwaches, dumpfes Donnern zu hören – das Geräusch des ununterbrochenen Sperrfeuers zwischen Gumbinnen und Schloßberg, rund 100 bis 120 Kilometer entfernt.« (Glantz 1986, S. 399)

Der Lärm war allerdings beeindruckender als die Wirkung. Die sowjetischen Kanoniere hatten frustriert verfolgt, wie sich das Wetter während der Nacht stetig verschlechterte:

> »Der Mond hing trübe in der frostigen Luft, und je höher er am Himmel stieg, desto stärker verbreitete sich am Boden der Nebel. Um fünf Uhr morgens war der Mond schließlich ganz verschwun-

den. Die Sicht war jetzt minimal, und das hatte erhebliche Auswirkungen auf den Beginn der Offensive.« (Krylow et al., S. 375f.)

Die Rote Armee hatte deshalb nicht bemerken können, daß der Gegner seine vorderste Linie aufgegeben hatte, um dem zu erwartenden Artillerieschlag auszuweichen, und als die sowjetischen Truppen anschließend vorrückten, stießen sie nach kurzem kampflosem Vormarsch auf hartnäckigen Widerstand und heftige Gegenangriffe. Außerdem war die deutsche Verteidigung in diesem Frontabschnitt, der den direkten Weg nach Königsberg schützte, außerordentlich stark, und die Wehrmacht hatte die Größe der Streitkräfte, die ihr gegenüberstanden, ausnahmsweise einmal richtig eingeschätzt.

Ein besonders verbissener Kampf entwickelte sich in der Mitte, wo es der Wehrmacht am 14. Januar gelang, Kattenau zurückzuerobern, allerdings nur, indem sie die 5. Panzerdivision, ihre einzige Reserve, in den Kampf warf. Das Ergebnis dürfte den Einsatz wert gewesen sein, denn die sowjetische Offensive drohte, kaum daß sie begonnen hatte, zum Stillstand zu kommen. Die 3. Belorussische Front erlitt fast 80 Prozent aller Verluste, die der Roten Armee während der gesamten Ostpreußischen Operation entstanden, und die Verzögerung des Vormarschs sollte weitreichende Konsequenzen für den Kriegsverlauf im Ostseeraum und indirekt auch auf den geplanten Angriff auf Berlin haben.

Als Marschall Tschernjachowskij seine Truppen umgruppierte und schließlich doch noch den Durchbruch schaffte, war es in gewisser Weise bereits zu spät. Dennoch hatte er eine bemerkenswerte Flexibilität bewiesen, die man den Russen nur allzuoft abspricht, als er sämtliche Reserven (die 11. Gardearmee und zwei Panzerkorps) aus der zweiten Staffel hinter seinem Zentrum an den rechten Flügel beorderte, wo die 39. Armee nördlich von Schloßberg besser vorankam. Am 20. Januar wurde die deutsche Verteidigung durchbrochen, und die neugebildete starke Gruppierung stieß durch die zwischen Memel und Pregel aufgerissene Lücke nach Westen vor, während die an der Memel stehende 43. Armee, die bislang noch nicht in den Kampf eingegriffen hatte, aktiv wurde und unterhalb von Tilsit über den vereisten Fluß ging, wo die deutschen »Kommandeure keinerlei Kontrolle mehr über ihre Truppen hatten und Volksgrenadiere und Volkssturm, genau wie wir erwartet hatten, augenblicklich in zusammenhanglosen Haufen davonströmten«. (Beloborodow, S. 356)

Am Abend des 23. Januar brach im rückwärtigen Raum der Deutschen »die wilde Sau« aus, und am 24. ließen die sowjetischen Truppen mit der Deime, dem Pregel und der Alle die letzten größeren Flußbarrieren hinter sich, die sie noch von Königsberg trennten. Der Schriftsteller Alexander Twardowskij, der die Ostpreußische Operation als Kriegsberichterstatter miterlebte, beschreibt, in welchem Zustand er Schirwindt, eine der ersten von der Roten Armee eroberten Städte, vorfand, als er unmittelbar hinter den siegreichen Truppen in den Ort hineinfuhr:

> »Die Stadt brannte, eine große und leere, von den Deutschen beschossene deutsche Stadt. Unter dem niedrigen, düsteren und rauchigen Himmel [...] sahen ihre von den Flammen beschienenen Straßen wie die Gänge in einem unterirdischen Gewölbe, wie Höhlengänge aus. Die langen, dichten Flammenzungen brachen da und dort aus den Fensterhöhlen hervor, peitschten über die Außenmauern, schlugen Firmenschilder herab, erreichten die Straßenmitte, versuchten, sich mit dem auf der Gegenseite tobenden Feuer zu vereinigen. [...] Die mit Ölfarbe gestrichenen Zimmerwände fangen Feuer, es knarrt und verbeult sich im Feuer das gewachste, sauber Brett an Brett gefügte Parkett, es brennen Verschalungen und Verkleidungen, es brennt der Hausrat und alles, was im Feuer brennen und verderben kann.« (Zit. in: Paul, S. 84)

Die erste Einschließung von Königsberg (27. Januar–26. Februar)

Nachdem die deutsche Verteidigung des nördlichen Ostpreußen zerschlagen war, befand sich Königsberg selbst in Gefahr. Der unsägliche Gauleiter von Ostpreußen, Erich Koch, hatte sich rechtzeitig davongemacht, als die Eisenbahnverbindung nach Südwesten noch offen war. Sein Gauleiterzug war in der Nacht vom 21. auf den 22. Januar aus der Stadt gerollt. Die unteren Char-

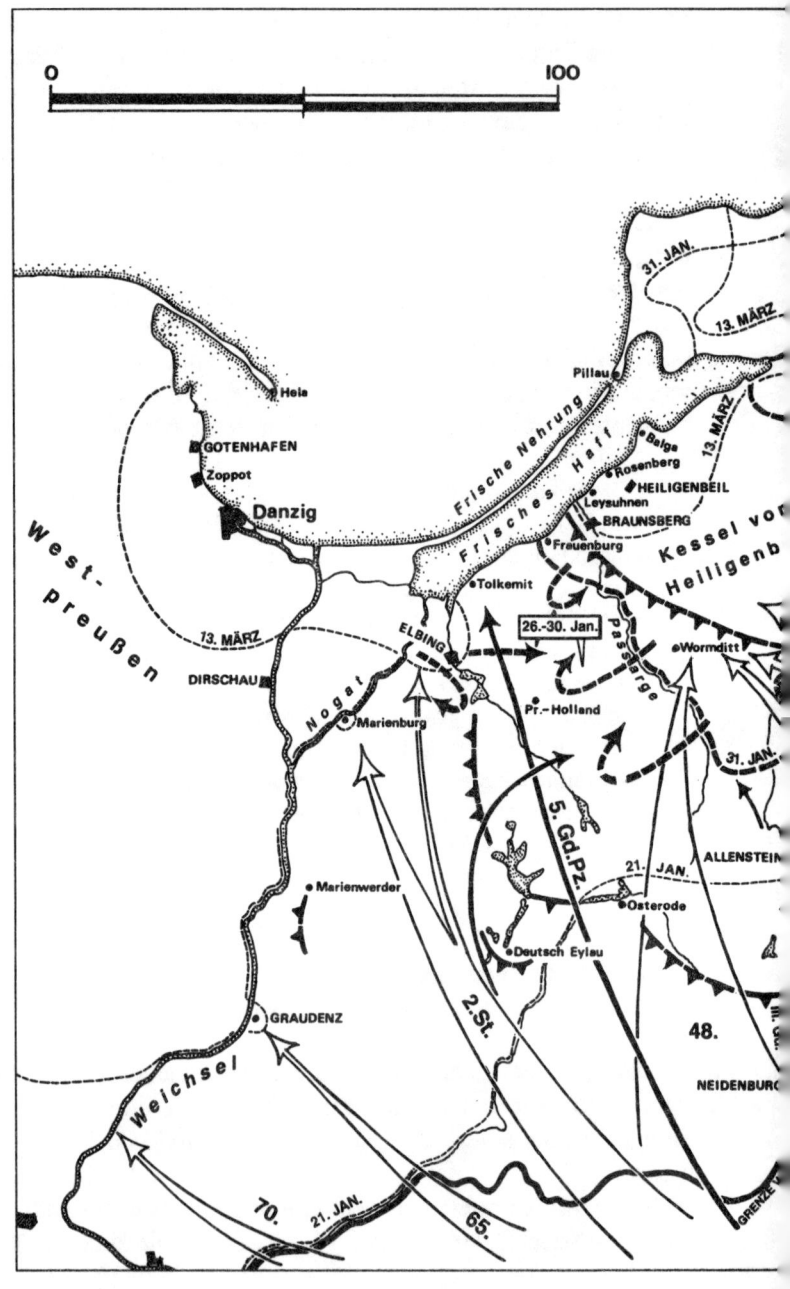

8. Ostpreußen, Januar–April 1945

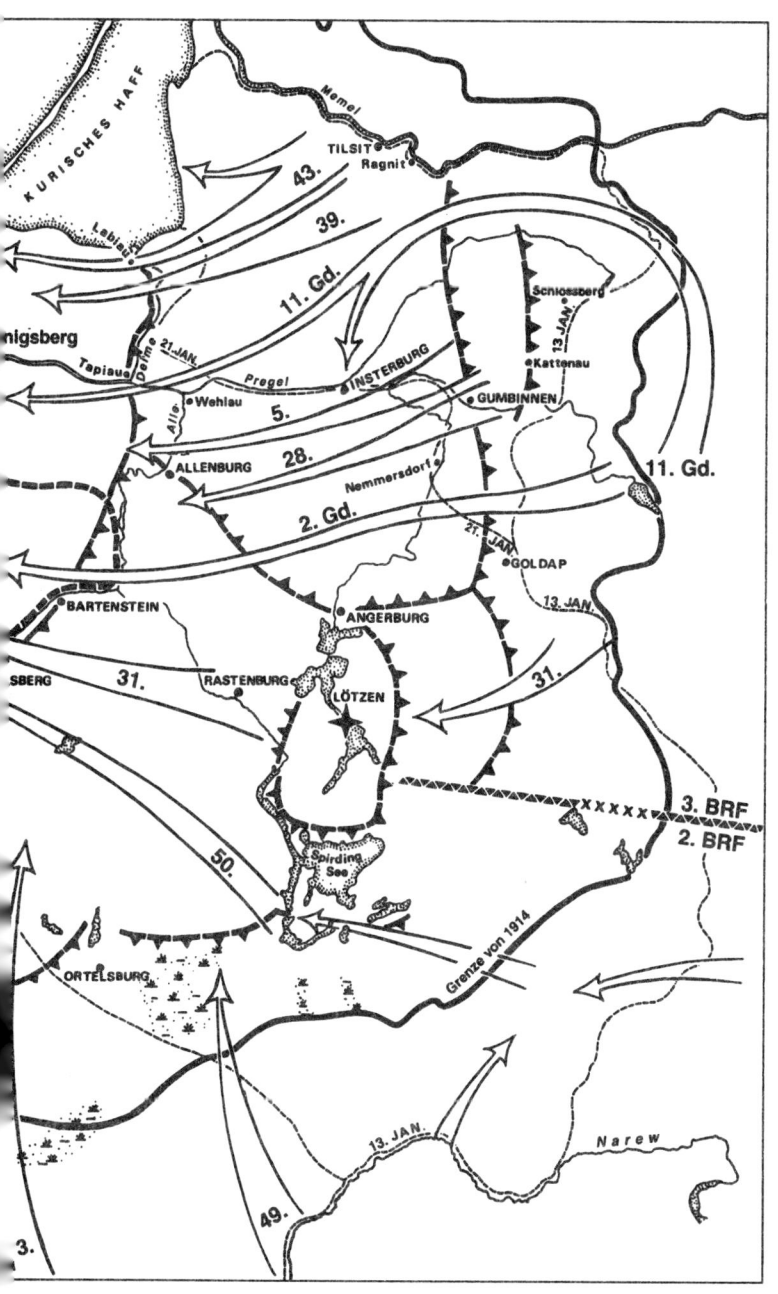

KURISCHES HAFF

Memel

Lebiau

43.

TILSIT
Ragnit

39.

11. Gd.

nigsberg

21. JAN.
Tapiau
Deime
Pregel
INSTERBURG

Schlossberg

13. JAN.

Kattenau

• Wehlau

5.

GUMBINNEN

Allenburg
28.

ALLENBURG

Nemmersdorf

11. Gd.

2. Gd.

21. JAN.
•GOLDAP

• BARTENSTEIN

13. JAN.

ANGERBURG

SBERG
31.
RASTENBURG

LÖTZEN

31.

3. BRF
xxxx
2. BRF

50.

Spirding
See

ORTELSBURG

Grenze von 1914

3.

13. JAN.

N a r e w

49.

gen brauchten etwas länger, bis sie den Ernst der Lage erkannten, wie eine Gruppe deutscher Soldaten feststellen mußte, als sie drei Tage später auf der Flucht vor der Roten Armee durch das kurz vor Königsberg gelegene Waldau kam:

>>Dort befand sich in einer Turnhalle ein riesiges Verpflegungslager mit den größten Schätzen wie Kaffee, Schokolade, Spirituosen usw., alles Dinge, wie wir sie seit langem nur noch vom Hörensagen kannten. Obwohl wir als Infanteristen die letzte Einheit waren, die noch vor den Russen kam, gab der zuständige Stallmeister alles nur gegen >>A- und E-Bescheinigungen<< ab, die von einem Offizier unterzeichnet sein mußten.<< (Dieckert/Großmann, S. 95)

Am 27. Januar hatte sich ein fast vollständiger Kreis sowjetischer Truppen um Königsberg gelegt, der auf beiden Seiten der Pregelmündung bis dicht ans Frische Haff reichte. In der Stadt überfüllten 11 000 Verwundete die Krankenhäuser, und die Straßen waren voller Flüchtlinge aus dem Umland,

>>vermischt mit aufgelösten Haufen der Luftwaffe, der Organisation Tot und des Heeres. Die Bauernwagen stauten sich an den Rinnsteinen zu langen Zügen. Dazwischen hielten oder rollten Kinderwagen und Fahrräder, Schlitten und Kraftwagen, graugrüne Geschütze und verschneite Motorräder und schritten Menschen, Menschen, Menschen. [...] Die Kälte hatte sich seit den vorangegangenen Tagen noch verschärft. Aber Überanstrengung und Furcht trieben den Gehetzten den Schweiß über die vermummten Gesichter.<< (Thorwald 1950, S. 170)

Die Naziführer der Stadt hatten sich fast ausnahmslos abgesetzt und nur den Dauerbefehl hinterlassen, die Bevölkerung solle im Fall eines sowjetischen Durchbruchs über die Landstraße nördlich des Frischen Haffs zu dem Seehafen Pillau fliehen. Der Befehl wurde am 27. Januar über Lautsprecher verkündet, und da niemand daran gedacht hatte, sich mit der militärischen Führung abzusprechen, kam es zu einem heillosen Durcheinander, als Tausende von Menschen feststellen mußten, daß die Landstraße bereits zur Kampfzone geworden war.

An diesem und am nächsten Tag hätte die Rote Armee Königsberg gewissermaßen im Spaziergang einnehmen können. Die einzigen vorbereiteten Verteidigungsstellungen waren die in einem Ring rund um die Stadt liegenden zwölf Forts aus dem 19. Jahrhundert, deren Besatzungen aus »Magen- und Ohrenbataillonen« und anderen nur bedingt einsatzfähigen Sicherungskräften bestanden, und die mobilen Truppen (die 5. Panzerdivision, zwei Volkssturmdivisionen und eine Infanteriedivision) reichten nicht aus, um einen sowjetischen Angriff abzuschlagen. Als in der Nacht des 28. Januar sowjetische Panzer beiderseits der Straße von Cranz auf das Fort Quednau zurollten, war daher höchste Gefahr im Verzug. Es war zwar Verstärkung angefordert worden, aber niemand konnte sagen, wer den Wettlauf gewinnen würde, die sowjetischen Panzer samt der Infanterie, die ihnen in dichten Pulks folgte, oder die 367. Infanteriedivision, die über die unsichere Eisenbahnverbindung von Südwesten herantransportiert wurde.

> »Da kamen – wie vom Himmel gesandt – die Sturmgeschütze. Auf der Straße nach Cranz vorrollend, erkannten sie rechtzeitig die ihnen entgegenfahrenden russischen Panzer im Scheine der Leuchtkugeln. Die 5 oder 6 Sturmgeschütze gingen recht geschickt in einer Bodenwelle in Stellung und schossen im Augenblick 6–8 russische Panzer, darunter auch solche vom Typ ›Stalin‹, zusammen. Das ganze Gelände war von den explodierenden und brennenden Panzern taghell erleuchtet.« (Lasch, S. 51)

Insgesamt wurden bei diesem Gefecht 30 sowjetische Panzer zerstört, und es sollten mehr als zwei Monate vergehen, bis die Rote Armee dem Herzen der Stadt wieder so nahe kam.

Das Zentrum von Königsberg war jetzt vor einem *Coup de main* sicher, aber wenn die Stadt über einen längeren Zeitraum verteidigt werden sollte, mußten die am Haff entlangführenden Verbindungswege erhalten bleiben. Die Verbindung nach Südwesten zur 4. Panzerarmee war sehr schmal und entsprechend verwundbar. Sie wurde denn auch von der sowjetischen 11. Gardearmee wiederholt abgeschnitten und konnte nur durch die ver-

einten Anstrengungen der von Nordosten angreifenden Königsberger Besatzung und der von Südwesten vorstoßenden Panzergrenadierdivision (Generalmajor Karl Lorenz) des Panzerkorps
Großdeutschland offengehalten werden. Ein Unteroffizier sah
während eines Schneesturms plötzlich undeutliche Schemen auf
sich zukommen: Waren es –

> »Russen? – Noch kann ich nichts Genaues erkennen. Ich schiebe
> den Lauf der Maschinenpistole vor, entsichere und starre im
> Schneesturm auf die schneebedeckten, sich langsam heranbewe-
> genden Gestalten. Jetzt sind sie bis auf 10 Meter heran – ich erken-
> ne Frauen und Kinder. Schon springe ich auf: ›Hierher!‹ – Weinen-
> de Mädel mit bleichen, ängstlichen Gesichtern fallen mir um den
> Hals. ›Helft uns, helft uns!!!‹ – Kinder jammern: ›Mutti, Mutti!‹; al-
> le Männer und Frauen stehen stumm und mit vor Kälte weißge-
> frorenen Gesichtern, die Kleidung naß von Schnee.« (Dieckert/
> Großmann, S. 134)

Für Königsberg noch wichtiger war die andere Lebensader, die
westwärts an der Nordküste des Frischen Haffs entlang nach
Samland und Pillau führte. Die Rote Armee holte deshalb in der
Nacht vom 29. zum 30. Januar zu einem möglicherweise tödlichen Schlag aus, indem sie in aller Stille an der Stadt vorbei in
Richtung Haff vorrückte. Als Major Dieckert in dieser Nacht den
Befehl erhielt, zum Flugplatz Seerappen zu fahren und dort ein
»Alarm-Bataillon« aus Bodenpersonal der Luftwaffe zu übernehmen, mußte er sich ohne ein genaues Bild der Lage auf den Weg
machen; die militärische Führung kannte sie nicht. Auf der Fahrt
sah er nur Flüchtlinge und kleine Gruppen von Soldaten. Er
mußte schließlich zu Fuß weitergehen, da das Auto im frisch gefallenen Schnee nicht mehr vorankam, und nachdem er noch ein
Stück weit der Straße gefolgt war, bog er von ihr ab und ging, wie
er berichtet, auf eine einzeln stehende Feldscheune zu, um sich
weiter an den Flugplatz heranzupirschen:

> »An der Scheune angelangt, sah ich zwei bewaffnete Gestalten auf
> die Scheune zukommen. Da ich sie nicht recht ansprechen konnte,
> machte ich mich auf alle Fälle schußbereit. Sie entpuppten sich je-

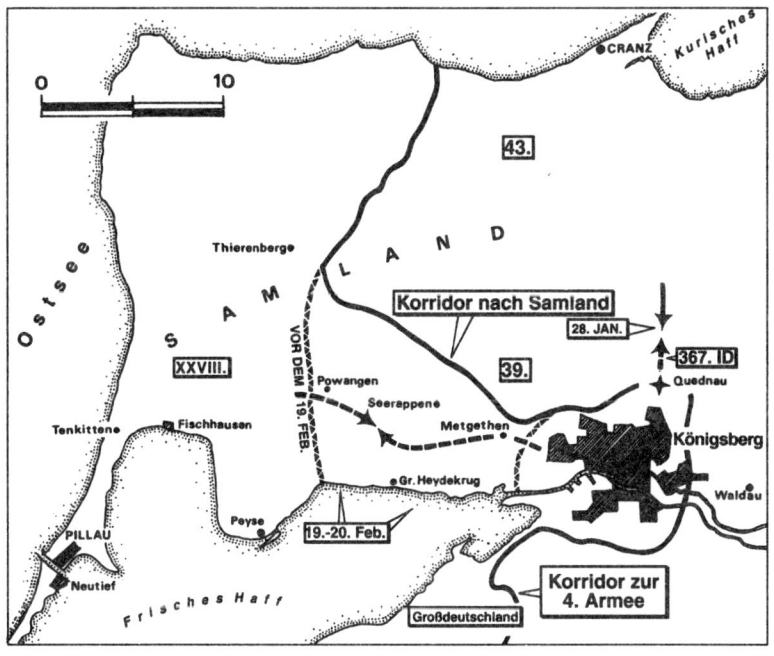

9. Die erste Einschließung von Königsberg, Januar – Februar 1945

doch beim Näherkommen als zwei deutsche Landser, von denen besonders der ältere einen ausgezeichneten Eindruck machte. Sie kämen von dem bereits aufgegebenen Flugplatz und sollten hier erneut in Stellung gehen. Sie bildeten die HKL [Hauptkampflinie], und hinter ihnen wäre niemand mehr.« (Zit. in: Lasch, S. 53)

Ein anderer deutscher Sondierungsversuch in Richtung Westen hatte wesentlich tragischere Folgen. Am Morgen des 30. Januar wurde ein Eisenbahnzug voller Flüchtlinge, der von Metgethen nach Pillau unterwegs war, kurz vor Seerappen von einem sowjetischen Panzer gestoppt, der auf das Gleis gefahren war und den Zug beschoß. Als der Zug angehalten hatte, wurden die Passagiere aus den Waggons gezerrt und mußten eine Orgie der Plünderung und Vergewaltigung über sich ergehen lassen.

Dies war der Beginn der ersten Einschließung von Königsberg,

185

denn jetzt war klargeworden, daß der Weg nach Westen versperrt war. Der neue Festungskommandant, General Lasch, brachte eine gewisse Ordnung in die Flüchtlingsmassen, obwohl die Stadt hoffnungslos überlaufen war und keinen angemessenen Schutz gegen die Artillerie- und Luftangriffe bieten konnte. Lasch stellte aus den mit den Flüchtlingen gekommenen uniformierten Soldaten neue Einheiten auf, die die bestehenden Verbände auffüllten, und ließ die Hitlerjugend in den Infanteriebataillonen militärisch ausbilden. Die Motivation der Hitlerjungen ließ nichts zu wünschen übrig, wie der Kommandeur eines Füsilierbataillons berichtete:

>»Mit einem Eifer ohnegleichen haben sich diese Jungen in die Ausbildung gestürzt. Zum größten Teil konnten sie nicht mit Stahlhelmen ausgerüstet werden, da diese zu groß waren und ihnen beim Schießen über die Augen fielen. Eine Abhilfe war nur teilweise möglich. Wegen ihrer Jugend erhielten sie als Sonderverpflegung weder Alkohol noch Zigaretten, sondern Bonbons und Schokolade.« (Zit. in: Dieckert/Großmann, S. 158)

Die Hauptlast der Verteidigung hatten allerdings weiterhin die 5. Panzerarmee und die alte ostpreußische 1. Infanteriedivision zu tragen.

Königsberg war jetzt durch zwei sowjetische Armeen (die 39. und die 43.) und einen zwischen 12 und 28 Kilometer breiten Landstreifen von den deutschen Truppen getrennt, die das Westende der Halbinsel Samland hielten, wo inzwischen zwei Divisionen von General Hans Gollnicks XXVIII. Korps aus Memel eingetroffen waren (siehe S. 174). Zwischen dem 3. und dem 7. Februar kämpfte sich die Armeeabteilung Samland zu dem das Gelände beherrschenden, 110 Meter hohen Thierenberg vor, und am 17. Februar befahl das Oberkommando in Ostpreußen (Heeresgruppe Nord) einen gleichzeitigen Angriff beider Gruppierungen mit dem Ziel, sich zu vereinigen.

General Lasch entschloß sich, alles auf eine Karte zu setzen. Laut Befehl sollte er für seinen Angriff neben der 1. Infanteriedivision nur Teile der 5. Panzerdivision einsetzen. Doch er entschied sich mit bemerkenswertem Mut dafür, den beabsichtigten Ausbruch mit der gesamten 5. Panzerdivision und darüber hinaus der 561. Volksgrenadierdivision zu unternehmen, was im Hauptquartier der Heeresgruppe mit Empörung aufgenommen wurde, wie er bei einem Telefongespräch mit Gollnick erfuhr. Der Oberbefehlshaber der Heeresgruppe mache ihn, Lasch, darauf aufmerksam, daß er die Verantwortung für diese Maßnahme selbst tragen müsse. »Ich erklärte daraufhin, daß meines Erachtens hier nur ein ganzer Entschluß helfen könne und daß ich die Verantwortung hierfür zu übernehmen bereit sei, weil von dem Gelingen oder Mißlingen dieses Angriffs Leben oder Tod der gesamten Besatzung und Zivilbevölkerung abhängig sei.« (Lasch, S. 70)

Der Angriff, der am 19. Februar begann, konzentrierte sich auf den von der 39. Armee gehaltenen südlichen Abschnitt der sowjetischen Absperrung des Korridors nach Samland. Die von Königsberg westwärts vorstoßenden Truppen wurden von der 1. Infanteriedivision angeführt, da der Erdboden auf den ersten Kilometern trotz Frost so weich war, daß die 5. Panzerdivision nur auf der Straße und am Bahndamm entlang vorgehen konnte. Die Truppen setzten sich um vier Uhr früh in Bewegung. An der Spitze fuhr ein erbeuteter T 34, umgeben von einer Gruppe deutscher Soldaten in sowjetischen Uniformen unter dem Befehl eines Hauptfeldwebels, der perfekt Russisch sprach. Unmittelbar danach folgte eine Kolonne von fünf Tiger-Panzern.

»Zur X-Zeit rollte der T 34 los, ohne zu schießen fuhr er vor. Während sein Kommandant auf russisch die erreichten Spähposten des Iwan aufforderte, zurückzugehen, weil ihm die Deutschen auf den Fersen säßen, rollten die Tiger hinterher. Die Russen rannten, teilweise im Unterzeug aus den Betten gesprungen, los.« (Oberfeldwebel Göring, in: Plato, S. 262)

Die Einheiten der 1. Infanteriedivision eroberten nach einem harten Kampf um die Mädchenschule, die von den sowjetischen Truppen in eine starke Stellung verwandelt worden war, Metgethen zurück und –

»fanden einen Ort vor, in dem das Grauen selbst zu Hause war. Die Leichen völlig ausgeplünderter Greise, Frauen und Kinder, teils zu gräßlichen Klumpen zusammengefroren, lagen auf den Straßen. Andere fand man verkohlt in rauchgeschwärzten Ruinen. Auf dem Bahnhof standen noch Wagen jener Züge, die vor Wochen in Metgethen überrascht worden waren. Auch auf ihren Böden fanden die Deutschen Leichname von Frauen jeden Alters mit aufgeschlitzten Kleidern.« (Thorwald 1950, S. 179)

Jetzt konnte auch die 5. Panzerarmee voll in Aktion treten, und am Ende des Tages hatten die Königsberger Truppen zehn Kilometer hinter sich gebracht.

Das XXVIII. Korps hatte inzwischen von Samland aus angegriffen, wo sich die sowjetischen Einheiten noch hartnäckiger verteidigten als in Metgethen. Aber auch Gollnick hatte drei Divisionen eingesetzt (die beiden aus Memel gekommenen und eine, die bereits in Samland gestanden hatte), die außerdem durch das Artilleriefeuer des Schweren Kreuzers *Admiral Scheer* unterstützt wurden. Die beiden deutschen Angriffskeile reichten sich am 20. Februar nordwestlich von Groß Heidekrug die Hände, und in den folgenden Tagen wurde der Korridor in einer Breite von fünf bis zehn Kilometern gesichert, so daß die Flüchtlinge aus Königsberg schließlich doch noch nach Pillau gelangen konnten. Auf diese Weise wurde eine menschliche Tragödie größten Ausmaßes verhindert und den Verteidigern ein großer Teil des auf ihnen lastenden Drucks genommen. Das sowjetische Oberkommando fügte sich in die Tatsache, daß die deutsche Kräftekonzentration im Gebiet von Königsberg und in Samland eine zu harte Nuß war, um sie auf der Stelle knacken zu können, und gab am 26. Februar den Befehl aus, an der gesamten Front der 39. und 43. Armee bis auf weiteres zur Verteidigung überzugehen.

KAPITEL 14

Die 2. Belorussische Front im Süden von Ostpreußen

Rokossowskijs Richtungswechsel

Die anderen beiden deutschen Armeen in Ostpreußen waren die 4. (in der Mitte) und die 2. (im Süden), und ihr Schicksal war eng mit dem Verlauf des Krieges an der gesamten Ostfront verknüpft.

Auf sowjetischer Seite stand ihnen die 2. Belorussische Front gegenüber (Marschall Rokossowskij). Sie hatte ursprünglich (siehe S. 176) die Aufgabe gehabt, westnordwestlich auf breiter Front an die untere Weichsel vorzustoßen, sie zu überqueren und den Vormarsch nach Westpreußen und Hinterpommern fortzusetzen. Den Hauptschlag sollte der linke Flügel mit insgesamt vier allgemeinen Armeen und einer Panzerarmee führen: der 65. und 70. Armee in der ersten Staffel sowie der 5. Panzerarmee mit der 48. Armee und der 2. Stoßarmee zur Entwicklung des Erfolgs in der zweiten. Drei allgemeine Armeen und ein Panzerkorps waren, wiederum in zwei Staffeln, für einen sichernden Vorstoß aus den Narew-Brückenköpfen Pułtusk und Serock am rechten Flügel vorgesehen. Die Rote Armee hatte die begründete Hoffnung, daß sie die deutsche 2. Armee durch die Überlegenheit ihrer Kräfte vernichten und daß die in Ostpreußen isolierte 4. Panzerarmee von allein zusammenbrechen würde.

Die Offensive an Rokossowskijs Front wurde nicht weniger akribisch geplant und vorbereitet als die Operationen von Konew und Schukow in Zentralpolen:

189

»Im sogenannten Stabsquartier überdachten wir gemeinsam unsere Pläne, faßten Entschlüsse, ließen uns von den Richtungsoffizieren informieren und erörterten alle möglichen Vorschläge und Meinungen über den Einsatz der verschiedenen Waffengattungen und die Organisierung ihres Zusammenwirkens. Hier wurden auch die notwendigen Befehle erteilt. So war die Führung der Front stets über die Ereignisse informiert und in der Lage, schnell zu reagieren. Wir verloren keine Zeit mit dem Herbeirufen aller Chefs der Verwaltungen, Waffengattungen und Dienste und dem Anhören langatmiger Meldungen. Im Frieden konnte man das hinnehmen, im Krieg hatte es sich nicht bewährt.« (Rokossowskij, S. 306)

Es war zwar abzusehen, daß die Artillerievorbereitung durch Nebel und Schneetreiben beeinträchtigt und mit Luftunterstützung nicht zu rechnen sein würde, aber die Ziele wurden sorgfältig sondiert, und die Staffel-, Regiments- und Schwadronsführer der Fliegerkräfte wurden in die vorgeschobenen Stellungen geschickt, um die Verbindung mit den Bodentruppen herzustellen:

»Wir fühlten uns aus unserem Element gerissen, als wir uns zu Fuß zu den Gräben begaben und von den Vorposten aus die deutschen Verteidigungsstellungen beobachteten. Über unseren Köpfen war das ungemütliche Pfeifen von Granaten zu hören, und wir hatten das Gefühl, als würden wir von den vorbeifliegenden Geschossen zerrissen; der Pfeifton, den sie erzeugten, war schrecklich. Der Erdboden wurde von ständigen Explosionen aufgewirbelt. Wir duckten uns unwillkürlich bei jeder Granate weg, während die Infanteristen ihnen nicht die geringste Beachtung schenkten, sondern in aller Ruhe ihre verschiedenen Aufgaben erfüllten.« (Korjander, S. 240)

Der sowjetische Angriff wurde in bekannter Manier eröffnet:

»Um 10 Uhr am 14. Januar erzitterte die Luft unter den Salven der vielen tausend Kanonen, die auf der gesamten Länge der Front aneinandergereiht waren. Der gefrorene Erdboden erbebte. Vom Flußufer [des Narew] bis zu unseren vorgeschobenen Positionen stieg über der weißen Fläche der Felder, kleinen Wälder und Hügel eine Vielzahl gelber Rauchwolken auf, und einen Augenblick darauf verdeckte ein schwarzer Schleier die deutschen Stellungen.« (Skorobogatow, S. 160)

Am 15. Januar verschmolzen die sich ausdehnenden sowjetischen Brückenköpfe auf breiter Front, und am nächsten Tag war die Rote Armee aufgrund des aufklarenden Wetters in der Lage, das ganze Gewicht ihrer Luftstreitkräfte und Artillerie in die Schlacht zu werfen:

>»Mit seinem Artillerie- und seinem Salvengeschützfeuer zerschlug der Gegner jeden Widerstand, und dort, wo doch noch etwas lebte, ratterten die Panzer heran, schossen jedes Nest zusammen und walzten die Schützenlöcher zu. Der Boden, steinhart gefroren, ließ die Granaten ohne Eindringen in das Erdreich sofort detonieren, so daß die Geschoßsplitter dicht über den Erdboden fegten.« (Dieckert/Großmann, S. 100)

Für das deutsche Oberkommando in diesem Frontabschnitt (Heeresgruppe Mitte beziehungsweise, ab 25. Januar, Nord) wurde die Lage zusehends düsterer. Reinhardt war angesichts der Stoßrichtung der sowjetischen Offensive schon am Abend des 14. Januar klar, daß die Gefahr einer weiträumigen Einschließung bestand, und er führte das erste einer ganzen Reihe vergeblicher Telefongespräche, in denen er Hitler bat, seine Einheiten auf eine kürzere Frontlinie, die besser zu verteidigen gewesen wäre, zurücknehmen zu dürfen. Um drei Uhr früh am 15. Januar erhielt Reinhardts Stabschef, Generalleutnant Otto Heidkämper, dann auch noch vom OKH den Befehl, das Panzerkorps Großdeutschland, die letzte gewichtige operative Reserve an der Ostsee, an die Heeresgruppe A in Zentralpolen abzugeben (siehe S. 97). Während die 2. Armee zerfiel, blieb die benachbarte 4. Armee untätig, da sie weiterhin einen »nunmehr grotesk« anmutenden Frontvorsprung zu halten hatte, der sich von der Küste als unregelmäßiger Klecks 170 Kilometer und mehr ins Inland hinein erstreckte.

Am Morgen des 21. Januar teilte Guderian der Heeresgruppe telefonisch mit, daß Hitler den Rückzug immer noch ablehne.

Daraufhin rief Reinhardt aus: »Das ist aber doch ganz unmöglich, damit bricht ja alles zusammen«, worauf Guderian nach einer kurzen Pause mit gequälter Stimme erwiderte: »Ja, mein lieber Reinhardt...« (Thorwald, S. 146f.) Erst gegen Mittag ließ sich Hitler nach einer längeren Auseinandersetzung mit Reinhardt die Genehmigung entringen, die 4. Armee ein Stück zurückzunehmen.

Aber da war es bereits zu spät. Die STAWKA war über den langsamen und äußerst verlustreichen Fortschritt von Tschernjachowskij im Norden von Ostpreußen besorgt (siehe S. 178) und erteilte Rokossowskij am 20. Januar den Befehl, die vier Armeen auf seiner linken Mitte (3. und 48. Armee, 2. Stoßarmee und 5. Gardepanzerarmee) nach Norden und Nordosten einschwenken zu lassen und gegen die deutsche 4. Armee und die Verbindung nach Ostpreußen einzusetzen. Zweck dieses Manövers war es, die 3. Belorussischen Front, die sich im Norden so schwertat, zu entlasten, was sich allerdings als überflüssig erwies, da Tschernjachowskij an eben diesem 20. Januar der Durchbruch in Richtung Königsberg gelang. Die Entscheidung der STAWKA war jedoch gefallen, und sie setzte zwei Ereignisketten in Gang:

– Die unmittelbare Folge war, daß die Hauptkräfte der 2. Belorussischen Front, indem sie gegen die lange Westflanke der 4. Armee vorgingen, sowohl diese Formation selbst als auch die Zivilbevölkerung Ostpreußens in die Katastrophe stürzten.

– Die längerfristige Folge ergab sich aus der Tatsache, daß Schukow während seines Vormarschs in Richtung Berlin an seiner pommerschen Nordflanke kaum noch Unterstützung zuteil wurde. Rokossowskij war zwar nicht von der Aufgabe entbunden worden, Schukow zu helfen, aber ihm standen für diesen Zweck jetzt nur noch zwei Armeen zur Verfügung (die 65. und 70.), die dafür nicht ausreichten und zudem nur langsam vorankamen. Der große sowjetische Entwurf für die Zerschlagung Deutschlands in den ersten Wochen des Jahres 1945 begann zu zerbröckeln.

Die deutsche 4. Armee wird in
Ostpreußen abgeschnitten

Durch den Richtungswechsel der 2. Belorussischen Front wurde ihr Vorstoß zum linken Schenkel einer Zangenbewegung gegen Ostpreußen. Den zweiten Schenkel bildete die Offensive der 3. Belorussischen Front im Osten. Für die zivilen und militärischen Behörden völlig überraschend, drangen die den allgemeinen Armeen vorauseilenden Stoßverbände in Ostpreußen ein. Am rechten Flügel rückte das III. Gardekavalleriekorps am 22. Januar um drei Uhr gegen Allenstein vor, wo man gerade dabei war, Panzer und Artillerie von Eisenbahnzügen zu entladen:

> »In kühnem Angriff – natürlich nicht zu Pferde – deckten unsere Kavalleristen die gegnerischen Truppenteile mit Artillerie und MG-Feuer ein. Diese waren offenbar von Osten hierherverlegt worden, um die von uns aufgerissene Frontlücke zu schließen.«
> (Rokossowskij, S. 315)

Im Mittelabschnitt hatte am Tag zuvor ein einsamer Panzer den Bahnhof von Elbing erreicht und in die Menge der Flüchtlinge gefeuert, die dort auf einen Zug nach Westen warteten. Ein überfüllter Zug konnte noch unter Beschuß entkommen, aber der Rest der Menschen mußte um sein Leben rennen.

Die wichtigste Stoßkraft des sowjetischen Angriffs war die 5. Gardepanzerarmee, die im Eiltempo aus dem Rückraum, wo ihre Anwesenheit den Deutschen völlig entgangen war, nach vorn kam. Als eines ihrer Korps am 23. Januar bereits auf Elbing zumarschierte, versicherte der Oberbürgermeister der Stadt der Bevölkerung immer noch, daß die Front stabilisiert worden sei. Hauptmann Djatschenko, der den Befehl erhalten hatte, mit seinen sieben Panzern und einem Infanteriebataillon von Osten in die Stadt einzudringen, hatte sich ihr unbemerkt nähern können, indem er seine Einheit unter den von Preußisch Holland kommenden Strom der Flüchtlinge und Zivilfahrzeuge mischte. Ab 17 Uhr kurvten die sowjetischen Panzer zwischen Straßenbahnen und Passanten durch Elbing und hielten gelegentlich an, um auf die Häuser zu schießen, wurden aber auch selbst zum Ziel von Panzerfaustschützen der zusammengewürfelten Garnison. Als Djatschenko abrückte, ließ er vier qualmende Panzer in der Stadt zurück, und es sollte bis zum 10. Februar dauern, bevor erneut sowjetische Truppen in Elbing auftauchten.

Am 24. Januar brachen die Hauptkräfte der 5. Gardepanzerarmee östlich von Elbing zum Frischen Haff durch. Die Zangenbewegung war damit erfolgreich beendet und Ostpreußen vom Rest des Reichs abgetrennt. Acht Divisionen der deutschen 2. Armee waren zusammen mit der gesamten 4. Armee und den Resten der 3. Panzerarmee eingeschlossen.

Die Verteidiger von Königsberg waren in die Enge getrieben und nicht mehr zu entsetzen. Als sich diese Entwicklung abzeichnete, entschloß sich General Friedrich Hoßbach, der Kommandeur der im zentralen Ostpreußen stehenden 4. Panzerarmee, die bisher kaum in die Kämpfe eingegriffen hatte, zu verzweifelten Gegenmaßnahmen. Hoßbach, ein schneidiger preußischer Offizier, der in den stolzen, unabhängigen Traditionen des Generalstabs groß geworden war, hatte schon in der Nacht vom 21. auf den 22. Januar damit begonnen, Einheiten aus dem Südosten seines Frontbogens abzuziehen, um aus ihnen eine Eingreiftruppe gegen die 2. Belorussische Front aufzustellen. Als er am nächsten Tag den Heeresgruppenchef, Generaloberst Reinhardt, über seinen Schritt informierte, erhielt er, wie erwartet, dessen nachträgliche Zustimmung. Reinhardt hatte fast identische Überlegungen angestellt, da auch er glaubte, daß die Fürsorge für die 400 000 Soldaten, die ihm unterstanden, und die zahllosen Flüchtlinge im zentralen Ostpreußen höher zu bewerten war als die Gehorsamspflicht dem Führer und dem OKH gegenüber.

Während sich die im Südosten abgezogenen Truppen bereits durch die über das Land fegenden Schneestürme zu ihren neuen, westwärts gerichteten Bereitstellungsräumen durchkämpften, blieb das OKH in völliger Unkenntnis über Hoßbachs Maßnahme.

»Wir [Hitler und das OKH] erfuhren als erstes die kampflose Preisgabe der Festung Lötzen, des stärksten [inmitten der Masurischen

Seen gelegenen] Bollwerks in Ostpreußen. Kein Wunder, daß diese ungeheuerliche Meldung über den Verlust der bestarmierten, bestausgebauten und -bemannten Festung wie eine Bombe einschlug und daß Hitler außer sich geriet.« (Guderian, S. 362)

Der von Hoßbach geplante Angriff sollte am 26. Januar um 19 Uhr beginnen. »Bei klarer Vollmondnacht lag vor den Divisionen eine klare Schneelandschaft, nur unterbrochen durch die Silhouetten der Bäume, Waldstücke und Gärten.« (Dieckert/Großmann, S. 116) Ziel der Operation war es, die weit auseinandergezogen sowjetischen Kolonnen zu durchbrechen und anschließend (mit den unter dem Schutz der Truppen befindlichen Flüchtlingen) bis zu den Stellungen der 2. Armee an der unteren Weichsel vorzudringen. Der Angriff begann zum vorgesehenen Zeitpunkt auf einem Frontabschnitt von rund 35 Kilometer Länge, und in den nächsten drei Tagen brachen die deutschen Truppen tief in die Flanke der sowjetischen 48. Armee ein, umgingen eine ihrer Divisionen und nahmen durch ihre Spitzen bei Elbing und Preußisch Holland Kontakt mit der 2. Armee auf.

Hoßbach muß gewußt haben, daß seine Zeit begrenzt war. Am 29. Januar wurde der Vormarsch seiner drei unterbesetzten Korps von der Roten Armee zum Stehen gebracht. Noch fataler wirkte sich jedoch die von Hitler befohlene Ablösung der militärischen Führung aus. Reinhardt mußte seinen Posten als Chef der Heeresgruppe aufgrund seiner Eigenmächtigkeit an Generaloberst Dr. Lothar Rendulic abtreten, einen Österreicher, »klug und belesen, gewandt im Umgang mit Hitler«. (Guderian, S. 363) Er flog am 27. Januar, aus Kurland kommend, ein und bekam von dem erschöpften Reinhardt das Kommando mit den müden Worten übergeben: »Wir wollen nicht weiter darüber reden.« (Thorwald 1950, S. 157)

Hoßbach galt als Mitverschwörer seines Chefs, und der verbliebene Rest seines Ansehens wurde durch ein an Hitler gerichtetes Telegramm des Gauleiters von Ostpreußen, Erich Koch, zunichte gemacht:

»4. Armee auf Flucht ins Reich. Versucht feige, sich nach Westen durchzuschlagen. Ich verteidige Ostpreußen mit dem Volkssturm weiter.« (Thorwald 1950, S. 157)

Am 30. Januar stellte die 4. Armee auf Befehl von oben ihren Angriff ein, und Hoßbach wurde durch General Friedrich-Wilhelm Müller ersetzt, einen Mann, der dem Stabschef Rendulics bei seiner Meldung offenherzig erklärte:»Ich bin ein guter Unteroffizier und kann Befehle ausführen. Aber ich verstehe von Strategie und Taktik nichts. Sagen Sie, was ich tun soll...« (Thorwald 1950, S. 158)

Am 31. Januar eröffnete die Rote Armee ihren ersten Angriff gegen die Westflanke der 4. Armee, und während der nächsten Wochen folgte Schlag auf Schlag gegen den schrumpfenden Kessel von Heiligenbeil, die letzte Verteidigungslinie der mit dem Rücken zum Frischen Haff kämpfenden Wehrmacht (siehe S. 227).

KAPITEL 15

Die Aufstellung der Heeresgruppe Weichsel

Die neue Heeresgruppe

Laschs und Gollnicks Truppen waren in Königsberg und in Samland eingeschlossen, die 4. Armee an der Küste des Frischen Haffs abgeschnitten. Auf der rechten Seite hatte die 2. Armee fast das ganze Gewicht des Ansturms von Marschall Rokossowskijs 2. Belorussischer Front getroffen, als diese am 14. Januar ihre Offensive eröffnete. Am 20. Januar verlagerte die STAWKA Rokossowskijs Angriffsrichtung von Nordnordwest nach Nord (siehe S. 192), und ihr Vorstoß auf Elbing sprengte den Zusammenhalt der 2. Armee, deren linker Flügel zusammen mit der 4. Armee östlich des Durchbruchs eingeschlossen wurde. Diese Ereignisse waren aus deutscher Sicht zwar ausgesprochen verheerend, bewirkten aber auch eine Schwächung des westwärts gerichteten Schwungs der sowjetischen Offensive und erlaubten es den Deutschen – so konfus die Art und Weise, in der es geschah, auch sein mochte –, ihre Truppen zu sammeln und die Initiative wiederzuerlangen.

Die unmittelbarste Folge des STAWKA-Befehls vom 20. Januar war die Verringerung der in Richtung auf die untere Weichsel vorrückenden Gruppierung von fünf auf drei Armeen. Die Hauptkräfte der deutschen 2. Armee waren in der Lage, sich an die untere Weichsel zurückzuziehen, wo sich die deutsche Verteidigung im Schutz einer Kette von Brückenköpfen und Vorposten auf der Ostseite des Flusses stabilisierte – in Thorn, das am 2. März verlorenging; in der Festung Graudenz, die am 6. März fiel; im vorgeschobenen Posten Marienwerder (29. Januar) sowie am rechten Mündungsarm der Weichsel, der Nogat, in der Ordensburg von Marienburg (9. März) und in dem vorgeschobenen Posten Elbing (10. Februar).

Darüber hinaus riß zwischen Marschall Schukows 1. Belorussischer Front, deren Hauptkräfte in Richtung Berlin nach Westen vorrückten, und dem größeren Teil der 2. Belorussischen Front, die jetzt nach Norden zur Ostsee vorstieß, eine immer breiter werdende Lücke auf. Von Rokossowskijs Armeen waren nur noch zwei in der Lage, Schukow eine gewisse Unterstützung zu bieten (siehe S. 192). Im Gebiet der Trennlinie zwischen den beiden sowjetischen Fronten standen auf deutscher Seite allerdings auch nur geringfügige Kräfte, und Guderians Vorschlag, eine neue Heeresgruppe Weichsel zu bilden, die im Abschnitt zwischen unterer Weichsel und unterer Oder eingesetzt werden sollte, war ursprünglich als bloße Verteidigungsmaßnahme gedacht.

Der Stab der Heeresgruppe Weichsel übernahm am 24. Januar das Kommando über die immer noch kampffähige 2. Armee (Generaloberst Walter Weiß). Drei Tage später wurde sein Verantwortungsbereich südwestlich auf die Reste der 9. Armee (General Theodor Busse) ausgedehnt, und am 10. Februar schließlich wurde aus Verstärkungen eine neue 11. SS-Panzerarmee (General der Waffen-SS Felix Martin Steiner) gebildet, die zwischen die beiden anderen Armeen eingeschoben wurde. Sie wurde am 24. Februar in 3. Panzerarmee umbenannt, nachdem der Stab der ursprünglichen, inzwischen aber ausgelöschten 11. Panzerarmee aus Ostpreußen eingetroffen war, was zumindest die Rote Armee verwirrte, für die beide Panzerarmeen eigenständige Verbände blieben, so daß sie die Stärke der Heeresgruppe Weichsel fälschlicherweise mit drei anstatt mit zwei Armeen ansetzte.

Schon vorher, am 25. Januar, waren, wie bereits mehrfach erwähnt, die Heeresgruppen insgesamt neu abgegrenzt und umbenannt worden:

– Die Heeresgruppe A wurde zur Heeresgruppe Mitte (Schörner).

– Zwischen diese und die nachfolgend genannte wurde die neue Heeresgruppe Weichsel eingefügt.

– Die Heeresgruppe Mitte wurde zur Heeresgruppe Nord (Rendulic), und

– die Heeresgruppe Nord schließlich wurde zur Heeresgruppe Kurland (Vietinghoff).

Nach der Ardennenoffensive wurde die unschätzbare Reserve der 6. SS-Panzerarmee, sehr zu Guderians Ärger, direkt nach Ungarn verlegt. Aber die Heeresgruppe Weichsel wuchs dennoch in den ersten drei Februarwochen durch die Zuführung weiterer Truppenteile zu beachtlicher Größe heran. Auf deutscher Seite wurde die Stärke der Gruppierung in ihrem Gebiet mit 32–34 Divisionen angegeben. Eine gute sowjetische Quelle spricht von 450 000 Soldaten mit rund 5000 Geschützen sowie über 1000 Panzern und Sturmgeschützen (Babadschanjan 1981, S. 354f.), wobei allerdings anzumerken ist, daß diese Zahlen möglicherweise von der Annahme beeinflußt sind, daß den Deutschen nicht nur zwei, sondern drei Armeen zur Verfügung standen. Damals fielen jedoch nicht sosehr die Zahlen ins Gewicht als vielmehr der Eindruck, den die Rote Armee gewann: daß sich nämlich eine große deutsche Reserve bildete, die den ungeschützten Winkel, in dem ihre beiden Frontlinien aufeinanderstießen, von Nordwesten her bedrohte.

Die Aufstellung der neuen Heeresgruppe war eine verwaltungstechnische Meisterleistung, die aber durch eine bizarre Entscheidung Hitlers in bezug auf den Posten ihres Oberbefehlshabers von vornherein untergraben wurde. Als Guderian am 22. Januar zur Lagebesprechung bei Hitler erschien, brachte er den Vorschlag mit, Feldmarschall Maximilian Freiherr von Weichs an die Spitze der Heeresgruppe Weichsel zu stellen:

»Er schien mir damals der Richtige für diesen Posten zu sein. Und was geschah? Hitler meinte, von Weichs sei zu alt. Jodl war bei der Besprechung anwesend, und ich rechnete mit seiner Unterstüt-

zung. Doch er machte irgendeine Bemerkung über von Weichs' religiöse Einstellung. Damit war die Sache erledigt.
Wer aber bekam das Kommando? Hitler ernannte Himmler! Ausgerechnet Himmler!«

Nach Guderians Ansicht war es eine geradezu »ungeheuerliche Ernennung«. (Ryan, S. 66f.)

Himmler fuhr sofort mit seinem Sonderzug »Steiermark« ins pommersche Deutsch Krone, wo er tagelang in Untätigkeit verharrte, ohne sich ein einziges Mal in den Schnee hinauszuwagen. Sein Zug war luxuriös ausgestattet, verfügte aber nicht einmal über die einfachsten technischen Voraussetzungen für die Arbeit eines militärischen Stabes, was Himmlers Immobilität um so unentschuldbarer machte. Die Kommunikationsmittel reichten nicht aus, um eine direkte Verbindung zu den Truppenteilen herzustellen, und für die Planung mußte eine einzige Karte von Pommern und dem Warthegau im Maßstab 1:300 000 herhalten, die der neu ernannte 1. Generalstabsoffizier, Oberst Eismann, eher zufällig mitbrachte, als er sich am 26. Januar in Himmlers Salonwagen meldete. Im »Steiermark« fand er dann auch, bis auf eine überholte Lagekarte, keinerlei Kartenmaterial vor. Auch Eismanns neuer Chef selbst »entsprach durchaus nicht den Vorstellungen, die er sich bis dahin von [ihm] gemacht hatte. Himmler zeigte nichts Dämonisches, nichts Grausames, aber auch nichts Bedeutendes.« (Thorwald 1950, S. 256)

Für einen Mann, der Millionen hilfloser Menschen in den Tod geschickt hatte, war Himmler auffällig um seine eigene Gesundheit besorgt, eine Obsession, von der sein gesamter Tagesablauf bestimmt wurde. Er stand zwischen acht und neun Uhr auf und überließ sich als erstes den Händen seines Masseurs. Anschließend erübrigte er eine Stunde für seine Arbeit, bevor er zu Mittag aß und bis 15 Uhr Mittagsschlaf hielt. Danach schob er eine zweite Arbeitsphase ein, die bis etwa 18.30 Uhr dauerte. Dann hatte er sich verausgabt und war nicht mehr fähig, sich zu konzentrieren.

Von seinem Stabschef, SS-Brigadeführer Lammerding, der am 27. Januar zur Besatzung des »Steiermark« stieß, konnte Himmler keine Hilfe erwarten. Der kräftig gebaute Lammerding war

»zweifellos ein tapferer Frontsoldat gewesen« (Thorwald 1950, S. 257), aber die Führung so großer Verbände wie einer Heeresgruppe lag jenseits seiner Fähigkeiten. Himmlers eigene militärische Erfahrungen beschränkten sich auf seine Tätigkeit am Oberrhein Ende 1944, wo er nichts weiter getan hatte, als Versprengte und sonstige Truppenreste aufzufangen und zu neuen Verbänden zusammenzufassen, und so begann er auch an der Ostfront damit, den rückwärtigen Raum nach kampffähigen Männern für den Fronteinsatz durchkämmen zu lassen. Die dafür eingesetzten SS- und Polizeieinheiten entledigten sich ihres Auftrags mit rücksichtsloser Härte und verschonten auch dringend gebrauchte Zivilarbeiter nicht, wie die Verlademannschaften in Gotenhafen, die dort Munitionsschiffe entluden.

Unter dem Druck der sowjetischen Angriffe hatte sich in Himmlers Abschnitt folgender Frontverlauf herausgebildet:

- Im Osten verlief die Front entlang den starken natürlichen Hindernissen Weichsel und Nogat zunächst in Nord-Süd-Richtung.

- Der Hauptabschnitt führte in westlicher Richtung quer durch Westpreußen und Hinterpommern und wurde durch die stark verteidigten Städte Schneidemühl (das am 14. Februar fiel; siehe S. 127), Deutsch Krone (11. Februar) und Arnswalde (22. Februar) gestützt, die als »Wellenbrecher« fungieren sollten. Hier standen sich die geschwächte Rote Armee und die wieder zu Kräften gekommenen deutschen Truppen, die sich der zwar sporadischen, aber höchst willkommenen Unterstützung durch die Luftwaffe erfreuen konnten, mit nahezu gleich großen Kontingenten gegenüber.

- Im Westen schließlich wandte sich die Front wieder nach Süden. Dieser Abschnitt, der binnen kurzem von Schukows 1. Belorussischer Front angegriffen werden sollte, umfaßte den befestigten Raum Meseritz und die angrenzenden Stellungen, die sich im Süden bis zur Oder, etwa in Höhe von Grünberg, erstreckten. Himmlers erste Entscheidung von einiger operativer Bedeutung war es, den in diesem Gebiet stehenden Volkssturmeinheiten ein gemischtes SS-Korps unter dem Befehl von SS-General Krüger als Verstärkung zu schicken. Der erste eintreffende Verband war die 21. SS-Gebirgsjägerdivision, deren Kommandeur, SS-Brigadeführer Ballauf, ein verhängnisvoller Fehler unterlief, als er im Gebiet von Zielenzig von sowjetischen Panzern überrascht wurde und beim fluchtartigen Verlassen seines Wagens die Pläne der Befestigungen darin zurückließ. Der Fund dieser Information ermöglichte es den sowjetischen Truppen, am 30. Januar die Stellungen des Volkssturms mit ihren Panzern zu überwinden und zur Oder vorzustoßen (siehe S. 131).

Die Lage der neuen Heeresgruppe hätte sich leicht noch weiter verschlechtern können, wenn sich der Frost Anfang Februar länger gehalten hätte.»In der gegenwärtigen Kriegslage ist das Tauwetter für uns ein Geschenk des Schicksals«, schrieb Himmler an Guderian.»Gott hat das mutige deutsche Volk nicht vergessen.« (Ziemke, S. 427) Am 4. Februar schmolz das Eis auf der Weichsel unterhalb von Marienwerder, und am 6. Februar taute auch die untere Oder auf. Am Abend dieses Tages saß Oberst Antonow, in seine Karte vertieft, in seinem Unterstand:

»Plötzlich riß mich ein Geräusch aus meinen Gedanken. Ich vermochte nicht zu sagen, was es war, und ging ins Freie hinaus. Nirgendwo detonierten Granaten, und doch bewegte sich der Boden unter meinen Füßen. Mein Waffenkamerad, der Kubankosake und MG-Schütze Sergej Kurkow, war auf seinem Wachposten.
›Nun, Genosse Wachposten, was geht hier vor?‹ fragte ich ihn leichthin.
›Stimmt, es geht etwas vor‹, antwortete er mit einem Lächeln. ›Es bricht auf, Genosse Oberst.‹ Und dann wandte er sich der Oder zu.
›Und was bricht auf, Genosse Wachposten?‹
›Na, das Eis auf der Oder!‹
Vom Fluß her war ein gedämpftes Klirren und Donnern zu hören, während sich die Eisschollen übereinanderschoben. Sergej Kurkow stieß einen tiefen Seufzer aus:
›Gegen die Natur kommt man nicht an!‹« (Antonow, S. 250f.)

Am 10. Februar begannen die Mitte und der linke Flügel der 2. Belorussischen Front mit einer halbherzigen Frontbereinigung, was den Eindruck bestätigte, daß der Roten Armee die Initiative entglitten war. Sie schloß mit einer Zangenbewegung die Festung Graudenz an der unteren Weichsel ab, kam aber in fünf Tagen nur rund 50 Kilometer voran – ein im Vergleich zu dem Vormarschtempo während der Weichsel-Oder-Operation enttäuschendes Ergebnis, und es bestand aufgrund der Geländebedingungen wenig Aussicht auf weitere Erfolge. Darüber hinaus verlor man durch die deutschen Panzerfäuste mehr Panzer, als man sich angesichts der bereits vorhandenen Knappheit leisten konnte, und weiter links war Marschall Schukow gezwungen, Armeen von seinem rechten Flügel abzuziehen, um die Nordflanke gegen die in Hinterpommern zusammengezogenen deutschen Truppen zu sichern. Schukows Einheiten gelang es zwar, die Kleinstadt Arnswalde einzuschließen, aber ihre Linien waren dünn und verwundbar.

**Operation Sonnenwende – die deutsche
Gegenoffensive bei Stargard (15.–21. Februar)**

Guderian, der unter Herzbeschwerden und Bluthochdruck litt, bot seine letzten Kraftreserven auf, um die Genehmigung für eine kühne Operation zu erhalten – eine Zangenbewegung gegen beide Flanken von Schukows 1. Belorussischer Front. Die Heeresgruppe Weichsel sollte von Norden aus Hinterpommern angreifen, während eine zweite starke Gruppierung von der mittleren Oder zwischen Guben und Glogau vorgehen sollte. Die Schenkel der Zange sollten sich hinter Schukows Spitzen schließen, um sie in der Gegend von Küstrin abzuschneiden und zu vernichten. Um die für eine derart ehrgeizige Unternehmung nötigen Verbände aufstellen zu können, wäre es allerdings notwendig gewesen, Truppen vom Balkan, aus Italien, Norwegen und Kurland abzuziehen. Das war für Hitler, wie kaum anders zu erwarten, undenkbar. Er reduzierte die Offensive auf einen einzigen Vorstoß der Heeresgruppe Weichsel aus dem Raum von Stargard.

Die Ausarbeitung des Plans für diese Operation stellte immer noch eine erhebliche Anstrengung für Guderian dar, zu der auch eine weitere Auseinandersetzung mit Hitler gehörte, die sich am 13. Februar an Guderians Vorschlag entzündete, Generalleutnant Walther Wenck, seinen persönlichen Assistenten im OKH, zu Himmler abzukommandieren und mit der tatsächlichen Leitung der Operation zu betrauen. Die in diesem Vorschlag implizit enthaltene – und wohl begründete – Unterstellung, Himmler sei unfähig, seine Pflicht zu erfüllen, versetzte Hitler in Wut, und es entspann sich ein langer, erregter Wortwechsel zwischen ihm und seinem Generalstabschef.

> »So ging es durch zwei Stunden in unverminderter Heftigkeit. Mit zorngeröteten Wangen, mit erhobenen Fäusten stand der am ganzen Leib zitternde Mann vor mir, außer sich vor Wut und völlig fassungslos. Nach jedem Zornesausbruch lief Hitler auf der Teppichkante auf und ab, machte dann wieder dicht vor mir halt und schleuderte den nächsten Vorwurf gegen mich. Er überschrie sich dabei, seine Augen quollen aus ihren Höhlen, und die Adern an seinen Schläfen schwollen.«

Als er sich ausgetobt hatte, ging Hitler, plötzlich ruhig geworden, zu Wenck hinüber und sagte ihm, daß er sich zum Stab der Heeresgruppe Weichsel begeben solle. Danach setzte er sich auf seinen Stuhl und forderte Guderian auf, näher zu ihm zu kommen:

> »›Bitte, fahren Sie in Ihrem Vortrag fort. Der Generalstab hat heute eine Schlacht gewonnen.‹ Dabei lächelte er sein liebenswürdigstes Lächeln. Es war die letzte Schlacht, die ich gewann, und nun war es zu spät.« (Guderian, S. 376 f.)

Die Durchführung der Operation, die die Bezeichnung Sonnenwende erhielt, wurde General Steiners 11. SS-Panzerarmee anvertraut, die weniger eine homogene Einheit bildete, als vielmehr eine Kommandostruktur für die sechs Divisionen oder divisionsähnlichen Verbände, die sich auf den Straßen und entlang der Eisenbahnlinien in die Gegend von Stargard durchkämpften. Am 14. Februar erschien Guderian persönlich im Aufmarschraum, um allen einzuschärfen, daß der Angriff pünktlich am nächsten Tag beginnen müsse, wenn das Überraschungsmoment, der einzige auf deutscher Seite liegende Vorteil, nicht verspielt werden sollte.»Er hinterließ einen so erschöpften Eindruck, daß die Anwesenden schlossen, auch er sei nun endgültig an Hitler zerbrochen.« (Thorwald 1950, S. 265)

Die Angriffsverbände marschierten an einer 50 Kilometer langen, südwärts gerichteten Frontlinie in drei Hauptgruppen auf. Sie bildeten unter dem auftrumpfenden Namen der 11. SS-Panzerarmee eine disparate Mischung aus echten Eliteeinheiten und ausländischen Freiwilligenverbänden von unterschiedlicher Qualität:

– Der Hauptschlag sollte von der Mitte geführt werden, die aus dem Gebiet von Jakobshagen und Zachan auf breiter Front vorgehen und Arnswalde entsetzen sollte, um sich anschließend nach Südwesten gegen die sowjetischen Truppen im Raum Küstrin zu wenden. Die für diese Aufgabe eingeteilte Gruppe war das III. (Germanische) SS-Panzerkorps (Generalleutnant Dekker) mit den Panzergrenadierdivisionen Nordland (skandinavische Freiwillige) und Nederland (holländische Freiwillige) sowie zwei deutschen Verbänden – der Führer-Begleitdivision und der Division Langemarck.

– Die Westgruppe sollte zwischen dem Madü- und dem Plönesee operieren. Sie bestand aus dem XXXIX. Panzerkorps (Generalleutnant Unrein) mit der Panzerdivision Holstein, der 10. SS-Panzerdivision, der 4. SS-Polizeidivision und der Division Wallonien (belgische Freiwillige).

– Die schwache Ostgruppe sollte die linke Flanke schützen und, falls die Offensive erfolgreich verlief, in das Gebiet um Landsberg an der Warthe vorrücken. Sie bestand aus der Führer-Grenadierdivision, zwei Infanteriedivisionen (163. und 281.) und der Panzerjagdbrigade 104.

Die Verstärkungen der Heeresgruppe Weichsel wurden über die verstopften Brücken von Stettin herangeführt, so daß sie nur schleppend vorankamen. Schukow wußte im großen und ganzen von der deutschen Truppenkonzentration im Norden; im vorgesehenen Angriffssektor der Operation Sonnenwende lagen zwei Armeen, die 2. Gardepanzerarmee im Westen und die 61. Armee im Osten, während drei weitere Armeen (1. Gardepanzerarmee, 47. Armee und 3. Stoßarmee) in der Reserve bereitstanden. Die Ziele und den Zeitpunkt des deutschen Angriffs kannte Schukow jedoch nicht, und als er am 15. Februar begann und die Panzergrenadierdivision Nordland über den schweren, aufgeweichten Boden in Richtung auf den belagerten deutschen Stützpunkt Arnswalde vorstieß, hatte sie das Überraschungsmoment völlig auf ihrer Seite.

Die allgemeine Offensive aller drei deutschen Angriffsgruppen wurde am 16. Februar eröffnet. Sie konnten gegen sowjetischen Widerstand und starke Panzerabwehr einige Bodengewinne erzielen. Der vielversprechendste Erfolg wurde von der Westgruppe in Richtung Dölitz erzielt, während die mittlere Gruppe bis nach Reetz und die östliche bis Nantikow gelangte. In der Mitte konnte ein Korridor nach Arnswalde geöffnet werden.

Der Höhepunkt der Operation Sonnenwende wurde am 17. Februar erreicht, als die deutschen Truppen in den aussichtsreichsten Abschnitten bis zu zwei Kilometer weit vordrangen, aber auch schwere Verluste erlitten. An diesem Tag war Wenck zur persönlichen Berichterstattung bei Hitler nach Berlin gerufen worden. Die Besprechung dauerte bis 14 Uhr, und sowohl Wenck als auch sein Fahrer waren völlig übermüdet, als sie anschließend über die Autobahn nach Stettin an die Front zurückfuhren. Wenck löste seinen Fahrer, der 48 Stunden ununterbrochen im Dienst gewesen war, am Steuer ab, schlief aber aus Übermüdung ein und fuhr gegen ein Hindernis am Fahrbahnrand – einen Baum, wie die einen berichten, oder ein Brückengeländer, wie andere meinen. Er wurde jedenfalls schwer verletzt und fiel für mehrere Wochen aus.

General Hans Krebs übernahm als sein Nachfolger die Leitung der Operation Sonnenwende, aber zu diesem Zeitpunkt war die

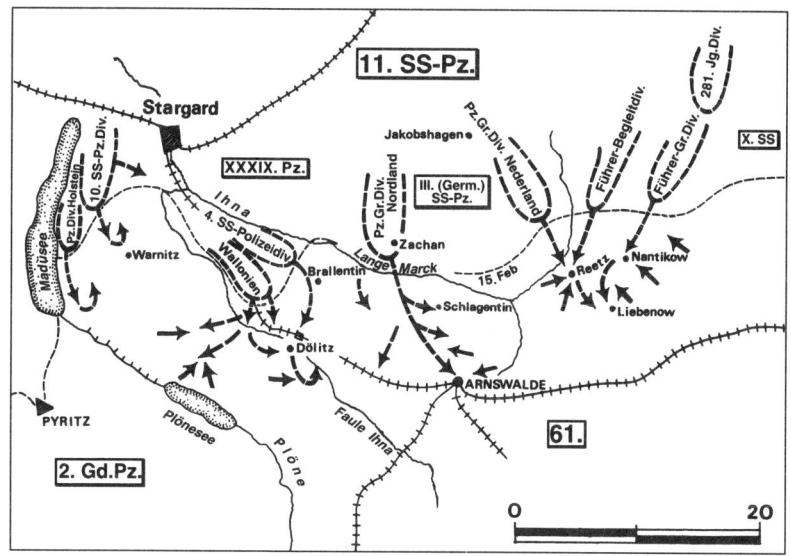

10. *Operation Sonnenwende, 15.–21. Februar 1945*

Initiative bereits verlorengegangen. Außerdem fehlte es Krebs an der geistigen Freiheit und Unabhängigkeit, die Guderian zum Beispiel an Weichs so sehr bewunderte. Himmler war inzwischen völlig nutzlos geworden, da er sich ganz seinen wirklichen oder psychosomatischen Leiden hingegeben hatte und sich in der Obhut seines Arztes befand. Am 18. Februar wurden die deutschen Truppen überall in die Defensive gedrängt, und am Abend beschloß die Heeresgruppe Weichsel, den Angriff abzubrechen, »um die wertlose Abnutzung der Angriffsverbände zu vermeiden«, wie sie ihre Entscheidung begründete. (Zit. in: Murawski, S. 167)

Der deutsche Gegenangriff war wesentlich kleiner ausgefallen als die von Guderian beabsichtigte Operation, und er verlor buchstäblich durch einen Zufall seinen Schwung. Die Stärke der auf beiden Seiten kämpfenden Einheiten läßt sich ebensowenig mit Sicherheit feststellen wie die Höhe der Verluste. Die Operation Sonnenwende hatte dennoch erhebliche Auswirkungen auf den Verlauf des Krieges an der Ostfront. Sie traf mit dem Ende von

Konews Angriff an der Lausitzer Neiße zusammen und beeinträchtigte die Vorbereitungen der Roten Armee für die Offensive in der Hauptrichtung Berlin, mit der Folge, daß der Untergang des Reichs um zweieinhalb Monate hinausgezögert wurde.

Aus sowjetischer Sicht hätte die Operation Sonnenwende zu keinem ungelegeneren Zeitpunkt und an keinem ungünstigeren Ort stattfinden können. Sie traf die rechte Flanke der 1. Belorussischen Front in einem Abschnitt, von dem Stalin und Schukow seit langem wußten, wie gefährdet er war, und sie bestätigte, zusammen mit dem relativ enttäuschenden Verlauf der Offensive der 2. Belorussischen Front zwischen dem 10. und 14. Februar, wie schwach die sowjetische Nordflanke insgesamt war. Die Ursache dafür war der Schwenk, den Rokossowskijs rechte Mitte nach dem 20. Januar vollführt hatte.

KAPITEL 16

Die Ostpommern-Operation

Der Vorstoß an die Ostsee

Berlin war inzwischen von der Liste der unmittelbaren sowjetischen Angriffsziele verschwunden. Die STAWKA entwickelte statt dessen den Plan einer Ostpommern-Operation, einer Offensive an einem 200 Kilometer breiten Frontabschnitt, die von den benachbarten Flügeln zweier Armeegruppen vorgetragen werden sollte – dem rechten (östlichen) von Schukows 1. und dem linken (westlichen) von Rokossowskijs 2. Belorussischer Front.

Der Angriff sollte zunächst auf einer gemeinsamen Achse erfolgen, die nach Norden auf die Ostseeküste zwischen Kolberg und Köslin zielte. Für die zweite, die Ausbauphase waren zwei getrennte Vorstöße geplant: Die 2. Belorussische Front sollte nach rechts (ostwärts) einschwenken und gegen den befestigten Raum von Danzig und Gotenhafen vorgehen, während sich die 1. Belorussische Front nach Nordwesten gegen Stettin und die Odermündung wenden sollte.

Schon am 13. Februar gelangte die OKH-Abteilung Fremde Heere Ost zu der Ansicht, daß die Sowjetunion den Angriff auf Berlin wahrscheinlich aufschieben werde, bis die Flanken in Schlesien und Pommern gesichert waren. Da die deutsche 2. Armee bereits in einer überdehnten Linie stand und durch einen sowjetischen Vorstoß nach Norden vom Rest der Heeresgruppe Weichsel abgeschnitten worden wäre, ersuchte deren Hauptquartier am 17. Januar um die Erlaubnis, sich westwärts zurückziehen zu dürfen, um eine starke gemeinsame Front mit der 11. SS-Panzerarmee zu bilden. Als Hitler den Antrag ablehnte, war die nächste Katastrophe unausweichlich.

Die Ostpommern-Operation begann am 24. Februar mit dem Angriff der 2. Belorussischen Front. Rokossowskij mußte ohne die Unterstützung der 1. Belorussischen Front auskommen, da Schukow noch dabei war, seine Truppen umzugruppieren, das heißt auf den rechten Flügel zu verlegen, doch setzte er große Hoffnungen in die 19. Armee (Generalleutnant D. T. Koslow), die gerade erst von der nahezu statischen finnischen Front eingetroffen war. Diese frischen Truppen legten am ersten Tag 20 Kilometer zurück, doch dann verlangsamte sich ihr Vormarschtempo aufgrund der heftigen deutschen Gegenwehr, und es wurde bald klar, daß sie auf das Ausmaß und die Hartnäckigkeit der Kämpfe in Pommern nicht vorbereitet waren.

Am 26. Februar schickte Rokossowskij das III. Gardepanzerkorps in den schmalen Abschnitt östlich von Neustettin und wurde augenblicklich durch einen 40 Kilometer tiefen Einbruch in die gegnerischen Linien belohnt. Die Schützenverbände hingen zu seiner Enttäuschung jedoch weit zurück, und so löste er Koslow noch am selben Tag von seinem Posten ab, um ihn durch Generalleutnant Romanowskij zu ersetzen. Die sowjetischen Militärführer waren für ihre Unduldsamkeit versagenden Offizieren gegenüber bekannt.

Die Auswechslung des Kommandeurs allein konnte jedoch nichts daran ändern, daß die rechte Flanke der 19. Armee akut bedroht war. Hier, in der Nähe von Rummelsburg, zog die deutsche 2. Armee das VII. Panzerkorps zusammen, das aus den Resten der 32. Infanteriedivision, der dezimierten 7. Panzerdivision (Rommels alter »Geisterdivision«) und der zuverlässigen 4. SS-Polizeidivision bestand. Generaloberst Walter Weiß schwächte auf diese Weise den südlichen Sektor seiner eigenen Armee (der 2.), aber er wollte unter allen Umständen die Verbindung nach Westen zum Rest der Heeresgruppe Weichsel aufrechterhalten.

Die größte Gefahr drohte den Deutschen allerdings nicht von der nur langsam vorankommenden 19. Armee, sondern von den mobilen Einheiten der Sowjets. Am 26. Februar überwand das

III. Gardepanzerkorps nach dem Durchbruch durch die vordersten Linien bei Baldenburg auch die Hauptverteidigung der Deutschen, die sogenannte Pommernstellung, und schwärmte auf der anderen Seite aus. Neustettin, der Eckpfeiler der Pommernstellung, wurde am 27. Februar durch einen gemeinsamen Angriff des III. und des benachbarten II. Gardekavalleriekorps von Schukows äußerster rechter Flanke mit überraschender Leichtigkeit eingenommen. Am 2. März wurde östlich von Köslin die letzte wichtige Verbindung zwischen den Hauptkräften der Heeresgruppe Weichsel und der 2. Armee durchtrennt.

Am 1. März hatten schließlich auch die Hauptkräfte der 1. Belorussischen Front in die Kämpfe eingegriffen. Die natürlichen Bedingungen waren ausgesprochen ungünstig – dichter Nebel störte die Artillerieaufklärung und die Luftunterstützung, und nasser Schnee und Schmelzwasser hatten die Wege in Schlammpisten verwandelt. Die befestigten Straßen verliefen darüber hinaus »zum größten Teil in Ost-West-Richtung. Wir hätten sie aber für unseren Angriff von Süd nach Nord gebraucht.« (Babadschanjan, S. 227)

Schukows Angriff wurde von einer außerordentlich starken Gruppierung aus drei Armeen (der 1. und 2. Gardepanzer- und der 3. Stoßarmee) vorgetragen, die nordwärts in Pommern eindrangen. Die schwersten Kämpfe fanden im Gebiet von Reetz statt, wo die Russen am Treffpunkt der Abschnitte des III. (Germanischen) SS-Korps und des X. SS-Korps auf die 3. Panzerarmee trafen. Am 2. März hatten die sowjetischen Verbände eine Bresche in die deutschen Linien geschlagen und begannen die deutschen Truppen östlich des Durchbruchs – das X. SS-Korps (Generalleutnant Krappe) und die benachbarte Korpsgruppe von Tettau – durch konzentrische Angriffe von Nordosten, Osten, Süden und Südwesten einzukesseln. Generaloberst Erhard Raus, der Befehlshaber der 3. Panzerarmee, bat um die Erlaubnis, Krappe und von Tettau in Sicherheit zu bringen. Aber sowohl Himmler, der sich jetzt in Prenzlau aufhielt, als auch Guderian lehnten das Ansinnen entschieden ab, womit jede Hoffnung, den linken Flügel vor der Einkesselung zu retten, zerstoben war. Mit anderen Worten, zwei deutsche Gruppierungen waren außer Sicht ge-

raten – die gesamte 2. Armee und die Ostflanke der 3. Panzerarmee.

Am 3. März waren die Fronten in Pommern in Bewegung geraten, da sich der Vormarsch der Roten Armee beschleunig-
te:

> »Hatte an den ersten beiden Angriffstagen unser Tempo 15 bis 20
> Kilometer je Kampftag betragen, so nahm es in den folgenden zwei
> Tagen bedeutend zu. Unser Angriff entwikkelte sich so zügig, daß
> die Bevölkerung in den Städten sogar ihren normalen Lebens-
> rhythmus beibehielt, wenn unsere Panzer in den Straßen auftauch-
> ten. Ehe die Menschen richtig begriffen, was passierte, verschwan-
> den die Panzer wieder in Richtung Norden. Für die Panzer gab es
> jetzt keine andere Aufgabe.« (Babadschanjan, S. 235)

Am 4. März erreichten Einheiten der 1. Gardepanzerarmee in der
Nähe von Kolberg auf einer Frontbreite von 80 Kilometern die
Ostseeküste. Als erster traf Oberst M. A. Smirnow dort ein, ein
Mann von wenigen Worten, der seinem Korpskommandeur (Babadschanjan), seinem Armeekommandeur (Katukow) und Marschall Schukow das Ereignis meldete, indem er ihnen eine Flasche mit Meerwasser schickte.

Rokossowskijs Vorstoß auf Danzig

Der sowjetische Stoß nach Norden hatte die deutschen Verbände
in Hinterpommern aufgesprengt:

– Die 2. Armee war insgesamt abgeschnitten und zog sich ostwärts in Richtung Westpreußen und des Festungskomplexes
  von Danzig und Gotenhafen zurück.

– Im Gebiet des sowjetischen Durchbruchs kämpfte der Ostflü-
  gel der 3. Panzerarmee in einem Kessel bei Dramburg um das
  blanke Überleben, während sich im Hafen des abgeschnittenen
  Kolberg Massen von Flüchtlingen stauten.

– Im Westen der von der Roten Armee geschlagenen Bresche zog
sich der restliche Teil der 3. Panzerarmee in Richtung auf die
untere Oder und Stettin zurück.

Die sowjetischen Fronten gingen jetzt zur zweiten Phase ihrer
Offensive über. Am 6. März begann Rokossowkijs Front einen
fünfgliedrigen Umfassungsangriff auf das Küstengebiet um Danzig und Gotenhafen. Die 2. Stoßarmee, die den kürzesten Weg
hatte, drang westlich der Weichsel durch die Tucheler Heide nach
Norden und umging dabei die deutschen Stellungen an der Nogat, was dazu führte, daß der Brückenkopf Marienburg nicht
mehr zu halten war. Die Besatzung von Marienburg kämpfte, von
den Salven des Schweren Kreuzers *Prinz Eugen* unterstützt, noch
kurze Zeit weiter. »Überall, dicht an dicht, in einem weiten Bogen, links oben am Nogatufer beginnend, um die Burg herum
stand die schwärzlich-graue Mauer der Einschlagsäulen«, schrieb
ein Offizier aus dem Führungsstab der deutschen 2. Armee. (Zit.
in: Paul, S. 188) Die Marienburg wurde in der Nacht vom 8. auf
den 9. März evakuiert, und als am 10. März Elbing fiel, bedeutete
dies, daß die Rote Armee eine undurchdringliche Barriere zwischen die beiden preußischen Gebiete – Ost- und Westpreußen –
gelegt hatte.
Die drei Armeen in Rokossowskijs Mitte rückten nordostwärts
gegen ihr Zielgebiet vor, während der linke Flügel mit der 19. Armee und dem III. Gardepanzerkorps in einem 150-Kilometer-
Schwenk durch das Küstengebiet von West nach Ost demselben
Ziel zustrebte. Die Deutschen warfen, in dem Versuch, den sowjetischen Vormarsch aufzuhalten, das VII. Panzerkorps (siehe
S. 210) aus dem Gebiet von Rummelsburg an die baltische Front.
Das Korps verfügte über nicht mehr als 30 oder 40 funktionstüch-
tige Panzer und wurde wie die anderen deutschen Einheiten in
diesem Gebiet in Richtung Danzig und Gotenhafen zurückgedrängt.
Am 8. März fiel Stolp, wichtigster Standort der Fernmelde-
und Kriegsindustrie in Hinterpommern, kampflos in sowjetische
Hand. Das XL. Gardeschützenkorps der 19. Armee begegnete am
10. März, als es ein Waldgebiet verließ und auf Lauenburg zumar-

11. Hinterpommern und untere Oder, Februar – März 1945

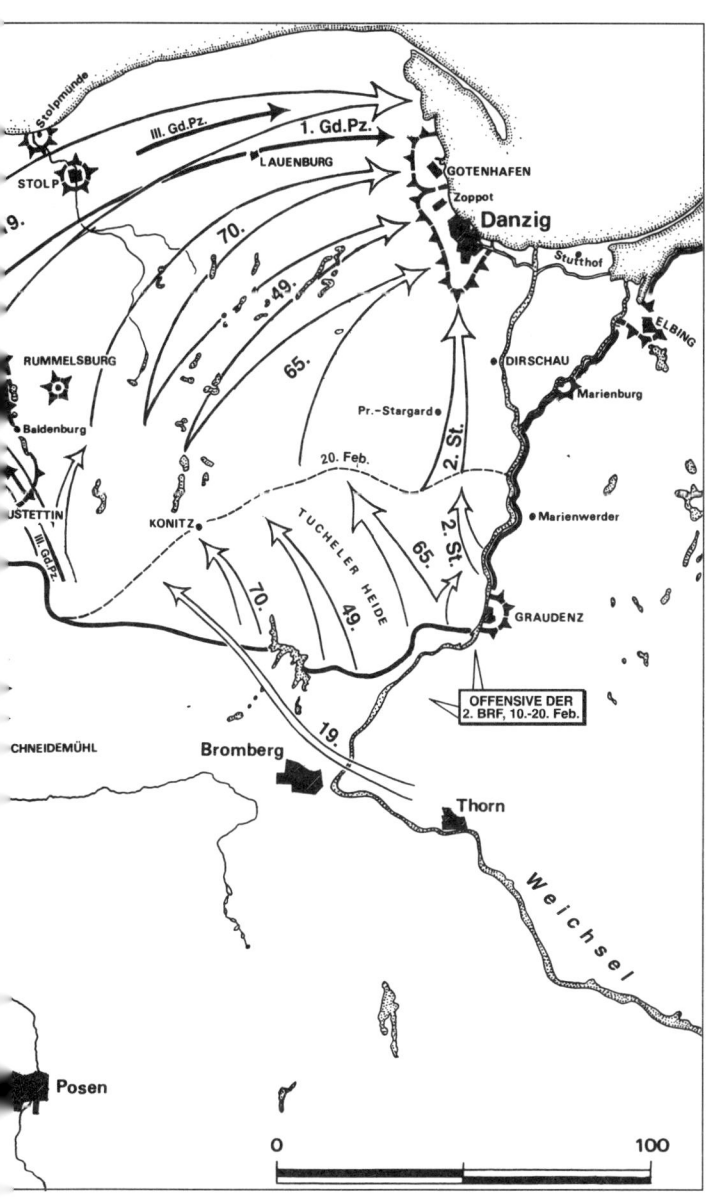

Stolpmünde
STOLP
9.
III. Gd.Pz.   1. Gd.Pz.
LAUENBURG
70.
49.
65.
RUMMELSBURG
Baldenburg
USTETTIN
III Gd.Pz.
KONITZ
20. Feb.
70.
49.
65.
2. St.
2. St.
TUCHELER HEIDE
GRAUDENZ
GOTENHAFEN
Zoppot
Danzig
Stutthof
ELBING
● DIRSCHAU
Marienburg
Pr.-Stargard ●
● Marienwerder

OFFENSIVE DER
2. BRF, 10.-20. Feb.

CHNEIDEMÜHL
Bromberg
19.
Thorn

W e i c h s e l

Posen

0   100

schierte, einem Flüchtlingstreck. Was dann geschah, hat ein deutscher Nachrichtenoffizier beschrieben:

»Gegen 14.00 Uhr überraschender Flankenangriff (von links vorn) eines starken russischen Panzerverbandes aus Richtung Striebelin. Große Verwirrung. Die ersten Einschläge der russischen Panzerkanonen zerreißen direkt vor mir Flüchtlingswagen mit Frauen und Kindern. Hohe Ausfälle an Fahrzeugen. Unweit vor uns beginnt ein Hochwald, dem alles zuzustreben versucht. Beim Versuch, die Fahrzeuge auseinanderzuziehen, blieb alles hoffnungslos im Schnee stecken. Rechts der Straße, dem Feind abgewandt, waren zudem noch viele Stubben und die dazugehörigen Löcher. Die Panzer zogen hinter uns auf unsere Straße und fuhren, alles zermalmend, zunächst Richtung Lauenburg.« (Zit. in: Husemann, S. 504)

Niemand hatte damals saubere Hände. Die Rote Armee nahm Lauenburg ein – entgegen anderslautenden russischen Berichten ohne Widerstand – und entdeckte in der Nähe ein Konzentrationslager für jüdische Frauen:

»Vor unseren Augen breitete sich eine schreckliche Szenerie aus – lange Baracken, rohe Holzbetten und überall Leichen. Unsere Brigadeärzte machten sich sofort an die Arbeit, um den Überlebenden Erste Hilfe zu leisten und sie ins Krankenhaus der Stadt zu transportieren. Wo wir auch hinschauten, sahen wir krasse Gegensätze – das Todeslager und gleich daneben eine Reihe prächtiger Villen. Wir verbrachten einige Zeit damit, eine von ihnen zu besichtigen. Die Wohnräume des Hausherrn mußte man als palastartig bezeichnen, und dennoch waren sie nur ein kurzes Stück von den gräßlichen Hütten in dem mit Stacheldraht umzäunten Lager entfernt.« (Skorobogatow, S. 190)

Die Durchschlagskraft des Vorstoßes an die Küste wurde noch verstärkt, als am 8. März die 1. Gardepanzerarmee der 1. Belorussischen Front Rokossowskijs Armeegruppe zugeteilt wurde, um zu verhindern, daß sich die deutschen Truppen im befestigten Raum von Danzig und Gotenhafen konsolidierten. Im Bemü-

216

hen, Anschluß an den Vormarsch der anderen Armeen zu gewinnen, legte die 1. Gardepanzerarmee allein am 9. März 120 Kilometer zurück, und drei Tage später hatte ihr XI. Gardepanzerkorps die Befestigungen von Gotenhafen erreicht. Bis auf die Überreste des VII. Panzerkorps und ein Durcheinander von in Panik geratenen Einheiten hatten keine deutschen Truppen im Vormarschstreifen der 1. Gardepanzerarmee gestanden. Auch das 4. Feldersatzbataillon der 4. SS-Polizeidivision (VII. Panzerkorps) lief Gefahr, in den Strudel der zurückflutenden Truppen gerissen zu werden:

>>Da steht plötzlich unser Kommandeur, Ritterkreuzträger SS-Sturmbannführer Hauer, mitten im flüchtenden Chaos auf der Straße und fängt sich mit gezogener Pistole mit Hilfe einiger Unterführer aus der Masse der Flüchtenden die Männer seines Bataillons heraus. Die verlassenen Fahrzeuge werden jetzt nach Waffen und Munition durchsucht und die Infanteristen wieder frisch ausgerüstet. Das Unmögliche gelingt: nach zwei Stunden ist das Feld-Ersatz-Bataillon wieder einsatzbereit.<< (Dr. Pichler, in: Husemann, S. 508)

An der Ostflanke war die Entwicklungsphase der Ostpommern-Operation abgeschlossen, und Rokossowskij mußte warten, bis die Hauptkräfte seiner allgemeinen Armeen eintrafen, bevor er daran denken konnte, Gotenhafen und Danzig anzugreifen.

Schukows Vorstoß an die untere Oder

Im westlichen Hinterpommern nahm die Rote Armee am 4. März Stargard ein, und am Abend des nächsten Tages hatte der rechte Flügel von Schukows 1. Belorussischer Front die Linien der 3. Panzerarmee auf einer Länge von 200 Kilometern zerschmettert. Drei von Schukows Armeen schwenkten nun nach links ab und rückten in Richtung auf die untere Oder vor, wo sich der Hauptteil der deutschen 3. Panzerarmee um Altdamm sammelte, die östliche Vorstadt von Stettin, die als Brückenkopf auf der rechten Seite der Oder lag. Die sowjetische 61. Armee griff

Altdamm von Osten her an, während die 47. Armee von Süden, entlang der Oder, anrückte. Der Kampf um Altdamm begann am 6. März und dauerte bis zum 19. (siehe S. 261).

Nördlich von Stettin und Altdamm verbreitert sich die Oder nach und nach, bis sie schließlich ins Stettiner oder Pommersche Haff mündet, von wo sich ihr Wasser an den Inseln Wollin und Usedom vorbei in die Ostsee ergießt. Östlich dieser natürlichen Hindernisse tauchten jetzt die beiden Armeen von Schukows rechtem Flügel auf (die 2. Gardepanzerarmee und die 3. Stoß-armee). Das 67. Regiment der 3. Stoßarmee erreichte am 9. März das Ufer:

>>Am Morgen, als sich der Dunst gelegt hatte, standen wir am fla-chen Ufer der Bucht und sahen über das Wasser. Es war tauben-grau und wurde von sandigen Landzungen unterbrochen. Wir at-meten die frische Luft ein und rochen den Geruch des Seetangs. Als die Sonne aufging, mußten wir unsere Augen vor dem grellen Licht des blauen Himmels bedecken.<< (Schatilow, S. 200)

Die Vernichtung des X. SS-Korps

Am 5. März sah sich das X. SS-Korps in der Gegend von Dram-burg durch sowjetische Einheiten bedrängt, die aus fast allen Himmelsrichtungen angriffen – Teile der 3. Stoßarmee von We-sten und Südwesten, die 1. Polnische Armee von Südosten und Osten und Truppen der 1. Gardepanzerarmee, die vom Vor-marsch auf Kolberg abgeschwenkt waren, von Norden.

Das deutsche Korps war zu diesem Zeitpunkt schon nicht mehr als kampffähige Formation anzusehen. Am Abend gab Ge-neralleutnant Günther Krappe einen letzten, verzweifelten Be-fehl aus, der ein allgemeines *sauve qui peut* zum Inhalt hatte. Er selbst war schwer verwundet und geriet in Gefangenschaft. Die meisten Überlebenden seines Korps gehörten zu kleinen Grup-pen der 5. Jägerdivision, die sich durch die Truppen der sowjeti-schen 3. Stoßarmee hindurchschlängelten und zur Oder durch-schlugen. Major Keller beschreibt, wie es ihm und seinen Män-nern erging:

218

»Tagsüber lagerten wir in dichtem Gehölz, nachts wurde nach Karte und Kompaß meist querfeldein marschiert. Zusammenstöße mit feindlichen Truppen vermieden wir tunlichst. Einige Scheiben Brot und Speck aus überrollten Flüchtlingstrecks oder verlassenen Forsthäusern waren unsere einzige Verpflegung.«

Am 14. März um zwei Uhr morgens kam die Gruppe in ein ausgedehntes Überschwemmungsgebiet und war deshalb gezwungen, auf der Straße, die nach Fürstenflagge führte, weiterzuziehen:

»Unsere Spannung steigert sich von Minute zu Minute. Das Marschtempo wird schneller. Da – plötzlich vor uns ein scharfes ›Stoi!‹, und gleich folgen Handgranaten. Die Hölle bricht los. Alles schreit und schießt durcheinander. Wir sind unversehens von hinten auf einen starken russischen Stützpunkt aufgelaufen. Die Russen haben jedoch bald alle ihre Handgranaten verworfen, ihre Maschinengewehre sind anscheinend fest in Richtung Westen eingebaut. Da stürmen wir 150 Mann mit Hurra-Gebrüll entschlossen los. Die Iwans bekommen es mit der Angst zu tun und verschwinden in ihren Löchern. Wir rennen, was das Zeug hält, über die russischen Stellungen und Hindernisse hinweg auf der Straße nach Westen. Nach einigen hundert Metern werden wir von der Besatzung eines deutschen Stützpunktes aufgenommen.« (Murawski, S. 229)

Die Flucht der Korpsgruppe von Tettau

Der nördliche Nachbar des X. SS-Korps waren die fünf oder mehr zusammengekratzten Divisionen von Generalleutnant Hans von Tettau, die im Süden von Belgard standen. Die Zusammensetzung der Korpsgruppe und die Zahl der Soldaten sind nicht genau zu ermitteln, den Kern aber bildeten die Panzerdivision Holstein und die Einsatzdivision Pommernland mit zusammen 10 000 bis 15 700 Mann, die jedoch nicht nur um ihr eigenes Leben kämpften, sondern auch um das der rund 40 000 Zivilisten, die sich in ihren Schutz geflüchtet hatten.

Von Tettau hatte den Funkkontakt mit dem Stab der 3. Panzerarmee verloren und brach am Morgen des 5. März, ohne zu wissen, was um ihn herum vorging, aus dem Kessel nördlich von Schivelbein, in dem sich sein Korps befand, aus. Er hatte zunächst beabsichtigt, sich auf direktem Weg zu einem Brückenkopf zurückzuziehen, der am Ostufer des Stettiner Haffs bestehen sollte. Dann hörte er aber, daß der Brückenkopf vernichtet worden war, und er wandte sich nordwärts der Küste zu. Am 8. März zeigten sich bei der Panzerdivision Holstein Anzeichen von Panik, und die Gruppe hätte beinahe aufgegeben, doch gelang es ihr, den rückwärtigen Raum der sowjetischen 3. Stoßarmee zu durchbrechen. Am 9. März erreichte sie die Badeorte Hoff und Horst und bildete dort einen Brückenkopf. Von Tettaus Hoffnung, über See evakuiert zu werden, zerschlug sich jedoch, und er mußte damit zufrieden sein, eine Atempause gewonnen zu haben, bevor er Kopf und Kragen riskierte, um sich weiter nach Dievenow durchzuschlagen, von wo aus die Kriegsmarine seine Truppen und die unter ihrem Schutz stehenden Flüchtlinge auf die Insel Wollin übersetzen konnte.

Von Tettau ließ die wenigen einigermaßen kampffähigen Einheiten, über die er verfügte, an einer schmalen Frontlinie an der Küste aufmarschieren, und am 10. März um 22 Uhr begann der Ausbruchsversuch nach Westen. Unteroffizier Borgelt war, vom Stab der 3. Panzerarmee kommend, gerade rechtzeitig mit einem Flugzeug bei der Korpsgruppe eingetroffen, um die Ereignisse des nächsten Tages mitzuerleben:

»Ich lag an der Steilküste neben General von Tettau, dessen Fahrzeug ausgefallen war. Seelenruhig rief er seinen Stabsoffizieren zu, während die russischen Infanteristen mit wilden ›Urrä‹- Rufen angestürmt kamen: ›Na, denn wollen wir mal, meine Herren!‹ Dann schossen alle, ruhig wie auf dem Schießplatz, auf die Angreifer. Ich nahm den Karabiner eines Gefallenen und schoß mit – das erste Mal in diesem Krieg, daß ich so nahe den Gegner vor mir hatte. Dann beschossen sie uns mit Granatwerfern, aber die Schüsse gingen über uns hinweg und schlugen am Strand ein. Ich blickte dorthin, und das Herz krampfte sich mir zusammen. Hinter uns, unter uns im Schutz der Steilküste, zogen die Flüchtlinge nach Westen,

und bei ihnen krepierten die Geschosse der Russen.« (Zit. in: Paul,
S. 160)

Eine Zeitlang sah es so aus, als könnte es der Roten Armee gelingen, die Masse der Soldaten und Zivilisten ins Meer zu werfen.
Aber schließlich war der Durchbruch nach Dievenow geschafft,
und die Flüchtlinge legten die letzten 20 Kilometer ihrer *via dolo-
rosa* zurück. Es war ein Zug des Grauens:

»Ich habe noch nie so viele Leichen gesehen, Zivilisten, Soldaten,
Deutsche, Russen, besondern Russen in großen Mengen, kreuz
und quer durcheinander. Dazwischen tote Pferde, umgestürzte
Treckwagen, festgefahrene Troßfahrzeuge, ausgebrannte Autos,
Waffen, Gerät – die Ablagerungen eines trostlosen, teilweise schon
in Ostpreußen begonnenen Rückzuges. Dazu der deprimierende
Anblick der völlig erschöpften Soldaten, die seit Tagen nichts mehr
zu essen hatten. Die Gesichter der Frauen. Ich sah Mütter, die ihre
Säuglinge, die sie nicht mehr tragen konnten, ins Wasser warfen.
Niemand machte ihnen einen Vorwurf daraus.« (Borgelt, in: Paul,
S. 160f.)

Bis zum Abend des 11. März wurden 6000 Soldaten und 26 000
Flüchtlinge von Dievenow nach Wollin übergesetzt. Der Rest
folgte am nächsten Tag.

221

TEIL V

DIE BELAGERUNG DER FESTUNGSSTÄDTE

Der Schwung, mit dem die Rote Armee Anfang 1945 an die Grenzen des Reichs vorgestürmt und sie überschritten hatte, verebbte im Laufe des Februar. Die abschwellende Flut offenbarte das traurige Gemisch von menschlichem Treibgut, das auf den letzten isolierten Inseln deutschen Widerstands angespült worden war – versprengte Einheiten der Wehrmacht und der Volksgrenadiere, »Magen-«, »Ohren-« und »Augenbataillone«, Luftwaffenangehörige ohne Flugzeuge, Fallschirmjäger ohne Fallschirme, wild entschlossene SS-Männer, weißhaarige Volkssturmmänner, vor Begeisterung brennende Hitlerjungen, russische und skandinavische Freiwillige, Hilfswilligengruppen (Hiwis) und vor allem Tausende und Abertausende von zivilen Flüchtlingen.

Große sowjetische Verbände waren bis zum Beginn der Berliner Operation am 16. April und auch noch danach durch die Aufgabe gebunden, die deutschen Stützpunkte und Zufluchtsorte im Rücken der Roten Armee auszuschalten. Diese Kämpfe, die in die allgemeine Literatur über den Zweiten Weltkrieg kaum Eingang gefunden haben, sind Gegenstand des folgenden Teils dieses Buchs. Wir werden mit dem ostpreußischen »Balkon« beginnen, dann über Danzig und Kolberg der Ostseeküste bis zur Mündung der Oder folgen und uns anschließend dem Flußlauf und seinem Hinterland bis hinauf nach Breslau zuwenden, das fast bis zum Ende des Krieges von den Deutschen gehalten wurde.

KAPITEL 17

Ostpreußen

Der strategische Hintergrund

Am 9. Februar erklärte General Tschernjachowskij dem eben erst im Hauptquartier der 3. Belorussischen Front eingetroffenen General I. Ch. Bagramjan die Lage. Das Problem bestand darin, daß die deutschen Truppen in Ostpreußen, obwohl sie in drei Gruppierungen aufgespalten waren, immer noch über erhebliche Kampfkraft verfügten und sich weiterhin in geordnetem Zustand befanden. Wie sehr dies zutraf, sollte sich wenige Tage später zeigen.

Am 19. Februar griffen deutsche Verbände aus Königsberg und von Samland gleichzeitig die Linien der 39. Armee an und durchbrachen die erste Einschließung der Stadt (siehe S. 186 f.). Schon vorher, am 18. Februar, war Tschernjachowskij im zentralen Ostpreußen ums Leben gekommen, und der Verlust dieses beliebten und geachteten Kommandeurs hätte die Rote Armee auf jeden Fall dazu gezwungen, ihre Prioritäten zu überdenken.

Am 21. Februar übernahm Marschall A. M. Wassilewskij die führerlose 3. Belorussische Front, und am folgenden Tag wurde außerdem die 1. Baltische Front unter der Bezeichnung Samlandgruppe in seine Front eingegliedert. Wassilewskij konnte jetzt in großem Maßstab planen, und er beschloß, die deutsche Heeresgruppe Nord »Stück für Stück« zu vernichten, indem er seine Kräfte nacheinander auf folgende Ziele konzentrierte:

- den Kessel von Heiligenbeil,

- die Festungsstadt Königsberg und

- die Halbinsel Samland.

Der Kessel von Heiligenbeil und
die Vernichtung der 4. Armee (13.-28. März)

Als »Kessel von Heiligenbeil« wurde das Gebiet bezeichnet, das
von der deutschen 4. Armee gehalten wurde. Nachdem Ende Januar Hoßbachs Ausbruchsversuch in Richtung Westen gescheitert war (siehe S. 195), war diese Formation, von einem schmalen
Korridor nach Königsberg abgesehen, im Küstengebiet des mittleren Ostpreußen abgeschnitten. Die Armee bestand aus 15 Divisionen, von denen die 24. Panzerdivision, die Fallschirm-Panzerdivision Hermann Göring und die Panzergrenadierdivision des
Panzerkorps Großdeutschland wahrscheinlich die schlagkräftig-
sten waren. Der Kessel wurde zwar nach der Kleinstadt Heiligenbeil benannt, das Gebiet, das die 4. Armee bis Mitte März hielt,
zog sich jedoch, von Frauenburg im Südwesten bis in die Nähe
von Königsberg im Nordosten, 50 Kilometer an der Ostseeküste
hin und reichte 10–20 Kilometer weit ins Landesinnere.

Hinter dem Kessel lag das Frische Haff, auf dem das Eis bis Ende Februar fest genug war, um die zivilen Flüchtlinge zu tragen,
die auf die Frische Nehrung flohen. In umgekehrter Richtung
donnerten die Salven der Schweren Kreuzer *Lützow* und *Admiral
Scheer* über das Haff und schlugen unter den Einheiten der Roten
Armee ein, die die Frauenburger Flanke des Kessels angriffen.
Das im Landesinnern am Rand des Kessels gelegene Wormditt
wurde am 11. Februar aufgegeben, nachdem man die Flugzeuge
auf dem dortigen Flugplatz gesprengt hatte. Es ist allgemein festzustellen, daß die Deutschen weniger aufgrund des Drucks seitens der Roten Armee zurückwichen als vielmehr aufgrund aku-
ten Treibstoff- und Munitionsmangels.

Die Gnadenfrist der 4. Armee lief am 13. März ab, als Marschall

Wassilewskij nicht weniger als sieben Armeen gegen den Kessel aufmarschieren ließ. Auf deutscher Seite glaubten viele, daß es ein solches Artilleriefeuer und Bombardement aus der Luft noch nie gegeben hatte:

> »Unten, in seinem kleinen Schützenloch, lag der deutsche Soldat – hungrig, müde, hohlwangig, mit durchnäßter Uniform. Die russischen Panzerkeile stießen vor, dahinter die ›Urräh‹-brüllenden Sowjets. Doch alles Leben war noch nicht erloschen. Aus ihren Löchern, mit Erde überschüttet, tauchten sie auf, die harten Landser, warfen die Maschinengewehre auf den Rand des Lochs, schossen mit Sturmgewehr und Maschinenpistole in die graubraunen Massen und sprangen mit der Panzerfaust den feindlichen Kampfwagen an.« (Dieckert/Großmann, S. 143)

Es wurde bald deutlich, daß sich die sowjetischen Truppen auf zwei Abschnitte konzentrierten – den Korridor nach Königsberg und den Südrand des Kessels von Heiligenbeil. Gleich am ersten Tag wurde die Verbindung nach Königsberg unterbrochen, und als am 18. März das Wetter aufklarte, konnte die Rote Armee das ganze Gewicht ihrer Luftwaffe einsetzen.

Am 21. März schickte der pflichttreue Kommandeur der 4. Armee, General Friedrich-Wilhelm Müller, einen Offizier mit dem Flugzeug zu Hitler, um ihn um Erlaubnis zu bitten, die Truppen und das schwere Gerät, solange es noch möglich war, über den Hafen von Rosenberg evakuieren zu dürfen. Hitler lehnte ab, obwohl das keine fünf Kilometer von der Küste entfernte Heiligenbeil bereits zum Kampfgebiet geworden war. Am nächsten Tag überschütteten die sowjetischen Flugzeuge die deutschen Stellungen in Heiligenbeil mit Phosphorbomben. »Die ganze Stadt war ein Flammenmeer, durch das man nur noch mit angesengten Uniformen und durch die Hitze zusammenschrumpfenden Gummimänteln hindurchkam«, berichtete ein Mitkämpfer. (Zit. in: Dieckert/Großmann, S. 147)

Am 24. März verloren die deutschen Truppen mit dem Bahnhof von Heiligenbeil ihren letzten Stützpunkt in der Stadt, und in den nächsten drei Tagen wurden sie ans Ufer des Frischen Haffs zurückgedrängt. Drei Divisionen wurden in Leysuhnen eingeschlossen und aufgerieben, während der Rest der 4. Armee in Rosenberg zwischen den Fahrzeugen, die sich dort zu Hunderten und aber Hunderten stauten, Deckung vor den sowjetischen Luft- und Artillerieangriffen suchte oder, wie die Überreste der 24. Panzerdivision, nordwärts am Haff entlanghastete, um quer über die kleine Halbinsel Balga eine letzte Verteidigungslinie zu errichten. Die endgültige Vernichtung der deutschen Truppen wurde nur durch ein gnädiges Schicksal verhindert, das am 28. März Nebel aufsteigen ließ und so dafür sorgte, daß die sowjetischen Flugzeuge am Boden blieben. An diesem Tag wurden in Rosenberg die letzten Truppen eingeschifft, während sich von Balga aus 2530 kampffähige Soldaten, 2830 Verwundete und 3300 russische und andere ausländische Freiwillige mit Flößen und kleinen Booten auf die Nehrung retteten. Ihr Rückzug wurde von einer kleinen Nachhut der 562. Division unter dem Befehl von Oberst Hufenbach gedeckt, der mit dem größten Teil seiner Leute im Nahkampf fiel.

Nach sowjetischen Angaben verloren in der Schlacht um den Kessel von Heiligenbeil 93 000 deutsche Soldaten ihr Leben. Weitere 46 448 Mann gerieten in Kriegsgefangenschaft; an schweren Waffen eroberte die Rote Armee 605 Panzer und Sturmgeschütze, 3559 Feldgeschütze, 1441 Granatwerfer und 128 Flugzeuge.

Die Atempause in Königsberg
(21. Februar–1. April)

Noch bevor die 4. Armee endgültig ausgeschaltet war, begann Marschall Wassilewskij, seine Truppen für den Angriff auf die Festungsstadt Königsberg umzugruppieren. Es war ein Wunder, daß sie nicht schon längst gefallen war. Ende Januar und Anfang Februar war sie eine Art vergrößertes Rosenberg gewesen, Zufluchtsort versprengter Einheiten einer weiteren dem Untergang geweihten deutschen Armee: der 3. Panzerarmee.

Zwei Tage lang hatte es die Rote Armee in der Hand gehabt, Königsberg im Handstreich zu nehmen. Danach war es der Besatzung der Stadt mit Hilfe von Verstärkungen gelungen, die Verteidigungslinie entlang der Ringstraße und an den vorgeschobenen Forts zu stabilisieren, und am 19. und 20. Februar war sie gemeinsam mit den auf Samland stehenden Truppen sogar zum Angriff übergegangen und hatte den Korridor nach Westen wieder geöffnet (siehe S. 179–188). Als ein Korps der sowjetischen 43. Armee versuchte, diese Verbindung zu unterbrechen, prallte sie gegen eine »stählerne Wand«. (Bagramjan, S. 440)

Das Wagnis der Deutschen zahlte sich aus. Nicht nur war Königsberg vorläufig gerettet, sondern die Rote Armee sah sich darüber hinaus gezwungen, ihren gesamten Plan für die Eroberung Ostpreußens zu ändern und Schritt für Schritt vorzugehen, anstatt ihr Ziel mit einer einzigen großen Offensive zu erreichen (siehe S. 226 f.).

Innerhalb von Königsberg nutzte der Festungskommandant, General Otto Lasch, die der Stadt vergönnte Atempause nach besten Kräften. Die Hauptkampflinie (HKL) ergab sich aus der Verbindung der zwölf äußeren, zwischen 1874 und 1882 erbauten Forts. Um sie herum und zwischen ihnen wurden Gräben und Erdwälle angelegt und die Zugänge durch Stacheldrahtverhaue und Minenfelder gesichert. Was jedoch wegen des Munitionsmangels fehlte, war die weitreichende Artillerie, mit der die sowjetischen Truppen hätten beschossen werden können, die, wie man von der Stadt aus sehen konnte, völlig ungestört in Stellung gingen und ihre Fahrzeugkolonnen nachts sogar mit aufgeblendeten Scheinwerfern fahren ließen.

Den zweiten, durch zahlreiche Kanäle verstärkten Verteidigungsring bildeten am Stadtrand massive Gebäude, Barrikaden und ständige Feueranlagen. Der dritte Ring verlief um die Altstadt mit den neun inneren Forts (zwischen 1843 und 1873 erbaut) und zu Stützpunkten ausgebauten Häuserblocks, und mitten in der Stadt schließlich »erhob sich auf dem Hochufer des Pregel das alte Schloß, in dem sich einige Tausend der eingefleischtesten Faschisten verschanzt hatten«. (Bagramjan, S. 447)

Die Garnison zählte zu dieser Zeit und während der zweiten Einschließung zwischen 35 000 (Lasch) und 130 000 Mann (Bagramjan). Der Unterschied ergibt sich wahrscheinlich daraus, daß nur schwer zu entscheiden war, wer in der Stadt Kombattant war und wer nicht. Nach Truppenteilen gerechnet, bestand die Besatzung aus vier ausgebrannten Divisionen, einschließlich einer Volksgrenadierdivision, und einer weiteren Volksgrenadierdivision (der 561.), die am Zugang zum Samland-Korridor stand.

Während der ersten Einschließung hatte Lasch viel Mühe darauf verwendet, die Kampfkraft der 5. Panzer- und der 1. Infanteriedivision zu stärken, und so war es eine große Enttäuschung für ihn, daß man ihm seine Anstrengungen nach dem Durchbruch vom 20. Februar damit vergalt, daß ihm diese beiden wertvollen Verbände, zusammen mit 70 Flak und weiteren, kleineren Einheiten, entzogen und der Armeeabteilung Samland zugeteilt wurden. Daß General Müller 10 000 leicht verwundete Soldaten der 4. Armee in die vorher schon überfüllten Krankenhäuser von Königsberg verlegen ließ, war alles andere als ein Ersatz für die abgegebenen Truppen:

> »Von solchen angeschlagenen Soldaten noch irgendeine Kampfkraft zu erwarten, widerspricht wirklich jedem normalen Empfinden. Ich habe diese Soldaten auf eigene Verantwortung am letzten Tage, an dem die Festung vor Beginn des Endkampfes noch gerade offen war, nach Pillau evakuiert.« (Lasch, S. 80)

In den ersten drei Wochen nach dem Ende der ersten Einschließung nutzten 100 000 Flüchtlinge und Einwohner der Stadt die Möglichkeit, Königsberg in Richtung Pillau zu verlassen, um mit einem der von dort abgehenden Evakuierungsschiffe zu entkommen. Lasch hatte gehofft, daß noch mehr Menschen diese Gelegenheit ergreifen würden, aber viele wurden von dem grausamen Schicksal, das die *Wilhelm Gustloff* ereilt hatte, von den entmutigenden Berichten über die Enge und den Hunger in dem in Peyse eingerichteten Zwischenlager sowie durch die Luftangriffe auf Pillau abgeschreckt.

Für jene, die in Königsberg geblieben oder dorthin zurückgekehrt waren, nahm das Leben vorübergehend noch einmal halbwegs friedensmäßige Züge an. Es gab wieder Wasser, Gas und Strom; Geschäfte, Restaurants und Kinos waren geöffnet, und das Vieh, das mit den Flüchtlingstrecks in die Stadt gekommen war, wurde gesammelt, so daß die Kranken und die Kinder mit Milch und Fleisch versorgt werden konnten. Das Wetter war für die Jahreszeit ungewöhnlich mild. Schneeglöckchen und Veilchen blühten, die Sträucher wurden grün, und Frauen schoben Kinderwagen durch die Parks.

Die äußere Atempause verschaffte Lasch jedoch keine Ruhe vor seinen inneren Gegnern. Er war ein überzeugter Anhänger der neuen Ordnung in Deutschland gewesen, hatte sich aber seine geistige Unabhängigkeit, seine Menschlichkeit und seinen Realitätssinn bewahrt und war deshalb gewissen Elementen in Königsberg ein Dorn im Auge. Erich Koch, der Gauleiter von Ostpreußen, streckte jetzt, da die erste Panik vorüber war, von seinem sicheren Unterschlupf in Neutief an der Nordspitze der Frischen Nehrung her seine Hand wieder nach Königsberg aus, um seine Macht zu erhalten, und kam mit seiner »Storch« regelmäßig in die Stadt geflogen, um den Parteigenossen vor Ort, insbesondere seinem Stellvertreter Großherr und dem Kreisleiter Wagner, den Rücken zu stärken. In der Partei und auch unter den Soldaten machte bald ein gegen Lasch gerichteter Spruch die Runde:

»Ein schlechtes Omen für Königsberg, der Kommandeur lasch und sein Stabschef ein Süßkind.« (Zit. in: Thorwald 1950, S. 175)

Was Laschs Stabschef, Oberst von Süßkind-Schwendi, betraf, der in seiner Weltuntergangsstimmung die Zügel schleifen ließ und nichts dagegen unternahm, daß sich seine Stabsoffiziere in den Kasinos amüsierten, als befänden sie sich im tiefsten Frieden, hatte der Vorwurf zwar eine gewisse Berechtigung, doch die Spannungen hatten andere Ursachen: »Nirgendwo – es sei denn in Breslau – ballte sich das Mißtrauen zwischen Partei und Wehrmacht zu noch düstereren und erdrückenderen Wolken zusammen als im Königsberg der letzten Wochen. Wie Koch witterten seine Vertreter überall Schwäche, mangelnden Willen, Abfall und Verrat.« (Thorwald 1950, S. 178) Der Volkssturm wurde dem Kommando der Partei unterstellt, und die politische Führung fuhr fort, ohne Rücksprache mit den militärischen Stellen eigene Stützpunkte auszubauen.

Einen großen Teil der ihm verbliebenen Autorität verlor Lasch durch die Einmischung von General Müller, dem Anfang April der Oberbefehl über die auf Samland und in Königsberg stehenden Truppen übertragen worden war (siehe S. 196). Lasch sprach ihm zwar die persönliche Tapferkeit nicht ab, stellte aber kritisch fest: »Die Einsetzung dieses Mannes, der soeben noch, im Gegensatz zu seinem verantwortungsbewußten Vorgänger [Hoßbach], eine ganze Armee der sicheren Vernichtung zugeführt hatte, als Oberbefehlshaber in dieser neu zu erwartenden Kesselschlacht brachte Truppe und Führung um den Rest ihres Vertrauens und ihrer Zuversicht.« (Lasch, S. 80) Ähnliche Gefühle herrschten auch bei der 5. Panzerdivision (vgl. Plato, S. 392).

Am 2. April erschien Müller in Laschs Gefechtsstand am Königsberger Paradeplatz:

»Erstaunlicherweise war er trotz seiner Erlebnisse im Heiligenberger Kessel noch voll Illusionen und konnte meine pessimistische Beurteilung der Lage durchaus nicht verstehen. Er verlangte die Versammlung aller Divisions- und selbständigen Kommandeure und vor allem aller Parteiführer. Ihnen hielt er sodann im Keller des Universitätsgebäudes eine schwungvolle, von höchstem Optimismus und der Überzeugung vom Endsieg getragene Rede.«

Müller sprach davon, daß er die Reste der 4. Armee in einer neuen Kampfgruppe zusammenfassen und nach Königsberg verlegen werde, um mit ihnen eine große Offensive zu starten, durch die die Russen aus Ostpreußen vertrieben werden würden:

»Auf meinen Einwurf, daß zumindest vier bis fünf kampfkräftige Divisionen erforderlich seien, um auch nur einen größeren Teilerfolg zu erzielen, wußte er allerdings auch nicht, wo er diese Verbände hernehmen würde. Er meinte aber, das würde schon alles werden.«

In dem anschließenden persönlichen Gespräch mit Lasch eröffnete ihm Müller, daß er demnächst von seinem Posten abgelöst werden würde, da man den Eindruck habe, daß er nicht genügend

Vertrauen in die Verteidigungskraft der Stadt besaß, deren Festungskommandant er war:

> »Auf meine Frage, wann ich mit meiner Ablösung rechnen könnte, meinte er, es seien noch einige Schwierigkeiten zu überwinden, weil die bisherigen Oberbefehlshaber so gute Beurteilungen über mich abgegeben hätten, daß er damit zunächst nichts anfangen könnte. Er habe aber ›einen langen Arm‹ und würde meine Ablösung unmittelbar beim Führer beantragen.« (Lasch, S. 84f.)

Während sich in Königsberg diese Tragikomödie abspielte, ließ Marschall Wassilewskij vier Armeen vor der Stadt aufmarschieren (die 39., 43. und 50. sowie die 11. Gardearmee). Darüber hinaus konnte er mit einer Luftunterstützung von bisher beispiellosem Ausmaß rechnen; sie umfaßte neben zwei Luftkorps der STAWKA-Reserve die Seefliegerkräfte der Baltischen Flotte und drei komplette Luftarmeen, was zusammengenommen eine Flotte von 830 Jagdflugzeugen, 470 Schlachtflugzeugen und 1124 Bombern ergab. Die Koordinierung der Luftangriffe, vor allem auch mit den Aktionen der Bodentruppen, übernahm Hauptmarschall der Luftwaffe A. A. Nowikow, der Oberbefehlshaber der sowjetischen Luftstreitkräfte, der sich damals gerade in Ostpreußen aufhielt, persönlich.

Für die erbitterten Kämpfe am Boden mußte der Stab der Samland-Gruppe

> »eine Reihe ganz neuer Probleme lösen [. . .], da wir bisher noch niemals eine solch starke Festung wie Königsberg zu stürmen hatten. Eine der schwierigsten Fragen war die Vorbereitung der Truppen auf den Durchbruch einer Verteidigung, die mit Forts, zahlreichen ständigen Feueranlagen, großen und massiven Gebäuden sowie allen möglichen verzwickten Hindernissen für die Technik und die Infanterie gespickt war. Etliche Schwierigkeiten gab es auch bei der Vorbereitung der Kommandeure. In einer Stadt ist die Orientierung erschwert. Sehr leicht können die eigenen Truppen aneinandergeraten, und das Zusammenwirken zwischen den angreifenden Truppen und den Unterstützungsmitteln läßt sich schwer aufrechterhalten.« (Bagramjan, S. 445)

Bagramjan wies die Armee- und Korpskommandeure anhand eines Modells sämtlicher Verteidigungs- und Festungsanlagen von Königsberg in ihre Aufgaben ein, und für die praktische Ausbildung der Truppen wurden eilig umgebaute Verteidigungsanlagen und verlassene Gutshöfe genutzt, wo sie sich mit den Gegebenheiten in der Stadt vertraut machen konnten.

So umfassend und komplex die Vorbereitungen, technisch gesehen, auch waren, beruhten sie doch auf einem ebenso kühnen wie einfachen Konzept. Das Zentrum und der Westteil von Königsberg sollten durch eine wuchtige Zangenbewegung geöffnet werden, und zwar

– vom Süden durch die 11. Gardearmee und

– vom Nordwesten durch die 43. und die 50. Armee.

Weiter westlich sollte die 39. Armee ans Haff vorstoßen und die Verbindung zwischen Königsberg und Pillau unterbrechen.

Der am 1. April einsetzende Regen zwang die Rote Armee, den für diesen Tag geplanten Beginn der Artillerie- und Luftvorbereitung aufzuschieben, und auch als Marschall Wassilewskij eintraf, um selbst das Kommando zu übernehmen, hatte sich das Wetter noch nicht gebessert.

> »Wassilewskij rief Stalin an und meldete ihm die Lage.
> ›Der Oberste Befehlshaber drängt zur Eile‹, sagte er nach dem Gespräch mit Stalin verdrossen. ›Die Berliner Operation steht vor der Tür.‹ Noch einmal schaute er zum wolkenverhangenen Himmel und entschied dann: ›Wir müssen beginnen!‹«(Bagramjan, S. 458)

Die zweite Einschließung von Königsberg (2.–10. April)

Am 2. April begannen die sowjetischen Haubitzen und schweren Granatwerfer mit der Artillerievorbereitung, indem sie ihre Granaten auf die Umgebung der Forts regnen ließen. Danach richtete sich das Feuer gegen die Unterstände und das Mauerwerk der

Forts selbst, und am Morgen des 6. April schließlich – der Regen hatte inzwischen aufgehört – setzte das Hauptbombardement ein:

>>Schlachtflieger jagten immer wieder, aus allen Rohren feuernd, über die Stellungen und Straßenzüge hinweg. Die Stadt sank in Trümmer und brannte. Die deutschen Stellungen waren zerschlagen, die Gräben umgepflügt, die Schützenlöcher eingeebnet, Kompanien begraben, Nachrichten-Verbindungen zerrissen und Munitionslager zerstört. Rauch- und Qualmwolken lagerten über den Häuserresten der Innenstadt. Auf den Straßen lagen Mauerreste, zerschossene Fahrzeuge, Pferdekadaver und Leichen.<< (Dieckert/Großmann, S. 176)

Schon am ersten Tag durchbrachen die sowjetischen Truppen an wichtigen Abschnitten die deutsche Verteidigung. Die 11. Gardearmee drang im Süden bis zum Bahnhof vor, während die 43. Armee von Nordwesten auf die 548. Volksgrenadierdivision einschlug und sie von der 561. Volksgrenadierdivision und der Armeeabteilung Samland abschnitt. Lasch setzte seine Reserven ein, war aber nicht in der Lage, die Linien zu halten, und die Forts und Stützpunkte begannen nacheinander zu fallen.

Die Ereignisse des nächsten Tages überzeugten Lasch davon, daß das Ende nah war. Im Süden ging weiterer Boden verloren, als die 11. Gardearmee zu den Kaianlagen am linken Ufer des Pregel durchbrach. Im Norden verbreiterte die 43. Armee die Bresche in der deutschen Verteidigung, während die 39. Armee Seerappen angriff, wodurch die 5. Panzerarmee gebunden und daran gehindert wurde, den Samland-Korridor wieder zu öffnen. Unterdessen brach der Volkssturm auseinander, und die provisorischen Lazarette in den Kellern der Stadt waren von Verwundeten überfüllt.

Am 8. April setzten Einheiten der 11. Gardearmee über den Pregel und vereinigten sich am Nordufer bei Amalienau mit Einheiten der 43. Armee. Damit war die letzte Verbindung zwischen Königsberg und den westlich des Durchbruchs auf der Samland-Seite kämpfenden Truppen – der 5. Panzer- und der 561. Volksgrenadierdivision – gekappt. Selbst dem stellvertretenden Gauleiter Großherr und den anderen Parteiführern dämmerte jetzt, daß Königsberg dem Untergang geweiht war, und sie forderten von der Wehrmacht, irgendwie eine Massenflucht nach Samland zu ermöglichen. Lasch war im Prinzip dafür und wollte die Hauptkräfte der Garnison zu diesem Zweck nach Westen verlegen, wie er es schon einmal, am 19. Januar, mit Erfolg getan hatte. Vorher war jedoch die Genehmigung von General Müller einzuholen, der aus seinem Gefechtsstand auf Samland per Funk anordnete, daß die Stadt unter allen Umständen zu halten sei und nur einige wenige Einheiten dafür abgestellt werden dürften, den für die Flucht der Zivilbevökerung nötigen Korridor zu öffnen.

Um dem Durchbruchsversuch wenigstens eine gewisse Aussicht auf Erfolg zu geben, zog Lasch so viele Einheiten wie möglich von den Verteidigungslinien im Osten ab. Die Verlegung nach Westen erfolgte, unter alptraumhaften Bedingungen, am 8. April nach Einbruch der Dunkelheit. Aber die Einheiten verliefen sich, bevor sie ihre neuen Aufmarschgebiete erreichten, wie Major Lewinski, der das Grenadierregiment 192 befehligte, berichtet:

»Jedes Bataillon hatte ortskundige Führer, die, wie sich später herausstellte, wertlos waren, denn in diesem Inferno, das einst die Innenstadt von Königsberg gewesen war, half keine Ortskenntnis. Gespenstische Mondlandschaften waren entstanden, wo einst große Straßenzüge durch die Stadt führten. Erkundete Wege waren bereits nach einer Stunde nicht mehr passierbar. Immer wieder krachten die Einschläge der Bomben, Granaten und schweren Stalinorgeln, dazwischen stürzten stehengebliebene Häuserfassaden auf die Straße und wurden riesige Bombentrichter aufgerissen. In dieser Hölle drängten sich von Süden und von Norden Trosse, Lkws, Artillerie- und Sturmgeschütze, bis sie sich so ineinander verkeilt hatten, daß sie weder vor noch zurück konnten.« (Zit. in: Lasch, S. 98)

Das heillose Durcheinander dieser Nacht wurde noch verstärkt, als die Parteiführer, ohne sich vorher mit Lasch abgesprochen zu haben, die Zivilbevölkerung aufforderten, sich um 0.30 Uhr auf der Ausfallstraße nach Pillau zu sammeln. Um zwei Uhr früh setzte sich der Zug unter großem Lärm in Bewegung. An der Spitze fuhr Generalmajor Erich Sudau in einem Panzerspähwagen, was dem Ganzen einen Anstrich von militärischer Organisiertheit verlieh, doch hinter ihm wurde die gesamte Breite der Straße von der Zivilbevölkerung und ihren Fahrzeugen eingenommen. Der Aufruhr erregte natürlich die Aufmerksamkeit der sowjetischen Truppen, die den gesamten Abschnitt sofort mit schwerem Feuer belegten:

>»Mit Infanteriewaffen aller Art, Granatwerfern, Artillerie und Stalinorgeln feuerte der Gegner in das schlecht geführte Durcheinander von Soldaten, Parteileuten und Zivilisten hinein und richtete ein furchtbares Blutbad an. Sudau wurde schwer verwundet und starb an Ort und Stelle. Großherr fiel zusammen mit einer Anzahl anderer Funktionäre. Herzzerreißende Szenen spielten sich unter den Zivilisten ab. Viele versuchten, schwerverwundete Angehörige mit in die Stadt zurückzuschleppen, und gingen dabei selbst zugrunde. Nur einem Rest gelang es, zurück in das brennende Königsberg zu fliehen.« (Thorwald 1950, S. 184)

Als der Tag anbrach, lag die Stadt unter einer dicken Rauchwolke, durch die die Feuerbahnen der Raketen aus den Stalinorgeln zuckten. Die deutsche Verteidigung war inzwischen im wesentlichen auf sieben Widerstandsnester in der Innenstadt reduziert, und überall hängten Frauen weiße Fahnen aus den Fenstern und versuchten, den Soldaten die Gewehre aus den Händen zu reißen. Lasch war sich im klaren darüber, daß die Tage des Reichs gezählt waren, daß man ihn beim Oberkommando aufgegeben hatte und daß die Situation in Königsberg hoffnungslos war:

>»Am ausschlaggebendsten aber war für meinen nunmehr zu fassenden Entschluß die Erkenntnis, daß ich bei weiterer Kampfführung nur noch Tausende meiner Soldaten und Zivilisten sinnlos würde opfern müssen. Eine solche Verantwortung aber konnte ich vor Gott und meinem Gewissen nicht mehr tragen. So entschloß ich mich, den Kampf einzustellen und dem Grauen ein Ende zu machen.« (Lasch, S. 106)

Am Vormittag des 9. April teilte Lasch den erreichbaren Kommandeuren seine Entscheidung mit, und nach Überwindung einiger Schwierigkeiten gelang es ihm, Kontakt mit dem sowjetischen Oberkommando aufzunehmen. Eine sowjetische Abordnung erschien am Paradeplatz, um mit ihm über die Kapitulation zu verhandeln. Sie versprach ihm, daß man sich um die Verwundeten kümmern werde, und sicherte allen Gefangenen eine gute Behandlung zu.

Für die Betonköpfe der Polizeikampfgruppe Schubert, etwa 120–150 Mann von Polizei und SS, die sich ins Schloß zurückgezogen hatten, kam eine Kapitulation jedoch nicht in Frage. Nachdem sie durch sowjetisches Granatwerferfeuer schwere Verluste erlitten hatten, befahl Polizeimajor Voigt den Überlebenden gegen Mitternacht (9./10. April), nach Samland auszubrechen. Soweit bekannt ist, hat niemand dieses Ziel erreicht. Voigt selbst fiel bereits kurz nach dem Beginn des Ausbruchsversuchs, und Generalmajor Schubert (der das Kommando über die Kampfgruppe an Voigt abgetreten hatte) nahm sich in einem verlassenen Bunker bei Juditten das Leben oder wurde dort von sowjetischen Handgranaten getötet. Die Überreste der Kampfgruppe wurden weiter dezimiert, als sie einen zweiten, ebenfalls erfolglosen Ausbruchsversuch unternahmen, und diejenigen, die dann noch am Leben waren, ergaben sich schließlich der Roten Armee.

Der Schlußpunkt unter die Übergabe von Königsberg wurde am Vormittag des 10. April im sowjetischen Gefechtsstand gesetzt:

»Nach dem Vortrag ließ Wassilewski[j] die gefangenen Generale hereinführen. Mit hängenden Köpfen standen sie nun vor uns. Einen besonders deprimierten Eindruck machte der Festungskommandant. Es war wohl nicht nur die Gefangennahme, die ihn bedrückte. Aus abgefangenen Funksprüchen wußten wir, daß Hitler General Lasch wegen der Preisgabe der Festung zum Verräter erklärt und befohlen hatte, seine Familie in Sippenhaft zu nehmen. Nur einer der Gefangenen, ein Pioniergeneral, dessen Haß uns buchstäblich aus seinem aufgedunsenen und grobschlächtigen Gesicht entgegenschlug, versuchte krampfhaft, sich hochmütig zu geben. Er sah uns an, als wäre er nicht unser Gefangener, sondern wir seiner.« (Bagramjan, S. 485)

Die 30–35 000 überlebenden deutschen Soldaten marschierten unter entwürdigenden Bedigungen in die Gefangenschaft. Rotarmisten stürzten sich von allen Seiten auf die Kolonnen, um den Männern ihre Mäntel, Mützen und Uhren zu entreißen. Die Ausplünderung setzte sich in den Eisenbahnwerkstätten fort, von wo aus die Gefangenen in weit entfernte Lager gebracht wurden. Welche Szenen die Soldaten auf dem Marsch in die Gefangenschaft sahen, beschreibt einer von ihnen:

»Die Häuser brannten, qualmten. Polstermöbel, Musikinstrumente, Küchengeräte, Gemälde, Porzellan – alles war und wurde noch aus den Häusern geworfen. Zerschossene Autos standen zwischen brennenden Panzern, Bekleidungs- und Ausrüstungsgegenstände lagen herum. Dazwischen torkelten betrunkene Russen, schossen wild um sich, versuchten auf Fahrrädern zu fahren, fielen um und blieben mit blutenden Wunden bewußtlos im Rinnstein liegen. Weinende, sich wehrende Mädchen und Frauen wurden in die Häuser geschleppt, Kinder riefen nach den Eltern. Es war nicht mit anzusehen. Wir marschierten.« (Zit. in: Lasch, S. 115)

Das Ende auf Samland (13.–27. April)

Nur drei Tage nach dem Fall von Königsberg wandte sich Marschall Wassilewskij mit dem vollen Gewicht der 3. Belorussischen Front gegen die Halbinsel Samland, wo die überlebenden deutschen Truppen zur Armeeabteilung Samland zusammengefaßt worden waren. An ihrer Spitze stand der auf Samland geborene General Dietrich von Saucken, der am 11. April den inkompetenten General Müller abgelöst hatte:

»Aus besonders hartem und zähem Holz geschnitzt, hatte er in beiden Weltkriegen, häufig verwundet, als Truppen-Kommandeur in manchen kritischen Lagen erfolgreich geführt. Er gehörte zu den Generälen, die ihre Truppe an der vordersten Front führten, und genoß infolge seiner unbestechlichen Haltung in hohem Maß das Vertrauen der Truppe wie das seiner Vorgesetzten.« (Dieckert/ Großmann, S. 186f.)

Als von Saucken nach Samland versetzt wurde, war dieser letzte Zipfel von Ostpreußen allerdings nicht mehr zu retten. Sechs stark versehrte deutsche Divisionen sollten dort eine unregelmäßige Frontlinie quer über die Halbinsel gegen eine ganze sowjetische Armeegruppe verteidigen.

Die neue sowjetische Offensive begann am 13. April, und bald darauf hatte die Rote Armee die Front der beiden Divisionen auf dem linken Flügel der Deutschen durchbrochen und drang mit ihren Panzern in den Norden von Samland ein. Die Verteidiger versuchten bis zum 15. April, den Zusammenhalt der Front aufrechtzuerhalten, doch dann brachen sie zusammen und zogen sich in Richtung Südküste zurück. Die 5. Panzerdivision war fast völlig versprengt; von der ehemaligen Elitetruppe war nur noch ein loser Verband von Infanteriekampfgruppen übriggeblieben, die das allgemeine Durcheinander noch vergrößerten, als sie sich quer zur Rückzugsrichtung der anderen Truppenteile, die nach Pillau marschierten, nach Südosten wandten, um ihren alten Stützpunkt in Peyse zu erreichen. Oberst Hoppe, vier weitere Offiziere und 31 Soldaten taten sich dabei unrühmlich hervor, indem sie die Einschiffung der Verwundeten aufhielten, um selbst fliehen zu können:

»Die Tatsache, daß Soldaten dieses kampferprobten Regiments eigenmächtig ihre Truppe verlassen, beweist einmal mehr die hoffnungslose Lage und Verzweiflung der Truppe in den letzten Tagen des Kampfes. Das Verhalten der Gruppe ist später viel diskutiert worden. Es ist immer mißbilligt, gelegentlich als Kurzschlußhandlung zu entschuldigen versucht worden. Die Division insgesamt hat den Kampf vorbildlich bis zum bitteren Ende weitergeführt.« (Plato, S. 397)

Am 16. April stießen die sowjetischen Truppen in den Nordteil von Fischhausen vor, das auf halbem Weg zwischen Peyse und Pillau lag. »Meer, Sonne und Frühlingswetter! [...] Bei Pillau

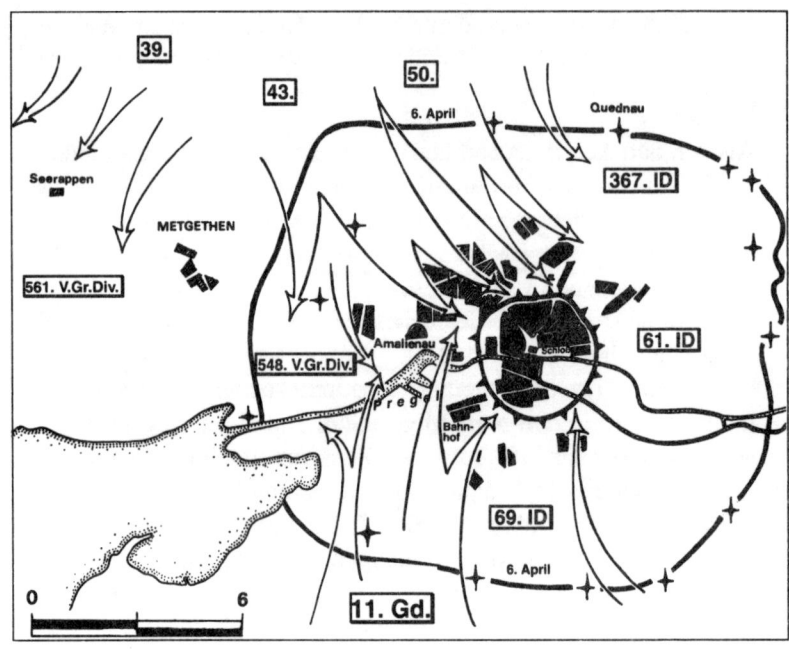

12. Der Sturm auf Königsberg, 6.–10. April 1945

donnerten immer noch die Kanonen, aber die Soldaten sprachen
schon von dem baldigen Ende des Krieges und von der Heimkehr.« (Beloborodow, S. 391)

Oberst Herzog hatte erst wenige Tage zuvor das Kommando
über die 5. Panzerdivision übernommen. Von Hause aus Rechts-
anwalt, war er in den acht Jahren, die er jetzt in der Division diente, vom einfachen Soldaten zu einem der geachtetsten Offiziere
aufgestiegen. Seine Zuversicht war inzwischen allerdings von
dem Wissen untergraben, daß der Krieg in jeder Hinsicht, militärisch wie politisch, falsch geführt worden war, und als die Rote
Armee Fischhausen genommen hatte, war ihm klar, daß seine
Truppen in Peyse verloren waren. Um 15.30 Uhr am 16. April ordnete er das *sauve qui peut**an:

---

* Franz.: Rette sich, wer kann!

»Division ist auf Peyse abgeschnitten. Mit Wiederherstellung der Verbindung ist nicht zu rechnen. Alles Gute!« (Zit. in: Plato, S. 309)

Einige Männer konnten sich mit dem letzten von Peyse abgehenden Schiff retten. Der Rest versuchte, aus allem, was gerade zur Hand war, Flöße zu bauen, oder flüchtete sich in die Wälder der Umgebung. Herzog und der wohl größere Teil seiner Truppen wurden gefangengenommen.

Die verbliebenen Einheiten der Armeeabteilung Samland zogen sich nach Südwesten auf die schmale Halbinsel Pillau zurück, wo ihnen eine ähnliche Katastrophe drohte wie ihren Kameraden. Der heldenhafte Einsatz einiger weniger, die vier Tage lang bei Tenkitten quer über den Zugang zur Halbinsel eine improvisierte Stellung hielten, ermöglichte es jedoch, daß die meisten der unter von Sauckens Befehl stehenden Männer die wenigen hundert Meter in die relative Sicherheit der Frischen Nehrung übergesetzt werden konnten. Der Abschluß der Evakuierung wurde von drei ständigen Feueranlagen in der Nähe von Pillau gedeckt. Als letzte von ihnen fiel die Batterie Lehmberg, die Major Karl Henke und eine kleine Kampfgruppe am Ende im Nahkampf verteidigten, bis sie am 27. April um 15.30 Uhr geschlagen waren.

KAPITEL 18

Danzig und Gotenhafen

Der Truppenaufmarsch (10.–14. März)

Die sowjetische Bedrohung Westpreußens war sehr schnell eingetreten (siehe S. 213). In der ersten Märzwoche stieß die Rote Armee durch Hinterpommern an die Ostsee vor, und anschließend schwenkte Marschall Rokossowskijs 2. Belorussische Front, wie eine gigantische Tür mit Angelpunkt Marienburg an der Weichsel, im Uhrzeigersinn an der Ostseeküste entlang in Richtung Nordosten. Durch diese Bewegung wurden die in Westpreußen befindlichen Deutschen an die Westküste der Danziger Bucht gedrängt, wo sich in der Gegend von Gotenhafen und Danzig schließlich rund 1,5 Mio. zivile Flüchtlinge, 100 000 verwundete Soldaten und die Überreste der 2. Armee drängten, die – von Norden nach Süden aufgezählt – aus folgenden Verbänden bestand: der 4. SS-Polizeidivision, der 7. Panzerdivision, der 215., 32., 227., 83., 73., 389. und 252. Infanteriedivision, der 4. Panzerdivision, der 12. Luftwaffen-Felddivision, der 542. Volksgrenadierdivision sowie der 35. und 23. Infanteriedivision und der zwischen den Mündungen von Weichsel und Nogat stehenden 7. Infanteriedivision.

Hinter der sich zurückziehenden 2. Armee tat General Karl-Wilhelm Specht, der Befehlshaber des Danziger Militärkreises, sein Bestes, um die Region Danzig/Gotenhafen in eine Festung zu verwandeln, die, wie Hitler befohlen hatte, »bis zur letzten Patrone« aushalten sollte. Während der Jahre, in denen Westpreußen zu Polen gehört hatte (1920–1939), war in Gotenhafen oder, besser, Gdingen, polnisch Gdynia, ein neuer Hafen erbaut und mit einer Reihe von Küstenbefestigungen versehen worden. Der Landseite hatte man jedoch weniger Beachtung geschenkt, so daß Spechts erste Aufgabe darin bestand, an den bewaldeten Hügeln im Westen von Danzig und Gotenhafen Verteidigungsstellungen zu errichten.

Da die 2. Belorussische Front aus Pommern heranrückte, befand sich die Rote Armee in der merkwürdigen Situation, ostwärts zu marschieren, während sich die Deutschen nach Westen gegen sie verteidigen mußten, was sowohl für die Rote Armee (vgl. Babadschanjan, S. 236) als auch für die Wehrmacht einigermaßen verwirrend war, wie einer der Soldaten berichtet, die in eine neue Verteidigungslinie westlich von Zoppot verlegt wurden:

»Ich habe keine Ahnung, wo der Feind steht, ich vermute, in unserem Rücken. Die Panzerabwehrkanonen und die Flak, die wir aufstellen, zeigen mit ihren Rohren nach Südwesten, eher sogar nach Westen, also in die einzig mögliche Richtung eines Rückzuges. Ich begreife nichts, doch das tut nichts zur Sache, es ist nicht das erste Mal; ohne Zweifel denken andere für uns.« (Sajer, S. 483)

In der zweiten Märzwoche begann der Kampf um den befestigten Raum der beiden Hafenstädte erkennbare Formen anzunehmen. Die Hauptkräfte der deutschen 2. Armee konsolidierten sich in den vorbereiteten Stellungen im unübersichtlichen Hinterland von Danzig und Gotenhafen. Die äußere Verteidigungslinie wurde bereits am 8. März auf die Probe gestellt, aber die sowjetischen Panzerspitzen machten kaum Fortschritte, bis einige Tage später die Schützenverbände eintrafen und sie unterstützten. Der Vormarsch gestaltete sich in dem bewachsenen, immer wieder von Hindernissen unterbrochenen Gelände recht schwierig, zumal die Flüsse aufgrund von Tauwetter und Regen über die Ufer getreten waren: »Die Infanterie stand in ihren durchnäßten, schweren Regenmänteln bei jedem Schritt knietief im Schlamm, und die Fahrzeuge mußten über die aufgeweichten Straßen gezogen werden.« (Iwanow, S. 23)

Am 12. März löste General von Saucken Generaloberst Walther Weiß, der sich als Österreicher in dieser Gegend nicht auskannte, an der Spitze der 2. Armee ab. Wir sind von Saucken bisher zweimal begegnet – beim Rückzug des Panzerkorps Großdeutschland quer durch Polen und in der Endphase der Kämpfe um seine Heimat Samland. Er war ein hervorragender Offizier und kam mit klaren Vorstellungen über seine Aufgabe nach Westpreußen, die sich in seinen Augen keineswegs in sturer Befehlsausführung erschöpfte: »Ihm lag als Sohn des Ostens vor allen auch die Sorge um die zusammengeballten Flüchtlingshaufen am Herzen, um sie dem Zugriff der Russen zu entziehen.« (Diekkert/Großmann, S. 165) Das war das Prinzip, von dem er sich in seinem Verhalten dem Oberkommando und den Parteistellen gegenüber leiten ließ.

Von Saucken wurde von Berlin wiederholt versichert, daß Munitionsnachschub für die 2. Armee über See »unterwegs« sei; er kam jedoch nie an. Als dann ein für Kurland bestimmtes Schiff mit Munition aller Art an Bord im Danziger Hafen in Brand geriet, nahm von Saucken die Gelegenheit wahr und ließ die Ladung unter dem Vorwand, sie retten zu wollen, an Land bringen, wo sie der 2. Armee hochwillkommen war. Die Militärbürokratie drohte von Saucken nach diesem Vorfall mit ernsten Folgen, falls er etwas Ähnliches noch einmal versuchen sollte.

Neben der militärischen Verantwortung hatte von Saucken auch die Entscheidung in allen Fragen, die das Wohlergehen der Zivilisten betrafen, an sich gezogen. Die Konkurrenz der Parteiführung des Gaus Danzig-Westpreußen brauchte er nicht zu fürchten, da der Gauleiter Albert Forster unter dem Gewicht der Ereignisse und seiner eigenen inneren Widersprüche zusammenbrach. Forsters Gerede von einer zivilisatorischen Mission, die die Deutschen im Osten zu erfüllen hätten, hielt ihn nicht davon ab, die polnische Bevölkerung zu verfolgen, und als gläubiger Katholik war er dennoch ein ergebener Hitler-Anhänger, »ein treuer Diener seines Herrn, der, wenn sein Führer ihn auf den Mond geschickt hätte, losmarschiert wäre«. (Burckhardt, S. 34; vgl. Thorwald 1950, S. 246, 262)

Der sowjetischen Offensive war er allerdings nicht gewachsen. Er floh auf die Halbinsel Hela und kehrte nur noch einmal, am 4. April, aufs Festland zurück, wo er wie betäubt auf das überall herrschende Chaos und Elend schaute und am Ende buchstäblich zusammenbrach.

Vom Beginn des Angriffs bis zum Durchbruch nach Zoppot (15.-22. März)

Am 13. März, als die Truppen der 2. Belorussischen Front im Vorfeld des befestigten Raums Danzig/Gotenhafen standen, entwarf Rokossowskij seinen Angriffsplan. Sechs Armeen sollten von Westen, Südwesten und Süden angreifen; eine herausragende Rolle war der 70. und 49. Armee zugedacht, die Schulter an Schulter bei Zoppot an die Küste vorstoßen und das Angriffsgebiet auf diese Weise zweiteilen, das heißt Danzig und Gotenhafen voneinander trennen sollten.

Vom 15. März an waren an allen Frontabschnitten heftige Kämpfe im Gang. Die deutsche Kriegsmarine evakuierte trotz schwerer Luftangriffe Tag und Nacht Flüchtlinge, während das Heer das überflutete Gebiet im Südosten von Danzig und die bewaldete Hügelkette im Westen des befestigten Raums verteidigte. Vorgeschobene Beobachtungsposten leiteten das unterstützende Feuer des alten Schlachtschiffs *Schlesien,* des Schweren Kreuzers *Prinz Eugen* und des Leichten Kreuzers *Leipzig,* deren Silhouetten sich vor dem Horizont der Bucht von Danzig abhoben. Von beiden Seiten schlugen die Granaten ein: »Die Erde erzittert und dröhnt, die bis jetzt noch heil gebliebenen Fensterscheiben zerbersten im Rhythmus der Schlacht.« (Sajer, S. 484f.)

Die deutsche Verteidigung war ausgesprochen aggressiv. Wo die Rote Armee Boden gewonnen hatte, wurde mit Gegenangriffen geantwortet, und wenn die sowjetischen Truppen nicht vorrückten, liefen sie Gefahr, sich ihrerseits verteidigen zu müssen. Im Verlauf eines dieser Kämpfe sahen sich Guy Sajer und einige seiner Kameraden vom Panzerkorps Großdeutschland in offenem Gelände drei sowjetischen Panzern gegenüber. Zwei von ihnen konnten durch Panzerabwehrgranaten gestoppt werden, aber der dritte rollte weiter auf sie zu:

»Das Ungetüm hat sein Tempo beschleunigt, es ist jetzt noch etwa 30 Meter entfernt. Ich greife zu meiner letzten Panzerfaust. Neben mir hat ein Kamerad schon abgezogen, und ich war einen Augenblick lang geblendet. Während ich mich noch anstrenge, mein Sehvermögen wiederzugewinnen, kann ich plötzlich wieder etwas ausnehmen und sehe eine Lawine von Steinen und Erdbrocken in etwa fünf bis sechs Meter Entfernung an uns vorbeirauschen. Ein schon nicht mehr menschlicher Schrei entringt sich unseren Kehlen.

Das Ungetüm fährt knapp an uns vorbei und entfernt sich im Toben der Schlacht. Schließlich verschwindet es in einem Vulkan, der es emporhebt und in dichten Rauch hüllt. Unsere geblendeten Augen blicken suchend umher, doch sie sehen nichts als Feuer und Flammen.« (Sajer, S. 487f.)

Am 19. März begann der mühsame sowjetische Angriff spürbare Erfolge zu erzielen. Im Abschnitt von Zoppot nahmen Sturmabteilungen eine Höhe, von der aus sie einen Blick über die Stadt und auf die Küste der Bucht hatten. Weiter im Süden geriet Danzig unter Artilleriebeschuß, und die deutsche 4. Panzerdivision wurde bis auf zwei Kilometer an den westlichen Stadtrand zurückgedrängt. Als von Saucken, der diese Einheit einst befehligt hatte, seine alten Kameraden besuchte, wurde er, wie er selbst berichtet, gefragt, »warum hier ein bedeutungsloses Stück Land trotz der hohen Verluste so hartnäckig verteidigt wurde«. (Zit. in: Paul, S. 226f.) Hierauf erklärte er, daß zum einen der Marinestützpunkt Hela, der für die Versorgung der Heeresgruppe Kurland von größter Bedeutung war, geschützt werden müsse und zum anderen die Truppen einen Schild bilden müßten, hinter dem die Evakuierung der zivilen Flüchtlinge und verwundeten Soldaten aus Danzig und Gotenhafen vonstatten gehen könne.

Am 20. März hatten die sowjetischen Panzer in den regennassen Wäldern westlich von Zoppot immer noch mit heftiger Gegenwehr zu kämpfen, gleichzeitig aber wurde der Schiffsverkehr in der Bucht an diesem Tag zum erstenmal Ziel von Artillerieangriffen, und die auf den Hügeln stehenden sowjetischen Einheiten konnten verfolgen, wie Bomber der westlichen Alliierten in den Kampf eingriffen:

»Sie flogen über unsere Köpfe hinweg gegen die Stadt, den Hafen und das faschistische Marinegeschwader. Der Himmel war mit den Wattebäuschen der detonierenden Flugabwehrgranaten übersät, und einige Flugzeuge explodierten in der Luft. Die Erde bebte den ganzen Tag über unter den Einschlägen der Bomben und Artilleriegeschosse.« (Gorb, S. 251)

Das Ende von Gotenhafen (23.-27. März)

Das Zentrum von Danzig lag jetzt in Reichweite der sowjetischen Artillerie, und die Kommandeure der Roten Armee dachten darüber nach, welches der beste Weg zur Eroberung von Gotenhafen war. Es war ein Unternehmen, das sorgfältiger Planung bedurfte, doch da kam der Roten Armee ein Zufall zu Hilfe:

> »In einem Dorf unweit Gdynia meldete sich eine hübsche junge Polin beim Kommandeur des 8. Motorisierten Gardekorps [der 1. Gardepanzerarmee] und übergab ihm eine Karte. Bei näherer Betrachtung stellte Dremow fest, daß es sich um eine Karte der Festung Gdynia handelte, in der das gesamte Feuersystem des Gegners eingetragen war.
> Spielte uns ein glücklicher Zufall die Karte in die Hand, oder ist das eine faschistische Falle? überlegte Dremow.
> In einem Wortgemisch aus Polnisch und Russisch erklärte ihm die Frau die verwundbarsten Stellen der Festung und die für den Angriff günstigsten Ausgangspositionen.« (Katukow, S. 355)

Die Karte erwies sich als echt, und mit ihrer Hilfe gelang Sturmabteilungen der 1. Gardepanzerarmee der erste Einbruch in das Stadtgebiet von Gotenhafen. Die junge Frau hatte der Roten Armee eine Menge Verluste erspart. Wie sich nach dem Krieg herausstellte, war sie Mitglied des polnischen Widerstandskomitees gewesen und hatte auf dessen Weisung gehandelt.

Zwischen dem 24. und dem 26. März setzte die deutsche Kriegsmarine den gesamten verfügbaren Schiffsraum ein, um Flüchtlinge und Verwundete zu retten, während sich die Rote Armee durch die Innenstadt kämpfte und die deutschen Dampfschiffe, Lastkähne und Motorboote zu beschießen begann:

»Anfangs klappte der Beschuß nicht richtig, da die Entfernung über Wasser unsere Richtkanoniere täuschte; doch bald gewöhnten sich Panzersoldaten und Artilleristen an die veränderten Bedingungen. Ein Schuß, eine Detonation, und ein mit Faschisten vollgestopftes Schiff sank. Weitere Treffer, ein Lastkahn bekam Schlagseite und brannte. Ein Dampfer trieb kieloben.« (Katukow, S. 356)

Am 26. März eröffnete die Artillerie der sowjetischen 19. Armee den Schlußangriff auf Gotenhafen:

»Wir konnten die Häuser sehen, in denen sich die Deutschen versteckten, und auch den Stadtfriedhof, auf dem sich die Faschisten ebenfalls verschanzten. Der Kommandeur der Fernmeldetruppe der Brigade, Major Banit, meldete, daß die Funkverbindungen für die Feuerleitung bereit waren. Dann eröffneten die Katjuschas hinter uns auf einen Schlag das Feuer, und die Raketen flogen über unsere Köpfe hinweg. Als kurz darauf die Artillerievorbereitung aus allen Rohren einsetzte, war die Stadt bald in Wolken aus Staub und Rauch eingehüllt.« (Skorobogatow, S. 199)

Auf deutscher Seite hatte man bereits damit begonnen, Schiffe zu versenken und die Hafenanlagen zu sprengen, und in der Nacht vom 26. auf den 27. März strömten die letzten Verteidiger zusammen mit den restlichen Flüchtlingen entlang der Küste nordwärts zur Halbinsel Oxhöft.

Das Ende von Danzig (23.-28. März)

Der letzte Akt in Danzig spielte sich unter einer gelblichen Schwefelwolke ab. Feldgendarmerie und Sonderkommandos der SS durchkämmten, ohne durch Forster oder von Saucken dazu ermächtigt worden zu sein, die Straßen und übten an jedem, der ihrer Ansicht nach seiner Pflicht entflohen war, Stand- und Schnellgericht. Zu den Opfern gehörten vom Krieg gezeichnete Landser ebenso wie blutjunge Luftwaffenhelfer, die am nächstbesten Baum aufgeknüpft wurden und Schilder umgehängt bekamen, die ihr »Verbrechen« verkündeten: »Ich hänge hier, weil ich ohne Erlaubnis meine Einheit verließ«, »Ich war zu feige zu kämpfen«, und so weiter.

Am 27. März zerbrach der Kampfgeist der Fronttruppen, wozu nicht zuletzt die Nachricht beitrug, daß der Kommandeur der 4. Panzerdivision, Generalleutnant Clemens Betzel, von einem Granatsplitter getötet worden war. Der Stab der Division zog sich aus Langfuhr zurück, und der Unteroffizier (und Kriegsberichterstatter) Robert Poensgen wurde als Kradmelder losgeschickt, um den rückwärtigen Einheiten den neuen Standort des Divisionsgefechtsstandes mitzuteilen. In Danzig geriet er an einer Kreuzung mitten in einen Katjuscha- und Artillerieangriff:

> »Mit aller Wucht trete ich auf die Bremse, werfe das Krad auf die Straße, und ehe es recht zum Stehen kommt, liege ich schon flach in eine Mauerecke gepreßt.
> Ringsum ist jetzt die Hölle los. Einschlag auf Einschlag, schwere und schwerste Kaliber dreschen auf das ganze Stadtviertel. Häuser brechen zusammen wie Zündholzschachteln, Dachbalken werden hochgerissen, Mauerwerk prasselt auf die Straße. Im Nu ist alles eingehüllt in roten Ziegelstaub. Dazwischen blitzt und flammt es immer wieder gelbrot auf, und aus dem Staub wächst die Feuersäule eines Einschlages. Es ist wie ein Weltuntergang.«

Was Poensgen auf der anderen Seite der Mottlau in Heubude vorfand, war noch weit schrecklicher als das, was er bisher erlebt hatte:

> »Hier lag gestern der Schwerpunkt aller sowjetischen Angriffe, lasse ich mir sagen. Die Straße war kilometerlang vollkommen verstopft, drei, vier Fahrzeuge nebeneinander, Benzinwagen, Munitionsfahrzeuge, Pferdegespanne, Verwundetentransporte. Es gab kein Vor und Zurück mehr. Und in diese deckungslose, unentwirrbare Zusammenballung hinein schlugen die Bomben der immer wieder in neuen Wellen angreifenden russischen Kampfflugzeuge. Es muß die Hölle gewesen sein! Munition explodierte, brennender Kraftstoff sprühte über Tote, Verwundete und noch Lebende, über Menschen und Tiere. Jetzt wirkt das Ganze wie ein ausgeglühter

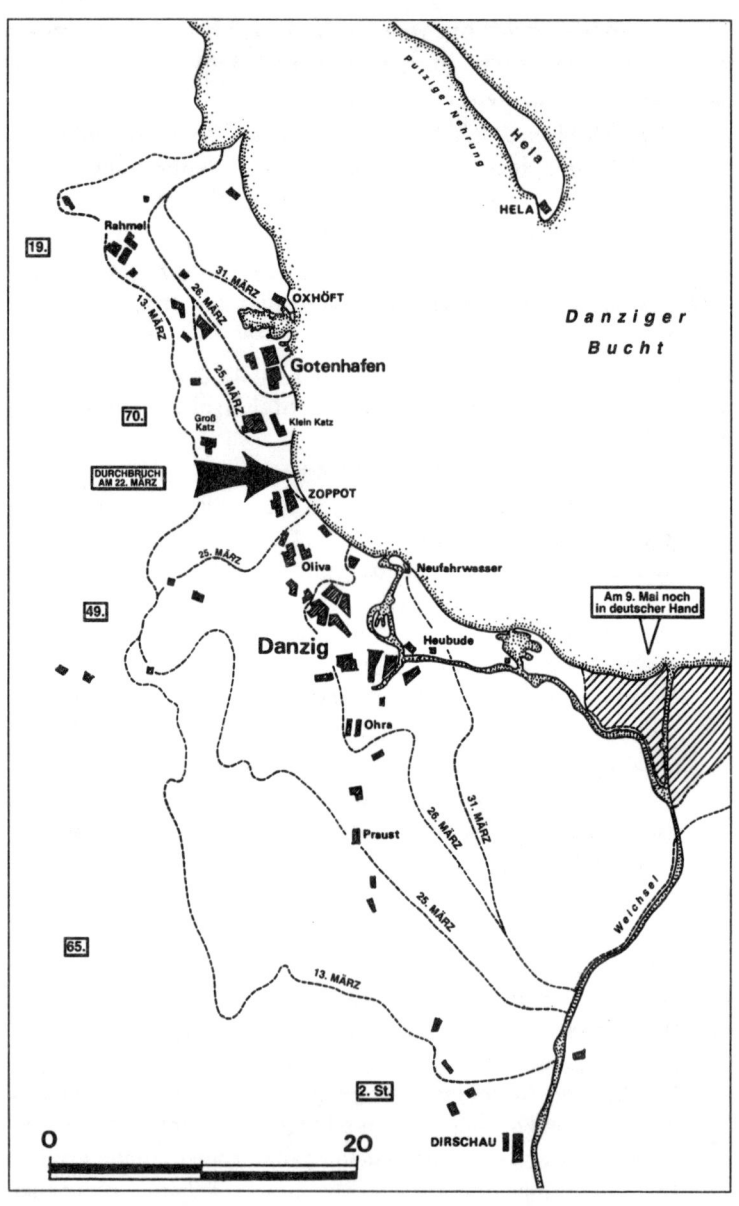

13. Die Belagerung von Danzig, 15.–28. März 1945

Schrotthaufen von ungeheurem Ausmaß. Es ist das grauenhafteste Bild der Vernichtung, das ich in all den Kriegsjahren je gesehen habe – und ich habe schon viel gesehen.«

Da die Front nachgab, ordnete von Saucken an, die Evakuierung von Danzig in der Nacht des 27. März abzuschließen. Nach Mitternacht setzte sich dann auch der Stab der 4. Panzerdivision in Marsch. Auf dem Heck des Funkpanzerwagens des Kommandeurs war der von der Reichskriegsflagge eingehüllte Sarg mit dem Leichnam von General Betzel befestigt worden. Der Leichenzug durch die mondbeschienenen Ruinen der Stadt kam in der Hundegasse vorübergehend zum Stehen, weil ihm eine Infanteriekolonne den Weg versperrte:

»Vor uns, an der Stelle, wo sie sonst immer fuhren, stehen die Melder der einzelnen Truppenteile mit ihren Krädern. In einigen Beiwagen sitzen Mädchen aus Zoppot und Danzig. Seit Tagen schon fahren sie mit – und keiner hat etwas dagegen. Auch die niedliche Eisenbahnschaffnerin ist dabei, in die der Pioniermelder so verliebt ist und die er unbedingt heiraten will, sobald sich Gelegenheit bietet.
Unheimlich hoch ragen die schmalen Giebel der alten Häuser in den Himmel. Nur dünne Mauern sind es noch, die im Winde zu schwanken scheinen. Ehe ich zu Ende gedacht habe, tönt von vorne der Warnungsruf: ›Vorsicht, der Giebel kommt!‹ Ich sehe im Bruchteil einer Sekunde die Kräder durcheinanderschwirren, dann stürzt die Mauer, in der Luft mehrfach zerbrechend, auf das Menschenknäuel. Ein Poltern, ein Krachen, ein scharfer Luftzug – und dann eine undurchdringliche Staubwolke. Ich bin wie gelähmt auf dem Trittbrett stehen geblieben.
Wir rennen alle zur Unglücksstelle. Fast einen Meter hoch liegt der Schutt über den Krädern. Die Soldaten sind alle noch da. Sie sind ja seit Jahren gewohnt, blitzschnell zu reagieren, und konnten noch beiseite springen. Aber die Mädchen kamen nicht mehr aus den Beiwagen heraus. Sie sind alle verschüttet. Kalter Schweiß läuft uns den Rücken herunter, als wir wie die Wilden zu graben beginnen. Wir wissen ja von vornherein, daß alles vergeblich ist, aber dennoch. [. . .] Der kleine Pioniermelder ist wie wahnsinnig. Wir

helfen ihm, seine tote Braut aus dem Beiwagen zu heben. Er wischt ihr ganz behutsam das Gesicht ab, das von einer dicken Staubschicht bedeckt ist.« (In: Schäufler 1973, S. 231, 234, 241f.)

Danach setzte sich die Kolonne wieder in Bewegung und überquerte die Mottlau-Brücke. Als der Tag anbrach, enthüllte er die zwischen den Bäumen am Flußufer liegenden Fahrzeugwracks der 2. Armee. Am Horizont im Südwesten war das aufgegebene Danzig zu sehen, das immer noch brannte.

Die letzten Brückenköpfe

Ende März hielten die deutschen Truppen an der Bucht von Danzig noch drei isolierte Nester:

- Die von Nordwesten in die Danziger Bucht hineinragende Dünenhalbinsel Hela (oder Putziger Nehrung) stellte bis zum Ende des Krieges einen Zufluchtsort dar, der Schutz gegen jegliche Angriffe bot, es sei denn, sie kamen aus der Luft. In den nachfolgenden Frühlingswochen trafen in den Marine- und Fischerhäfen in der Umgebung der Stadt Hela Hunderttausende von Flüchtlingen ein, die von dort aus nach Westen gebracht wurden (siehe S. 315).

- Auf dem Festland hatten sich 8000 Soldaten und eine weitaus größere Anzahl von Flüchtlingen aus Gotenhafen auf die Oxhöfter Kämpe zurückgezogen, die Hitler postwendend zur »Festung« erklärte, die mit allen Mittel zu verteidigen sei, was angesichts des offenen Geländes der Landspitze schlichtweg absurd war. Die Kriegsmarine und von Saucken waren sich einig darüber, daß die dort eingeschlossenen Menschen schnellstens zu evakuieren waren. Am 5. April um 16 Uhr wurden die letzten von ihnen zur Halbinsel Hela übergesetzt. Fünf Stunden später erteilte Hitler von Saucken die Erlaubnis, die Landspitze aufzugeben.

- Im Danziger Werder, dem marschähnlichen nördlichen Teil des Weichseldeltas, sammelten sich die aus Danzig entkommenen Truppen und Flüchtlinge, während im Osten die Danziger (oder Frische) Nehrung den von Samland kommenden Flüchtlingen Schutz bot. Die deutschen Pioniere hatten am 27. März die Weichseldeiche gesprengt und damit eine Überschwemmung verursacht, die das Delta für die Landstreitkräfte der Roten Armee unerreichbar machte. Gegen Luftangriffe gab es allerdings keinen Schutz, und die Deutschen – Soldaten wie Zivilisten – wurden in einen derart abgestumpften Zustand gebombt, daß viele von ihnen regelrecht aus ihren Erdlöchern gezerrt werden mußten, als Schiffe eintrafen, um sie zu retten. Als Anfang Mai die Zivilisten restlos evakuiert waren, entschied von Saucken, ihnen die Soldaten folgen zu lassen. Der Abtransport war noch in vollem Gange, als das Oberkommando am 9. Mai den Befehl ausgab, daß sich die übriggebliebenen Truppen der Roten Armee zu ergeben hätten.

KAPITEL 19

Kolberg

Die kleine Hafenstadt Kolberg an der Mündung der Persante lag inmitten eines ansonsten nicht bebauten Küstenabschnitts. Sie war wegen ihrer Rolle in der preußischen Geschichte berühmt, weil sie fünf Belagerungen überstanden hatte, von denen die französische im Jahr 1807 (siehe S. 312) die berühmteste ist. 1872 verlor Kolberg seinen militärischen Status. Im Jahr darauf wurden die Befestigungen geschleift, und die Stadt lebte ungestört, bis sie im November 1944 erneut zur »Festung« erklärt wurde.

Bevor Oberst Fritz Fullriede, ein alter Kolonialoffizier aus Südwestafrika, am 1. März in Kolberg eintraf, um den Fortschritt der Befestigungsarbeiten zu inspizieren, war wenig getan worden, um die Stadt in Verteidigungsbereitschaft zu versetzen. Zudem wurde der Bahnhof von Flüchtlingen und Zügen blockiert, die darauf warteten, nach Westen fahren zu können; weitere 22 Züge stauten sich vor der Stadt. Fullriede tat sein möglichstes, um das Durcheinander aufzulösen, solange die Verbindung zur Oder noch offen war. Die Evakuierung erfolgte auf Fullriedes eigene Verantwortung, da der örtliche Kreisleiter mit der Begründung, er habe keine entsprechende Anweisung des pommerschen Gauleiters Franz Schwede-Coburg (der für seine Brutalität bekannt war) erhalten, den Evakuierungsbefehl verweigerte und Fullriede nicht unterstützen wollte.

Die sowjetischen Kommandeure hatten unterdessen ihre Karten entfaltet und pochten mit Entschlossenheit auf die kleine

Stadt Kolberg, die den Endpunkt der Trennlinie zwischen der 1. und 2. Belorussischen Front während der ersten Phase der Ostpommern-Operation gebildet hatte. Am 4. März erreichten die Spitzen der 1. Gardepanzerarmee beiderseits von Kolberg die Ostseeküste und versperrten den in Kolberg wartenden Flüchtlingen den Landweg nach Westen. Die sowjetischen Truppen wandten sich sodann nach Osten, um sich erst einmal dringenderen Geschäften zu widmen – nämlich der Einnahme von Danzig und Gotenhafen (siehe S. 216 f.). Ihren Platz vor Kolberg nahmen zunächst zwei Divisionen der 1. Polnischen Armee ein, denen als Verstärkung ein sowjetisches Panzerartillerieregiment unterstellt war.

Die Festungsbesatzung von Kolberg war eine schwache, bunt zusammengewürfelte Truppe aus versprengten Wehrmachtseinheiten, zwei schlecht ausgerüsteten Volkssturmbataillonen und in der Stadt gestrandeten Angehörigen von Luftwaffe und Kriegsmarine. Insgesamt standen Fullriede zu Beginn der Belagerung 3300 Wehrmachtsangehörige zur Verfügung, von denen etwa 2200 zur kämpfenden Truppe gehörten. Für das OKH war es fast schon ein Wunder, daß überhaupt jemand Kolberg verteidigte, da die Korpsgruppe von Tettau (siehe S. 219), die eigentlich dieses Gebiet sichern sollte, durch den Vorstoß der 1. Gardepanzerarmee von der Küste und Kolberg abgeschnitten worden war. Fullriede selbst war ja, wie bereits erwähnt, lediglich zur Inspektion nach Kolberg gekommen, und es war nur unter dem Zwang der Umstände so gekommen, daß er zum Festungskommandanten geworden war. Garnison und Stadt waren mit 68 000 Zivilisten überschwemmt, die meisten von ihnen Flüchtlinge aus dem Hinterland.

Es war klar, daß Kolberg um jeden Preis gehalten werden mußte. Oberst Fullriedes vorrangige Aufgabe bestand darin, einen Schutzschild aufzubauen, hinter dem die Flüchtlinge von der Kriegsmarine über See evakuiert werden konnten. Im größeren Zusammenhang gesehen, sollte er den Gegner von der Nordflanke der Korpsgruppe von Tettau ablenken, wie Guderian am 3. März in einem Telefongespräch mit dem Stab der Heeresgruppe Weichsel hervorhob.

Vom 13. März an griffen die polnischen und sowjetischen Verbände systematischer an und entwickelten auf beiden Seiten der Persante zwei besonders bedrohliche Vorstöße gegen den Hafen von Kolberg. Nach wilden, verzweifelten Kämpfen am Vormittag des 14. März forderte das polnische Armeeoberkommando den Festungskommandanten um 15.30 Uhr über Funk zur Übergabe auf. Fullriede, dem es gegen Mittag gelungen war, die Front notdürftig zu stabilisieren, erwiderte knapp: »Kommandant hat Kenntnis genommen.« Eine zweite Kapitulationsaufforderung um 16 Uhr ließ er unbeantwortet.

Die Deutschen hatten bis zu diesem Zeitpunkt aushalten können, weil sie von zwei Zerstörern (Z 34 und Z 43) unterstützt wurden, die mit ihren 15-Zentimeter-Kanonen auf die Angreifer feuerten. Innerhalb der Verteidigungslinie gab es nur vier Panzer IV, die irgendwann auch nicht mehr liefen und mit Lastwagen in ihre Stellungen gezogen werden mußten. Gräben konnten wegen des hohen Grundwasserspiegels nicht ausgehoben werden, so daß die Verteidiger in flachen Löchern und in den Ruinen der Häuser Deckung suchen mußten.

Gegen Ende der Belagerung betrugen die Verluste auf deutscher Seite 40 Prozent der Besatzung insgesamt und 60 Prozent des Volkssturms. Die Kampflinie hatte sich zu diesem Zeitpunkt allerdings schon so weit verkürzt, daß die verbliebenen Männer kaum Platz hatten zu kämpfen. Am 15. März wurden gegen Fullriedes ausdrücklichen Wunsch zwei Kompanien des Alarmbataillons Koll (I./Festungsregiment 5) an Land gesetzt, die in den heftigen Kämpfen in der brennenden Stadt jedoch kaum von Nutzen waren.

Die teuer erkaufte Zeit erlaubte es der Kriegsmarine, die in der Stadt wartenden Flüchtlingsmassen, die erheblich unter dem Artilleriebeschuß und dem Wassermangel zu leiden hatten, nach und nach abzutransportieren. Fast sämtliche Babys erkrankten und starben, und ganze Familien begingen Selbstmord, um ihrem Elend ein Ende zu setzen.

Vom 11. März an wurden die beiden Zerstörer und das Torpedoboot T 33 als Fähren nach Swinemünde eingesetzt. Wenn sie in Kolberg eintrafen, feuerten sie von der Reede aus auf die Belagerer, nahmen die Flüchtlinge aus den Zubringerbooten an Bord und fuhren nach Swinemünde zurück, um mit aufgefüllten Munitionsvorräten wieder zurückzukehren.

Der Zerstörer Z 34 hatte bei seiner ersten Fahrt 800 Zivilisten und 120 verwundete Soldaten an Bord, die das Pech hatten, gerade in dem Moment in Swinemünde anzukommen, als dort wegen des Anflugs von 700 alliierten B 17 und B 24 Fliegeralarm gegeben worden war, wie Korvettenkapitän Hetz, der Kommandant des Zerstörers, berichtet:

>»Auf der Brücke herrschte Totenstille. Über den tiefliegenden Wolken hörte man schon das dumpfe Dröhnen zahlreicher schwerer Bomber. Zum Umkehren war es zu spät. Aus dem Hafen setzte eine panikartige Flucht von Fahrzeugen aller Art ein, die mit Höchstfahrt an uns vorbeirauschten, um noch rechtzeitig vor Beginn dieses Angriffs die rettende See zu erreichen.«

Hetz beschloß weiterzufahren, bis er in breiteres Fahrwasser kam, um dort so schnell wie möglich kehrtzumachen und auf die offene See zu fliehen:

>»Mit 15 Knoten wurde wieder ausgelaufen. Eben hatten wir den Leuchtturm passiert, da rauschte auch schon der Bombenteppich auf Stadt und Hafen Swinemünde herunter. Gerade in unserem Drehpunkt, den wir soeben verlassen haben, steht die hohe weiße Wand eines schweren Bombenteppichs. Allmählich löst sich die lähmende Spannung an Bord, und als wir die Molen auslaufend wieder passiert hatten, erschienen an Deck zwei Flüchtlingskinder, die sich an den Händen hielten und fröhlich lachten. Dieses Lachen war wohl der glücklichste Augenblick seit langer Zeit.« (Zit. in: Kurowski, S. 287f.)

Am 16. März war die Verschiffung der Flüchtlinge und Verwundeten abgeschlossen, gerade noch rechtzeitig, wie sich herausstellte, denn an diesem Tag wurde die 1. Polnische Armee durch die 6. Leningrader Raketenartilleriebrigade verstärkt, deren Katjuschas augenblicklich in Aktion traten. Am nächsten Tag waren die Verteidiger auf einen 1800 Meter langen und 400 Meter tiefen

Strandstreifen zurückgedrängt. Die 1. Polnische Armee stand kurz davor, ans Westufer der Persante durchzubrechen, und am Nachmittag entschied Fullriede, daß seine letzte Aufgabe, da er alles getan hatte, was von ihm erwartet worden war, nunmehr darin bestand, seine Männer zu retten, um sie, wie er schrieb, »für weitere Einsätze in Deutschland zu erhalten«. (Zit. in: Paul, S. 151) Die Evakuierung wurde im Verlauf der Nacht durchgeführt.

Leutnant Hempel schlug mit einer kleinen Nachhut noch einen letzten Angriff ab, bervor er am 18. März um 6.30 Uhr an Bord des Zerstörers Z 43 ging. Damit war der Schlußpunkt hinter eine Operation gesetzt, die mit geringsten Ressourcen und auf engstem Raum zu einem erfolgreichen Ende gebracht werden konnte. Goebbels sorgte zwar dafür, daß der Fall von Kolberg nicht im OKW-Bericht erwähnt wurde, aber Fullriede erhielt in Anerkennung seiner Leistungen als Festungskommandant der Stadt am 26. März aus den Händen Hitlers das Ritterkreuz.

KAPITEL 20

Der Brückenkopf Altdamm

Die sowjetische Ostpommern-Operation kann, im großen gesehen, mit einer riesigen Lilie verglichen werden, deren Blütenkopf auf Kolberg und Köslin zeigte, während sich das rechte Blütenblatt zur Bucht von Danzig und das linke in die Gegend von Stettin erstreckte, wo wir jetzt den Faden der Ereignisse wieder aufnehmen.

Die einzigen erwähnenswerten deutschen Truppen, die in der zweiten Märzwoche noch auf der Ostseite der Oder kämpften, waren von Tettaus wandernder Kessel und die Verbände unterschiedlichster Art, die den Brückenkopf Altdamm hielten, der sich von Greifenhagen im Süden über rund 80 Kilometer bis in die Umgebung von Gollnow im Norden hinzog. Altdamm, das seit 1939 zu Stettin gehörte, lag am Ostufer der Oder auf halbem Weg zwischen diesen beiden Städten.

Der Brückenkopf war keine belagerte Festung wie Königsberg, Danzig oder Kolberg, da er unmittelbar ans Kernland des Reichs grenzte und von dort Verstärkungen erhalten konnte und erhielt. Die Verteidigung wurde vom Stab der 3. Panzerarmee koordiniert, die an der Front, die kaum länger als 100 Kilometer war, rund 105 000 Mann in Stellung brachte.

Das Gelände war für die Verteidigung günstig. Im wichtigsten Abschnitt des Brückenkopfs bildeten die bewaldeten und stark durchschnittenen Höhen der Buchheide eine Art natürlicher Zitadelle, während die Oder mit ihren Flußarmen und ihren Wiesen-, Sumpf- und Überschwemmungsgebieten die Flanken und den rückwärtigen Raum deckte. Die Deutschen hatten gute Gründe, sich in diesem Gebiet festzusetzen, denn solange sie es hielten, wurde

– ein Fluchtweg für Zivilisten und versprengte Truppen aus Hinterpommern offengehalten,

– ein großer Teil des rechten Flügels der 1. Belorussischen Front gebunden,

– ein bedeutender Zugang nach Norddeutschland versperrt und

– die Verbindung zu dem wichtigen Marinestützpunkt Swinemünde und zur offenen See aufrechterhalten.

Der erste sowjetische Angriff gegen den Brückenkopf begann am 6. März, als die 47. Armee entlang der Oder nordwärts in Richtung Greifenhagen vorrückte und die 61. Armee von Osten her frontal angriff (siehe S. 217 f.). Aber er kam nicht recht in Schwung, und so stellte Schukow ihn am 12. März ein, da er inzwischen erkannt hatte, daß der Brückenkopf nicht mit einem einzigen Ansturm zu nehmen war. Er zog die 3. Stoßarmee ab, um sie für die Berliner Operation einzusetzen, beließ aber die 47. und 61. Armee sowie die 2. Gardepanzerarmee vor Ort und verstärkte sie durch die Zuführung von vier Artillerie-Durchbruchsdivisionen, was eine Artilleriedichte von 250–280 Kanonen und Granatwerfern je Frontkilometer ergab.

Auf deutscher Seite nutzte man die Atempause, um die bislang schon erhebliche Kampfkraft des Brückenkopfs weiter zu verstärken. Darüber hinaus erhielt die 3. Panzerarmee in General Hasso von Manteuffel, der am 10. März Generaloberst Erhard Raus ablöste, einen neuen, tatkräftigen Kommandeur. Als die Rote Armee am 14. März eine neue Offensive eröffnete, stieß sie nicht nur auf verstärkte Stellungen, sondern wurde auch von bis dahin unentdeckt gebliebenen Küstenbatterien beschossen und durch einzelne schwere Gegenangriffe in Bedrängnis gebracht.

Am 15. März befahl Hitler dennoch, eine Reihe mobiler Einheiten der 3. Panzerarmee von der Front abzuziehen und für Operationen in Richtung Küstrin einzusetzen. Gleichzeitig gelang es der sowjetischen 47. Armee und der 1. Gardepanzerarmee, südlich von Altdamm an die Oder durchzubrechen, wodurch der Brückenkopf in zwei Teile gespalten wurde. Manteuffel stellte den Stab der Heeresgruppe Weichsel daraufhin vor die Wahl, »entweder heute Nacht alles auf das Westufer der Oder zu retten oder morgen alles zu verlieren«. (Murawski, S. 287) Hitler, an den der Räumungsantrag weitergeleitet worden war, rang sich zu einem entsprechenden Befehl durch, und die Truppen wurden noch in derselben Nacht über die Oder zurückgenommen und die Oderbrücken gesprengt.

Am 21. März vernichtete die Rote Armee die verbliebenen Widerstandsnester in Altdamm. Ihren Angaben zufolge wurden im Gebiet des Brückenkopfs 40 000 Deutsche getötet und 12 000 gefangengenommen; daneben wurden 126 Panzer und Sturmgeschütze sowie über 200 Kanonen und Granatwerfer erbeutet. Wichtiger jedoch war, daß der rechte Flügel der 1. Belorussischen Front nun für die Berliner Operation, die den Krieg beenden sollte, frei war.

Der Hafen von Stettin und die Ausfahrt über das Haff zur Ostsee lagen jetzt unter sowjetischem Artilleriebeschuß, waren also für die Deutschen nicht mehr benutzbar. Die Rote Armee rückte jedoch erst am 25. April, als die Berliner Operation bereits in Gang war, weiter an die untere Oder vor.

KAPITEL 21

Küstrin

Die Bedeutung von Küstrin

Die Kämpfe in und um Küstrin nehmen einen zentralen Platz unter den Ereignissen des Jahres 1945 ein. Sie verstärkten die Spannungen innerhalb der deutschen Führung und führten zunächst dazu, daß Himmler sein militärisches Kommando verlor, und am Ende zur Absetzung des Generalstabschefs, Generaloberst Heinz Guderian.

Auch im geographischen Sinn lag die Festung Küstrin zentral, da sie, nur 80 Kilometer von Berlin entfernt, einen wichtigen Oderübergang bewachte. »Nicht umsonst nannte man Küstrin das ›Tor nach Berlin‹.« (Tschuikow 1966, S. 95) Der Stadt war im Verlauf der Jahrhunderte ein düsterer Ruf zugewachsen; Theodor Fontane jedenfalls dachte an sie stets »unter einem ewigen Novemberhimmel«. Der zukünftige Friedrich der Große war auf Befehl seines Vaters in der Festung, die im 16. Jahrhundert von dem italienischen Baumeister Giromella auf einer Insel erbaut worden war, inhaftiert gewesen und hatte am 6. November 1730 vom Fenster seines Zimmers aus zuschauen müssen, wie sein Freund Leutnant von Kate im Hof hingerichtet wurde. Als er im August 1758 wieder nach Küstrin kam, hatten russische Haubitzen die Stadt – nicht jedoch die Festung – in Schutt und Asche gelegt.

1945 bestanden die Befestigungen von Küstrin nicht nur aus der ausgebauten Festung selbst, sondern zudem aus einer Reihe vorgelagerter Forts, Bunker und Schützengräben an den Ufern von Oder und Warthe. Das Gelände der Umgebung war flach und sumpfig, und die Zugänge beschränkten sich auf Dämme, die gerade breit genug waren für einen einzigen Panzer. Aber dies alles waren passive Stärken, und Küstrin wäre beinahe schon Anfang Februar gefallen, als die Rote Armee beiderseits der Stadt Brükkenköpfe am Westufer der Oder gewann und ein Regiment der 5. Stoßarmee bereits in die Festung eingedrungen war, aber wieder hinausgeworfen werden konnte. Die sowjetische Nachrichtenagentur Sowinform beeilte sich, bekanntzugeben, daß Küstrin eingenommen sei, und der angebliche Sieg wurde in Moskau sogar mit den üblichen Salutschüssen gefeiert, was Tschuikow später in einem Telefongespräch mit Schukows Stabschef zu der ironischen Frage veranlaßte:»Weshalb sollen wir also die Festung zum zweiten Mal nehmen?« (Paul, S. 263) Tatsächlich hatte die Rote Armee nur ein paar äußere Forts erobert, und ihre beiden Brückenköpfe wurden von deutschen Gegenangriffen und den unablässig anfliegenden Geschwadern der Luftwaffe hart bedrängt (siehe S. 140 f.).

Als die Weichsel-Oder-Operation abgeschlossen war, hielten die Deutschen an diesem Flußabschnitt immer noch zwei Brückenköpfe auf dem »russischen« Ufer, einen im Süden bei Frankfurt an der Oder und weiter nördlich den durch einen schmalen Korridor von Berlin aus am Leben erhaltenen Brückenkopf von Küstrin, der die Rote Armee besonders störte, da er zwischen der 8. Gardearmee (Tschuikow) im Süden und der 5. Stoßarmee im Norden lag und verhinderte, daß sie den großen, zusammenhängenden Brückenkopf bilden konnten, den die Rote Armee als Ausgangsbasis für ihren Schlag gegen Berlin benötigte.

Die Brückenköpfe Frankfurt und Küstrin gehörten zum Frontabschnitt der deutschen 9. Armee, der sich 120 Kilometer entlang der Oder erstreckte, von der Mündung der Lausitzer Neiße bis zur Abzweigung des Hohenzollernkanals (Oder-Havel-Kanal). Das, was General Theodor Busse an versprengten Truppen von der ehemaligen Weichselfront, Volkssturmeinheiten und all den anderen Kräften, die in den letzten Monaten des Reichs zu dessen Verteidigung aufgeboten wurden, an der Oder zusammenzog, »Armee« zu nennen war allerdings irreführend. Der restliche

Flußlauf bis zur Ostsee wurde von der 5. Panzerarmee verteidigt. Da die 2. Armee in Hinterpommern abgeschnitten war, stellten diese beiden Armeen die gesamte Heeresgruppe Weichsel dar, so daß die deutsche Seite gegen Schukows 750 000 Mann nur rund 482 000 Mann aufzubieten hatte.

Die Krise im deutschen Oberkommando und die Absetzung von Himmler und Guderian (12.–29. März)

Angesichts dessen, was für Deutschland auf dem Spiel stand, ist es fast unglaublich, daß es bis weit in den März hinein niemanden gab, der die gesamte Oderfront unter sich gehabt hätte. Himmler, nominell weiterhin Oberbefehlshaber der Heeresgruppe Weichsel, war völlig von der Bildfläche verschwunden. Guderian machte sich am 18. März schließlich persönlich auf den Weg, um herauszufinden, was los war. Der SS-Gewaltige hatte sein Hauptquartier in Prenzlau verlassen und sich ins Sanatorium Hohenlychen begeben, und als Guderian ihn noch am selben Tag dort aufsuchte, stellte er empört fest, daß er nur eine Erkältung auskurierte. Guderian war entschlossen, Himmler zum Verzicht auf den Oberbefehl über die Heeresgruppe Weichsel zu bewegen. Er versuchte ihm klarzumachen, daß es die Kraft eines einzelnen übersteige, gleichzeitig die Aufgaben des Reichsführers SS, des Chefs der Deutschen Polizei, des Reichsministers des Innern sowie des Oberbefehlshabers des Ersatzheeres und der Heeresgruppe Weichsel erfüllen zu wollen:

>»Jedes dieser Ämter erforderte einen ganzen Mann, zumal in ernsten Kriegszeiten, und wenn ich ihm auch allerhand zutraue, so übersteige doch seine Belastung mit Ämtern die Kraft eines einzelnen. Er werde inzwischen wohl eingesehen haben, daß es nicht so leicht sei, Truppen an der Front zu führen. Daher schlüge ich ihm vor, auf den Oberbefehl über die Heeresgruppe zu verzichten und sich auf seine anderen Ämter zurückzuziehen.
>Himmler war nicht mehr so selbstsicher wie früher. Er schwankte: ›Das kann ich dem Führer nicht sagen. Er wird mir das nicht genehmigen.‹ Ich erblickte meine Chance: ›Dann gestatten Sie mir, daß

ich es ihm sage.‹ Nun mußte Himmler zustimmen. Noch am gleichen Abend schlug ich Hitler vor, den überlasteten Himmler von seinem Kommando zu entheben und an seiner Statt den Generaloberst Heinrici, bisher Oberbefehlshaber der 1. Panzerarmee in den Karpaten (siehe S. 165), zum Oberbefehlshaber der Heeresgruppe ›Weichsel‹ zu ernennen. Unwillig knurrend, stimmte Hitler zu.« (Guderian, S. 383)

Nachdem die Karrieristen und Parteifunktionäre ganz offensichtlich versagt hatten, war Generaloberst Heinrici – »ein standhafter, ergrauter alter Soldat – ein ernster, schweigsamer, strammer kleiner Mann« (Oberst Hans Georg Eismann, zit. in: Ryan, S. 75) – jetzt derjenige, auf dessen Schultern die Aufgabe der Verteidigung des deutschen Kernlandes lastete. Er traf am 22. März im Hauptquartier Maybach in Zossen ein:

> »Unter dem schützenden Dach des Waldes folgte Heinricis Wagen einem der vielen schmalen Wege, die sich kreuz und quer durch das Lager zogen. Unregelmäßig zwischen den Bäumen verstreut lagen niedrige Betonbauten. Sie waren so angelegt, daß sie von den Bäumen soweit wie möglich verdeckt wurden; außerdem hatte man sie zur Sicherheit mit düsteren grünen, braunen und schwarzen Tarnfarben angestrichen. Abseits der Straßen, neben den barackenartigen Bauten, parkten unter Tarnnetzen Fahrzeuge. Überall standen Wachposten, und an den wichtigsten Punkten um den gesamten Komplex ragten niedrige bemannte Bunker aus der Erde.« (Ryan, S. 62f.)

Überall zeugten Krater und andere Anzeichen von dem Luftangriff, der vor kurzem stattgefunden hatte (siehe S. 65), und der Chef der Operationsabteilung des OKH, General Hans Krebs, der Heinrici begrüßte und ihn Guderian vorstellte, trug einen dikken Verband um den Kopf. Heinrici bemerkte erschüttert, wie sehr sich Guderian verändert hatte. Er stand augenscheinlich unter großem Druck, und seine Haut hatte eine ungesunde rötliche Farbe.

Guderian erläuterte Heinrici, welche Ressourcen dem Reich noch zur Verfügung standen, und eröffnete ihm, daß geplant war, aus dem Brückenkopf Frankfurt nach Norden auszubrechen, um die sowjetischen Truppen bei Küstrin im Rücken anzugreifen. Soweit er wisse, fügte er auf beunruhigend vage Weise hinzu, solle die Operation am übernächsten Tag beginnen, und er wünsche, daß er, Heinrici, ihre Leitung übernehme.

Heinrici brachte eine Reihe von Einwänden vor – der Brückenkopf sei zu klein, um die eingesetzten Truppen aufnehmen zu können; die Höhen im Osten würden von den Russen gehalten, und das gesamte Gebiet zwischen ihnen und Küstrin sei mit gegnerischen Truppen vollgestopft. Guderian konnte ihm nur beipflichten, sagte aber, daß Hitler eisern darauf bestehe, den Angriff zu unternehmen.

Die Rote Armee hatte allerdings nicht die Absicht, den Deutschen die dafür nötige Ruhepause zu gönnen. Die 25. Panzergrenadierdivision wurde vom Küstriner Korridor abgezogen, um ihre Ausgangsstellung für den geplanten Gegenangriff einzunehmen, doch bevor sie ganz durch die 20. Panzergrenadierdivision ersetzt werden konnte, griff die Rote Armee am 22. März um 9.15 Uhr den Korridor von beiden Seiten an. Aus den Brückenköpfen Kienitz und Lebus vorrückend, durchschnitten die 8. Gardepanzerarmee und die 5. Stoßarmee den Korridor und vereinigten sich in der Nähe von Golzow.

Damit war die Festung Küstrin abgeschnitten. Ihre Besatzung bestand aus nicht mehr als einem kleinen »Polizei-Armeekorps« in der Stärke von vier oder fünf Bataillonen unter dem Kommando von SS-Gruppenführer Reinefarth, der laut Guderian »ein guter Polizeibeamter, aber kein General« war. (Guderian, S. 386) Hitler kam es allerdings mehr auf Standhaftigkeit als auf militärische Fähigkeiten an, und der Ruf, in dem Reinefarth und die Polizeitruppe im allgemeinen standen, schien eine Garantie dafür zu sein, daß Küstrin bis zum letzten Mann verteidigt werden würde.

Noch am Abend des 22. März begab sich Heinrici nach Prenzlau, wohin Himmler inzwischen zurückgekehrt war, um von diesem den Oberbefehl über die Heeresgruppe Weichsel zu übernehmen.

»Himmler stand hinter seinem riesigen Schreibtisch. Hinter ihm an der hölzernen Wand hing ein Porträt Friedrichs des Großen. Himmlers Gesicht schien noch aufgeschwemmter und weichlicher als sonst. Er machte, obwohl er seine Grippe offenbar überwunden hatte, einen übernächtigten Eindruck.« (Thorwald 1958, S. 23)

Heinrici hatte gehofft, die Befehlsübergabe würde nur eine kurze Formalität werden, aber Himmler griff zum Telefon, beorderte den stellvertretenden Chef des Stabes und den 1. Generalstabsoffizier mit Karten und anderen Materialien zu sich und erging sich in einer weitschweifigen Darstellung der Geschichte der Heeresgruppe. Nach einer Stunde legte der Stenograf verzweifelt den Bleistift beiseite, aber Himmler sprach ungerührt weiter, und Heinrici fand keine Gelegenheit, seinen Monolog zu unterbrechen. Schließlich kam ihm das Telefon zu Hilfe. General Busse rief an, um mitzuteilen, daß die Rote Armee soeben aus ihren beiden Brückenköpfen heraus angegriffen und sich hinter Küstrin vereinigt habe. Himmler reichte Heinrici den Hörer. »Sie führen ja jetzt die Heeresgruppe«, sagte er mit einem Ausdruck der Erleichterung, »bitte, geben Sie die entsprechenden Befehle.« (Thorwald 1958, S. 25) Heinrici hörte sich Busses Meldung und dessen Ankündigung an, daß er sofort einen Gegenangriff vorbereiten werde, um die Verbindung nach Küstrin wiederherzustellen, und erklärte dann, daß er auf schnellstem Wege zur 9. Armee fahren werde, um sich persönlich ein Bild von der Lage zu machen. Man solle ihn am folgenden Morgen erwarten.

Aber Himmler wollte Heinrici immer noch nicht gehen lassen. Er erzählte ihm mit hastigen Worten, daß er Schritte eingeleitet habe, um einen Separatfrieden mit den westlichen Alliierten auszuhandeln. Heinrici wußte nicht, was er sagen sollte, denn was Himmler ihm soeben eingestanden hatte, war nichts anderes als Hochverrat. Die gespannte Stille wurde schließlich durch einen Offizier unterbrochen, der hereinkam, um Himmler mitzuteilen, daß der Stab der Heeresgruppe versammelt sei, um sich von ihm zu verabschieden.

Am 23. März begannen die 20. und 25. Panzergrenadierdivision den von Busse angekündigten Gegenangriff, wurden aber schon kurz nach dem Verlassen ihrer Ausgangsstellungen von der übermächtigen sowjetischen Artillerie gestoppt. Ein zweiter Versuch scheiterte ebenfalls. In Heinricis Augen war der Kampf um Küstrin verschwendete Mühe, und er begab sich am 25. März zu Hitler, um ihn davon zu überzeugen, daß es besser war, der Festungsbesatzung den Ausbruch zu gestatten und die Stadt der Roten Armee zu überlassen. Hitler sah zwar die Schwierigkeiten der weiterhin geplanten großen Offensive aus dem Brückenkopf Frankfurt, hielt Heinrici aber entgegen, daß die einzige Möglichkeit, Zeit zu gewinnen und die nötigen Munitionsdepots anzulegen, darin bestehe, die Rote Armee mit genau solchen Schlägen beschäftigt zu halten.

Die Besprechung, die am selben Tag auf der anderen Seite der Front im Hauptquartier der 8. Gardearmee zwischen Schukow und Tschuikow stattfand, war weitaus produktiver. Nachdem General G. I. Chetagurow hinzugezogen worden war, fragte Schukow diesen ohne Umschweife:

> »›Wie lange brauchen Sie, um die Festung Küstrin zu nehmen?‹ Ich war wie vor den Kopf gestoßen. ›Aber sie ist doch schon genommen worden? Wir haben es alle im Radio gehört.‹
> ›Danach habe ich Sie nicht gefragt!‹ entgegnete Schukow mit gerunzelter Stirn. ›Beantworten Sie jetzt meine Frage. Wann können Sie Ihrer Meinung nach Küstrin nehmen, und was brauchen Sie dafür?‹«

Auf weitere Nachfragen erklärte Chetagurow, daß seine eigene 82. Gardeschützendivision für den Zweck geeignet sei, und versprach, einen Angriffsplan auszuarbeiten. (Chetagurow, S. 188)

Am 27. März begann die Wehrmacht eine ihrer letzten Offensivoperationen im Verlauf des Krieges – den lange erwarteten Angriff der 9. Armee aus dem Brückenkopf Frankfurt heraus. Daran beteiligt waren die 20. und 25. Panzergrenadierdivision, die Führerbegleitdivision und die zusammengewürfelte Panzerdivision Müncheberg. Die Richtung des Angriffs überraschte die Russen, und so gelang es einer Reihe von Panzern, bis an den Stadtrand von Küstrin vorzudringen, doch die nachfolgenden Truppen wurden von der sowjetischen Artillerie in dem offenen Gelände regelrecht zermalmt, bevor sie auch nur drei Kilometer zurückgelegt hatten.

Als Heinrici davon erfuhr, verlor er, der für seine Ruhe und Gelassenheit bekannt war, die Fassung. »Das ist das reinste Massaker«, empörte er sich, »die 9. Armee hat wegen nichts und wieder nichts unglaubliche Verluste erlitten.« (Ryan, S. 170) Er gab Guderian die Schuld an dem Verlust von 8000 Mann und murmelte, während er in seinem Büro auf und ab ging, unablässig das Wort »Fiasko« vor sich hin. Der Vorwurf war ungerecht, aber weder er noch Busse konnten wissen, daß Guderian sie vor Hitler in Schutz nahm, der ihnen beiden die Schuld am Scheitern des Angriffs anlastete. Hitler bemängelte insbesondere, daß General Busse zuwenig Artilleriemunition für die Vorbereitung des Angriffs verwendet habe. Im Ersten Weltkrieg habe man bei vergleichbaren Operationen das Zehnfache eingesetzt.

Guderian erwiderte, daß Busse seines Wissens nicht mehr Munition zugeteilt worden sei. Wieder in Zossen, vergewisserte er sich anhand der vorliegenden Zahlen von der Richtigkeit seiner Aussage und schrieb einen entsprechenden Bericht für Hitler, den er General Krebs zur abendlichen Lagebesprechung mitgab. Krebs sollte außerdem die Genehmigung für einen Frontbesuch im Frankfurter Brückenkopf für ihn erwirken, die jedoch verweigert wurde. Statt dessen wurden er und Busse für den nächsten Tag in den Führerbunker beordert.

Die Besprechung begann um 14 Uhr, und es dauerte nicht lange, bis sich die Stimmen hoben. Hitler überhäufte Busse mit denselben Vorwürfen, die Guderian bereits entkräftet zu haben glaubte. Guderian wußte, daß Busse unermüdlich daran gearbeitet hatte, die 9. Armee wieder zu einer kampfkräftigen Truppe zu machen, und stellte sich mit Nachdruck vor ihn, was bei Hitler all die alten und neuen Ressentiments wachrief, die er der Generalität gegenüber hegte. Der Streit »verwandelte sich mit rasender Schnelligkeit zu einem wilden Austrag persönlicher Gegensätze« (Thorwald 1958, S. 35), der alle anderen Anwesenden erstarren ließ. Es hätte leicht zu Handgreiflichkeiten kommen können, wenn Guderian nicht von Generaloberst Jodl und General Winter mit Gewalt zurückgezogen und zum Fenster geführt worden

271

wäre. Guderians Adjutant kam auf den Gedanken, General
Krebs in Zossen anzurufen, und meldete Guderian, nachdem er
sich mit Krebs abgesprochen hatte, daß dieser ihn dringend zu
sprechen wünsche, weil an der Front wichtige Dinge vorgefallen
seien.

Das Telefongespräch dauerte etwa 20 Minuten. Danach kehrte
Guderian mit wiedergewonnener Selbstbeherrschung in den
Vortragsraum zurück. Die Besprechung wurde jedoch nach kur-
zer Zeit erneut unterbrochen:

> »[. . .] Hitler: ›Ich bitte alle Herren, den Vortragsraum zu verlas-
> sen, außer dem Feldmarschall [Keitel] und dem Generaloberst.‹
> Nachdem das zahlreiche Auditorium in den Vorraum gegangen
> war, sagte Hitler kurz: ›Generaloberst Guderian! Ihre Gesundheit
> erfordert einen sofortigen Erholungsurlaub von 6 Wochen.‹«
> (Guderian, S. 389)

Das kam der Entlassung gleich. Guderian übergab seinen Posten
am 29. März an General Krebs.

Der Fall von Küstrin (29.–31. März)

Am 29. März um 10 Uhr machten die sowjetischen Luftangriffe
auf Küstrin massivem Artilleriebeschuß Platz. Es war das unmittelbare Vorspiel des Sturmangriffs von Einheiten der 82. und
35. Gardeschützendivision. »[. . .] um 10 Uhr 30 Minuten setzten
die Sturmabteilungen mit den Booten zur Insel über. MGs und
MPs begannen zu rattern, die Detonationen der Panzerfäuste und
Handgranaten dröhnten.« (Tschuikow 1966, S. 121)

Reinefarth brach kurz vor Mitternacht auf eigene Verantwortung mit der Festungsbesatzung – 800 bis 1600 Mann – aus. Als sie
sich den deutschen Linien näherten, wurden sie von dort mit
Sperrfeuer belegt, da man aus Richtung Küstrin keine eigenen
Truppen erwartete. Reinefarths Männer stimmten daraufhin das
Deutschlandlied an, bis das Feuer eingestellt wurde. Reinefarth
selbst kam zwar durch, wurde aber auf Befehl Hitlers umgehend
festgenommen.

Bis zum Ende des Monats säuberten die sowjetischen Truppen Küstrin von den letzten Widerstandsnestern:

>>Die Faschisten kämpften mit dem Fanatismus von Männern, die zum Untergang verdammt waren. Von heute aus zurückschauend, kann man sagen, daß der Samen für die Vernichtung der Wehrmacht schon in der Schlacht vor Moskau gelegt wurde, aber damals schien uns, daß wir erst in Küstrin den unmißverständlichen Klang der Glocke hörten, die das Finale des Krieges einläutete.<< (Delwa, S. 176)

KAPITEL 22

Posen

Einer der Gründe, warum die Weichsel-Oder-Operation an Schwung verlor, war die Tatsache, daß Schukow gezwungen war, erhebliche Kräfte für die Ausschaltung der deutschen Stützpunkte in seinem Rücken abzuzweigen. Der bedeutendste von ihnen war die Festungsstadt Posen (siehe S. 119), durch deren Belagerung vier Divisionen der 8. Gardearmee und zwei der 69. Armee gebunden waren.

Auf deutscher Seite wurde der bisherige Festungskommandant, Generalmajor Ernst Mattern, am 28. Januar durch den gerade erst zum Generalmajor beförderten Ernst Gonell, einen »Günstling Hitlers« (Tschuikow 1966, S. 110), abgelöst. Gonell herrschte mit eiserner Faust über die mit 60 000 Mann zahlenmäßig zwar recht starke, aber bunt zusammengewürfelte Garnison. Tschuikow berichtet von einem Vorfall, bei dem deutsche Soldaten, die mit weißen Fahnen aus ihrem Graben gekommen waren, um sich zu ergeben, von den eigenen Offizieren erschossen wurden. (Tschuikow 1966, S. 111)

Die Sowjets waren den Verteidigern hinsichtlich der Artillerie erdrückend überlegen, und sie hatten so viel Munition, daß sie es sich leisten konnten, mit Panzerabwehrkanonen auf einzelne Soldaten zu schießen. Anfang Februar warfen sie die deutschen Truppen aus den vorgeschobenen Werken und verdrängten sie aus dem größten Teil der Stadt, und vom 12. Februar an beschränkte sich der deutsche Widerstand fast nur noch auf die oberhalb der Warthe gelegene Zitadelle.

Am 15. Februar hatte Gonell jeglichen Glauben daran verloren, daß die Stadt entsetzt werden würde, und das Gefühl, betrogen worden zu sein, verstärkte sich noch, als Himmler als Oberbefehlshaber der neuen Heeresgruppe Weichsel ihm die Genehmigung verweigerte, einen Ausbruchsversuch zu unternehmen, um seine Männer zu retten. Er erlaubte daraufhin den östlich der Warthe stehenden Truppen auf eigene Verantwortung, sich abzusetzen, und in der Nacht vom 16. auf den 17. Februar schlüpften 2000 Mann durch die sowjetischen Stellungen. Sie lösten sich anschließend in kleine Gruppen auf, von denen tatsächlich viele die deutschen Linien erreichten.

Der Sturm auf die Zitadelle begann am 18. Februar. Die voranstürmenden Infanterieabteilungen benutzten Sturmleitern, um den Graben und den Festungswall zu überwinden; die nachfolgenden Einheiten konnten aber nur in kleinen Gruppen vorgehen, während sie aus zwei Redouten unablässig mit Flankenfeuer bestrichen wurden, das nur schwer zum Schweigen zu bringen war. Am 21. Februar wurden schließlich ein Flammenwerfer gegen die Schießscharten der Redoute Nr. 2 eingesetzt und kleine Sprengladungen in die Belüftungsschächte geworfen. Die MG-Schützen der unteren Kasematten der Redoute Nr. 1 hingegen überstanden die Explosion eines großen Sprengsatzes und auch den Angriff von flammenwerfenden Panzern. Sie feuerten unverdrossen weiter, bis die sowjetischen Truppen in ihrer Verzweiflung so lange Holzkisten, Fässer und andere Dinge hinabwarfen, bis ihnen die Sicht versperrt war.

Am 22. Februar um drei Uhr früh brachen sowjetische Panzer und Sturmgeschütze ins Innere der Zitadelle ein. Da die Kämpfe unvermindert weitergingen, schickte die Rote Armee einen gefangenen deutschen Major vor, der die Festungsbesatzung erneut zur Kapitulation aufforderte. Gonell stellte es seinen Männern frei, ihr Heil im Ausbruch zu suchen. Danach zog er sich in seinen Bunker zurück, breitete die Reichskriegsflagge auf dem Fußboden aus, legte sich darauf und schoß sich eine Kugel in den Kopf. Keinem seiner Männer gelang die Flucht.

Gegen 22 Uhr wurde Tschuikow, der im Stadttheater eine Lagebesprechung abhielt, mitgeteilt, daß der Gegner kapitulieren wolle, und eine halbe Stunde später wurde ihm gemeldet, daß er sich ergeben habe. Zu diesem Zeitpunkt war die Festungsbesatzung von Posen auf 12 000 Mann geschrumpft, die allesamt in der Zitadelle festsaßen.

»Kurz danach betrat der ehemalige Festungskommandant, Generalmajor Mattern, schnaufend den Raum [...]. Nachdem der zweieinhalb Zentner schwere Koloß zu Atem gekommen war, überreichte er mir ein Schreiben von General Gonell, in dem dieser die sowjetische Armeeführung um Hilfeleistung für seine Verwundeten ersuchte. Auf meine Frage, wo sich der Kommandant aufhalte, erwiderte Mattern, daß Generalmajor Gonell Selbstmord begangen habe. Als ich mich nach seinem persönlichen Empfinden erkundigte, zuckte er mit den Schultern und sagte, nach Luft ringend:
›Wenn es nach mir gegangen wäre, hätte ich dem sinnlosen Blutvergießen schon längst ein Ende gemacht. Der Widerstand war doch sinnlos. Ich bin kein Nazi. Hitler soll der Teufel holen!‹«
(Tschuikow 1966, S. 115)

KAPITEL 23

Breslau

Die erste Krise (Februar–Anfang März)

Die schlesische Hauptstadt hielt der Belagerung bemerkenswert lange stand: Es dauerte 77 Tage, über Hitlers Tod und den Fall von Berlin hinaus, bis sie sich schließlich ergab. Aus der Geschichte der anderen belagerten Städte sind uns manche Grundzüge der Vorgänge bekannt – erfahrene, aber von ihrem Gewissen geplagte Militärbefehlshaber, eine hilflose Zivilbevölkerung und eine brutale, selbstsüchtige Parteiführung –, aber erst bei genauerem Hinsehen lassen sich einige der Stärken entdecken, denen es zuzuschreiben war, daß die Verteidiger der Belagerung länger als üblich widerstanden.

Man hatte erst im August 1944, nachdem Breslau zur Festung erklärt worden war, damit begonnen, ungefähr 15 Kilometer vom Stadtzentrum entfernt eine äußere Verteidigungslinie zu errichten. Außerhalb der Stadt waren daneben noch einige leichte Feldbestigungsanlagen aus dem Ersten Weltkrieg vorhanden, aber es gab weder einen Ring von Forts wie in Posen oder Königsberg noch freigeräumte Schußfelder. Breslau war eine friedliche Stadt, eine angenehme Mischung aus historischen und modernen Bauten inmitten der sanften Hügellandschaft von Niederschlesien. In jüngster Zeit war sie als eine der wenigen deutschen Städte berühmt geworden, die jenseits der Reichweite der alliierten Bomber lagen, und als die Rote Armee 1945 die Weichselfront angriff, hatten fast eine Million Menschen in Breslau und seiner Umgebung Schutz gesucht.

Die sowjetischen Panzerspitzen legten die 300 Kilometer, die Breslau vom Brückenkopf Baranow entfernt war, in beängstigendem Tempo zurück, und vom 14. Januar an war der Bahnhof der Stadt von Tausenden von Flüchtlingen überlaufen, die versuchten, einen Platz in den Zügen nach Berlin, Sachsen oder Bayern zu ergattern. Der Gauleiter von Niederschlesien, Karl Hanke, weigerte sich jedoch, offiziell die Evakuierung anzuordnen, weil er darin ein Zeichen von Defätismus sah. Die Menschen versuchten dennoch zu fliehen, und da die Züge und Omnibusse dem Ansturm nicht gewachsen waren, ließ er am 20. und 21. Januar Lautsprecherwagen durch die Straßen fahren und die Anordnung verbreiten: »Frauen und Kinder verlassen die Stadt zu Fuß in Richtung Opperau–Kanth!« Es war eher eine Vertreibung als eine Evakuierung, da die hilflosen Menschen einfach ins Umland in Marsch gesetzt wurden. Der Schnee war einen halben Meter tief, das Thermometer fiel bis auf 20 Grad unter Null, und die ersten, die starben, waren für gewöhnlich die Kleinkinder.

Vom 24. Januar an war aus der kaum 35 Kilometer westlich gelegenen Gegend von Namslau und Oels das Donnern der Geschütze zu hören, und Anfang Februar war der Breslauer Raum zu einem vorgeschobenen Bollwerk zwischen zwei sowjetischen Brückenköpfen (Steinau und Ohlau) geworden. Die Zugänge nach Breslau wurden von der 269. Infanteriedivision (von der Westfront) und von der 17. Infanteriedivision (von der Weichselfront) hartnäckig verteidigt, aber sie hatten den strikten Befehl, sich nicht in Breslau einschließen zu lassen, und kämpften sich daher in der Nacht vom 13. auf den 14. Februar ins offene Land durch. Am 15. Februar war die Einschließung Breslaus vollendet (siehe S. 156), und am nächsten Tag war die Stadt von einem dichten Belagerungsring umgeben.

Der erste sowjetische Angriff gegen die südlichen Bezirke von Breslau kam nur schleppend voran; die Angreifer brauchten allein für die zwei Kilometer vom Südpark zum Hindenburgplatz zehn Tage, vom 20. Februar bis zum 1. März. Das größte symbolische und reale Hindernis in diesem Abschnitt war der an der Stadtgrenze entlangführende Bahndamm. Besatzung und Bevölkerung der Stadt waren immer noch überzeugt, daß Schörners

Heeresgruppe Mitte binnen kurzem zu ihnen durchbrechen würde, und hofften durch ihre Verteidigungsanstrengungen Zeit zu gewinnen, die das Reich nutzbringend verwenden konnte.

Der verlustreiche sowjetische Angriff im Süden der Stadt verebbte Anfang März nach und nach, was uns Gelegenheit gibt, Einblick in die Mittel und Methoden zu gewinnen, mit denen die Verteidiger kämpften.

Die deutschen Ressourcen und Methoden

In gewissen Belangen war Breslau gut versorgt. Für die Verteidigung standen 45- bis 50 000 Soldaten bereit – darunter 15 000 Volkssturmmänner –, die sich auf 26 Kampfgruppen, zehn Baubataillone, zwei Ausbildungsbataillone und einige kleinere Einheiten verteilten. Die rund 80 000 Zivilisten, die in der Stadt zurückgeblieben waren, hätten möglicherweise ein Problem dargestellt, wäre die Stadt, die so lange vor alliierten Luftangriffen sicher gewesen war, nicht so gut mit Lebensmitteln versorgt gewesen.

Zu »Befestigungen« gehörten nicht zu diesem Zweck erbaute Hindernisse wie der Eisenbahndamm oder der massive Stahlbetonbau des Lagerhauses am Hafen, doch in den meisten Fällen mußten gewöhnliche Büro- und Wohnhäuser in Verteidigungsstellungen umgewandelt werden, so gut es eben ging. Die Russen griffen in den Straßenkämpfen zu einer sehr wirksamen Taktik gegen die in den Häusern verschanzten Verteidiger, indem sie die Eckhäuser mit Brandbomben und Granaten in Brand schossen: Die Flammen trieben die Verteidiger aus den Häusern, und nun war der Weg frei für die sowjetischen Stoßtrupps, die, mit Feuerlöschgerät bewaffnet, unbehelligt in die Gebäude eindringen konnten. Auf deutscher Seite ging man deshalb dazu über, die Häuser selbst in Brand zu stecken, um alles Brennbare zu vernichten, bevor die Soldaten darin in Stellung gingen. Gauleiter Hanke ließ hinter der unmittelbaren Frontlinie ganze Häuserzeilen sprengen, die er auf diese Weise in »tote Räume« verwandelte – nur noch von Ratten belebt, die sich an den unbestatteten Toten gütlich taten.

279

Die öffentlichen Einrichtungen funktionierten angesichts der Tatsache, daß es sich um eine belagerte Stadt handelte, bemerkenswert gut. Die Feuerwehr mit ihren 600 Mann und 44 Löschfahrzeugen war öfter im Einsatz als in jeder anderen deutschen Stadt und verlor dabei 26 Prozent ihrer Männer. Nicht weniger mutig und einsatzfreudig waren die Facharbeitergruppen, die Sprengarbeiten durchführten, Munition herstellten, Brücken und andere Verbindungswege instand setzten und die Stadt mit Gas, Wasser und Elektrizität versorgten. Die medizinische Betreuung unterstand Oberfeldarzt Dr. Mehling, der in Kellern, Unterständen und dem großen, massiven Hochbunker improvisierte Krankenstationen einrichtete.

Mit ähnlicher Einsatzbereitschaft und Findigkeit wurden auch eine Reihe von Produktionsanlagen weiter betrieben. Die Zigarettenfabrik AVIATIK stellte täglich noch 600 000 Zigaretten her, »die der Festungsbesatzung – Soldaten wie Zivilisten – sehr zugute kamen«. (Konrad Krafft, in: Ahlfen/Niehoff, S. 91) Dieses Detail zeigt, wie sehr man bemüht war, die Moral der Belagerten aufrechtzuerhalten. Private und dienstliche Post wurde mit Fallschirmen und Bomben über der Stadt abgeworfen; die Postzustellung funktionierte so gut, daß ein beim Volkssturm dienender Lehrer zum Beispiel fast täglich einen Brief aus seiner Heimatstadt Wien erhielt. Wann immer es die Lage erlaubte, wurde den Soldaten Unterhaltung geboten; der Direktor des Breslauer Theaters, der ebenfalls zum Volkssturm eingezogen worden war, dachte mit besonderem Stolz an ein Konzert, das er in einem Villenviertel der Stadt organisieren konnte:

»Zu dem wehenden Feldergrün, den blühenden Apfelbäumen am Straßenrand und dem Grün junger Birken paßt der ›Frühlingsstimmenwalzer‹ von Johann Strauß. Unser stimmgewaltiger Heldentenor K. singt italienische Arien, mit denen wiederum der tiefblaue Himmel dieses Frühlingstages wunderbar harmoniert.
Hier könnte man einmal wieder Krieg und Belagerung vergessen, wenn nicht hinter den frühlingshellen Feldern schreckhaft die Kulisse der Stadt Breslau stünde, mit den schweren Rauchtürmen ihrer großen Brände.« (Hartung, S. 81f.)

Die bekannten FAMO-Werke (Fahrzeug- und Motorenwerke Breslau) waren im Februar gezwungen, ihre Betriebsanlagen zu verlagern und teilweise aufzugeben, produzierten aber auch in Breslau selbst in einer Reihe improvisierter Werkstätten weiter. Das spektakulärste Produkt der FAMO-Werke war der mit 8,8-, 3,7- und 2-Zentimeter-Flak sowie zwei MG-42 ausgerüstete Eisenbahnpanzerzug Poersel, der am 20. März, als Oberleutnant Poersel ihn zum ersten Mal einsetzte, sieben Panzer und drei Flugzeuge abschoß. Die Anwesenheit des Panzerzuges war besonders für die Verteidiger im Gebiet des Flugplatzes Gandau sehr beruhigend.

Am 1. Februar wurde der Munitionsvorrat von Breslau auf die alarmierend geringe Zahl von 130 000 Schuß geschätzt. Bei der Bestandsaufnahme der Depots fand man jedoch 40 schwere Granatwerfer, deren Munition ohne größeren technischen Aufwand hergestellt werden konnte. An anderer Stelle wurden 100 000 leere Geschoßhüllen für leichte Feldgeschütze gefunden. Die benötigten Zünder wurden aus dem Reich eingeflogen, und der Sprengstoff wurde sowjetischen Blindgängern entnommen, was eine heikle Angelegenheit war, da der Sprengstoff erst bei 90 °C flüssig wurde und bereits bei 102 °C explodierte. Einige der Blindgänger enthielten Nachrichten von deutschen Kriegsgefangenen, die in der Rüstungsproduktion eingesetzt worden waren: »Mehr können wir nicht für euch tun, Kameraden!« Damit waren die technischen Möglichkeiten auf deutscher Seite erschöpft. Der Munitionsmangel drohte die Verteidigung ernsthaft zu beeinträchtigen, was unter anderem zu dem Befehl führte, daß die Artillerie nur mit der Erlaubnis des Festungskommandanten das Feuer eröffnen dürfe.

Nach der Einschließung der Stadt am 15. Februar hing ihr Überleben weitestgehend von der Versorgung aus der Luft ab, und am nächsten Tag wurde eine Luftbrücke eingerichtet, über die Artilleriemunition und andere wichtige Güter nach Breslau gebracht und auf dem Rückweg, wenn möglich, Verwundete hinausgeschafft wurden. Die zuverlässige dreimotorige Ju 52, die 28 Passagiere oder eine entsprechende Nutzlast transportieren konnte, wäre eine geeignete Maschine für diesen Zweck gewesen,

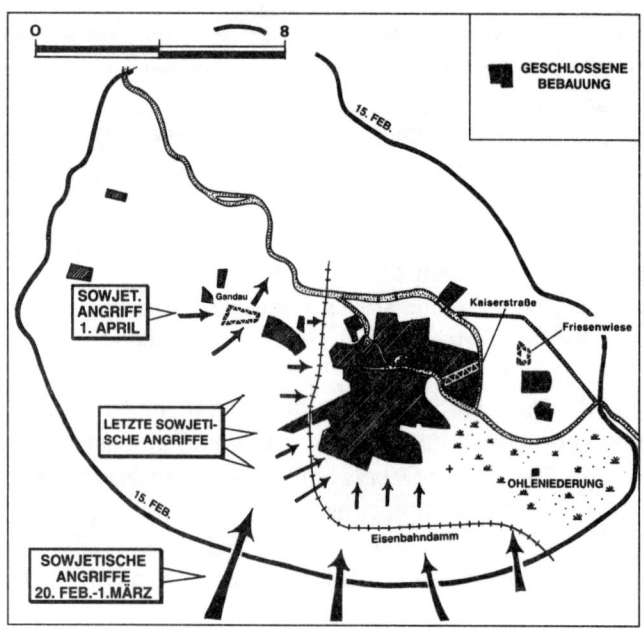

14. Die Belagerung von Breslau, 15. Februar – 6. März 1945

war aber nicht in genügender Anzahl vorhanden. Außerdem konnten die Flugzeuge wegen der Nähe der sowjetischen Luftabwehrkanonen tagsüber nicht anfliegen. Die Kampfflugzeuge, die zur Aushilfe eingesetzt wurden, konnten aufgrund ihrer Lande- und Startgeschwindigkeit nicht in Gandau landen und mußten ihre Ladung daher an Fallschirmen abwerfen, mit der Folge, daß sie häufig nicht ihr Ziel erreichten, sondern in die Oder fielen oder hinter den sowjetischen Linien niedergingen. Aber es kam auch zu Zwischenfällen anderer Art, so zum Beispiel, als eine Volkssturmeinheit eines Morgens durch den erregten Ruf aufgescheucht wurde:

»›Alarm! Fallschirmjäger!‹
Schon brummen schwere, dunkelgraue Maschinen in großen Formationen, ohne sichtbares Kennzeichen, heran, aus denen rote Fallschirme niederschweben. Wer von uns mit seinem Karabiner

282

umgehen kann, zielt auf die Maschinen oder die sich niedersen-
kenden Fallschirme, von denen einige getroffen werden. Es ist ein
wildes Geballer, wie bei einem Schützenfest.

Plötzlich rennt ein aufgeregter Flak-Oberleutnant heran, der uns
anbrüllt: ›Feuer einstellen! Ihr schießt ja auf unsere Maschinen!‹«
(Hartung, S. 58)

Der Kampf um den Oberbefehl –
Gauleiter Hanke und die Festungskommandanten
von Ahlfen und Niehoff

Die Führung war in Breslau genauso gespalten wie andernorts.
Der Parteivertreter vor Ort war in diesem Fall Karl Hanke, der
vermutlich niederträchtigste unter den Gauleitern, ein energischer Mann mit weitreichenden Beziehungen. Er war als Gauleiter zugleich Reichsverteidigungskommissar von Niederschlesien
und erhielt in dieser Eigenschaft tägliche Lageberichte des Festungskommandanten. Gleichzeitig war er in ständiger Verbindung mit Ferdinand Schörner, dem als Oberbefehlshaber der
Heeresgruppe Mitte auch die Breslauer Garnison unterstand.
Noch wichtiger war jedoch, daß Hanke über eine von Marinean-
gehörigen betriebene Funkstelle verfügte, über die er eine direkte
Verbindung zu Reichsleiter Bormann in der Berliner Parteikanzlei besaß. Ein für ihn typischer Schachzug war es, als er dem Festungskommandanten, Generalmajor Hans von Ahlfen, im Februar »großzügigerweise« seine Funkverbindung zur Verfügung
stellte und dann dafür sorgte, daß der Lagebericht mit allen militärischen Einzelheiten unter seinem Namen abgesandt wurde.

Falls noch Zweifel an seiner Brutalität bestanden, so beseitigte
er sie, als er am 28. Januar Dr. Spielhagen, den Zweiten Bürger-
meister von Breslau, hinrichten ließ. Spielhagen hatte sich das
Verbrechen zuschulden kommen lassen, die Verteidigung der
Stadt für sinnlos zu halten, was Hanke dazu veranlaßte, unter der
Parole »Wer den Tod in Ehren fürchtet, stirbt in Schande« ein
Exempel zu statuieren. (Hillgruber, S. 37)

Mit solchen Mitteln erwarb sich Hanke in den kritischen Tagen

des Reichs den Ruf eines nationalsozialistischen Helden.
Goebbels jedenfalls war hingerissen:

>>Am Abend wird im Rundfunk eine Rede von Gauleiter Hanke
aus der eingeschlossenen Festung Breslau übertragen. Sie ist von
ergreifender Eindringlichkeit und atmet eine Würde und eine Höhe der politischen Moral, die Bewunderung verdient. Wenn alle
unsere Gauleiter im Osten so wären und so arbeiteten wie Hanke,
dann stände es besser um unsere Sache, als es wirklich um sie steht.
Hanke ist unter den Ostgauleitern die überragende Figur.<<
(Goebbels, S. 101)

Breslau erlebte in der langen Zeit des Todeskampfs drei Festungskommandanten. Generalmajor Johannes Krause, der seit dem
25. September 1944 in der Stadt gewesen war und mit der Errichtung der äußeren Verteidigungslinie begonnen hatte, war gesund-
heitlich angeschlagen und ließ es an jener Rücksichtslosigkeit
fehlen, die sich Schörner von Generalmajor von Ahlfen erhoffte,
der am 1. Februar in Breslau eintraf. Aber der neue Kommandant
erwies sich nicht als der Mann, den Schörner in ihm gesehen hatte.

Es dauerte nicht lange, bis sich von Ahlfen in einer Reihe von
Fragen mit Hanke überworfen hatte. Nicht zufrieden damit, den
Volkssturm zu befehligen, wollte Hanke eine Elitetruppe aufstellen, und von Ahlfens Proteste konnten nicht verhindern, daß am
25. Februar und 3. März jeweils ein Fallschirmjägerbataillon eingeflogen wurde. Die Fallschirmjäger waren nur leicht bewaffnet
und für ihre neue Aufgabe nicht genügend ausgebildet, aber Hanke war versessen darauf, mit ihrer Hilfe die Verbindung mit
Schörners vorgeschobenen Stellungen auf dem Zobtenberg im
Südwesten der Stadt herzustellen. Von Ahlfen wies ihn jedoch
darauf hin, daß für einen solchen Ausbruch und die anschließen-
de Sicherung des Korridors mehrere Divisionen nötig gewesen
wären.

Ein anderer Streitpunkt war der Standort eines Ausweichflug-
platzes für den außerhalb der Stadt gelegenen und verwundbaren
Flugplatz Gandau. Der Kommandant wollte die Arbeiten an der
schon seit Anfang Februar im Bau befindlichen Behelfspiste auf

der Friesenwiese vollenden. Sie lag nur vier Kilometer östlich des Stadtzentrums in einem Gebiet, das von Natur aus große taktische Vorteile bot, da es im Norden und Osten von einem Oderarm und im Süden von der Ohlemündung und dem Hauptkanal geschützt wurde. Hanke hielt sich dagegen an einen Führerbefehl vom 15. Februar, der einen völlig neuen Standort vorsah – die Kaiserstraße im Osten des Stadtzentrums. Der zu erwartende Gewinn an Sicherheit stand jedoch in keinem Verhältnis zu dem Aufwand, da ein ganzer Straßenzug von solide gebauten Häusern geschleift werden mußte, wofür neben Pionieren auch Zivilisten – Männer, Frauen und Kinder – herangezogen wurden, denen bei Arbeitsverweigerung die standrechtliche Erschießung drohte. Der letzte Tag der Belagerung legt allerdings den Schluß nahe, daß Hanke weniger um die Stadt, als um sich selbst besorgt war (siehe S. 292).

Nachdem sich herausgestellt hatte, daß von Ahlfen nicht den an ihn gestellten Erwartungen entsprach, löste ihn Schörner durch Generalleutnant Hermann Niehoff ab, der in Schörners Augen den Vorteil besaß, erpreßbar zu sein: Niehoff hatte eine große Familie mit fünf Kindern und war deshalb vermutlich leichter einzuschüchtern als sein Vorgänger. Außerdem hatte ihn Schörner aufgrund von Beschuldigungen, die ihm gewisse menschliche Verfehlungen nachsagten, gerade erst seines Postens enthoben (er hatte eine Division der 1. Panzerarmee kommandiert), und diese Sache konnte jederzeit wieder hervorgeholt werden, auch wenn sie sich als unbegründet herausgestellt hatte. Schörner erteilte Niehoff jedenfalls die vielsagende Weisung: »Versagen in Breslau kostet den Kopf. Auf engste und beste Zusammenarbeit mit dem Gauleiter lege ich größten Wert.« (Thorwald 1950, S. 133)

Als Niehoff am Abend des 6. März nach Breslau flog, sah er als erstes die Brände und qualmenden Ruinen im gesamten Stadtgebiet – und die sowjetischen Linien, die aufgrund des Artilleriefeuers deutlich auszumachen waren. Als er in Gandau landete, wurde er von seinem alten Freund von Ahlfen herzlich begrüßt, und nachdem dieser ihn in einer mehrstündigen Besprechung über die wirkliche Lage in Breslau informiert hatte, sagte er: »Was

Schörner mit Ihnen im Sinn hat, ist Mord. Ich werde auch nicht anders führen können.« Von Ahlfen hätte laut Befehl unverzüglich ausfliegen sollen, um »Rechenschaft über seine Kampfführung in Breslau« abzulegen (Thorwald, S. 133), blieb aber noch bis zum 11. März, um Niehoff den Anfang auf seinem neuen Posten zu erleichtern.

Öffentlich ließ Niehoff nichts von seinen Zweifeln und Befürchtungen verlauten. Ganz im Gegenteil, rief er seine Truppen dazu auf, den Kampf unerschütterlich weiterzuführen:

> »Ihr kämpft nicht nur für euch und eure Frauen und Kinder, ihr kämpft für Breslau, das Herz Schlesiens, das starke Bollwerk des Reichs gegen die rote Flut des Ostens. In der tiefen Überzeugung, daß wir siegen können und siegen werden, halten wir die Festung bis zur Wende. Der Führer und ganz Deutschland blicken auf uns. Es lebe der Führer!«« (Jonca, S. 6)

Niehoff zog im Verhältnis zu Hanke klare Grenzlinien, wodurch die Spannungen zwischen Gauleiter und Festungskommandant zumindest zum Teil beigelegt werden konnten. Hanke war allerdings immer für Überraschungen gut. So wollte er Ende März, seiner Vorliebe für große Gesten folgend, mit superschweren Seglern acht großkalibrige Kanonen einfliegen lassen. Niehoff wies vergeblich darauf hin, daß Breslau eher Munition als Geschütze brauchte, doch als es soweit war, kamen auch die Kanonen nicht an: Sieben der acht schwerfälligen Segelflugzeuge wurden abgeschossen.

In der Sorge um seine eigene Sicherheit unterschied sich Hanke in keiner Weise von den anderen Gauleitern, was offensichtlich wurde, als er seinen Stab vom Gefechtsstand auf der Liebigshöhe auf die Sandinsel im Stadtzentrum verlegte, wo er sich in den Kellerräumen der Universitätsbibliothek verschanzte. Das Bibliotheksgebäude sollte gesprengt werden, um die Decken des Kellers durch die Trümmer zu verstärken, und er dachte sogar daran, die verbliebenen 550 000 Bände der Bibliothek zu verbrennen, was nur deshalb nicht geschah, weil man befürchtete, daß die Flammen auf die anderen Gebäude auf der Sandinsel übergreifen würden.

Fortsetzung und Ende der Belagerung
(Ende März–6. Mai)

Bis jetzt hatte die Rote Armee hauptsächlich von Süden aus angegriffen, war aber an einer Linie, die sich von der Ohleniederung nach Westen hinzog, zum Stehen gebracht worden. Niehoff war klar, daß der Westen der Stadt aufgrund des ebenen Geländes, das sich über den Flugplatz Gandau bis zum Stadtzentrum erstreckte, wesentlich verwundbarer war, zumal die überlegene sowjetische Artillerie dort mit voller Wucht zuschlagen konnte. Er ließ deshalb die beiden Fallschirmjägerbataillone und das ausgezeichnete Infanterieregiment von Oberstleutnant Mohr in diesem Abschnitt in Stellung gehen und teilte ihnen für ihre Geschütze wertvolle Munitionsreserven zu.

Ende März nahm die Heftigkeit der sowjetischen Angriffe wieder zu, und am 1. April ging über Breslau ein Hagel von Bomben und Artilleriegranaten schwersten Kalibers nieder. Der dadurch ausgelöste Feuersturm, der die Domtürme zum Einsturz brachte und die Pinien im Botanischen Garten wie Fackeln niederbrennen ließ, vertrieb die Bevölkerung aus weiten Teilen im Süden und Westen der Stadt. Gleichzeitig begann der lang erwartete Angriff auf den Flugplatz Gandau, wo die sowjetischen Einheiten zunächst große Mengen von Nebelbomben einsetzten, um anschließend im Schutz der Rauchschwaden mit ihren Panzern und Infanteristen vorzurücken. Der Flugplatz war schließlich, nachdem die deutschen Fallschirmjäger schwere Verluste erlitten hatten und mehrere der 8,8-Zentimeter-Flak durch direkte Treffer ausgeschaltet worden waren, nicht mehr zu halten.

Leutnant Hartmann und Unteroffizier Maier fuhren während der Kämpfe mit ihren beiden Sturmgeschützen zu einem nördlich der Blindenanstalt von Gandau gelegenen Park, wo Hartmann ausstieg, um die Lage zu erkunden:

»Mit meinem Richtschützen kroch ich bis zu einem umgestürzten Baum. Vorsichtig durch die Äste lugend, sahen wir einen Panzerkoloß in einer Schneise auf 150 bis 200 m stehen. Es handelte sich um eine Sturmhaubitze, Kaliber 15,2 cm. Wir bestiegen eilends wieder unser Geschütz und fuhren so weit vor, bis die Schneise vor uns lag. Übers Kehlkopfmikrofon befahl ich dem Fahrer, ›links anziehen‹. Geladen war vorher schon, das Anrichten war das Werk weniger Sekunden. Der Richtunteroffizier rief ›Fertig‹. ›Schuß‹, sagte ich. Da hatte uns der Russe auch schon bemerkt und begann sein Rohr, das vorher in die Bäume gerichtet war, herunterzukurbeln. Aber es war für ihn zu spät. Mit dem Knall unserer Kanone, der für das Ohr fast schmerzhaft, aber doch immer irgendwie beruhigend war, sah ich drüben dicht links neben dem Rohr einen feurigen Blitz einschlagen. Der erste Schuß saß bereits. Da knallte es wieder und wieder rechts neben mir, und als ich erstaunt aus der Luke sah, stand da Kamerad Maier neben meinem Geschütz und wollte mich unterstützen. Aber der Russenpanzer brannte bereits lichterloh.« (Hartmann, in: Ahlfen/Niehoff, S. 77f.)

Kleinere Aktionen wie diese sorgten dafür, daß der sowjetische Osterangriff nicht mehr als zwei oder drei Kilometer weit vorankam, und es war ein für die Verteidiger glücklicher Umstand, daß sich die Rote Armee entschloß, nordostwärts in Richtung Oder nachzusetzen und nicht ostwärts, ins Stadtzentrum hinein. Der Verlust des Flugplatzes Gandau war dennoch ein vernichtender Schlag, da eine Verteidigung Breslaus auf Dauer jetzt nicht mehr möglich war. Hankes Landebahn in der Kaiserstraße war kein vollgültiger Ersatz, da für schwere Flugzeuge ungeeignet.

Die Zerstörungen in der Stadt selbst hatten verheerende Ausmaße angenommen. Ein Volkssturmmann berichtete von einem Gang entlang der Oder,

»die trüb und schmutzig ist und auf der verkohltes Holz treibt. Schrecklich das Bild der Dominsel: Ausgebrannt die Turmstümpfe des Doms und der Sandkirche, nur der feine, schlanke Turm der gotischen Kreuzkirche sieht unversehrt aus. Blutlachen auf der schönen Allee längs des Stroms. Tote Pferde. Am Fuß der Holteihöhe liegen große weiße Pakete. Hier begräbt man viele Tote der Ostertage.« (Zit. in: Hartung, S. 79)

Im Laufe des April drängte die Rote Armee die Verteidiger im Stadtzentrum zusammen, ohne jedoch den Zusammenhalt der deutschen Front zerbrechen oder Niehoffs Entschlossenheit trotz des nahenden Endes erschüttern zu können. Als die öffentliche Disziplin zusammenzubrechen drohte, ließ Hanke am 8. April die Textilgeschäfte öffnen, um die verzweifelte Bevölkerung abzulenken. Sechs Tage später war Niehoff aufgrund des massiven sowjetischen Artilleriefeuers gezwungen, seinen Gefechtsstand auf der Liebigshöhe zu räumen und zu Hanke in den Keller der Universitätsbibliothek umzuziehen. Ende April änderte sich der Ton der sowjetischen Lautsprecherpropaganda; die großzügigen Versprechungen wichen Nachrichten über den Kriegsverlauf, die kaum noch der Ausschmückung bedurften: Am 25. April hatten sich Sowjets und Amerikaner in Torgau die Hand gereicht, und am 2. Mai folgte die bedingungslose Kapitulation der Verteidiger von Berlin.

Am Morgen des 4. Mai empfing Niehoff vier Kirchenmänner als Sprecher der Bevölkerung – die evangelischen Geistlichen Hornig und Dr. Konrad sowie den katholischen Weihbischof Ferche und den Kanonikus Krämer. Der Festungskommandant hörte sich schweigend an, wie sie die Lage der Stadt sahen. Am Ende fragte ihn Hornig:

>»Herr General, können Sie es unter diesen Umständen vor Ihrem ewigen Richter verantworten, die Verteidigung der Stadt fortzusetzen?‹ Eine quälende Minute verging, bis Niehoff die ebenso gequälte Gegenfrage stellte: ›Meine Herren, was soll ich tun?‹ Die Geistlichen antworteten kurz: ›Übergabe.‹«< (Thorwald 1958, S. 316f.)

Niehoff brachte die Möglichkeit zur Sprache, mit der Besatzung und der Zivilbevölkerung nach Süden zu Schörners Linien durchzubrechen, aber seine Worte dürften nicht sehr überzeugend geklungen haben, da er diesen Ausweg bereits erwogen und als undurchführbar verworfen hatte. Vermutlich wollte er nur hören, was ihm Pfarrer Hornig, der im Ersten Weltkrieg Artillerieleutnant gewesen war, darauf erwiderte, daß nämlich bei einem solchen Ausfall zwei sowjetische Fronten zu durchbrechen wären und die Aktion in einem Blutbad enden müsse.

Die Geistlichen machten sich, ohne eine bindende Antwort erhalten zu haben, gegen Mittag auf den Heimweg, der aufgrund der Luftangriffe einige Zeit dauerte. Als Dr. Konrad endlich sein Pfarrhaus erreichte, fand er dort einen Offizier vor, der nach Hornig fragte. Konrad dachte zuerst, Hornig solle verhaftet werden, aber der Offizier erklärte ihm, daß Festungskommandant Niehoff für den Nachmittag eine Beratung aller Truppenkommandeure angesetzt habe, vor der Hornig sprechen solle. Hornig begab sich also erneut auf die Sandinsel, und als er vor den etwa 30 Offizieren seine Argumente wiederholte, spürte er, daß er bei den meisten Anwesenden auf Zustimmung stieß.

Die nächsten zwei Tage versprachen die schrecklichsten der gesamten Breslauer Geschichte zu werden. Hanke war außer sich, als er von dem Treffen zwischen Niehoff und den Geistlichen erfuhr, und die Festungszeitung vom 5. Mai sprach von defätistischen Elementen und forderte erneut Widerstand bis zum letzten Mann und zur letzten Frau. Die angesprochenen Männer und Frauen sahen sich allerdings der sowjetischen Drohung gegenüber, Breslau völlig dem Erdboden gleichzumachen, und wollten eher zu den sowjetischen Linien fliehen, als sich einem neuen Feuersturm auszusetzen. Niehoff rief schließlich am 6. Mai vor Tagesanbruch seine Kommandeure zusammen, um ihnen zu verkünden, daß er den Kampf abbrechen werde. Am Ende seiner Erklärung griffen die Offiziere spontan nach seiner Hand, um ihm ihre Zustimmung und ihren Dank auszudrücken.

Als die vier Geistlichen am Morgen desselben Tages erneut mit Niehoff sprechen wollten, wurde ihnen gesagt: »Meine Herren, die Sache ist bereits in Ihrem Sinne entschieden.« (Thorwald 1958, S. 319) Niehoff erhielt im Laufe des Tages von Generalleutnant Glusdowskij, dem Kommandeur der 6. Armee der 1. Ukrainischen Front, eine Garantie für das Leben, den persönlichen Besitz und die letztendliche Heimkehr aller Verteidiger, einschließlich der SS. Die Kapitulation wurde unter diesen Bedingungen vereinbart, und in der Nacht vom 6. auf den 7. Mai rückten sowjetische Sturmabteilungen bis zu den auf die Sandinsel führenden Brücken vor:

»Rote und grüne Leuchtkugeln stiegen zum Nachthimmel empor. Musik ertönte aus den russischen Lautsprechern, und Plünderung und Schändung nahmen ihren Anfang, kaum, daß die Deutschen aufgeatmet hatten, weil die Artillerie schwieg und keine Bomben mehr auf die Stadt fielen.« (Thorwald 1958, S. 320)

Während der Belagerung waren 80–90 Prozent der Stadt zerstört worden. Von den 50000 Soldaten und 80000 Zivilisten waren 6000 getötet und 23000 verwundet worden – rund 22 Prozent der insgesamt 130000 Menschen in der Stadt. Die Verluste der Roten Armee sind schwer zu schätzen; in einer sowjetischen Erklärung wird von 60000 Toten und Verwundeten gesprochen, und es ist bekannt, daß im Süden der Stadt ein Friedhof für 5000 Offiziere angelegt wurde. In der unmittelbaren Umgebung von Breslau waren etwa sechs Divisionen im Einsatz gewesen, und weitere sieben hatten in der Reserve bereitgestanden. Was die deutsche Seite betraf, so hatte der 77tägige Widerstand den 1,6 Millionen Flüchtlingen, die sich auf dem Weg über die Tschechoslowakei aus Schlesien zu retten versuchten, Luft verschafft und die Gefahren, denen sie ausgesetzt waren, zumindest verringert.

Kurz nach seiner Gefangennahme hat ein Offizier des Festungsstabes die ausdauernde Verteidigung Breslaus mit drei Faktoren erklärt:

»1. Ein gemeinsamer und durch die Entsatz-Parole immer wieder aufs neue gefestigter Wille beseelte die auf Gedeih und Verderb miteinander verbundenen Soldaten und Zivilisten, das geliebte Breslau, diesen Edelstein unserer deutschen Heimat, solange wie nur menschenmöglich vor den Gewalt, Tod und Gefangenschaft bringenden Russen zu bewahren.
2. Der Führung ist es gelungen, die in Breslau ruhenden seelischen, materiellen und technischen Kräfte zu mobilisieren und bereits während des Kampfes an Güte und Stärke mehr und mehr wachsende Festungtruppen zu schaffen. Kurzum, die Führung hatte es vermocht, aus dem ›Reichsluftschutzkeller‹ eine Festung zu machen. Und ebenso verstand sie es auch in einem bis zur Kapitulation steigenden Maße, die Festung zu verteidigen.

3. Die Schwerfälligkeit des Gegners versäumte es, die Festung aus mehreren Orten zugleich konzentrisch anzugreifen.« (Zit. in: Ahlfen/Niehoff, S. 112)

Der letzte Punkt wird durch die Tatsache bestätigt, daß die Deutschen am 6. Mai noch fast das gesamte bebaute Gebiet der Innenstadt hielten. Die russischen Quellen schweigen sich über die Einzelheiten der Angriffe auf Breslau aus, was darauf schließen läßt, daß sie diese nicht zu ihren ruhmreicheren Leistungen zählen. Es ist jedoch bekannt, daß Glusdowskij mehr als einmal bei Konew um die Erlaubnis gebeten hatte, einen großangelegten Sturmangriff durchführen zu dürfen.

Nachdem bekanntgeworden war, daß die Kapitulation bevorstand, war es in Breslau zu typischen Reaktionen gekommen. Einige Truppenteile hatten versucht, den Belagerungsring zu durchbrechen; andere hatten ihre Waffen in die Oder geworfen und ihre Uniformen gegen Zivilkleidung eingetauscht. General Herzog, der Kommandeur des Volkssturms, hatte Selbstmord begangen. Was den Gauleiter Hanke betraf, so hatte er am 5. Mai erstaunliche Neuigkeiten erfahren – daß Hitler tot sei (30. April) und daß er, Hanke, anstelle des in Ungnade gefallenen Himmler zum Innenminister, Reichsführer SS und Chef der Deutschen Polizei ernannt worden sei. In seinen Augen war dies eine stichhaltige Entschuldigung dafür, die Stadt zu verlassen, deren Verteidigung bis zum letzten Mann er so oft gefordert hatte. Als auf der Landebahn in der Kaiserstraße eine Fieseler-»Storch« landete, um ihn abzuholen, hatte er denn auch weniger Skrupel als Niehoff, der sich dafür entschied, in der Stadt zu bleiben und mit seinen Männern in die Gefangenschaft zu gehen. Er wechselte nur noch rasch die Uniform und verließ die Stadt als einfacher Unteroffizier der Waffen-SS. Sein weiteres Schicksal ist unbekannt. Den Leistungen der Breslauer angemessener war ein Funkspruch vom Stab der 17. Armee, der am gleichen Tage eintraf:

»Deutschlands Fahnen senken sich in stolzer Trauer vor der Standhaftigkeit der Besatzung und dem Opfermut der Bevölkerung Breslaus.«

TEIL VI

Das »germanisierte« Osteuropa im Jahr 1945

KAPITEL 24

Die Katastrophe

Der Osten vor der Katastrophe

Vor den verheerenden Ereignissen der 40er Jahre des 20. Jahrhunderts war der deutsche Einfluß überall in Osteuropa auf
fruchtbare Weise zu spüren gewesen, und dies um so mehr, als er
eher auf friedlicher Besiedlung und Handelsbeziehungen beruhte denn auf Krieg und Eroberung. Sogar im brandenburgischen
und pommerschen Herzland des alten Preußen war die Völker-
mischung weitaus stärker, als die faschistischen Rassenideologen
zugeben wollten.

Im Nordosten, an der Ostsee, sprach schon die Architektur von
Städten wie Danzig, Königsberg, Libau, Reval und Dorpat von
jahrhundertelanger deutscher Handelstätigkeit. Im Süden galt
die Universität von Prag als die zweitwichtigste deutsche Universität, und an der Nordgrenze von Böhmen und Mähren lag mit
dem Sudentenland ein breites deutsches Siedlungsgebiet, dessen
Leben sich in keiner Weise von dem innerhalb der Reichsgrenzen
unterschied.

In Rußland hatte die Zarin Katharina die Große, selbst eine
deutsche Prinzessin, in der zweiten Hälfte des 18. Jahrhunderts
deutsche Siedler angeworben, die das fruchtbare Land an der
Wolga besiedelten. Im 20. Jahrhundert ging die Zahl ihrer Nach-
kommen in die Millionen, und Lenin erkannte ihre Kulturlei-
stung an, indem er eine eigene deutsche Republik innerhalb der
Sowjetunion schuf, die Autonome Sozialistische Sowjetrepublik
der Wolgadeutschen. Zu diesem Zeitpunkt war der deutsche Ein-

fluß allerdings schon so tief in Verwaltung, Armee und Wirtschaft eingedrungen, daß es kaum noch möglich war, zwischen deutschen und russischen Traditionen zu unterscheiden.

In Südosteuropa lebten im Gebiet des heutigen Rumänien die beiden großen Gruppen der Siebenbürger Sachsen, die seit dem 12. Jahrhundert dort angesiedelt wurden, und der Banater Schwaben, die im 18. Jahrhundert nach der Befreiung des Banats von den Türken in dieses Gebiet kamen. Weitere deutsche Siedlungsgebiete gab es in der Slowakei, in Galizien, Bessarabien und der Dobrudscha. So unterschiedlich die Gruppen auch waren, die sich dort niederließen, wiesen sie doch gewisse Gemeinsamkeiten auf: Sie galten allgemein als fleißig und unterschieden sich von ihrer Umgebung durch ihre Architektur (die Stufengiebel in den Hafenstädten an der Ostsee zum Beispiel oder die Bahnhöfe, Opernhäuser und Cafés in den alten Habsburger Gebieten) und ihre Sprache. Eine herausragende Stellung nahm das Jiddische ein, das von den 3,1 Mio. Juden in Polen und Westrußland gesprochen wurde, die die größte deutschsprachige Minderheit in Osteuropa darstellten.

Es ist merkwürdig, sich vor Augen zu führen, daß das nationalsozialistische Regime in zweierlei Hinsicht selbst der größte Feind der deutschen Präsenz in Osteuropa war – als Urheber des Holocaust an den Juden und als Anstifter des Krieges, der mit der totalen Niederlage Deutschlands endete.

Schließlich muß unterschieden werden zwischen dem traditionell *deutschen* Osteuropa, wo die Deutschen infolge der eben skizzierten historischen Entwicklungen von jeher präsent waren, und dem *germanisierten* Osteuropa, in dem die nicht deutschstämmige Bevölkerung durch Zwangs- und Gewaltmaßnahmen des Naziregimes tyrannisiert, dezimiert oder vertrieben wurde. Die vergleichsweise »mildeste« Form der deutschen Herrschaft wurde in dem »Generalgouvernement« genannten »Nebenland« ausgeübt, wo der Generalgouverneur Hans Frank ein gewisses Maß an Eigenständigkeit und Handlungsfreiheit besaß. Die offene Gewaltanwendung war für gewöhnlich Sache von SS und Polizei, die auf eigene Verantwortung vorgingen.

Das restliche Polen wurde direkt ins Reich eingegliedert. Die geringsten Störungen machten sich im wirtschaftlich bedeutsamen Ost-Oberschlesien bemerkbar, während zwischen den Gaus Danzig-Westpreußen und Wartheland ein Wettstreit darüber entbrannte, welcher von beiden die »negativen Maßnahmen« der »Entpolonisierung« und die »positiven Maßnahmen« der deutschen Besiedlung energischer durchsetzte.

Kreislauf der Rache

Es hat etwas Anrüchiges an sich, die wahnwitzigen Greuel, die zu den unvorstellbaren Leiden des Zweiten Weltkrieges beitrugen, auch nur erklären, geschweige denn rechtfertigen zu wollen. Zu den Opfern gehörten Millionen unschuldiger Zivilisten, und das Wort »unschuldig« trifft ebenso für Millionen verängstigter, ohnmächtiger Soldaten zu, die unter kaum weniger furchtbaren Umständen zu Tode kamen.

Vielleicht bedarf es der philosophischen Schulung eines Ernst Nolte, um entscheiden zu können, ob an verschiedenen Orten und zu verschiedenen Zeiten begangene Greuel miteinander verglichen werden können. Der Historiker kann sich allerdings nicht der Aufgabe entziehen, die Geschichte, die er berichtet, in ihrem Kontext darzustellen, und in unserem Fall muß er zu erklären versuchen, warum sich die Russen 1945 in den eroberten deutschen Gebieten derart brutal aufführten.

Rassismus, Ideologie und Nationalismus führten zusammengenommen dazu, daß Hitler, als er im Juni 1941 die Sowjetunion angreifen ließ, sehr weitgesteckte Ziele verfolgte. Es war geplant, mehr als 30 Mio. Russen hinter den Ural zu verschleppen, während im europäischen Teil der Sowjetunion vier Reichskommissariate (Ostland, Moskowien, Ukraine und Kaukasien) gebildet werden sollten, die der deutschen Kolonisation offengestanden hätten. Die westlich des Urals verbleibenden Russen sollten zu einem »führerlosen Arbeitsvolk« werden, dessen Kindern gerade so viel Bildung zugestanden wurde, wie sie für ihre zukünftige Sklavenarbeit brauchten. Die Massaker an der Zivilbevölkerung begannen, ebenso wie zwei Jahre zuvor in Polen, sofort nachdem die deutschen Truppen die Grenze überschritten hatten. Die Gemetzel, die von den SS-Einsatzgruppen und gelegentlich auch von anderen Einheiten angerichtet wurden, waren schon vor Beginn des industrialisierten Massenmordes im Jahr 1942 für den Tod Hunderttausender von Menschen verantwortlich.

1945 hatten viele sowjetische Soldaten aller Ränge persönliche Rechnungen zu begleichen, angefangen bei Stalin, der wußte, daß sein Sohn Jakow, der in deutsche Kriegsgefangenschaft geraten war, so gut wie tot war (siehe S. 32). Und Generaloberst Rybakow, Kommandeur der 3. Gardepanzerarmee, führte seine Truppen nicht nur deshalb mit solcher Energie, weil er ein guter Soldat war, sondern auch, weil die Deutschen seine Tochter 1942 aus der Ukraine verschleppt hatten. In einem einzigen Regiment (dem 242. Schützenregiment), wurde festgestellt, daß 158 Männer nahe Verwandte hatten, die getötet oder gefoltert worden waren; die Familien von 56 Männern waren als Zwangsarbeiter deportiert worden, und 445 Männer wußten, daß ihre Häuser zerstört worden waren. (Kartaschew, S. 99) Eine Gruppe sowjetischer Offiziere stieß in Schlesien auf eine jener Kuhherden, die von den Deutschen auf Bauernhöfen zusammengetrieben und ins Hinterland gebracht wurden:

>»Ein Leutnant zückte sein Messer, trat an eine Kuh heran und rammte es ihr mit einem tödlichen Stoß in den Halsansatz. Die Beine der Kuh knickten ein, und sie stürzte zu Boden, während der Rest der Herde wie verrückt brüllte und in wilder Flucht davonrannte. Der Offizier wischte die Klinge an seinen Stiefeln ab und sagte: ›Mein Vater hat mir geschrieben, daß die Deutschen uns eine Kuh weggenommen haben. Jetzt sind wir quitt.‹« (Korjakow, S. 67)

Weitere Beweise für die Natur des Naziregimes erhielten die sowjetischen Soldaten, als sie am 24. Juli 1944 das Todeslager Maidanek bei Lublin befreiten und beim weiteren Vormarsch durch Polen nach Treblinka, Auschwitz und zu den anderen Orten der Massenvernichtung kamen, deren Anblick verständlicherweise ihren Haß weiter schürte. Fast genausoviel Abscheu erweckten die kleineren Konzentrationslager mit den in unmittelbarer Nachbarschaft stehenden Villen ihrer Aufseher (siehe S. 216).

Der Propagandist Ilja Ehrenburg schlug Anfang 1945 in seinen Aufrufen an die Rotarmisten, aus Furcht, es könnte ihnen an Entschlossenheit mangeln, geradezu extreme Töne an. Er erinnerte sie, während sie in Pommern vorrückten, an die blutgetränkte Erde Weißrußlands, und vor den Toren von Danzig flatterten Millionen von Flugblättern, die von Ehrenburg verfaßt und von Stalin gegengezeichnet waren, zu ihnen herab, auf denen es hieß:

»Soldaten der Roten Armee! – Tötet die Deutschen! – Tötet alle Deutschen! – Tötet! – Tötet! – Tötet!«

Einer der Verteidiger von Danzig merkte jedoch an, daß der überwiegende Teil der sowjetischen Soldaten menschlicher war und handelte, als es dieser unmenschliche Aufruf verlangte. (Schäufler 1991, S. 66f.) Es muß außerdem darauf hingewiesen werden, daß es auf sowjetischer Seite keine Einheiten gab, die mit den SS-Einsatzgruppen vergleichbar gewesen wären, die als ausführende Organe einer Massenvernichtungspolitik das Land systematisch durchkämmten, um die Opfer zusammenzutreiben und zu ermorden. Dennoch bleibt die Tatsache bestehen, daß das Ausmaß der von sowjetischen Soldaten an den Tag gelegten Grausamkeit alles übertraf, was man von Männern, die durch einen gnadenlos geführten Krieg brutalisiert worden waren, erwarten mußte. Viele der Greueltaten gingen zwar auf das Konto schlecht ausgebildeter Truppen der zweiten Welle, von Einheiten aus freigelassenen Strafgefangenen oder von frisch ausgehobenen Bauern, aber sie folgten doch nur dem Weg, der von den gut ausgebildeten und ausgerüsteten Elitetruppen der Panzerspitzen vorgezeichnet worden war. Man stößt immer wieder auf Berichte, in denen erzählt wird, daß sowjetische Panzer auf zivile Eisenbahnzüge feuerten oder in Flüchtlingstrecks hineinfuhren, Menschen und Tiere zerquetschten und diejenigen, die in die Straßengräben oder aufs freie Feld geflohen waren, mit ihren MGs niedermähten. Die Massaker, Vergewaltigungen und Plünderungen trugen zu dem erheblichen Verlust an Disziplin bei, der im letzten Januar-

drittel offenbar wurde, als die Rote Armee auf deutsches Territorium vordrang. Die Militärführer waren entsetzt, und Konew gab
am 27. Januar wutentbrannt einen Befehl heraus, in dem er eine
Reihe spektakulärer Verfehlungen anführte und eine lange Liste
von Kommandeuren veröffentlichte, die abgelöst und in Straf-
bataillone versetzt worden waren. Einer seiner Offiziere berichtet
von einem Panzerbataillon:

»Die Panzer waren derartig mit Beutestücken vollgestopft, daß die
Besatzungen nicht mehr hineinkamen und im Notfall nicht in der
Lage gewesen wären zu kämpfen. [. . .] Ich habe von einer Panzerbesatzung gehört, die so betrunken war, daß sie mit ihrem Panzer
an die Frontlinie fuhr und dort sowjetische Einheiten beschoß, wobei vier Geschützstellungen zerstört und eine Kanone zermalmt
wurde.« (Korjakow, S. 61)

Auf der anderen Seite der Front bewirkten die sowjetischen
Greuel, daß sich der Widerstand verstärkte, was wiederum mit
dazu beitrug, daß das Reich bis weit in den Frühling hinein über-
leben konnte. Was deutsche Zivilisten von den sowjetischen
Truppen zu erwarten hatten, wurde zum ersten Mal nach der
Rückeroberung von Nemmersdorf in Ostpreußen offenbar (siehe
S. 26). Derartige Entdeckungen wiederholten sich an jedem anderen Abschnitt der Ostfront, und sie weckten bei den deutschen
Soldaten jedesmal von neuem den Wunsch nach Rache. In Schlesien wurden bis in den März hinein solche grausamen Funde gemacht. In Sagan wurden daraufhin sowjetische Soldaten von
Deutschen mit Schaufeln und Gewehrkolben erschlagen, und in
Striegau, das von der 208. Infanteriedivision zurückerobert wurde
(siehe S. 163 f.), waren die wenigen Überlebenden buchstäblich
von Sinnen.

»Nach Striegau gab es kaum noch Pardon. Und auf Vorhaltungen
antwortete der Soldat: ›Nach dem, was wir in Striegau gesehen und
erlebt haben, können Sie nicht verlangen, daß wir noch Gefangene
machen!‹« (Ahlfen, S. 169; vgl. auch Neidhardt, S. 379)

Im Gegensatz zur Westfront kämpfte der Volkssturm an der Ostfront mit echter Entschlossenheit; ohne seinen Beitrag wäre die Verteidigung von Breslau und der anderen »Festungen« nicht möglich gewesen. Die Kommandeure mußten nicht unbedingt SS-Angehörige oder fanatische Hitleranhänger sein, um überzeugt zu sein, daß sie jetzt einen »gerechten« Krieg führten, um das Leben von Millionen von Flüchtlingen zu retten. Noch in verzweifelter Lage versuchten die Truppen einen Schutzschild zu bilden und sich durch die feindlichen Linien durchzuschlagen, so wie es Hoßbach im Kessel von Heiligenbeil vorgehabt hatte und wie es von Tettaus Korpsgruppe tatsächlich gelang, als sie am 11. März nach Dievenow durchbrach. Ebenso typisch war es, daß die Truppen einen stetig kleiner werdenden Brückenkopf hielten, um für den Abtransport der Flüchtlinge und Verwundeten Zeit zu gewinnen. Darin sah auch General von Saucken seine Aufgabe an der Bucht von Danzig:

> »Wir [...] bildeten den Schild für alle, die aus dem Raume Danzig, Pillau und Hela den Westen erreichten. Weit über eine Million Deutsche, Kinder, Frauen, Greise, Verwundete und Kranke, hatten sich hinter diesen Schild begeben. Ich übernahm als Oberbefehlshaber selbst – da ich eine Unterstellung unter die Gauleiter abgelehnt hatte – die gesamte Organisation.« (Kurowski, S. 300; für Königsberg vgl. Lasch, S. 82)

Die Katastrophe

Bis zum 28. Januar befanden sich nach Schätzung der Wehrmacht 3,5 Millionen Menschen auf der Flucht vor der Roten Armee, und diese Zahl sollte sich bis zum Ende des Krieges nahezu verdoppeln. Die meisten derjenigen, die in ihrer Heimat geblieben waren, wurden nach dem Krieg ausgewiesen; bis 1950 waren 11 Millionen Menschen geflohen oder von der Sowjetunion und ihren Satelliten vertrieben worden. In Rumänien, Polen, der Tschechoslowakei und Jugoslawien wurden über 600 000 Deutschstämmige von regulären oder irregulären Truppen getötet, und das Schicksal weiterer 2,2 Millionen Deutscher aus

Osteuropa, von denen viele zweifellos ebenfalls umkamen, ist bis heute ungeklärt. Der Schluß dieses Kapitels soll dafür verwendet werden, wenigstens andeutungsweise darzustellen, welche Wirklichkeit hinter diesen Zahlen steht.

Von den Luftangriffen abgesehen, erfuhr die Mehrheit der Bevölkerung in den alten deutschen Gebieten erst Anfang 1945, wie der Krieg im Zeitalter der Motorisierung aussieht. Wie vorher in Polen, Frankreich, Belgien und Westrußland sahen erstaunte Passanten nunmehr plötzlich Kolonnen von Panzern in ungewohntem weißem Tarnanstrich durch die Straßen rollen – merkwürdigerweise jedoch nicht zur Front, sondern in entgegengesetzter Richtung. Und auch hier hatten die Telefonistinnen, sobald das Militär verschwunden war, alle Hände voll zu tun.

Die Prüfungen, denen die Ost-Deutschen 1945 ausgesetzt waren, hatten daneben aber auch einige Besonderheiten aufzuweisen. Ihre Leiden wurden in nicht unbeträchtlichem Ausmaß durch die Selbstgefälligkeit und Brutalität der Gauleiter – jedenfalls der meisten von ihnen – vergrößert, die wie ihr ostpreußischer Kollege Erich Koch meinten:»Es ist Feigheit, auch nur von der Möglichkeit eines Mißerfolges zu sprechen.« (Gaunitz, S. 19) Da die Glaubwürdigkeit der NSDAP mit der Vorspiegelung stand und fiel, daß im Reich alles in bester Ordnung sei, hinderten die Gauleiter die Wehrmacht nach Möglichkeit daran, im rückwärtigen Raum Verteidigungsstellungen zu errichten, und sie sorgten fast überall dafür, daß die Zivilbevölkerung blieb, wo sie war, bis die Rote Armee die deutsche Front durchbrochen hatte und eine geordnete Evakuierung nicht mehr möglich war. Als Karl Hanke den Zweiten Bürgermeister von Breslau hinrichten ließ und SS-Sonderkommandos in Danzig reihenweise Menschen erhängten, bestätigte sich nur, wie weit die Deutschen Opfer ihrer eigenen Herren geworden waren.

Das alles hielt die Gauleiter jedoch nicht davon ab, zu jedem Mittel zu greifen, wenn es darum ging, ihre eigene Haut zu retten. Das berüchtigtste Beispiel war wiederum Hanke mit seiner Landebahn in der Breslauer Kaiserstraße, aber er war beileibe nicht der einzige. In Pommern verlangte Franz Schwede-Coburg, daß jedes Dorf in eine Festung zu verwandeln sei, während er selbst sein Hauptquartier mehrere Male verlegte, um der Gefangennahme zu entgehen, und am 4. Mai von Rügen aus über die Ostsee entfloh.

Hilfe kam dagegen von völlig unerwarteter Seite. Unter den 56 Menschen, die im ostpreußischen Krenau von Rotarmisten ermordet wurden, waren auch 18 französische Kriegsgefangene, und für viele Kriegsgefangene oder Zwangsarbeiter war die Aussicht, von der Roten Armee »befreit« zu werden, alles andere als erfreulich. Viele Flüchtlingstrecks wurden von Franzosen, Polen oder Russen angeführt, und Panzer-Leutnant Hans Schäufler fiel immer wieder auf,

> »daß bei fast allen Bauernfamilien aus Ost- und Westpreußen kriegsgefangene Franzosen waren, die mit großer Umsicht ›ihre Familie‹ umsorgten und sehr darauf achteten, daß sie in dem Getümmel nicht von ihr getrennt wurden. Sie waren meist die einzigen Männer der Trecks, wenn man von maroden Greisen absah. Sie waren vor allem rührend um die Kinder besorgt, die wiederum sehr an ›ihrem Jean‹ hingen.« (Schäufler 1991, S. 120; vgl. auch Dieckert/Großmann, S. 102)

Schäufler berichtet auch von 32 kriegsgefangenen englischen Offizieren, die in ihrem Lager Schloßberg (Pillkallen) im äußersten Winkel von Ostpreußen »von den deutschen Bewachern verlassen« worden waren, wie sie es nannten, und, als sie von ihren sowjetischen Befreiern mit unbestimmtem Ziel abtransportiert werden sollten, es vorgezogen hatten, bei günstiger Gelegenheit zu verschwinden und sich quer durch Ostpreußen zur deutschen Front durchzuschlagen. Sie waren schließlich bei Heiderode – »streng nach Kriegsbrauch, mit weißer Fahne und Parlamentär voraus« – beim zur 4. Panzerdivision gehörenden 35. Panzerregiment aufgetaucht:

> »Und sie hatten uns betont höflich und korrekt gebeten, wie das die feine englische Art ist, wieder zu uns kommen und bei uns bleiben zu dürfen. Notfalls, beteuerten sie unaufgefordert, wären sie sogar bereit, auf deutscher Seite zu kämpfen.

Gerade dieses Angebot hatte uns damals einen gewaltigen Auftrieb in unserer Niedergeschlagenheit gegeben. Wir haben sie selbstverständlich aufgenommen, Verpflegung und Zigaretten redlich mit ihnen geteilt.«

Wie sich herausstellte, waren vier der englischen Offiziere 1940 in Béthune (Nordfrankreich) von der 4. Panzerdivision gefangengenommen worden. Sie wurden zum letztenmal gesehen, wie sie zusammen mit Tausenden von Soldaten und Zivilisten in Oxhöft auf ihre Einschiffung warteten. (Schäufler 1991, S. 119f., und 1973, S. 245)

Auf der anderen Seite von Danzig lag die Weichselniederung, die als deutsche Enklave bis zum Ende des Krieges gehalten wurde. Für den Historiker Andreas Hillgruber war es bezeichnend, daß sich selbst in diesem winzigen Gebiet noch ein Konzentrationslager befand, nämlich Stutthof, »das so bis zuletzt als Symbol für den Wesenskern des nationalsozialistischen Regimes erhalten wurde«. (Hillgruber, S. 39) Ohne irgend etwas verharmlosen zu wollen, mag hinzugefügt werden, daß die 6000 Insassen des Lagers zwar von den SS-Wachen freigelassen wurden, aber lieber dablieben und mit den Deutschen darauf warteten, nach Schleswig-Holstein evakuiert zu werden, anstatt ihr Heil bei den Russen zu suchen.

Das Kriegstagebuch des OKW verzeichnete den Rückzug der Wehrmacht im Osten mit lapidaren Eintragungen wie »Plessin ist verlorengegangen«, »der Küstriner Vorort Kietz ist verlorengegangen« und so weiter. Es ging aber nicht einfach nur militärisches Terrain verloren, sondern die Heimat vieler Menschen, vertraute Landschaften, die über Jahrhunderte von deutscher Geschichte und Kultur geprägt waren. Der Zeitpunkt der Ereignisse war dabei nicht unbedeutend, denn die deutsche Vorstellungswelt wurde immer noch von einem historischen Romantizismus getragen, der im frühen 19. Jahrhundert entstanden war und im Dritten Reich eine letzte Blüte erlebte. Aber auch auf sowjetischer Seite war man für historische Bezüge nicht ganz unempfänglich, seit Stalin 1941 den Geist der patriotischen russischen Vergangenheit heraufbeschworen hatte. So waren in all der Verwahrlosung, in allem Grauen und Leiden auch immer wieder Momente ritueller Ruhe zu beobachten.

Die Familien, die wußten, daß sie ihre ostpreußische Heimat nie wiedersehen würden, ließen ihre Häuser und Höfe in mustergültiger Ordnung zurück, so als würden sie nur zum Einkaufen in die Stadt fahren. Für Prinz Louis Ferdinand von Preußen war die äußere Form kaum weniger wichtig, als er von seinem Gut Cadinen bei Elbing Abschied nahm: In der Kirche entzündete er hinter verschlossenen Türen die Kerzen und spielte ein letztes Mal auf der Orgel. »In dieser Zeit sind es die Kirchen, die zum letzten Mal aufgesucht werden, um Stille mitzunehmen in den großen Sturm.« (Paul, S. 128) Das traf auch für Oberst Christern zu, der sich am 25. März auf dem Weg durch Danzig befand, um in Gotenhafen das Kommando über die 7. Panzerdivision zu übernehmen – eine Mission, die damals von höchster Dringlichkeit war: Zur Überraschung des Nachrichtenoffiziers, der ihn ein Stück weit begleitete, ließ er plötzlich anhalten und begab sich in eine der wenigen noch intakten Kirchen.

> »Der Oberst blickte suchend um sich. Dann huschte ein feines Lächeln durch sein vom Kampf gezeichnetes Gesicht. Er bedeutete mir mit einem stummen Blick, auf einer Bank Platz zu nehmen. Er selber stieg mit dem Fahrer auf einer steilen Treppe zur Empore hinauf.
> Ich saß etwas unbehaglich auf der schweren, altersbraunen Kirchenbank und hörte von draußen herein das Brodeln des Krieges. Plötzlich schreckte ich auf. Ein ganz fremder Ton erreichte mein nur auf die Geräusche des Krieges eingestimmtes Ohr; – die Orgel brauste auf, übertönte die Melodie des Mordens, ließ mich den Krieg rundum bald vergessen. [...]
> Natürlich wußte ich, daß der Oberst der Musik sehr zugetan war und einige Instrumente spielte. Doch ich hörte ihn zum erstenmal auf einer Orgel spielen – und er spielte großartig.« (Schäufler 1991, S. 102; zur Bedeutung der Musik vgl. auch Bamm, S. 345ff.)

Die Auswirkungen der Katastrophe waren je nach geographischer Lage und Geschichte, nach der Fluchtbereitschaft der Menschen und nach dem Tempo, mit dem ihre Heimat zum

Kampfgebiet wurde, unterschiedlich. Wir wollen uns deshalb den betreffenden Gebieten im einzelnen zuwenden.

Sowjetunion

Für die meisten Wolgadeutschen, die vom Beginn des Krieges an als tatsächliche oder potentielle Kollaborateure betrachtet wurden, hatte es nie eine Chance zur Flucht gegeben. Die Wolgarepublik wurde mit einem Federstrich aufgelöst und ihre Bevölkerung nach Sibirien deportiert. Auch die Nachkriegsjahre brachten kaum eine Erleichterung, da die Deutschstämmigen nur erneut, diesmal von Sibirien nach Zentralasien, umgesiedelt wurden. Die jüngere Generation wuchs zunehmend außerhalb der deutschen Sprache und Tradition auf, und als sich ihnen Ende der 80er Jahre die Möglichkeit eröffnete, nach Deutschland auszuwandern, machten Zehntausende ehemaliger Wolgadeutscher davon Gebrauch, und zwar mindestens ebensosehr aus dem Wunsch heraus, die Verbindung zur Heimat ihrer Vorfahren wiederherzustellen, wie aus dem, ihre materiellen Lebensbedingungen zu verbessern.

Schon mit der ersten Fluchtwelle der Jahre 1944/45 waren deutschstämmige Bewohner der ländlichen Gebiete am Rand des Balkans ins Reich gekommen, die mit ihrer fremdartigen Kleidung und dunklen Hautfarbe durch Welten von den ostpreußischen Landbesitzern und den schlesischen Bürgern getrennt waren und Goebbels zu dem Kommentar veranlaßten: »Was da unter der Maske deutsch in das Reich hineinströmt, ist nicht gerade erheiternd. Ich glaube, dass im Westen mehr Germanen mit Gewalt in das Reich eindringen, als im Osten Germanen friedlich in das Reich kommen.« (Goebbels, S. 151f.)

Sudetenland, Böhmen und Mähren

Die ehemalige Tschechoslowakei lebte lange Zeit in geschützter Abgeschiedenheit vom Krieg. Am Maßstab internationaler Politik gemessen, hatte Hitler das Land unleugbar mit brutaler Härte behandelt. Zuerst war dem Reich durch das im September 1938 abgeschlossene Münchner Abkommen das überwiegend deutschsprachige Sudetenland zugefallen, und ein halbes Jahr später, im März 1939, war dann die Wehrmacht in die »Rest-Tschechoslowakei« einmarschiert. Böhmen und Mähren kamen als Reichsprotektorat unter direkte deutsche Herrschaft, während in der Slowakei ein autoritärer Satellitenstaat etabliert wurde.

Die Geschichte der deutschen Okkupation der Tschechoslowakei ist durch das Schicksal von Lidice befleckt, das auf direkten Befehl Hitlers als Vergeltung für das Attentat, dem der Reichsprotektor Reinhard Heydrich im Juni 1942 zum Opfer gefallen war, mitsamt seiner Bewohner ausgelöscht wurde. Der Anschlag auf Heydrich war allerdings nicht der Höhepunkt des Kampfs einer nationalen Widerstandsbewegung, sondern eine isolierte Tat, ausgeführt von einer kleinen Gruppe gut ausgebildeter und hoch motivierter Tschechen, die, aus England kommend, mit dem Fallschirm über der Tschechoslowakei abgesprungen waren. Das alltägliche Leben war vielmehr vom weitgehend friedlichen Zusammenleben von Tschechen, Deutschstämmigen und Okkupationstruppen gekennzeichnet. Die Tschechen hatten ihren Staat und ihre politische Freiheit verloren, Intellektuelle und Juden wurden verfolgt. Aber die Geschichte von Böhmen und Mähren, die für die Zeit des Zweiten Weltkriegs noch zu schreiben ist, wird sehr wahrscheinlich aufzeigen, daß – gemessen an den damals in Mittel- und Osteuropa geltenden Maßstäben – relativ wenige Tschechen größere Verletzungen ihrer persönlichen Freiheit oder Verlust ihres Eigentums erlitten; im rein materiellen Sinn war ihr Lebensstandard sogar höher als derjenige der Bevölkerung im alten Reichsgebiet. Der Beitrag der tschechischen Industrie zur deutschen Kriegführung ist ebenfalls noch nicht eingehend untersucht worden, aber er war zweifellos von nicht geringer Bedeutung, und wenn man vergleicht, was mit Warschau geschehen und mit Prag nicht geschehen ist, war es unbestreitbar besser, ein »betrogener« Tscheche zu sein als ein »geretteter« Pole.

Dieses friedliche, wenn auch kaum idyllisch zu nennende Leben ging im Mai 1945 zu Ende, als die Rote Armee das Herzland von Böhmen und Mähren erreichte. Am 9. Mai marschierten die ersten sowjetischen Truppen in Prag ein und griffen einen Treck aus deutschen Soldaten und Zivilisten an, die dabei waren, die Stadt zu verlassen. Viele wurden auf der Stelle getötet, während anderen dieses Schicksal noch bevorstand:

> »Waren es denn noch Menschen, welche am 9. Mai auf dem Wenzelsplatz, auf dem Karlsplatz und in der Rittergasse Deutsche – und nicht nur SS-Leute – mit Benzin übergossen, mit den Füßen nach oben an Mästen und Laternen hingen und sie anzündeten und johlend den brennenden Fackeln und ihren Qualen zusahen, die um so länger dauerten, weil die Köpfe der Brennenden vorsorglich nach untern gehängt waren und der aufsteigende Rauch sie nicht ersticken konnte? Waren es noch Menschen, welche deutsche Soldaten, aber ebenso Zivilisten und Frauen mit Stacheldraht zusammenbanden, zusammenschossen und die Menschenbündel in die Moldau warfen?« (Thorwald 1958, S. 385f.)

Die Welle der Gewalt, die am 9. Mai ausgebrochen war, hielt noch monatelang an und erfaßte über Prag hinaus alle von Deutschen bewohnten Gebiete der Tschechoslowakei. Das Ungewöhnliche daran war, daß die Gewalt von der tschechischen Bevölkerung ausging und nicht von den sowjetischen Soldaten, die tatsächlich allen Grund hatten, die Deutschen zu hassen. Die tschechoslowakische Regierung war erst 1989 zu dem Eingeständnis bereit, daß diese schmachvollen Ereignisse stattgefunden hatten.

Die deutschen Ostseeprovinzen

> »In einem Herbst von unerhörter Pracht nahm Ostpreußen Abschied von seiner achthundert Jahre alten Vergangenheit. Zwischen den flammenden Farben der Wälder lagen die silbernen Schilde der Masurischen Seen. Noch immer fuhren die Fischer aus den kleinen, an den Ufern zusammengedrängten Dörfern zum Fischfang hinaus. Die Herrensitze der alten Geschlechter, die einst dieses Land unter dem Zeichen des Kreuzes erobert und zur Blüte

gebracht hatten, träumten unter den mächtigen Bäumen ihrer ver-
wunschenen Parks. Schon waren – eine Folge des Krieges – die
Schlösser ein wenig verfallen. Die Parks begannen zu verwildern.
Aber immer noch jagten die Pferde aus den edlen Zuchten des
Landes über die weiten Koppeln. Von den Türmen der alten Städte
läuteten noch immer die Glocken, den Menschen an den Himmel
zu gemahnen.« (Bamm, S. 316)

Soweit die Ausdehnung des deutschen Siedlungsgebietes nach
Osten militärische Züge trug, war sie mit dem Deutschen Orden
verbunden, der im 13. Jahrhundert vom Culmer Land aus das spätere Ostpreußen von den heidnischen Prußen eroberte. Die politische Macht des Ordens erhielt einen tödlichen Schlag, als er am
15. Juli 1410 in der Schlacht bei Tannenberg durch Polen und
Litauer eine vernichtende Niederlage erlitt. Der Vormarsch der
Polen wurde jedoch an der Marienburg gestoppt, und die deutsche Präsenz in (Ost-)Preußen blieb nach dem anschließenden
milden Friedensschluß im wesentlichen erhalten. 1525 wurde das
(ost)preußische Ordensland in ein weltliches Herzogtum unter
polnischer Lehnshoheit umgewandelt, was jedoch nichts daran
änderte, daß Königsberg und die anderen Städte wie bisher eindeutig deutsch geprägt waren, und 1701 schließlich krönte sich der
brandenburgische Kurfürst Friedrich III. als Friedrich I. zum
König *in* Preußen.

1758 wurde Ostpreußen von der Armee der russischen Zarin
Elisabeth besetzt, und die Bevölkerung war (auch wenn dies von
deutschen Historikern nur ungern erwähnt wird) in den folgenden fünf Jahren mit der aufgeklärten Herrschaft der russischen
Besatzer mehr als zufrieden. Danach kamen russische Soldaten
erst wieder nach Ostpreußen, als zwei Armeen im August 1914 die
Grenze überschritten. Zu dieser Zeit war Ostpreußen bereits von
einer abgelegenen Provinz zum Symbol des strengen, nüchter-
nen preußischen Charakters und der deutschen Anwesenheit im
Osten geworden. Die angreifenden Armeen wurden durch General Paul von Hindenburg und seinen Stabschef, General Erich
Ludendorff, in eine zweite, diesmal siegreiche Schlacht bei
Tannenberg (26.–31. August) gelockt und in der Schlacht an den

Masurischen Seen (6.–14. September) endgültig aus Ostpreußen vertrieben.

Im deutschen Bewußtsein galt der ostpreußische Charakter, der in der Lage war, solche Prüfungen durchzustehen, als rundum bewundernswert. General Otto Lasch, der 1945 Königsberg verteidigte, war zwar kein gebürtiger Ostpreuße, aber doch stolz darauf, gewissermaßen ehrenhalber als solcher gelten zu können, weil seine Frau aus Ostpreußen stammte und er selbst die meiste Zeit seines Lebens dort verbracht hatte:

>»Dort hat ein aufrechter, deutscher Menschenstamm in jahrhundertelanger, mühsamer Arbeit zum Teil kärglichen Boden in Kultur gebracht und hängt an seinem Heimatboden in unendlicher Liebe und seltener Treue. Zurückhaltend und abwartend allen Fremden gegenüber erweisen diese Menschen beispielhafte Gastfreundschaft und Treue jedem, den sie als ehrlich und zuverlässig erkannt haben.« (Lasch, S. 7)

Für die Sowjetunion war Ostpreußen dagegen der Hort der militaristischen Junkerklasse. In den Tagen vor der großen Offensive wurde den Soldaten der 3. Belorussischen Front eingeschärft:

>»Kameraden! Ihr habt die Grenzen von Ostpreußen erreicht, und ihr werdet jetzt den Boden betreten, der jene faschistischen Monster geboren hat, die unsere Städte und Häuser verwüstet und unsere Söhne und Töchter, unsere Brüder und Schwestern, unsere Frauen und Mütter hingeschlachtet haben. Die fanatischsten dieser Nazi-Verbrecher sind aus Ostpreußen hervorgegangen. Sie sind jetzt schon seit vielen Jahren in Deutschland an der Macht und haben das Land in seine Aggressionen gegen andere Länder und den Völkermord an anderen Völkern geführt.« (Beloborodow, S. 98; vgl. auch Dragan, S. 95; Korjander, S. 231)

Die Erinnerung an die Ereignisse von 1914 war bis in die letzten Jahre des Zweiten Weltkriegs lebendig geblieben. So schrieb Churchill am 20. Februar 1944 an Stalin, daß die beiden Kriege gegen Deutschland seiner Ansicht nach einen zusammenhängenden Kampf darstellten und daß die Sowjetunion aufgrund der Opfer, die Rußland 1914 gebracht hatte, ein moralisches Recht auf den Besitz von Königsberg und des nördlichen Teils von Ostpreußen hatte. Auf der anderen Seite sahen sich die Deutschen in der zweiten Januarhälfte 1945 mit dem unmittelbar bevorstehenden Verlust des heiligen Bodens von Tannenberg konfrontiert. Das Tannenberg-Denkmal wurde gesprengt, bevor es von den Russen entweiht werden konnte, und Generalleutnant Oskar von Hindenburg überwachte den Abtransport der Flaggen der preußischen Regimenter und der Särge seiner Eltern, die an Bord eines Kreuzers fortgeschafft wurden.

Weiter westlich lag der Gau Danzig-Westpreußen, der aus der ehemaligen Freien Stadt Danzig und dem polnischen Korridor bestand, einem Gebiet, das für Deutsche und Polen gleichermaßen bittere Erinnerungen heraufbeschwor. Westpreußen war 1772 im Zuge der ersten Teilung Polens an Preußen gefallen, blieb aber ein überwiegend slawisches Gebiet, das unter einer Fremdherrschaft leben mußte, bis es nach dem Ersten Weltkrieg wieder polnisch wurde. Danzig war ein anderer Fall, da diese blühende Handelsstadt stets deutsch geprägt gewesen war. Sie wurde nach dem Ersten Weltkrieg zur Freien Stadt erklärt, was für Deutschland genauso unbefriedigend war wie für Polen, wo Gdynia (Gdingen, das spätere Gotenhafen) von 1924 an als Konkurrenzhafen auf polnischem Territorium ausgebaut wurde. Der Streit über Danzig und den polnischen Korridor führte direkt zum Ausbruch des Krieges zwischen Deutschland und Polen am 1. September 1939.

An die Spitze des neu gebildeten Gaus Danzig-Westpreußen wurde bezeichnenderweise Albert Forster (siehe S. 246) gestellt, der vor dem Krieg einer der Führer der Danziger Nationalsozialisten gewesen war. »Forster selbst vor allem war es, der von dem auch späterhin anhaltenden Ehrgeiz und Eifer besessen war, dem Führer als erster melden zu können, sein Gau sein ›restlos eingedeutscht‹.« (Broszat, S. 46) Am Ende wurde er jedoch vom Tempo und Ausmaß der Ereignisse erdrückt, die seinen Gau im Februar und März 1945 erfaßten und in deren Verlauf der Küstenstreifen im Westen der Danziger Bucht – mit Danzig, Zoppot, Gotenhafen, Oxhöft und der Halbinsel Hela – zur Zuflucht der deutschen 2. Armee und rund einer Million Zivilisten wurde, die dort auf ihre Evakuierung über See warteten (siehe S. 254).

Das natürliche Hindernis im Osten war die Nogat mit dem Brückenkopf Marienburg. Die Burg war der letzte Stützpunkt des Deutschen Ordens gewesen, und für die Deutschen des Jahres 1945 wurde sie zur letzten Stellung, von der aus noch der Durchbruch nach Ostpreußen möglich war. Der Befehl, die Marienburg aufzugeben, erreichte die Verteidiger am 8. März. Sie befolgten ihn nur widerstrebend, und in der Nacht standen einige Offiziere zum letzten Mal in einer Ecke des Großen Remter: »Die dunkle Halle mit den kraftvollen tragenden Pfeilern, den steilen Bögen der Gewölberippen erhielt ihre magische Beleuchtung nur noch von außen, vom Krieg der Front, die um die Marienburg entstanden war.« (Paul, S. 190)

Westlich des polnischen Korridors lag das alte preußische Hinterpommern. Der militärgeschichtlich bedeutsamste Ort dort war Kolberg, das im 17. Jahrhundert wiederholt belagert worden war und besonders wegen der Belagerung von 1807, der insgesamt fünften, Berühmtheit erlangt hatte. Goebbels ließ sich von dieser Episode zu einem letzten romantizistischen Großprojekt anregen. Tausende von Filmmetern, Tausende von Soldaten (die noch weitaus wertvoller waren), ein Budget von 8,5 Millionen Reichsmark und das Talent von Veit Harlan, dem Regisseur von *Jud Süß,* wurden aufgeboten, um die Geschehnisse nachzustellen, die sich vom 19. März bis 1. Juli 1807 in Kolberg ereignet hatten. Während das restliche Preußen bereits von Napoleon besiegt war, hatte das kleine Kolberg unter der begeisternden Führung des Bürgeradjutanten Joachim Nettelbeck und des tatkräftigen jungen Majors von Gneisenau, der im April das militärische Kommando übernahm, erfolgreich Widerstand geleistet. Goebbels identifizierte sich als Gauleiter von Berlin mit Nettelbeck und schrieb die letzte flammende Rede, die dieser im Film hält, selbst. Gneisenau stand für nationalsozialistische Führer à la Schörner, und moderne Parallelen für den erschöpften alten Militärgouverneur Loucadou und den geigespielenden Defätisten zu finden, der die Kapitulation vorgezogen hätte, fiel ebenso leicht.

Kolberg hatte am 30. Januar in Berlin Premiere, und Kopien des

Films wurden umgehend nach Küstrin und in die anderen belagerten Festungsstädte geflogen. Der Filmkritiker Theo Fürstenau bewunderte die »freskenhafte Wucht« und das »grelle Furioso« der Bilder von brennenden Dächern, einstürzenden Mauern und in Panik geratenen Stadtbewohnern, und Vizeadmiral Schirwitz, der Festungskommandant von La Rochelle, wo der Film ebenfalls gezeigt wurde, funkte an Goebbels, er sei »tief beeindruckt von der heldenhaften Haltung der Festung Kolberg und ihrer künstlerisch unübertrefflichen Darstellung«. (Paul, S. 136) Es war der Tag, an dem die Russen ihre ersten Brückenköpfe auf dem direkten Weg nach Berlin eroberten.

In Kolberg selbst wurde der Film nie gezeigt. Die Wirklichkeit der sechsten Belagerung war beeindruckender, als es Bildeffekte sein konnten. Als verantwortungsbewußter Offizier sah Oberst Fullriede, gewissermaßen der späte Nachfolger von Nettelbeck und Gneisenau, seine Aufgabe darin, die Festung so lange zu halten, wie es nötig war, um die Zivilisten und die Besatzung zu evakuieren (siehe S. 256). Die Operation verlief erfolgreich, aber das konnte Goebbels und Hitler nicht dazu bewegen, die Welt und insbesondere die eigene Bevölkerung wissen zu lassen, daß die Stadt gefallen war. Fullriedes bemerkenswerte Leistung wurde in den Wehrmachtsberichten mit keinem Wort erwähnt; wieder einmal hatte man, wie in den letzten Wochen des Reichs häufiger, die Phantasie der Realität vorgezogen.

Unterdessen mußte die Bevölkerung von Hinterpommern den Preis für die Fehlentscheidungen des Naziregimes zahlen. Ende Januar versperrte Himmler als Oberbefehlshaber der Heeresgruppe Weichsel einen Eisenbahnfluchtweg aus Schneidemühl, indem er seinen Sonderzug »Steiermark« im Ostbahnhof von Deutsch Krone parkte, und im Februar verbot er, mit der vollen Unterstützung des Gauleiters Schwede-Coburg, generell die Evakuierung der Zivilisten aus Hinterpommern. Die Folge war, daß am 4. März, als die sowjetischen Panzer bei Kolberg die Küste erreichten, östlich des Durchbruchs zwischen 1 116 000 und 1 302 000 Menschen abgeschnitten wurden, denen danach keine andere Möglichkeit mehr blieb, als in Richtung Danzig zu fliehen.

Der »Balkon« der Ostseeprovinzen wurde durch jeden sowjetischen Vorstoß nach Norden in immer kleinere Teile zerschnitten. Der Verlauf läßt sich am einfachsten in einem Diagramm darstellen:

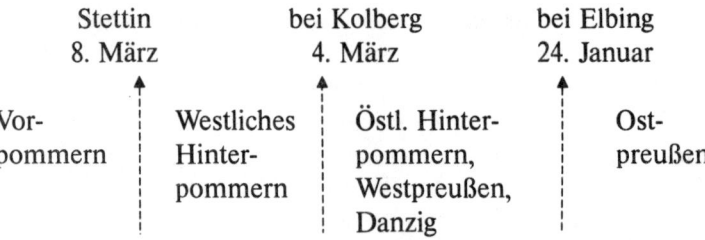

Stettin 8. März	bei Kolberg 4. März	bei Elbing 24. Januar
Vor- pommern	Westliches Hinter- pommern	Östl. Hinter- pommern, Westpreußen, Danzig	Ost- preußen

Es war jedoch schon lange vor diesen Daten klar, daß für die Mehrheit der Deutschen in den Ostseeprovinzen nur die Flucht auf dem Seeweg übrigblieb. Die Odyssee der Zivilbevölkerung begann fast immer mit einem Wegstück über gefrorenes Land. Die Menschen aus dem nördlichsten Teil Ostpreußens strebten instinktiv zur Zwischenstation Königsberg oder auf die hinter der Stadt liegende Halbinsel Samland mit dem hoffnungslos überfüllten Übergangslager in Peyse und dem kleinen Hafen von Pillau. In Westpreußen und Hinterpommern zog es die meisten zu den großen Häfen von Gotenhafen und Danzig, wo die Möglichkeiten der Einschiffung wesentlich größer waren.

Im Kessel von Heiligenbeil wurden im Verlauf der Kämpfe 450000 Zivilisten eingeschlossen, die daraufhin keine andere Wahl mehr hatten, als über das zugefrorene Frische Haff auf die Frische Nehrung oder nach Pillau zu fliehen. Das Eis hielt bis Ende Februar, und die Wehrmacht hatte die Wege nach Pillau, Narmeln und in die Strauchbucht mit Pfählen und Lampen markiert, doch es blieb eine gefährliche, qualvolle Passage. Eine Frau, die sie mitgemacht hatte, erinnert sich:

»Das Eis war brüchig; stellenweise mußten wir uns mühsam durch 25 cm hohes Wasser durchschleppen. Mit Stöcken tasteten wir ständig die Fläche vor uns ab. Zahllose Bombentrichter zwangen uns zu Umwegen. Häufig rutschte man aus und glaubte sich bereits verloren. Die Kleider, völlig durchnäßt, ließen nur schwerfällige Bewegungen zu. [. . .] Überall auf der Eisfläche lag verstreuter Hausrat herum; Verwundete krochen mit bittenden Gebärden zu uns heran, schleppten sich an Stöcken dahin, wurden auf kleinen Schlitten von Kameraden weitergeschoben.« (Zit. in: Gaunitz, S. 51)

Die Kriegsmarine setzte alles, was an militärischem und zivilem Schiffsraum verfügbar war, ein, um Flüchtlinge, Verwundete und kampffähige Soldaten abzutransportieren. Die wichtigsten Evakuierungshäfen waren Liebau in Kurland; Memel, Pillau und die Häfen auf der Frischen Nehrung in Ostpreußen; Danzig, Gotenhafen, Oxhöft und Hela in Danzig-Westpreußen sowie Stolpmünde, das zu Rügenwalde gehörende Rügenwaldermünde, Kolberg, Swinemünde, Stettin, Stralsund und Saßnitz in Pommern. Insgesamt rettete die Kriegsmarine über zwei Millionen Menschen aus den Ostseeprovinzen. Einige Schiffe fuhren direkt ins sichere Dänemark oder Schleswig-Holstein, aber die meisten dienten nur als Fähren, die die Flüchtlinge in Umladehäfen brachten. Der Hauptsammelpunkt an der Bucht von Danzig war das kleine Hela, wo allein im April 387 000 Menschen eingeschifft wurden. In den pommerschen Häfen trafen vom 15. Januar bis zum 10. Mai 851 735 Soldaten und Zivilisten ein; 340 710 wurden im selben Zeitraum weiterbefördert. Die Evakuierung erfolgte unter der Leitung der beiden zuständigen Marinebefehlshaber:

- des Kommandierenden Admirals Östliche Ostsee (Admiral Theodor Burchardi), zuständig für Kurland, Ostpreußen und die Bucht von Danzig, und

- des Kommandierenden Admirals Westliche Ostsee (Vizeadmiral Werner Lange; ab 1. April Konteradmiral Schubert), verantwortlich für Pommern und die weiter westlich gelegenen Gebiete.

Betrachtet man nur die Zahlen, so waren die Verluste durch Feindeinwirkung gering, aber ein Platz an Bord eines Schiffes war dennoch keine Garantie für eine geglückte Flucht. Die Überwasserschiffe der Rotbannerflotte, die von den deutschen Minenfeldern und der Überlegenheit der deutschen Zerstörer, Kreuzer und Schlachtschiffe abgeschreckt wurden, stellten kaum eine Gefahr dar. Aber für Flugzeuge und U-Boote waren die großen Passagier- und Frachtschiffe ein leichtes Ziel, zumal ihnen nicht in jedem Fall ein angemessenes Geleit mitgegeben werden konnte.

Die *Wilhelm Gustloff* war am 30. Januar mit 5000 Flüchtlingen an Bord von Gotenhafen ausgelaufen und befand sich 25 Seemeilen vor der Küste, als sie von einem dumpfen Aufprall erschüttert wurde. Nachdem zwei weitere Torpedos das Schiff getroffen hatten, legte es sich auf die Backbordseite. Die Besatzung verlor die Kontrolle über die in Panik geratenen Passagiere, so daß nur wenige Rettungsboote zu Wasser gelassen werden konnten, bevor die Schotts der unteren Decks brachen und das Schiff sank. Es gab nur 937 Überlebende.

Der Bericht über das Schicksal der *Wilhelm Gustloff* versetzte die in den Häfen wartenden Flüchtlinge in Angst und Schrecken, und es war nicht die letzte Hiobsbotschaft. In der Nacht vom 9. auf den 10. Februar wurde das aus Pillau kommende Lazarettschiff *General von Steuben* torpediert und sank innerhalb von 20 Minuten. 630 Flüchtlinge und Besatzungsmitglieder konnten gerettet werden; für die 2680 an Bord befindlichen Verwundeten gab es keine Rettung.

Der größte Unglücksfall in der Geschichte der Seefahrt überhaupt war die Versenkung der *Goya,* die – von Hela kommend, wo sie so viele Flüchtlinge wie nur irgend möglich an Bord genommen hatte – am 16. April kurz nach Mitternacht von zwei Torpedos getroffen wurde. Danach brach auf dem Schiff ein erbarmungsloser Überlebenskampf aus: diejenigen, die als erste einen Platz in den Rettungsbooten ergattert hatten, verteidigten ihn mit Schlägen und Tritten. Nur 165 Menschen konnten von den Geleitschiffen gerettet werden, während etwa 7000 Menschen in den eiskalten Fluten der Ostsee ertranken.

Brandenburg und Schlesien

Der östlich der Oder gelegene Teil Brandenburgs - die Neumark - und die Provinz Schlesien waren vielen Generationen deutscher Schulkinder durch die Schlachtfelder des Siebenjährigen Krieges (1756–1763) bekannt. Goebbels erinnerte in der Rede, die er am 8. März 1945 vor den siegreichen Truppen in Lauban hielt, an diesen historischen Bezug. Er teilte Hitlers Bewunderung für Carlyles Biographie Friedrichs des Großen, der in der letzten Phase des Zweiten Weltkriegs in vieler Hinsicht ein passendes Vorbild zu sein schien. Die grobe, aber heilsame Art, in der er mit versagenden Generalen umzuspringen pflegte, und die philosophische Ruhe und Standhaftigkeit, die er bewies, als alles dafür sprach, daß Preußen unrettbar dem Untergang geweiht war, boten gleichermaßen Trost und Bestätigung (siehe S. 53).

Auch für die Generale und Politoffiziere der Roten Armee war der Siebenjährige Krieg ein historisches Vorbild, von dem sie sich inspirieren ließen. Als Babadschanjan den Gefechtsstand seines XI. Gardepanzerkorps in Kunersdorf einrichtete und von einer Anhöhe die Oderniederung überblickte, erinnerte er sich mit Stolz daran, daß Marschall Saltykow Friedrich dem Großen dort am 12. August 1759 die schwerste Niederlage seiner militärischen Laufbahn beigebracht hatte. (Babadschanjan, S. 221; vgl. auch Juschtschuk, S. 137) Und auch damals waren die Russen nach Berlin marschiert und hatten die Stadt, allerdings nur kurzzeitig, besetzt. Im April 1945 wurde über den Stellungen der 82. Gardeschützendivision der 8. Gardearmee ein großer, symbolischer Schlüssel aus der Luft abgeworfen, auf dem auf einer Seite die Jahreszahl 1760 - das Jahr der Besetzung Berlins im Siebenjährigen Krieg - und auf der anderen die Jahreszahl 1945 zu lesen war:

»Die Nachricht, daß sich der Schlüssel von Berlin im Besitz unserer Division befand, löste unter unseren Schützen eine neue Welle kriegerischer Begeisterung aus. Unsere Politarbeiter griffen das Stichwort auf und veranstalteten improvisierte Versammlungen, in denen sie erzählten, wie unsere Vorfahren vor 185 Jahren die deutsche Hauptstadt erstürmt hatten.« (Chetagurow, S. 196)

317

Als die deutsche Front im Januar 1945 zusammenbrach, brauchten die Flüchtlinge aus der Neumark nur über die Oder zu gehen, um das sichere brandenburgische Herzland zu erreichen. In Schlesien brachen neben den aus dem Warthegau dorthin geflohenen Menschen 3,2 Millionen Einheimische auf, um sich in Sicherheit zu bringen. Die Zahl derjenigen, die von sowjetischen Panzern überrollt oder von den nachrückenden Rotarmisten massakriert wurden, ist nicht bekannt. Für die anderen war es eine glückliche Fügung, daß ihnen sowohl der Weg nach Süden, wo die Heeresgruppe Mitte am Rand der Sudeten eine stabile Front hielt, als auch der Weg nach Westen offenstand, wo sie über die Oder und die Lausitzer Neiße nach Sachsen gelangen konnten. Sachsen war weitgehend von alliierten Luftangriffen verschont geblieben und hatte in der Endphase des Krieges in zunehmendem Maß Flüchtlinge, Krankenhauspatienten und Verwundete sowie wertvolle Archive und Kunstsammlungen aufgenommen. Im Spätwinter 1944/45 drängten sich 500 000 Schlesier und 400 000 Menschen, die in anderen Teilen des Reichs ausgebombt worden waren, in Sachsen. Die relative Ruhe ihrer Zuflucht wurde nur einmal auf grausamste Weise gestört: durch den anglo-amerikanischen Luftangriff auf Dresden vom 13. und 14. Februar, der die Stadt in ein Trümmerfeld verwandelte.

KAPITEL 25

Das Kriegsende und danach

Das militärische Ende des Krieges

Die Donaufront

Hitler betrachtete das Gebiet der Erdölquellen von Nagykanizsa südlich des Plattensees als den strategisch bedeutsamsten Abschnitt der Ostfront. Wo er seine Prioritäten setzte, wird deutlich, wenn man sich anschaut, wie die deutschen Truppen verteilt waren: Von den 18 kostbaren Panzerdivisionen an der Ostfront kämpften sieben in Ungarn, zwei in Kurland, vier in Ostpreußen und nur fünf im Vorfeld von Berlin.

Die Rote Armee machte im Spätsommer 1944 im ungarischen Tiefland rasche Fortschritte, bevor sie vom 29. Oktober an fünf Monate lang durch die Kämpfe um die ungarische Hauptstadt und deren Umgebung aufgehalten wurde. Am 24. Dezember vereinigten sich Teile der 2. und der 3. Ukrainischen Front hinter Budapest und schlossen damit 188 000 deutsche und ungarische Soldaten ein. Das IV. SS-Panzerkorps wurde daraufhin von der Heeresgruppe A nach Süden verlegt, was eine gefährliche Schwächung der deutschen Truppen in Polen bedeutete, und eröffnete am 1. Januar 1945 den ersten von vier erfolgreichen Gegenangriffen auf dem ungarischen Kriegsschauplatz. Am 18. Januar griff es erneut an und näherte sich den Außenbezirken von Buda bis auf zwei Kilometer; Pest jedoch war bereits gefallen, und Hitler war weniger daran interessiert, Buda zu entsetzen, als vielmehr daran, sowjetische Truppen zu binden. Buda fiel am 13. Februar, aber vier Tage später begann das IV. SS-Panzerkorps einen wirkungsvollen Störangriff, durch den die Rote Armee aus ihren Brücken-

319

köpfen an der Gran geworfen und die unmittelbare Gefahr für Preßburg (Bratislava) und Wien verringert wurde.

Es war bezeichnend, daß Hitler seine letzte operative Reserve, die 6. SS-Panzerarmee, nicht für die Verteidigung von Berlin, sondern für die vierte und letzte Offensive in Ungarn einsetzte, das Unternehmen Frühlingserwachen (6.–15. März). Der Angriff erfolgte aus dem Raum östlich des Plattensees, von wo die 6. SS-Panzerarmee nach Norden in Richtung Budapest und die 2. Panzerarmee nach Osten und Südosten vorstieß.

Die Rote Armee schlug den Angriff in einer der größten und am wenigsten bekannten Schlachten des Zweiten Weltkriegs zurück und eröffnete in der dritten Märzwoche mit zwei zeitlich versetzten Schlägen ihre große Offensive in Richtung Wien: Im Norden griff die 3. Ukrainische Front am 16. und im Süden die 2. Ukrainische Front am 17. März an. Am 4. April war Ungarn befreit, und wenig später nahmen die sowjetischen Truppen Wien (5.–13. April). Ihr Vormarsch kam erst bei Stockerau in Niederösterreich zum Erliegen.

Böhmen und Mähren

Damit nehmen wir den Faden der Geschichte von Ferdinand Schörners Heeresgruppe Mitte wieder auf, die den »Balkon« an der linken Flanke der sowjetischen Truppen in der Hauptrichtung Berlin hielt. Schörner, der am 5. April zum Generalfeldmarschall befördert wurde, hatte im Norden, entlang der Grenzgebirge zu Schlesien, die 4. Panzerarmee aufgestellt; das Industriegebiet von Mährisch-Ostrau wurde von der kampfstarken 1. Panzerarmee (Heinricis ehemaligem Kommando) nach Nordosten verteidigt, und im Südosten schloß sich der Frontabschnitt der 17. Armee an.

Die tschechische Bevölkerung verhielt sich ruhig, bis sie am 3. und 4. Mai die Eisenbahnverbindungen durch Streiks lahmlegte und begann, rote Fahnen aus den Fenstern zu hängen. Am 5. Mai eröffneten kommunistische Partisanengruppen in Prag den bewaffneten Kampf, der am nächsten Tag eine bizarre, aber entscheidende Wendung nahm, als russische Soldaten in deutschen

Uniformen in die Stadt eindrangen. Es handelte sich um die 1. Division der aus sowjetischen Kriegsgefangenen rekrutierten Armee des in deutschen Diensten stehenden russischen Generals Andrej Wlassow, die sich jetzt gegen ihre neuen Herren wandte und sich damit in der merkwürdigen Lage befand, mit beiden Seiten, der sowjetischen wie der deutschen, im Krieg zu stehen. Wlassows 1. Division zog sich am 7. Mai vor der Ankunft der Roten Armee wieder aus Prag zurück.

In den letzten beiden Kriegstagen waren noch rund eine Million deutsche Soldaten in der Tschechoslowakei, die sich in der Hoffnung, in amerikanische Kriegsgefangenschaft zu gelangen, in westlicher Richtung abzusetzen versuchten. Die Nachhuttruppen lieferten sich unterdessen heftige Rückzugsgefechte mit den vorrückenden sowjetischen Einheiten, von denen die Panzerspitzen von Konews 1. Ukrainischer Front die gefährlichsten waren. Die Genehmigung für diese »organisierte Flucht nach Westen« hatte Schörner am 7. Mai auf Anraten seines Stabschefs, Generalleutnant Oldwig von Natzmer, erteilt, nachdem dieser einen Befehl des OKW erhalten hatte, wonach am 9. Mai um null Uhr alle Kampfhandlungen einzustellen seien.

Auf deutscher Seite wußte man natürlich nichts von den Funkgesprächen, die Ende April zwischen dem sowjetischen Generalstabschef Antonow und dem alliierten Oberkommandierenden, General Eisenhower, geführt wurden. Die Sowjetunion war bestrebt, die Amerikaner im Böhmerwald und in Westböhmen zurückzuhalten und sich die Eroberung Prags und der dahinterliegenden Ebene selbst vorzubehalten. Am 4. Mai willigte Eisenhower ein, seine Truppen auf der Linie Karlsbad–Pilsen–Budweis anzuhalten, und als sich die deutschen Truppen nach dem Ende der Kampfhandlungen dem Böhmerwald näherten, mußten sie feststellen, daß die Amerikaner sich weigerten, sie aufzunehmen. Einige kleinere Gruppen konnten zwar durch die amerikanischen Linien schlüpfen, aber der größte Teil der Truppen war gezwungen, sich der Roten Armee zu ergeben.

Über die Flucht ihres Oberbefehlshabers liegen widersprüchliche Berichte vor. Sicher ist, daß Schörner am 18. Mai im Osten Österreichs, wo sein Flugzeug eine Bruchlandung gemacht hatte, erkannt und von deutschen Offizieren, die im Auftrag der amerikanischen Militärbehörden handelten, festgenommen wurde, um anschließend vereinbarungsgemäß an die Sowjetunion ausgeliefert zu werden. Dort saß er als Kriegsverbrecher bis 1955 in Haft, bevor er in seine bayerische Heimat zurückkehren konnte, wo er sich sofort neuen Anklagen ausgesetzt sah, diesmal von seiten ehemaliger Soldaten, die ihm den Tod von Tausenden ihrer Kameraden vorwarfen, die auf seinen Befehl in der letzten Phase des Krieges hingerichtet worden waren. Er wurde 1957 wegen Totschlags zu viereinhalb Jahren Gefängnis verurteilt, wegen seines schlechten Gesundheitszustands aber schon 1960 aus der Haft entlassen und lebte anschließend in München, wo er 1973 starb.

Über die Flucht Schörners in der zweiten Maiwoche 1945 liegen zwei unterschiedliche Berichte vor. Seinem Adjutanten, Leutnant Helmut Dirning, zufolge war Schörner nicht geflohen, sondern einem Befehl Hitlers gefolgt, der ihn nach Bayern beorderte, um dort das Kommando über eine letzte »Nationale Bastion« zu übernehmen. Es muß jedoch angemerkt werden, daß Dirning ein Cousin Schörners war und daß er ihn auf dem Flug von Böhmen nicht begleitet hatte.

Eine wesentlich genauere und den Umständen eher entsprechende Darstellung stammt von Schörners Stabschef, Generalleutnant von Natzmer. Die Geschichte begann am 7. Mai in Josephstadt, als Schörner eine Aktentasche mit Geld vollstopfte und von Natzmer eröffnete, daß er mit einem Fieseler-»Storch« fliehen werde, da er zu sehr belastet sei, um sich in die Hände der Russen begeben zu können. Er bot von Natzmer einen Teil des Geldes aus seiner Aktentasche an, für den Fall, daß auch er sich zur Flucht entschließen sollte, aber dieser »machte Schörner mit einer Stimme, die kalt und abweisend klang, darauf aufmerksam, daß die Heeresgruppe am kommenden Tag um ihr Leben marschieren werde. In dieser Zeit könne der Oberbefehlshaber seine Heeresgruppe nicht verlassen.« (Thorwald 1958, S. 365) Schörner erwiderte, daß er bereits jedem in der Heeresgruppe das Recht gegeben habe, sich nach Westen in Sicherheit zu bringen; er nehme jetzt lediglich dasselbe Recht für sich in Anspruch.

Am 8. Mai, kurz nach Mittag, machte sich die Wagenkolonne

des Stabes der Heeresgruppe in rasendem Tempo auf den Weg nach Saaz, wo jedoch kein Zeichen von den vorausgeschickten Fieseler-»Störchen« zu finden war. Die Kolonne wartete auf ihre Ankunft, bis am Nordrand des Flugplatzes sowjetische Panzer auftauchten und das Feuer eröffneten. Die Flucht wurde fortgesetzt, und im nächsten größeren Ort, Podersam, erfuhr man schließlich, daß ein Fieseler-»Storch« in der Nähe auf einer Wiese gelandet war. Von Natzmer brauchte das Flugzeug dringend, um die Verbindung mit der 17. Armee und der 1. Panzerarmee wiederherzustellen, da er keine Möglichkeit hatte, sie über Funk zu erreichen, aber als er am 9. Mai frühmorgens noch einmal versuchen wollte, Schörner umzustimmen, mußte er feststellen, daß der Oberbefehlshaber betrunken war und seine Uniform bereits gegen eine bayerische Tracht gewechselt hatte. Kurz darauf kehrte Schörner noch einmal seine verflossene Machtstellung heraus, um die Landesschützen, die den Fieseler-»Storch« bewachten, am Einschreiten zu hindern; dann bestieg er das Flugzeug und flog davon.

Die Berliner Operation

Die letzte deutsche Verteidigungslinie unmittelbar vor dem Kernland des Reichs zog sich entlang der Lausitzer Neiße und der Oder bis zum Stettiner Haff hin. Für die Sowjetunion war der Krieg so gut wie gewonnen; dennoch wurde die abschließende Operation mit einer gewissen Eile vorbereitet: Stalin wollte unbedingt vor den Westmächten in Berlin sein und versuchte die rivalisierenden Marschälle Konew und Schukow bei ihrem Ehrgeiz zu packen, indem er die Stadt zum Ziel eines Wettlaufs ihrer beiden Armeegruppen, der 1. Ukrainischen und der 1. Belorussischen Front, machte. Im anschließenden Abschnitt an der unteren Oder stand Rokossowskijs 2. Belorussische Front bereit.

Als die Berliner Operation am 16. April begann, gingen 2,5 Millionen Soldaten mit 6250 Panzern und 42 000 Geschützen in den Kampf um die deutsche Hauptstadt. Schukow hatte dabei unter dem Nachteil zu leiden, daß er aus dem überfüllten Küstriner Brückenkopf das schwer befestigte Gebiet der Seelower Höhen angreifen mußte, so daß es bis zum 19. April dauerte, bevor seinen Truppen der Durchbruch gelang. Danach machte er den verlorenen Boden jedoch so rasch wieder gut, daß Stalin den symbolischen Preis des Reichstages in den Vormarschstreifen der 1. Belorussischen Front legte. Die beiden sowjetischen Fronten schlossen Berlin am 25. April ein, und am nächsten Tag begann der Kampf um das Zentrum der Stadt. Am 30. April, dem Tag, an dem der Reichstag eingenommen wurde, beging Hitler Selbstmord, und am 2. Mai ergab sich die Besatzung Berlins.

Die letzten Tage

Nach Hitlers Tod trat dessen »Politisches Testament« in Kraft, in dem er Großadmiral Karl Dönitz als seinen Nachfolger für die Ämter des Reichspräsidenten und Oberbefehlshabers der Wehrmacht vorgesehen hatte. In einer Rundfunkansprache aus Anlaß seiner Amtsübernahme erklärte Dönitz am 1. Mai:

> »Meine erste Aufgabe ist es, deutsche Menschen vor der Vernichtung durch den vordringenden bolschewistischen Feind zu retten. Nur noch für dieses Ziel geht der militärische Kampf weiter.« (Zit. in: Konew, S. 179)

Zu dieser Zeit befanden sich in verschiedenen Teilen Ost- und Mitteleuropas immer noch größere deutsche Truppenverbände. Viele Einheiten, wie die in Schleswig-Holstein, Bayern und Tirol stehenden Divisionen, konnten sicher sein, in westliche Gefangenschaft zu kommen. Andere waren dazu verdammt, von der Roten Armee gefangengenommen zu werden, so die 190000 Mann der Heeresgruppe Nord in Kurland (die am 10. Mai kapitulierte), die südöstlich von Danzig in der Weichselniederung ausharrenden Truppen und die Besatzung von Breslau (die am 6. Mai aufgab). Die restlichen Truppen strömten von der bis dahin stabilen Frontlinie zurück, die sich an den Sudeten entlang ostwärts bis zum Industriegebiet von Mährisch-Ostrau, dann südlich durch Ostmähren, das Donautal und die österreichischen Alpen bis nach Nordostjugoslawien erstreckt hatte. Zwischen dem 1.

und 9. Mai gelang es 1,5 Millionen Soldaten, sich von der Ostfront zu lösen, um sich den westlichen Alliierten auszuliefern, von denen sie sich eine grundsätzliche Garantie für ihr Überleben und Wohlergehen erhofften. Diese Hoffnung wurde jedoch nicht in jedem Fall erfüllt.

Am 9. Mai waren die Kampfhandlungen offiziell beendet, obwohl östlich von Prag noch bis zum 11. gekämpft wurde und die Kapitulation der deutschen Truppen in Jugoslawien erst am 15. abgeschlossen war. Der letzte Überrest des Dritten Reichs wurde am 23. Mai beseitigt, als Großadmiral Dönitz und seine Geschäftsführende Deutsche Reichsregierung von den Briten gefangengenommen wurde.

Besatzung und Teilung – die Jalta-Periode der deutschen Geschichte (1945–1990)

> *Hinter dem »Geist von Jalta« [. . .] stand die Realität der militärischen Siege der Sowjetunion, deren Verkörperung Polen darstellte.*
>
> John Erickson

Erst gegen Ende des 20. Jahrhunderts ist deutlich geworden, daß Deutschland und ganz Mitteleuropa eine eigenständige Geschichtsperiode durchlebt haben, die mit der Veröffentlichung des Abschlußkommuniqués der Konferenz von Jalta am 10. Februar 1945 begann. Die Erklärung war unter dem Eindruck der Eroberung Westpolens durch die sowjetische Weichsel-Oder-Operation entstanden und enthielt die Grundprinzipien der deutschen Gebietsabtretungen an Polen und die Sowjetunion sowie der Besatzung des restlichen Deutschlands und damit im Grunde bereits seiner späteren Teilung. In einem weiteren Rahmen gesehen, waren die

> »Vertreibung der Deutschen aus dem Osten und die Zerschlagung des Deutschen Reiches [. . .] nicht nur eine ›Antwort‹ auf die – ja während des Krieges noch gar nicht in vollem Maße bekanntgewordenen – Verbrechen der nationalsozialistischen Gewaltherr-

325

schaft, sondern entsprachen lange erwogenen Zielen der gegnerischen Großmächte, die während des Krieges zum Durchbruch gelangten.« (Hillgruber, S. 9f.)

Die britischen Ziele, die sich im Verlauf des Krieges herauskristallisiert hatten, waren eng mit der Ablehnung all dessen verbunden, wofür der Name »Preußen« stand, weshalb die englischen Staatsmänner von vornherein geneigt waren, territorialen Regelungen zuzustimmen, die das alte Preußen zerbrechen würden. Sowohl Großbritannien als auch die Vereinigten Staaten billigten die sowjetische Annexion des nördlichen Teils von Ostpreußen mit dessen Hauptadt Königsberg, das in Kaliningrad umbenannnt wurde. Während in Jalta noch verhandelt wurde, gab die provisorische Regierung von Polen am 5. Februar bekannt, daß Schlesien und der restliche Teil Ostpreußens unter polnische Verwaltung kommen würden. Sie nahm damit das Abschlußkommuniqué der Konferenz voraus und übertraf es insofern, als dort lediglich davon gesprochen wurde, daß Polen »im Norden und Westen einen beachtlichen Zuwachs erhalten« müsse. Auf der Potsdamer Konferenz wurde dieser Passus dann konkretisiert, indem Polen die Verwaltung aller östlich von Oder und Neiße gelegenen deutschen Gebiete zugestanden wurde. Das Abschlußkommuniqué vom 2. August 1945 segnete darüber hinaus die Ausweisung der zu dieser Zeit noch in Polen, der Tschechoslowakei und Ungarn lebenden Deutschen ab.

Die Wirklichkeit ging allerdings noch um einiges über das hinaus, was der Wortlaut nahelegte. Polen brachte sich, zusammen mit einem ausgedehnten Gebiet am Westufer der Oder, in den Besitz von Stettin, und stromaufwärts verhärtete sich die Verwaltungsgrenze an Oder und Lausitzer Neiße zur Staatsgrenze, wodurch das polnische Staatsgebiet im Vergleich zu 1939 rund 130 Kilometer nach Westen ausgedehnt wurde, was einen gewissen Ausgleich für die großen Gebiete im Osten darstellte, die von der Sowjetunion annektiert wurden. Das neue Polen, wie es das Potsdamer Abkommen definierte, umfaßte also auch rein deutsche Gebiete, mit der Folge, daß Ostpreußen, Hinterpommern, die Neumark und Schlesien ebenso wie das tschechische Sudetenland von Deutschen geräumt wurden, und dies bedeutete, daß mehr als zwei Millionen Menschen, der größte Teil der dort lebenden deutschen Bevölkerung, nach dem Ende des Zweiten Weltkriegs ihre Heimat verlassen mußten. Dieser Vorgang war als Vertreibung naturgemäß ein Gewaltakt, auch wenn im Potsdamer Abkommen von einer »ordnungsmäßigen Überführung deutscher Bevölkerungsteile« die Rede war, und lief daher auch nicht ohne brutale Übergriffe bis hin zum Mord ab.

1949 wurde in den drei westlichen Besatzungszonen die Bundesrepublik Deutschland gegründet, während in der sowjetischen Besatzungszone die Deutsche Demokratische Republik entstand, die zusammen mit der Tschechoslowakei zum Standort einer massiven sowjetischen Truppenkonzentration wurde, zu der noch 1989 gut 505 000 Soldaten, 9500 Panzer, 3650 Geschütze und 490 Mehrfachraketenwerfer gehörten. Die Sowjetunion strebte keinen offenen Konflikt an, aber wenn es zum Krieg gekommen wäre, hätte ihre Priorität auf Offensivoperationen gelegen, die sichergestellt hätten, daß er weit entfernt vom eigenen Territorium geführt wurde.

Die entsprechende Militärdoktrin war aus den Erfahrungen des Großen Vaterländischen Krieges abgeleitet worden, insbesondere jenen der großen Offensiven der Jahre 1944/45, unter denen die Weichsel-Oder-Operation einen herausragenden Platz einnahm. Der Militärgeschichte wurde als einem der sechs Zweige der Militärwissenschaft genausoviel Gewicht beigemessen wie etwa der Ausbildung oder der Technologie, und die Militärgeschichtliche Hauptabteilung brachte die Erkenntnisse, die sie aus der statistischen Auswertung des Großen Vaterländischen Krieges gewonnen hatte, zwar fortlaufend auf den neuesten Stand, der sich aus der größeren Geschwindigkeit, Reichweite und Zerstörungskraft der neu entwickelten Waffensysteme ergab, bezog sich dabei aber stets auf die Grundlage der Jahre 1941–1945. Durch diese umfangreiche Arbeit wurden »wissenschaftliche« Daten gewonnen, aus denen die Truppenkommandeure zum Beispiel die Höhe der zu erwartenden Verluste, den Bedarf an Treibstoff und Munition, das Vormarschtempo und die genauen Ergebnisse des Einsatzes dieser oder jener Feuerverteilung berechnen konnten.

Es ist eine Ironie der Geschichte, daß die Streitkräfte, die am meisten von dieser Arbeit profitierten, die britischen Truppen im Golfkrieg von 1991 waren, deren Planer mit dem ihnen wenig vertrauten Problem des Durchbruchs durch befestigte Verteidigungsstellungen konfrontiert waren. Die sowjetischen Erfahrungen wurden sowohl für die Planung der vorbereitenden Bombardierung der Iraker als auch für diejenige des erwarteten Aufeinandertreffens im offenen Gebiet hinter den Stellungen genutzt, und die britische 1st Armoured Division (1. Panzerdivision) ging in den tatsächlichen Kämpfen (24.–28. Februar), als sie durch die Bresche vordrang, die von der amerikanischen 1. Motorisierten Infanteriedivision geschlagen worden war, kaum anders vor als eine Panzerarmee oder ein Panzerkorps der Roten Armee 1945. Die logistischen Vorbereitungen basierten im übrigen weitgehend auf den britischen Erfahrungen in Nordafrika (1940–1943).

Zweifel am moralischen Verdikt

Es war für jeden Beobachter überwältigend zu sehen, mit welcher Geschwindigkeit sich Osteuropa seit 1989 veränderte und wie rapide insbesondere die Machtstruktur der DDR zerfiel, früher geradezu ein Modell sozialistischer Stabilität, bis am 3. Oktober 1990 die deutsche Wiedervereinigung besiegelt war oder, besser gesagt, der marode Osten der Bundesrepublik einverleibt wurde. Die sowjetischen Kasernen waren plötzlich zu Inseln in der kapitalistischen Welt geworden, und auf der westlichen Seite des ehemaligen Eisernen Vorhangs war die Begründung für die Anwesenheit der vorher schon unter finanziellen und politischen Druck geratenen amerikanischen und britischen Truppen auf deutschem Boden zum überwiegenden Teil hinfällig geworden. Ende des Jahres wurden einige der besten Einheiten beider Länder von Deutschland an den Persischen Golf verlegt.

Soweit es die Teilung Deutschlands und die Präsenz größerer ausländischer Truppenkontingente betraf, ging die Jalta-Periode der deutschen Geschichte 1990 zu Ende. Sie hatte 45 Jahre gedauert, in denen die vormals verbündeten Streitkräfte im großen ganzen dort geblieben waren, wo sie am Ende des Zweiten Weltkriegs gestanden hatten. Um einen Vergleich für diese Situation zu haben, braucht man sich nur einmal vorzustellen, die britischen und preußischen Truppen hätten nach der Schlacht von Waterloo ihre Stellungen nicht geräumt, sondern sich erst 1860 aus Frankreich zurückgezogen.

Zugleich wurde ein offenes Problem des internationalen Rechts, das einigen Sprengstoff in sich barg, schneller gelöst als erwartet. Die Bundesrepublik hatte, was im Ausland kaum wahrgenommen worden war, die von Polen nach dem Krieg auf Kosten Deutschlands beanspruchte Grenze niemals formell anerkannt. Im Potsdamer Abkommen war nur eine vorläufige Demarkationslinie an Oder und Neiße festgelegt und ansonsten erklärt worden, »daß die endgültige Festlegung der Westgrenze Polens bis zu einer Friedenskonferenz zurückgestellt werden soll«. (Zit. in: Benz, S. 222) Zu dieser Konferenz ist es jedoch nie gekommen, da der heiße Krieg nahtlos in den Kalten Krieg überging. Für den Parlamentarischen Rat bestand Deutschland, obwohl das von ihm ausgearbeitete Grundgesetz der Bundesrepublik zunächst nur für die westdeutschen Länder galt, weiterhin in den Grenzen von 1937 – mit anderen Worten, es umfaßte auch den westlichen Teil Polens und das zu Rußland gehörende Gebiet um das ehemalige Königsberg. Zur Überraschung mancher Beobachter verzichtete die Regierung des wiedervereinigten Deutschland auf Ansprüche in dieser Richtung und erkannte in einem Vertrag vom 14. November 1990 die Oder-Neiße-Linie als endgültige deutsche Ostgrenze an.

Zweifel an der Absolutheit der moralischen Verdikte der Zeit nach 1945 blieben jedoch bestehen, und es ist bezeichnend, daß es deutsche Historiker waren, die mittlerweile begonnen hatten, danach zu fragen, ob die Deutschen nun für immer an der Schuld für das tragen müßten, was im Dritten Reich geschehen war. Auslöser des sogenannten Historikerstreits, der sich an dieser Frage entzündete, war ein Artikel von Ernst Nolte gewesen, der am 6. Juni 1986 unter dem Titel »Vergangenheit, die nicht vergehen will« in der *Frankfurter Allgemeinen Zeitung* veröffentlicht wurde. Nolte, der zusammen mit Andreas Hillgruber und Michael Stür-

mer – ob nun zu Recht oder Unrecht – als »Neokonservativer«
eingestuft wurde, vertrat die im einzelnen zwar umstrittene, im
Kern aber nur schwer zu widerlegende These, daß die Verbrechen des Dritten Reichs unter den im 20. Jahrhundert insgesamt
begangenen Greueltaten keineswegs einzigartig seien.

KAPITEL 26

Schlußbetrachtung

Menschliches Leben spielte in der Kriegführung des 20. Jahrhunderts immer weniger eine Rolle. Hitler kam innerhalb der von den technischen Möglichkeiten der Zeit gesetzten Grenzen der Verwirklichung seiner Ziele am nächsten, als er 1941 die Sowjetunion überfiel. Seine Truppen standen wenig später kurz davor, Moskau und Leningrad einzunehmen, aber schon 1943 hatte sich das Blatt gewendet, wie die Katastrophe von Stalingrad, wo die 6. Armee am 2. Februar kapitulierte, und der verlustreiche Fehlschlag des Angriffs auf Kursk (5.–12. Juli) deutlich machten. Die großen Erfolge, die die Rote Armee im Sommer des folgenden Jahres erzielte, als sie die Deutschen aus Ostpolen verdrängte und im Donautal unaufhaltsam vorrückte, bestätigten diesen Umschwung nur noch.

Anfang 1945 erhielten zwei sowjetische Armeegruppen, die 1. Ukrainische Front unter Marschall Konew und die 1. Belorussische Front unter Marschall Schukow, die Aufgabe, durch Westpolen nach Deutschland vorzudringen. Die numerische Überlegenheit der sowjetischen Truppen war erdrückend; sie waren ausgezeichnet bewaffnet, und sie waren inzwischen zu Meistern der mechanisierten Kriegführung geworden. Die Offensive begann am 12. beziehungsweise 14. Januar, und am 16. war die taktische Verteidigungszone der Deutschen durchbrochen und das offenen Land hinter den befestigten Stellungen erreicht.

Konews Armeegruppe befreite bei ihrem Vormarsch Tschenstochau und Krakau und vertrieb die Deutschen aus dem größten Teil des oberschlesischen Industriegebiets. Auf dem rechten Flügel nahm Schukows Armeegruppe Warschau und Łódź und drang in den befestigten Raum von Meseritz ein. Bis zum 2. Februar waren die sowjetischen Truppen weit auf deutsches Gebiet vorgestoßen und hatten die obere und mittlere Oder erreicht – an einem Punkt waren sie nur noch 70 Kilometer von Berlin entfernt.

Sie waren jedoch aus vielerlei Gründen nicht in der Lage, auch noch dieses letzte kurze Wegstück zurückzulegen und die Weichsel-Oder-Operation durch einen raschen Vorstoß auf die deutsche Hauptstadt zu krönen: Die Deutschen leisteten an der Oder verbissenen Widerstand; dem sowjetische Oberkommando fehlte die nötige Zuversicht; die sich ausbreitende Disziplinlosigkeit verringerte die Schlagkraft der Truppen, und es erwies sich als notwendig, zunächst die beiden Flanken der in Hauptrichtung Berlin stehenden Truppen zu sichern.

An der Südflanke führte Konew die Niederschlesische Operation durch (8.–24. Februar). Er umging Breslau, wurde aber an der Lausitzer Neiße zum Stehen gebracht, und in der nachfolgenden Phase der sowjetischen Untätigkeit unternahmen die Deutschen erfolgreiche Gegenangriffe auf Lauban (2.–5. März) und Striegau (9.–14. März). Ein zweiter Vorstoß Konews, die Oberschlesische Operation (15.–31. März), erbrachte bei hohen Verlusten nur geringfügige Geländegewinne. Das Industriegebiet von Mährisch-Ostrau blieb bis zum 28. April in deutscher Hand.

An der Nordflanke erhielten zwei weitere Armeegruppen, die 2. und die 3. Belorussische Front, den Auftrag, die deutschen Truppen in Ostpreußen und an der unteren Weichsel zu binden und zu vernichten. Im nördlichen Abschnitt eröffnete Tschernjachowskijs 3. Belorussische Front am 13. Januar den Angriff, stieß aber vor Königsberg auf heftige Gegenwehr. Der Vormarsch konnte erst eine Woche später nach erbitterten Kämpfen fortgesetzt werden und führte zur ersten Einschließung von Königsberg (27. Januar–26. Februar). Der sowjetische Zeitplan war allerdings bereits durcheinandergeraten, und das hatte weitreichende Folgen. Die unmittelbarste bestand darin, daß Rokossowskijs 2. Belorussische Front von der unteren Weichsel abgezogen und nach Ostpreußen beordert wurde, um den auf Tschernjachowskij lastenden Druck zu verringern. Durch dieses Manöver wurde die deutsche 4. Armee im zentralen Ostpreußen abgeschnitten, gleichzeitig aber auch die Flankenunterstützung für Schukows in der Richtung Berlin vorrückende 2. Belorussische Front geschwächt. Auf deutscher Seite wurde jetzt im Winkel zwischen Rokossowskijs und Schukows Front eine starke neue Gruppierung aufgebaut, die Heeresgruppe Weichsel. Der von ihr vorgetragene Gegenangriff (Unternehmen Sonnenwende, 15.-21. Februar) erreichte zwar nicht die gesteckten Ziele, führte der Roten Armee aber die Verwundbarkeit ihrer Pommernflanke vor Augen und veranlaßte sie, eine umfangreiche Operation in dieser Richtung einzuleiten.

In der ersten Phase der Ostpommern-Operation (24. Februar bis 4. März) stießen Teile der 1. und 2. Belorussischen Front nach Norden zur Ostseeküste vor, um anschließend nach links und rechts abzuschwenken. Während sich die 2. Belorussische Front nach Osten wandte und die abgeschnittene deutsche 2. Armee in den befestigten Raum von Danzig/Gotenhafen zurückdrängte, zerschlug die 1. Belorussische Front die 3. Panzerarmee und näherte sich in Richtung Stettin der unteren Oder. Die Ostpommern-Operation war, für sich genommen, ein Erfolg für die Rote Armee, schwächte aber, wie Konews Aktionen in Schlesien, die Truppen, die an der Grenze zum deutschen Kernland standen, und trug so mit dazu bei, daß das Dritte Reich noch für über drei Monate Bestand hatte, obwohl die Rote Armee bereits an der Oder stand.

Unterdessen kämpfte eine Reihe eingeschlossener deutscher Armeen und Garnisonen um ihr Leben. Die 4. Armee wurde im Kessel von Heiligenbeil aufgerieben (13.-28. März). Königsberg fiel bei der zweiten Belagerung (2.-10. April), und anschließend wurde die Halbinsel Samland genommen (13.-27. April). Gleichzeitig wurden auch die letzten deutschen Widerstandsnester, die nach der Ostpommern-Operation noch übriggeblieben waren, ausgeschaltet: der befestigte Raum von Danzig und Gotenhafen (15.-28. März), Kolberg (4.-18. März) und der Brückenkopf Altdamm an der Oder (6.-21. März).

Weiter flußaufwärts setzten die Verteidiger alles daran, um die auf dem direkten Weg nach Berlin liegende Festung Küstrin zu halten, während die Auseinandersetzung über das Vorgehen an der Oder innerhalb der deutschen Führung zu einer handfesten Krise führte, die zur Folge hatte, daß Himmler den Oberbefehl über die Heeresgruppe Weichsel abgab (18. März) und Guderian als Chef des OKH abgesetzt wurde (28. März). Als Küstrin schließlich am Ende des Monats fiel, hatte die Rote Armee eine weitere wichtige Ausgangsbasis für den entscheidenden Schlag gegen Berlin gewonnen.

Andere Garnisonen waren schon seit den ersten Tagen der sowjetischen Offensive bedroht oder belagert. Die Belagerung von Posen (27. Januar–22. Februar) beseitigte ein bedeutendes Hindernis für die sowjetischen Nachschubwege. Die Besatzung der seit dem 15. Februar eingeschlossenen Festungsstadt Breslau dagegen leistete hinhaltenden Widerstand und gab erst am 6. Mai auf.

Am 16. April begann die große Berliner Operation. Zwei Wochen später beging Hitler Selbstmord, und am 2. Mai gab sich die deutsche Hauptstadt geschlagen. Bis zum 9. Mai hatten sich die deutschen Truppen überall in Europa ergeben oder waren dabei, es zu tun.

Die unter dem Eindruck der ersten spektakulären Erfolge der Weichsel-Oder-Operation stattfindende Konferenz von Jalta (4. bis 10. Februar) führte direkt oder indirekt zur Aneignung deutscher Gebiete durch Polen, zur Vertreibung von Millionen Deutschen aus Osteuropa und zur Besetzung und Teilung des verkleinerten Deutschland. Aber nicht nur Deutschland war geteilt, sondern der gesamte Kontinent, und er blieb es, bis 1990 die kommunistische Ordnung in Mittel- und Osteuropa zusammenbrach und Deutschland wiedervereinigt wurde – Ende einer historischen Periode, die am 12. Januar 1945 mit der Eröffnung der Weichsel-Oder-Operation begonnen hatte.

Die deutsche Niederlage im Zweiten Weltkrieg war angesichts der gewaltigen materiellen Überlegenheit der Alliierten, zumal an der Ostfront, und ihres politischen Zusammenhalts unausweichlich. Bleibt nur noch die Frage zu beantworten, warum Deutschland den Krieg auf die bekannte Art und Weise verlor. Bei der Suche nach den Ursachen dafür drängt sich der Schluß auf, daß das Dritte Reich trotz aller Massenaufmärsche in vielen grundlegenden Aspekten keineswegs eine homogene Gesellschaft darstellte.

Wie Generaloberst Guderian bemerkte, waren Hitler und einige seiner engsten Gefolgsleute Österreicher oder Rheinländer, die die tödliche Gefahr, die dem preußischen Kernland des Reichs drohte, erst spät – zu spät – wahrnahmen. Es ist erstaunlich, in welchem Maß auch auf niedrigeren Befehlsebenen die landsmannschaftliche Herkunft für bestimmte Aufgaben qualifizierte. So wurde es zum Beispiel für wichtig erachtet, daß General Krappe Pommer, Schulz Schlesier und von Saucken Ostpreuße war und daß Greiser aus dem Warthegau stammte. Fliegeras Rudel sorgte dafür, daß sein Stuka-Geschwader von Ungarn nach Schlesien verlegt wurde, nachdem er erfahren hatte, daß seine Heimat angegriffen worden war, und als Generaloberst Erhard Raus am 24. Februar 1945 den Oberbefehl über die in Pommern stehende 3. Panzerarmee übernahm, fiel einigen sofort ein landsmannschaftlicher Nachteil auf, denn er »war gebürtiger Österreicher und daher Land und Leuten in Pommern fremd«. (Murawski, S. 72) Daß Raus sein Kommando schon am 10. März wieder verlor, hatte seinen Grund in einer absurden Episode, die sich im Führerbunker abspielte und auf verdrehte Weise ebenfalls mit seiner regionalen Herkunft zu tun hatte. Raus war bei Hitler gewesen, um ihn über Lage und Kampfkraft der 3. Panzerarmee zu unterrichten, und hatte nach Guderians Meinung einen ausgezeichneten Vortrag gehalten. Hitler jedoch entließ ihn ohne Kommentar, und kaum

»hatte Rauß den Bunker der Reichskanzlei [. . .] verlassen, als Hitler zu Keitel, Jodl und mir gewendet, ausrief: ›Das war ein miserabler Vortrag. Der Mann hat ja nur über Kleinigkeiten gesprochen. Nach seiner Sprache ist das so ein Ostpreuße oder Berliner. Der muß sofort abgelöst werden!‹ Ich erwiderte: ›Der Generaloberst Rauß ist einer unserer besten Panzergenerale. Sie, mein Führer, hatten ihm das Wort abgeschnitten, als er über die große Lage berichten wollte, und Sie haben ihm befohlen, Einzelheiten über seine Division zu bringen. Und was seine Landsmannschaft anbetrifft, so ist Rauß Ostmärker. Ihr Landsmann, mein Führer!‹ Hitler: ›Das ist ausgeschlossen. So kann kein Ostmärker sein.‹ Jodl: ›Doch, doch, mein Führer, das kann schon sein. Er spricht wie der Schauspieler Moser.‹ [...] Hitler blieb bei seiner ungünstigen Ansicht. Mein Hinweis, daß wir keinen Überschuß an guten Generalen hätten, fruchtete nichts. Rauß wurde seines Kommandos enthoben.« (Guderian, S. 382)

Die grundsätzliche Uneinigkeit des Reichs äußerte sich auch im organisatorischen Bereich. So führte der Kampf um Einfluß und Ressourcen dazu, daß die Entwicklung neuer Waffen und die Bevorratung von Munition und Treibstoff unter mangelnder Koordinierung litten und die Mobilisierung für den »totalen Krieg« 1944 nur langsam und halbherzig in Angriff genommen wurde. In ähnlicher Weise waren die Auseinandersetzungen zwischen Partei und Wehrmacht dafür verantwortlich, daß es an der Ostfront keine wirkungsvolle Verteidigung in der Tiefe gab und Millionen ziviler Flüchtlinge den Tod fanden oder unnötige Leiden durchmachen mußten.

Als das Ende des Reichs nahte, wurde augenfällig, daß seine Führer für unterschiedliche »Deutschlands« gekämpft hatten. Auf der einen Seite trat die moralische Verkommenheit jener, die am tiefsten in das nationalsozialistische System verstrickt waren, unübersehbar zutage. Solange nur ein Befehl von oben es anordnete, hatten Generalfeldmarschall Schörner und die ganze braune Bande von Gauleitern wie Greiser, Schwede-Coburg, Koch und Hanke nicht gezögert, das Leben unzähliger Menschen aufs Spiel zu setzen, nur nicht ihr eigenes, wie sich herausstellte, als es in Gefahr zu geraten drohte und sie sich eiligst absetzten. Auf der anderen Seite stand die aufopferungsvolle Haltung von Männern wie Hoßbach, Reinhardt, von Tettau, von Saucken, von Ahlfen, Niehoff und vielen anderen, die bewiesen, daß menschliches Verantwortungsgefühl trotz allem immer noch mit soldatischer Pflichterfüllung in Einklang zu bringen war.

ANHANG

DIE KRIEGFÜHRUNG –
SOWJETISCHE WISSENSCHAFT
UND DEUTSCHE KUNST

Der sowjetische Stil

Die Entwicklung der motorisierten Kriegführung

Leider hat noch niemand einen treffenderen Begriff für jene Art der Kriegführung gefunden, die jedem, der sich mit der Zeitgeschichte beschäftigt, als »Blitzkrieg« bekannt ist. Der Blitzkrieg ist eine offensive, durch den koordinierten Einsatz von Panzern, motorisierter Infanterie, mobiler Artillerie und Pioniereinheiten gekennzeichnete Kampfform, die nach größtmöglicher Luftunterstützung verlangt. Die Konzentration der Kräfte und ein kurzer, intensiver Feuerschlag sorgen in einem oder mehreren Abschnitten der Front für Durchbrüche, wonach sich das Schwergewicht auf rasche Vorstöße in die Tiefe verlagert. Der Sieg wird dabei ebensosehr durch psychologische Zersetzung wie durch die tatsächlichen Zerstörungen erreicht.

Der große Nachteil des auch international gebräuchlichen Begriffs »Blitzkrieg« besteht darin, daß er die Vermutung nahelegt, die Deutschen seien im zweiten Viertel des 20. Jahrhunderts die einzigen gewesen, die die motorisierte Kriegführung entwickelt und angewendet hätten, doch war die Sowjetunion auf diesem Gebiet mindestens genauso weit fortgeschritten. Die ersten in der Sowjetunion gebauten Panzer wurden der Öffentlichkeit bei der Parade vorgeführt, die am 23. Januar 1923 aus Anlaß des vierten Jahrestages der Gründung der Roten Armee auf dem Roten Platz in Moskau stattfand. Der Ursprung der sowjetischen Entwicklung der motorisierten Kriegführung ist allerdings nicht bei den Panzereinheiten zu finden, sondern in dem Gedanken des Zusammenwirkens *(wsaimodejstwije)* von Infanterie und Artillerie, der in dem 1926 erschienenen Buch *Armeiskaja Operazija* von General (später Marschall) M. N. Tuchatschewskij und zwei Koautoren propagiert wurde. 1929 wurde das Prinzip des kombinierten Einsatzes verschiedener Waffengattungen in rudimentärer Form in die *Felddienstvorschriften (Polewoi Ustaw R.K.K.A. 1929,* kurz: *PU-29)* aufgenommen.

Die sowjetische Version der motorisierten Kriegführung war eine Gemeinschaftsarbeit der Operativen Fakultät der Frunse-Militärakademie und der Operativen Hauptabteilung des Generalstabs unter Leitung von W. K. Triandafillow. Die dort erarbeiteten Vorstellungen wurden umgehend in Manövern und Stabsspielen erprobt, wodurch die Lücke zwischen Theorie und Praxis, die die Entwicklung der motorisierten Kriegführung im Westen behinderte, zumindest verkleinert werden konnte.

Nachdem das Prinzip der kombinierten Waffen eingeführt worden war, untersuchte man, wie es auf der taktischen Ebene der »tiefen Schlacht« *(glubokij boj)* anzuwenden war. Der nächste Schritt waren »tiefe Operationen« *(glubokaja operazija)* auf der Ebene von Armeen und Armeegruppen. Man war sich im klaren darüber, daß sich der europäische Teil der Sowjetunion für neuartige Formen des motorisierten Angriffs geradezu anbot, und 1933 berichtete der Generalstabschef J. I. Jegorow vor dem Revolutionären Kriegsrat, daß es für einen Angreifer technisch möglich sei, bis zu 600 Kilometer weit vorzustoßen, die sowjetische Mobilisierung zu sprengen, Militärstützpunkte zu überrennen und wirtschaftlich wichtige Gebiete zu erobern. Die Antwort darauf wurde in den *Instruktionen für die tiefe Schlacht (Instrukzii po glubokomu boiju)* von 1935 und der bedeutsamen *PU-36* gegeben, die beide die Offensive an die erste Stelle setzten. Die in den *PU-36* niedergelegten Prinzipien sollten auf Jahre hinaus unverändert gültig bleiben.

Die erste Aufgabe bestand danach in »der gleichzeitigen Zerstörung des gesamten gegnerischen Aufmarschs in der ganzen Tiefe der Verteidigung«. (Kirjan 1982, S. 116) Breite Abschnitte der gegnerischen Front sollten durch eine »Fesselungsgruppe« *(skowywajuschtschaja gruppa)* mit relativ schwachen Kräften beschäftigt und gebunden werden, während mindestens zwei Drittel der Kampfstärke auf die »Stoßgruppe« *(udarnaja gruppa)* entfielen, bei der bis zu 40 Panzer pro Kilometer konzentriert wurden. Dabei handelte es sich hauptsächlich um die Panzer der Direkten Unterstützungsgruppe (Gruppa NPP), die in engem Zusammenwirken mit Infanterie, Artillerie und Luftstreitkräften die taktische Verteidigungszone des Gegners durchbrechen sollte. Die zweite Phase war die Entwicklung im offenen Hinterland der gegnerischen Front, die von motorisierter Infanterie, berittener Kavallerie und den Panzern der Gruppe für weitere Operationen *(Gruppa DD)* vorgetragen werden sollte.

Die Grundzüge der sowjetischen Variante der motorisierten Kriegführung waren damit komplett. Anschließend wurde die Entwicklung jedoch für mindestens sechs Jahre unterbrochen, was einerseits die Folge der Großen *Tschistka* (Säuberung) der Jahre 1935/39 war, der neben 35 000 seiner Offizierskameraden auch Marschall Tuchatschewskij zum Opfer fiel, und andererseits aus den unverständlichen Umstrukturierungen resultierte, die im November 1939, Juli 1940 und Februar 1941 angeordnet wurden. Die kommunistischen Panzereinheiten hatten sowohl im spanischen Bürgerkrieg als auch 1939 in Polen enttäuscht, und in der ersten Phase des Großen Vaterländischen Krieges war es ihnen geradezu katastrophal ergangen.

Die alten Prinzipien mußten jetzt neu entdeckt und überarbeitet werden. Sie schlugen sich in dem vorläufigen Entwurf *PU-41* nieder, der in den *PU-44* seine endgültige Form erhielt. Grob gesagt, hatte die Rote Armee für ihre Grundformationen eine bessere Aufteilung zwischen Panzertruppen und Infanterie gefunden; darüber hinaus stützte sie sich zunehmend auf die Artillerie, um die nachlassende Qualität ihrer Mannschaften auszugleichen:

»Ein gut vorbereiteter Artillerieangriff verkörpert für uns die Kraft der Armee. Die Möglichkeit, dem Bajonett durch das Feuer die Arbeit abzunehmen, betrachteten wir als großen Vorzug, weil sie den Truppen unnötige Verluste ersparte. Somit war es sinnvoll, bei der Vorbereitung des Artillerieangriffs Zeit und Mühe nicht zu sparen. Vom moralischen Standpunkt aus gesehen, war dieser Aufwand der Ausdruck größtmöglicher Sorge um den Menschen während der Kampfhandlungen.« (Konew, S. 11)

Organisation der Roten Armee 1945

Fronten

Die sowjetischen »Fronten« waren nichts anderes als Armee- oder Heeresgruppen des Westens, bestehend aus jeweils etwa zehn Armeen mit einer Mannschaftsstärke von insgesamt bis zu einer Million Mann. Für die Weichsel-Oder-Operation bildeten die 1. Ukrainische und die 1. Belorussische Front im Grunde eine Doppelfront, die in einer Richtung angriff und zusammen über 2,2 Millionen Mann, 33 500 Feldgeschütze und schwere Granatwerfer, 7000 Panzer und Sturmgeschütze sowie 5000 Flugzeuge verfügte (siehe S. 38).

Panzer und motorisierte Verbände

Panzerarmeen

Die wichtigsten Stoßtruppen für den Ausbau der Anfangserfolge der Fronten waren die Panzerarmeen (Konew und Schukow verfügten 1945 über jeweils zwei). Als 1943 die ersten dieser Panzerarmeen in die Kämpfe eingriffen, erlitten sie zunächst noch enorme Verluste, da sie nur über schwache Artillerieeinheiten verfügten und die zu ihnen gehörende Infanterie nicht angemessen in sie integriert war. Bis 1945 aber waren die Panzerarmeen wesentlich verstärkt worden: Die Mannschaftsstärke war um ein Drittel erhöht, die Anzahl der Panzer und Sturmgeschütze ungefähr verdoppelt und die Feldartillerie sogar vervierfacht worden. Die Panzerarmeen waren damit zu ausgewogenen motorisierten Verbände geworden, die im Regelfall aus zwei oder drei Panzerkorps und einem motorisierten Infanteriekorps bestanden, das heißt aus

35 000 bis 50 000 Soldaten,
500 oder 900 Panzern (bei zwei bzw. drei Panzerkorps),
850 Artilleriegeschützen.

Die Rolle der motorisierten Infanterie, die mit Lkws transportiert wurde oder auf den Panzern mitfuhr, war nie wichtiger als in der Endphase des Krieges, als sie den Panzerkräften half, in unübersichtlichem oder bebautem Gelände die mit Panzerfäusten bewaffnete deutsche Infanterie auszuschalten. So war es der Infanterie zu verdanken, daß die 4. Panzerarmee im Frühjahr 1945 ein Stück weit ins Oberschlesische Industriegebiet vordringen konnte. Obwohl diese Armee bereits »infanterielastig« war – sie verfügte neben ihrem Infanteriekorps (VI. Motorisiertes Gardeschützenkorps) nur über ein einziges Panzerkorps (X. Gardepanzerkorps) –, war Leljuschenko erfreut, als man ihm am 24. März ein weiteres Infanteriekorps (V. Motorisiertes Gardeschützenkorps) zuteilte:

>»Ich hatte mich lange darum bemüht, ein drittes Korps für die Armee zu erhalten, und es war ein besonders glücklicher Umstand, daß unserem Bestand ein [weiteres] Korps der motorisierten Infanterie hinzugefügt wurde. Damit erhöhte sich die allgemeine militärische Wirksamkeit der Armee und insbesondere die Schlagkraft von Artillerie, motorisierter Infanterie und Panzern. Zwei motorisierte Korps und ein Panzerkorps – das war meiner Ansicht nach die zu dieser Zeit vorteilhafteste Zusammensetzung einer Panzerarmee.« (Leljuschenko, S. 306f.)

Panzerkorps

Leljuschenkos Anmerkung weist auf ein zentrales Prinzip des Blitzkrieg-Konzepts hin – daß nämlich sämtliche sowjetischen Panzer- und motorisierten Verbände sowohl aus Panzer- wie aus Infanterieeinheiten zusammengesetzt waren; nur das Mischungsverhältnis war unterschiedlich. Panzerkorps waren, wie gesehen, ein wichtiger Bestandteil der Panzerarmeen, konnten unter wagemutigen Kommandeuren aber auch wie eigenständige kleine Armeen handeln, die weit vor den Hauptkräften der ersten Angriffsstaffel operierten. Ein solcher Grad von Unabhängigkeit wäre undenkbar gewesen, wenn die Panzerkorps nicht ähnlich wie die Panzerarmeen aus drei Panzerbrigaden und einer Infanteriebrigade bestanden hätten. Zu einem Panzerkorps gehörten ungefähr

11 700 Soldaten,
220 Panzer,
40 Sturmgeschütze,
152 Feldgeschütze und Granatwerfer sowie
8 BM-13-Katjuschas.

Motorisierte Infanteriekorps

Die motorisierten Infanteriekorps waren fast genauso schnell und wirkungsvoll wie die Panzerkorps, deren Zusammensetzung sich bei ihnen spiegelbildlich wiederfand: Sie bestanden aus drei Infanterie- und einer Panzerbrigade. Die folgenden Zahlen zeigen außerdem eine stärkere Betonung der Artillerie; zu einem motorisierten Infanteriekorps gehörten:

16 000 Soldaten,
180 Panzer,
60 Sturmgeschütze,
252 Feldgeschütze und Granatwerfer sowie
8 Katjuschas.

Panzerbrigaden

Die Panzerbrigaden waren äußerst wendige Einheiten, die sowohl im Rahmen ihrer Panzerkorps als auch in (allgemeinen) Schützendivisionen, -korps oder sogar -armeen eingesetzt wurden. Kommandeure von Panzerarmeen nutzten sie auch gern als persönliche Reserve, und eine besonders beliebte Variante bestand darin, die Panzerbrigaden durch zusätzlichen Truppen zu verstärken und sie als kämpfende Vorhut (»Vorausabteilungen«, siehe S. 366) einzusetzen. 1945 gehörten zu einer Panzerbrigade drei Panzerbataillone und ein Infanteriebataillon mit

1354 Soldaten und
65 Panzern.

Motorisierte Infanteriebrigaden

Diese Einheiten verfügten über die beachtliche Zahl von 39 Panzern und wurden in ähnlicher Weise wie die Panzerbrigaden eingesetzt.

Allgemeine (Schützen-)Verbände

Allgemeine (Schützen-)Armeen

Diese Verbände begannen vom April 1943 an Gestalt anzunehmen. Ihre Zusammensetzung und Größe variierte, aber sie verfügten generell über eine große Zahl von Panzern und Geschützen, um die dürftige Qualität der Mannschaften zu kompensieren. Zu einer allgemeinen Armee gehörten neben zwei bis vier Schützenkorps Panzer-, Panzerabwehr- und Granatwerferbrigaden sowie alle Arten unterstützender Dienste. In gerundeten Zahlen bedeutete dies

40 000 Soldaten,
mindestens 400 Panzer und
mindestens 1100 Geschütze und Granatwerfer.

In der Radom-Łódź-Operation im Januar 1945 ging die 69. Armee mit drei Schützenkorps (zusammen zehn Schützendivisionen), einem Panzerkorps, 512 Panzern und Sturmgeschützen, 2400 beweglichen Geschützen und 195 Katjuschas in den Kampf. (Danilow, S. 200)

Schützenkorps

Die beeindruckende Zusammensetzung dieser Einheiten (drei Schützendivisionen) wurde von der relativ schwachen Mannschaftsstärke Lügen gestraft; gleichzeitig fällt die Stärke der Artilleriekomponente auf. Ein Schützenkorps bestand typischerweise aus:

9000–16 000 Soldaten,
300–400 Feldgeschützen und
450–500 schweren Granatwerfern.

Schützendivisionen

Die Divisionen waren die Grundbausteine der militärischen Planungen. Es ist allerdings anzumerken, daß eine sowjetische Schützendivision, obwohl aus drei Regimentern bestehend, nur etwa halb so stark war wie ihr deutsches Gegenstück. Die Sollstärke lag zwar bei 11 780 Mann, aber im Durchschnitt verfügten die

Schützendivisionen nur über 3000–7000 Soldaten. Die 83. Garde-schützendivision der 11. Gardearmee bestand am 1. Januar aus 6642 Soldaten, 13 Sturmgeschützen, 668 Feldgeschützen und 62 Granatwerfern.

Die Artillerie

Die sowjetische Artillerie war in »Gruppen« auf der Ebene der verschiedenen Formationen eingeteilt, je nachdem, ob sie zur Unterstützung von Armeen, Korps, Divisionen oder Regimentern eingesetzt wurde.

Die Luftwaffe

Die Formation der Luftwaffe auf der Ebene der Heeresfront (Armeegruppe) war die Luftarmee. So wurde die 1. Ukrainische Front im Januar 1945 von der 2. Luftarmee (2583 Flugzeuge) unterstützt, während der 1. Belorussischen Front die 16. Luftarmee (2190 Flugzeuge) zugeordnet war. Die Luftarmeen bestanden aus Divisionen von Bombern, Sturmflugzeugen *(schturmowoj)* und Jägern.

Anmerkungen zu einigen Schlüsselwaffen

Panzer

Der klassische mittlere Panzer T 34 ging Anfang 1941 in die Serienproduktion. Mit einer für seine Zeit schweren Kanone (7,6 Zentimeter) ausgerüstet, gut gepanzert und auch bei kaltem Wetter verläßlich zu starten, war er ein hervorragendes Kampffahrzeug mit einer brauchbaren Reichweite und breiten Ketten, die erheblich zu seiner ausgezeichneten Mobilität beitrugen. Die Deutschen waren derart beeindruckt von diesem Panzer, daß sie zunächst erwogen, ihn zu kopieren, bevor sie sich für den komplizierteren Panther (Panzer V) entschieden.

Zum Teil aufgrund der Lehren aus der Schlacht von Kursk (Juli

1943) führte die Rote Armee 1944 eine weiterentwickelte und besser bewaffnete Version ein, den

T 34/85

Gewicht:	32 Tonnen
Bewaffnung:	eine 8,5-cm-Kanone, zwei 7,62-mm-Maschinengewehre
Panzerung:	45–75 Millimeter

Der schwere Panzer der ersten Kriegsjahre war der KV 1, dessen Kanone vom selben Kaliber war wie die des T 34 (7,6 Zentimeter), der aber stärker gepanzert war und eine höhere (und daher auch verwundbarere) Silhouette hatte. 1941 wurde eine neue Version eingeführt, die insbesondere für die Artillerieunterstützung eingesetzt wurde, der

KV 2A

Gewicht:	52 Tonnen
Bewaffnung:	eine 15,2-cm-Haubitze, zwei oder drei 7,62-mm-Maschinengewehre
Panzerung:	75–110 Millimeter

Ein wesentlich besserer schwerer Panzer war das erste Modell der Stalin-Baureihe, der JS 2, der im April 1944 in Dienst genommen wurde:

JS 2

Gewicht:	45 Tonnen
Bewaffnung:	eine 12,2-cm-Kanone, drei 7,62-mm-Maschinengewehre, ein 12,7-mm-Flugabwehr-MG
Panzerung:	60–160 Millimeter

In den letzten Wochen des Krieges kam eine Weiterentwicklung des JS 2 mit sehr schwerer Panzerung, der JS 3, zum Einsatz, gegen den, wie ihm von deutscher Seite attestiert wurde, »unsere sonst vorzüglichen 7,5-cm-Kampfwagenkanonen L 48 nur wenig

ausrichten konnten. Nur ein ›Sonntagsschuß‹ durchschlug diese
starke Panzerung.« (Schäufler 1991, S. 26)

Artillerie

Geschütze auf Selbstfahrlafetten und Sturmgeschütze stellten eine erprobte Kombination aus Panzerchassis und Artilleriegeschützen vom Standardkaliber 7,6 Zentimeter an aufwärts dar. SU 85 und SU 100 waren wirksame Panzerabwehrwaffen auf der Basis des T 34. Das Fahrgestell der schweren Panzer war die Grundlage zweier fast identischer Sturmgeschütze, des JSU 122 und des noch bemerkenswerteren JSU 152 (auch Haubitze M 43 genannt):

JSU 152 (M 43)
Gewicht: 46 Tonnen
Bewaffnung: eine 15,2-cm-Haubitze
Panzerung: 60–90 Millimeter

»Die 15,2-Zentimeter-Haubitze von 1943 vereinte auf großartige Weise die Feuerkraft der schweren 15,2-Zentimeter-Granate mit der Mobilität einer Panzerabwehrwaffe.« (Iwanow, S. 23) Sie sah aus wie ein großer Metallkasten mit Kettenfahrwerk, aus dem vorn der Stummel des Kanonenrohrs herausragte, und bot, als sie gegen Ende des Krieges durch die Straßen der deutschen Städte fuhr, einen besonders furchterregenden Anblick.

Die beweglichen Geschütze mit den konventionellen Kalibern 7,6 und 12,2 Zentimeter waren, durch das Feuer der schweren Granatwerfer (12 Zentimeter) verstärkt, die wichtigste Unterstützung für die sowjetischen Angriffsoperationen. Die Rolle der Kanonen von größerem Kaliber nahm an Bedeutung zu, als die Rote Armee die Befestigungen an den Grenzen und innerhalb des Reichs zu durchbrechen begann, da sie jetzt zunehmend für den direkten Angriff auf Forts, Bunker und andere befestigte Stützpunkte eingesetzt wurden. Dem allgemeinen Bewußtsein haben sich als Symbol der sowjetischen Kriegführung allerdings die Bilder der Katjuschas (Raketenwerfer BM 12) am stärksten eingeprägt, und zwar mit einigem Recht, da sie entwickelt worden waren, um in kürzester Zeit die größtmögliche Sprengstoffmenge abzufeuern, und damit eine direkte Umsetzung der sowjetischen Militärdoktrin darstellten (siehe S. 359): Mit einer Katjuscha-Salve wurde in nur 7–10 Sekunden ein Areal von etwa vier Hektar mit 4,35 Tonnen Munition eingedeckt.

Luftwaffe

Die sowjetischen Strategen betrachteten die Luftwaffe wie ihre deutschen Gegenspieler hauptsächlich als ein Mittel zur Unterstützung des Heeres und weniger als ein Instrument strategischer Bombardements. Es ist deshalb kein Zufall, daß das Kampfflugzeug Il 2 zum klassischen sowjetischen Flugzeug des Großen Vaterländischen Krieges wurde. Es war sehr wirkungsvoll im Einsatz gegen die leichteren deutschen Panzer und machte 1943 ein Viertel der gesamten Flugzeugproduktion aus.

Der Sturm aufs Reich

Der allgemeine Plan

Absicht der sowjetischen Offensive des Jahres 1945 in Polen und Ostpreußen war es, die deutschen Linien mit einem einzigen machtvollen Schlag zu zertrümmern und anschließend in die Tiefe des Hinterlandes vorzustoßen. Die Panzer- und motorisierten Verbände hatten dabei eher die Aufgabe, die deutschen Truppen aufzuspalten, als sie einzuschließen; sie sollten um jeden Preis Ziele weit hinter den deutschen Stellungen erreichen und die Aufräumarbeit der zweiten Staffel (oder Welle) überlassen. In früheren Operationen war der Angriffsschwung abgeflaut, wenn die erste Staffel nach kurzem Vorstoß Zangenbewegungen durchführte, wie sie von den Deutschen auch im Weichselbogen erwartet wurden (siehe S. 76 f.), aber:

»Diesmal wandte die STAWKA für die Operation, in voller Über-
einstimmung mit der Situation, die sich ergeben hatte, das Konzept machtvoller Aufspaltungsschläge tief in den vom Gegner
gehaltenen Raum hinein an. Dadurch wurde es möglich, die Verteidigungslinie an der Weichsel in mehrere isolierte Kessel aufzu-
brechen, wonach es im nächsten Schritt zwingend erforderlich war,
Panzerkorps und -armeen in die Durchbruchssektoren einzuführen, die mit Höchstgeschwindigkeit in die vom Gegner gehaltenen
Gebiete vordrangen und keine Zeit damit verloren, dessen Wider-
standszentren auszuschalten.« (Larionow, S. 400)

Ganz diesem Konzept gemäß sollten zum Beispiel die 2. und die
3. Belorussische Front auf parallelen Wegen zur Ostsee vorstoßen, ohne sich damit aufzuhalten, die gegnerischen Truppen einzuschließen. Erst als die 2. Belorussische Front unerwartet nach
Nordosten einschwenkte, entwickelte sich der Feldzug auf diesem Kriegsschauplatz zu einer Einkesselung Ostpreußens.

Die Vorbereitung

Maskirowka
Maskirowka umfaßte vielfältige Aktivitäten, von der Tarnung auf
dem Schlachtfeld bis hin zur politischen Desinformationskam-
pagne. In der *PU-44* wurde *maskirowka* als ein wesentlicher Bestandteil des Überraschungsmoments hervorgehoben und dem-
gemäß als »obligatorische Form der Kampfunterstützung für jede
Aktion und Operation« bezeichnet: »Aufgabe von *maskirowka* ist
es, für die Geheimhaltung von Truppenbewegungen und -kon-
zentrationen zu sorgen, um einen Überraschungsangriff zu
ermöglichen, den Gegner hinsichtlich unserer Truppenstärke,
Waffen, Aktionen und Absichten irrezuführen und ihn auf diese
Weise zu falschen Entscheidungen zu verleiten.«

Die Techniken der *maskirowka* hatten bis Ende 1944 einen
hohen Entwicklungsstand erreicht, aber die sowjetischen Planer
mußten auch jeden Kunstgriff nutzen, wenn sie das Überraschungsmoment auf ihrer Seite haben wollten. Die Rote
Armee hatte bereits mehrere Brückenköpfe auf dem jenseitigen
Ufer der Weichsel und des Narew erobert, und es war kein Ge-

heimnis, daß Mitte des Winters ein Angriff zu erwarten war. »Um dieses Problem zu lösen, erarbeiteten die sowjetischen Planer eine *maskirowka,* die hauptsächlich das Ausmaß des Angriffs verschleiern sollte und weniger dessen Ort und Zeit oder die generelle Angriffsabsicht.« (Glantz 1989, S. 475)

Zu den »passiven« Maßnahmen der *maskirowka* gehörten die verdeckte Heranführung und Aufstellung der Truppen (Nachtmärsche, Tarnnetze etc.) und die strikte Anwendung des Prinzips, nach dem jeder nur das erfuhr, was er unbedingt wissen mußte. Wichtige Informationen wurden denjenigen, die nach ihnen handeln sollten, erst kurz vor der jeweiligen Aktion mitgeteilt, und auch dann häufig nur mündlich und nicht in schriftlicher Form.

»Aktive« *maskirowka* war unter den Bedingungen der Jahre 1944/45 schwieriger durchzuführen, aber nicht unmöglich, vorausgesetzt, die Russen konnten erkennen, was die Deutschen erwarteten, um sie darin entsprechend zu bestärken. Die erfolgreichste Aktion dieser Art war die gekonnt inszenierte Täuschung, durch die Konew die Deutschen davon überzeugte, daß er auf seinem linken Flügel südlich der Weichsel Truppen massierte, um in Richtung Krakau anzugreifen (siehe S. 46).

In einem größeren Rahmen bestand der bedeutendste Erfolg der *maskirowka* zweifellos darin, daß es gelang, dem deutschen Geheimdienst unter Oberst Reinhard Gehlen zu verbergen, daß neun Armeen und ein Panzerkorps aus der STAWKA-Reserve als Verstärkung für die Offensive in Zentralpolen herangeführt wurden, nämlich:

- zur 1. Ukrainischen Front:
  die 6., 21., 52. und 59. Armee, die 3. Gardepanzerarmee und das VII. Gardepanzerkorps;

- zur 1. Belorussischen Front:
  die 33. und 61. Armee, die 3. Stoßarmee und die 1. Gardepanzerarmee.

Auf deutscher Seite schätzte man das Übergewicht der Truppen in den sowjetischen Brückenköpfen im Vergleich zu den eigenen auf 3–3,5:1, während es tatsächlich mit 5–7:1 zu veranschlagen war. (Glantz 1989, S. 498)

Im Abschnitt der 3. Belorussischen Front war ein großer Teil der Truppen bereits in den Kämpfen um das nördliche Ostpreußen in Erscheinung getreten, so daß die Schätzungen des deutschen Geheimdienstes im großen ganzen zutrafen, was sicherlich ein Grund dafür war, daß Tschernjachowskij zu Beginn der Offensive nicht schneller vorankam. Weiter südwestlich dagegen war die zur 2. Belorussischen Front verlegte 5. Gardepanzerarmee ein gutes Stück hinter der Frontlinie aufgestellt worden, mit der Folge, daß die Deutschen bis zum Beginn der sowjetischen Offensive nichts von ihrer Anwesenheit ahnten.

Nachrichtendienst, Aufklärung, Karten

Da die Rote Armee inzwischen weit jenseits der alten russischen Grenze kämpfte, konnten die Planer nicht mehr wie bisher auf die reichhaltigen Informationen von Agenten und Partisanen hinter den gegnerischen Linien zurückgreifen (siehe S. 48). An ihre Stelle traten eine intensive Luftaufklärung und die Meldungen kleiner Aufklärungstrupps, die bis zu einer Tiefe von etwa 40 Kilometern ins gegnerische Hinterland vordrangen, um die Bewegungen der deutschen Truppen und ihr alltägliches Verhalten zu beobachten. Tschuikow beließ einen Leutnant und sieben Mann monatelang in einem Wald bei Warka, von wo aus sie ihre Beobachtungen per Funk oder mit Hilfe eines Flugzeugs, das nachts bei ihnen landete, übermittelten. Viele wertvolle Informationen waren jedoch einfach der Aufmerksamkeit der Posten in den vorgeschobenen Beobachtungsständen zu verdanken. Die persönliche Erkundung wurde im übrigen als verbindliche Pflicht eines jeden Kommandeurs betrachtet, von der untersten Ebene bis hinauf zum Oberbefehlshaber einer Front.

Die nachrichtendienstlichen Erkenntnisse, die das sowjetische Oberkommando erhielt, wurden zunehmend besser und trugen wesentlich zu der ausgezeichneten Qualität der sowjetischen Kartographie bei. Das Zusammenwirken der Armeen wurde im allgemeinen auf Karten mit dem Maßstab 1:100 000 geplant. (Juschtschuk, S. 208) Für Batterie- und Kompaniechefs wurden spezielle Kartenpausen in großem Maßstab angefertigt:

>>In die Pausen waren die pioniermäßigen Anlagen des Gegners, sein Feuersystem und alle Angriffsobjekte im jeweiligen Abschnitt eingezeichnet. Im Prinzip ermöglichte das den Artilleristen, das Feuer so zu richten, daß kein Schuß in den leeren Raum ging. Ebenso hatten die Chefs der Schützenkompanien eine genaue Vorstellung von den Pionier- und Feuerhindernissen, auf die sie stoßen würden. Die Pausen wurden für die gesamte Tiefe der taktischen Verteidigungszone des Gegners angefertigt und vermittelten Artilleristen wie Infanteristen ein Bild des gegnerischen Geländes bis auf etwa 10 Kilometer Tiefe.<< (Konew, S. 11)

Auf deutscher Seite wußte man, daß die gegnerischen Karten oft besser waren als die eigenen. Ein Beweis dafür war die Genauigkeit, mit der sowjetische Artillerie und Luftwaffe am 24. März den Hafen von Rosenberg im Kessel von Heiligenbeil angriffen:

>>Hunderte und Aberhunderte von Fahrzeugen aller Art, Last- und Personenkraftwagen, Sonder- und Pferdefahrzeuge standen hier auf engstem Raum zusammengeballt. Bomben- und Granateinschläge hatten Wagen umgekippt, zerschlagen und Teile durch die Luft gewirbelt.<< (Dieckert/Großmann, S. 148; vgl. auch die Lagebesprechung bei Hitler am 19. Januar, in: *Kriegstagebuch des OKW*, S. 1023)

Kriegsspiele
Diese Veranstaltungen waren alles andere als Vergnügungen; sie dienten vielmehr dazu, operative Pläne auszuarbeiten und festzuklopfen, Offiziere in ihre Aufgaben einzuweisen und die letzten Einzelheiten für das Zusammenwirken von Artillerie, Pionieren und Logistik festzulegen. Planung und Übung gingen bei diesen Kriegsspielen also Hand in Hand, und sie fanden in der einen oder anderen Form auf jeder Kommandoebene oberhalb der Untereinheiten statt. Oberst Antonow beschreibt den Verlauf der letzten Besprechung im Stab der 5. Stoßarmee vom 11. Januar:

»Das Kriegsspiel wurde an einem Sandkasten ausgeführt, in dem in verkleinertem Maßstab die wirklichen Bedingungen wiedergegeben waren. Anhand des Modells konnten wir die verschiedenen operativen Aufgaben von Bersarins 5. Stoßarmee und die Angriffssektoren jeder einzelnen Division ausmachen. Die Kommandeure der Korps und Divisionen und die Chefs der Waffengattungen und sonstigen Dienste wurden der Reihe nach an das Modell gerufen, um ihre operativen Aufgaben zu erläutern und über ihren Bereitschaftszustand zu berichten. So waren wir in der Lage, all die detaillierten Absprachen über die Zusammenarbeit zwischen Infanterie, Panzern, Artillerie und Luftwaffe und zwischen den Formationen unserer Armee und den Nachbarverbänden – der 2. Gardepanzerarmee und dem VII. Gardekavalleriekorps – zu treffen.

Unser Kommandeur, Nikolai Jerastowitsch Bersarin, hörte sich alles an, und wenn der Vortrag klar und logisch gewesen war, sah er zufrieden auf und sagte: ›Gut, genau so werden Sie es ausführen.‹ Geriet ein Kommandeur aber ins Stocken, hagelte es unweigerlich Tadel.« (Antonow, S. 193; vgl. auch Konkow, S. 35; Leljuschenko, S. 272; Katukow, S. 308–311; Babadschanjan, S. 198)

Politische Erziehung

Ein wichtiges Mittel zur Hebung der Moral und Qualität der Truppe war die politische Indoktrination, die zum einen von den Mitgliedern der KPdSU und des Jugendverbandes Komsomol betrieben wurde, die in jeder Armee einen bedeutenden Anteil der Mannschaft stellten (15 946 Mann zum Beispiel in der 38. Armee und 9769 in der 69. Armee). Zum anderen waren in den Bataillonen und Kompanien hauptamtliche Politkommissare tätig, die Pamphlete und Zeitungen verteilten, politische »Mitings« organisierten und altgediente Soldaten unter die jungen, unerfahrenen Soldaten brachten, die sie mit ihren Geschichten für den Kampf begeistern sollten. Tschuikow äußerte sich besonders anerkennend über die Arbeit eines Unterleutnants namens Wassilij Wybornow, der als Politoffizier einer Kompanie allabendlich durch die Schützengräben ging, um die neuesten Kriegsnachrichten zu verbreiten, die Waffen zu inspizieren und den Soldaten beizubringen, wie sie ihre Lebensbedingungen verbessern konnten. Einmal nahm er zum Beispiel einen gewissen Skworzow ins

Gebet, weil er im Verschlußträger seines Maschinengewehrs Sand gefunden hatte.»Er meldete die Nachlässigkeit nicht dem Kommandeur, verlangte aber von Skworzow, sein Maschinengewehr binnen einer Stunde in vorbildlichen Zustand zu bringen. Solche kameradschaftlichen Hinweise waren wirksamer als jede Bestrafung.« (Tschuikow 1978, S. 68)

Logistische Vorbereitung
Es wurde bereits erwähnt, welche Mengen an Material jeder Art für die Offensive im Januar 1945 herangeschafft wurden (siehe S. 47 f.). Die Grundeinheit für die Munitionierung war der *bojekomplet* (Munitionssatz), entsprechend der Sollzahl der Geschosse pro Waffe, die ein Soldat bei sich trug oder die in einem Fahrzeug mitgeführt wurden. Im Januar 1945 belief sich die Munitionierung auf 1,5–2,5 *bojekomplet* je Infanterist und 3–10 je Panzer und Geschütz.

Für den Treibstoff galt die Grundeinheit der *naprawka* (Füllung), die der Menge des in den inneren und äußeren Tanks der Panzer, Sturmgeschütze und Lkws mitgeführten Treibstoffs entsprach. Die beiden im Mittelabschnitt operierenden sowjetischen Fronten begannen die Offensive im Januar 1945 mit 4–4,5 Füllungen je Fahrzeug (was sich bald als zuwenig herausstellte).

Auf der Ebene einer Panzerarmee (hier: 1. Gardepanzerarmee) summierten sich diese Munitions- und Treibstoffzuteilungen zu einem Gewicht von etwa 1000 Tonnen *(bojekomplet)* beziehungsweise gut 600 Tonnen *(naprawka)*. Beide Maßeinheiten galten ebenso für die Auffüllung der verbrauchten Vorräte.

Führungsstil
Stalin hatte vor Beginn der Offensive im Januar 1945 die Rolle des Frontkoordinators übernommen (siehe S. 128) und stand in ständigem Telefonkontakt mit den Oberbefehlshabern der Armeegruppen, um deren Aufgaben den sich verändernden militärischen und politischen Bedingungen anzupassen. In der Regel wurden die Entscheidungen im Rahmen der Fronten jedoch deren Befehlshabern überlassen, die den besten Überblick über die Lage vor Ort hatten:

»Überhaupt sollten sich die Oberbefehlshaber von Fronten meiner Ansicht nach in entscheidenden Augenblicken, vor allem bei einschneidenden Veränderungen der Lage, möglichst nahe bei ihren Truppen aufhalten, um erforderliche Entschlüsse an Ort und Stelle fassen zu können. Nie empfand ich meine nach Bedarf kürzeren oder längeren Aufenthalte bei der Truppe als ›persönliche Tapferkeit‹ oder gar als ›Heldentum‹. Sie waren mir zur Führung moderner Manöverhandlungen einfach unentbehrlich.« (Konew, S. 70)

Die Memoiren sowjetischer Offiziere bestätigen, daß die Oberbefehlshaber der Fronten häufig in den vorgeschobenen Stellungen auftauchten und auch nicht zögerten, auf operativer und sogar taktischer Ebene selbst den Befehl zu übernehmen. So brachte Schukow am 1. März in Pommern einen stockenden Angriff wieder in Schwung, indem er der Vorausabteilung der 1. Gardepanzerarmee den Befehl zum Eingreifen erteilte. (Katukow, S. 348; vgl. auch Bokow 1979, S. 58 f.) Noch schlagender war das Beispiel, das Schukows Rivale Konew gab, als er im Januar zum Funkgerät griff und die 3. Gardepanzerarmee einen Schwenk um die Flanke des oberschlesischen Industriegebiets ausführen ließ (siehe S. 111).

Der Aufbau der Stäbe der Roten Armee begünstigte im übrigen einen persönlichen Führungsstil:

»Unsere Erfahrungen belegten auf überzeugende Weise, daß die effektivste Art der Armeeführung während der Operationen darin bestand, zwei parallel arbeitende Gruppen zu bilden: eine operative Gruppe unter unmittelbarer Leitung des Kommandeurs und eine zweite Gruppe – den eigentlichen Armeestab –, die dem Gefechtsstand zugeordnet war.« (Leljuschenko, S. 273)

Die operative Gruppe *(operatiwnaja gruppa* oder *opergruppa)* der Armeen, Korps oder Divisionen war eine kleine und sehr mobile Führungseinheit, die aus dem jeweiligen Kommandeur, dem Chef der Artillerie und drei oder vier Stabsoffizieren sowie einigen Fahrern, Funkern und Wachen bestand. Die direkte Eingriffsmöglichkeit war besonders für Kommandeure von Panzereinheiten von Vorteil:

»Der Erfolg der Panzertruppen [...] hängt ganz wesentlich von den Fähigkeiten ihres Kommandeurs ab, nicht allein von seiner Tapferkeit und Findigkeit. Ein Panzerkommandant, ja selbst ein Kommandeur ist gezwungen, die sich schnell verändernde Lage zu meistern; dabei hat er nicht immer Zeit, sich über die gegnerischen Kräfte zu informieren. Oft ändert sich die Lage blitzartig, auf Schritt und Tritt erwarten ihn Überraschungen, vor allem bei Handlungen in der operativen Tiefe, auf die er ebensoschnell reagieren muß.« (Katukow, S. 325)

Der von Leljuschenko erwähnte »eigentliche Stab« stellte die administrative Zentrale der jeweiligen Formation dar, die im irreführenderweise als »Gefechtsstand« bezeichneten Hauptquartier arbeitete. Der Gefechtsstand war zwar nicht so beweglich wie die operative Gruppe, zog aber bei schnell vorankommenden Operationen je nach Kommandoebene ungefähr einmal (Armee) oder zwei- bis dreimal (Korps/Division) am Tag um.

Die Durchbruchsschlacht

Truppenkonzentration im Durchbruchssektor
Der Erfolg im Blitzkrieg hing, ob nun auf deutscher oder sowjetischer Seite, wesentlich von der Stärke der Streitkräfte ab, die man vor dem Angriffsabschnitt der gegnerischen Verteidigung zusammenziehen konnte. Die Folge waren enorme Truppenkonzentrationen vor den »Durchbruchssektoren« und entsprechend schwache Kräfte in den »passiven Sektoren«, wo es nur darauf ankam, den Gegner zu beschäftigen. Im Januar 1945 ergab sich daraus folgende Frontaufteilung:

Länge der Fronten und Anteil der Durchbruchssektoren			
	Gesamte Front	Durchbruchs-sektor(en)	Anteil der Durchbruchs-sektoren
1. UKF	250 km	36 km*	14,4%
1. BRF	230 km	30 km**	13,0%
2. BRF	285 km	28 km	9,8%
3. BRF	170 km	24 km	14,1%
* Ohne den Durchbruchssektor der 60. Armee (3 km) ** Ohne den Durchbruchssektor der 47. Armee (4 km)			

Das Prinzip der Konzentration der Kräfte galt auch für die einzelnen Armeen. So waren vor dem sieben Kilometer breiten Durchbruchssektor der 69. Armee, obwohl er nur 13 Prozent ihres Frontabschnitts ausmachte, 80 Prozent der Infanterie, 90 Prozent der Artillerie sowie sämtliche Panzer und Sturmgeschütze konzentriert. In absoluten Zahlen ausgedrückt, waren dies acht Schützendivisionen, 2178 Kanonen und schwere Granatwerfer, 197 Raketenwerfer sowie 512 Panzer und Sturmgeschütze. (Telegin, S. 487)

Bei der Auswahl der Durchbruchssektoren berücksichtigten die Kommandeure, wie gut die Anmarschwege waren, ob Wälder oder andere Deckungsmöglichkeiten vorhanden waren und welche Vorteile das vom Gegner gehaltene Gelände bot – festen Boden, schwache Befestigungen und Verteidigungskräfte, Trennlinien zwischen Formationen und so weiter.

Gestaffeltes Vorgehen

Die Angriffskräfte der Roten Armee wurden, wenn sie nicht als Ganzes vorrückten, je nach den Umständen in zwei oder drei Staffeln aufgestellt. Ein Aufmarsch in mehreren Linien, der es ermöglichte, lang anhaltende, schwere Kämpfe durchzustehen, war besonders dann angezeigt, wenn die Deutschen ihrerseits in die Tiefe gestaffelt waren. War der Verteidigungsgürtel dagegen schmal, wurde in einer einzigen Staffel angegriffen, um schon beim ersten Schlag die maximale Feuerkraft einsetzen zu können. (Danilow, S. 27 f.)

Artillerievorbereitung
Im Ersten Weltkrieg wurden bei der Artillerievorbereitung Hunderttausende oder sogar Millionen von Granaten abgefeuert, ohne damit sonderlich viel zu erreichen. Einer der Gründe dafür war, daß sich das Bombardement für gewöhnlich über mehrere Tage hinzog, wodurch das Überraschungsmoment verlorenging und die anfängliche Schockwirkung nachließ. Darüber hinaus war der Erdboden anschließend derart aufgewühlt, daß er für die Angriffstruppen ein ernsthaftes Hindernis darstellte.

Das »Blitzbombardement« folgte einem anderen Prinzip. Die Feuerdichte auf bestimmte vorher festgelegte Ziele war zwar für einen kurzen Zeitraum wesentlich höher als bei der Artillerievorbereitung mit Dauerfeuer, aber es wurde insgesamt weniger Munition verschossen. Auf diese Weise wurden Schlüsselstellungen wie Gefechtsstände und Artilleriebatterien binnen weniger Minuten zerstört und die gegnerischen Truppen, soweit sie nicht dem Beschuß zum Opfer gefallen waren, gelähmt, ohne daß der Vormarschstreifen unnötig umgepflügt wurde.

Das erste dieser Blitzbombardements befahl der deutsche Oberst Bruchmüller 1917 in Riga, und im März 1918 trugen sie wesentlich zu dem Überraschungsmoment bei, das den Deutschen bei ihrer Offensive an der Westfront zugute kam. Im Großen Vaterländischen Krieg stellten sie sowohl auf deutscher als auch auf sowjetischer Seite einen festen Bestandteil des Arsenals der taktischen Mittel dar. So, wie sie von der Roten Armee im Januar 1945 angewandt wurde, bestand die Artillerievorbereitung aus

- einem ersten Feuerschlag *(ognewoj udar)* sehr hoher Intensität und, wenn nötig,

- einem ständigen, länger anhaltenden Bombardement sowie

- einem einfachen oder doppelten Sperrfeuer *(ognewoj wal),* das in festgelegten Intervallen wie ein Vorhang vor den angreifenden Truppen niederging.

Der erste Feuerschlag der 1. Ukrainischen Front am 12. Januar dauerte fünf Minuten, bevor die »Vorausbataillone« vorrückten. Nach Sondierung der deutschen Stellungen anhand dieser massiven Kampfaufklärung wurden die verbliebenen deutschen Stützpunkte in Vorbereitung des Angriffs der Hauptkräfte noch einmal 107 Minuten lang bombardiert.

Bei der 1. Belorussischen Front legte man zwei Tage später mehr Gewicht auf den ersten Feuerschlag: In 25 Minuten wurden dort 315 000 Granaten mit einem Gesamtgewicht von 5540 Tonnen verschossen, von denen 825 Tonnen (15 Prozent) auf die gegnerischen Batterien abgefeuert wurden. Der Schlag reichte acht Kilometer in die Tiefe, zerstörte 68 Unterstände sowie 25 Beobachtungsposten und vernichtete oder »unterdrückte« 82 Artilleriestellungen, 49 Granatwerferbatterien und 347 Maschinengewehre. Schukow hatte einen weiteren Artillerieschlag von 107 Minuten vorbereitet, hielt es aber nicht für nötig, ihn auszuführen.

Die Ziele waren vorher sorgfältig vermessen worden, und da sich die sowjetischen Feuerleitstellen auf ausgezeichnete Karten stützen konnten, waren ihnen auch Nebel, Schneesturm oder Dunkelheit kein Hindernis. Die Artillerie war zu dieser Zeit aufgrund guter Funkgeräte (die im Ersten Weltkrieg nicht zur Verfügung gestanden hatten) und der sinnvollen Umstrukturierung von 1944 höchst flexibel. Bis dahin hatte sich die Organisation der Artillerie an speziellen Einsatzformen orientiert wie der Unterstützung der Infanterie, dem Schlag in die Tiefe, dem Feuer gegen die gegnerischen Batterien und so weiter. Jetzt dagegen wurde sie vor den Durchbruchssektoren auf Front-, Korps-, Divisions- oder Regimentsebene in »Gruppen« aufgestellt (siehe S. 346) und stand dem jeweiligen Kommandeur direkt zur Verfügung. Die Flexibilität, die damit erreicht werden konnte, zeigte sich bei der Eröffnung der Offensive der 1. Belorussischen Front am 14. Januar. Schukow befand sich zu diesem Zeitpunkt im Gefechtsstand der 5. Stoßarmee:

»Einer nach dem anderen meldeten die Korpskommandeure, daß die Kampfaufklärung erfolgreich verlaufe. Marschall Schukow erlaubte General Bersarin, die erste Korpsstaffel 20 Minuten früher, als nach dem Zeitplan vorgesehen, in das Gefecht einzuführen und das Artilleriefeuer von Angriffsvorbereitung auf Unterstützung des Angriffs der Hauptstreitmacht umzustellen.« (Bokow 1979, S. 59)

Der Durchbruch

In der Weichsel-Oder-Operation machte die Entwicklung der Taktik bemerkenswerte Fortschritte, insbesondere in bezug auf die Vervollkommnung der Mittel für den Durchbruch durch die taktische Verteidigungszone des Gegners.

Koslow 1975, S. 81

Einer der weniger bekannten Aspekte des Blitzkriegs ist der schwere, auf kurze Distanz geführte und oft nur langsam vorankommende Kampf, der nötig war, um die gegnerischen Befestigungen aufzureißen und den nachrückenden Truppen den Weg zu ebnen. Bei der 1. Belorussischen Front (14. Januar) waren jedem Schützenkorps der Sturmabteilungen zwei oder drei Pionierbataillone zugeteilt worden, die über 90 000 Panzer- und Tretminen entschärften und mehr als 800 Passagen freiräumten. Mindestens ebenso wichtig für den Erfolg des Durchbruchs war die Nahunterstützung durch Panzer und Sturmgeschütze. Ursprünglich in Brigaden organisiert, waren sie jetzt in Bataillons- oder Kompaniestärke den Schützenbataillonen oder in noch kleineren Einheiten einzelnen Zügen zugeteilt: »Dadurch wurde die Zusammenarbeit zwischen den Panzern, die die Infanterie direkt unterstützten, und den Schützeneinheiten erheblich verbessert und ihr Vormarschtempo vergrößert.« (Larionow, S. 402)

Wie üblich, stand es den Frontbefehlshabern frei, die allgemeinen Richtlinien auf ihre Weise auszulegen. Schukow war wie die meisten seiner Kollegen bereit, einen großen Teil der ihm zur Verfügung stehenden Panzer und Sturmgeschütze für die Unterstützung der Durchbruchseinheiten einzusetzen. Konew dagegen war in dieser Beziehung vergleichsweise zurückhaltend.

Panzerkräfte der Durchbruchstruppen am ersten Tag des Angriffs			
Front	Gesamtzahl der Panzer und Sturm-geschütze	Für die Infanterie-unterstützung eingesetzt	Panzer und Sturm-geschütze pro Front-kilometer
1. BRF (Schukow)	3220	1448 (46%)	25–30
1. UKF (Konew)	3660	820 (23%)	21

Ein weiterer auffallender Unterschied zwischen beiden Fronten bestand darin, daß Schukow bis zu 17 Pionierkompanien pro Kilometer seiner Durchbruchssektoren aufstellte, während Konew nur zwischen fünf und dreizehn einsetzte.

Einsatz der Panzerarmeen

Das bisher Gesagte resultierte zum überwiegenden Teil aus einer vernünftigen Doktrin sowie Fleißarbeit und ausgiebigen Übungen der Stäbe. Danach wurde jedoch ein Punkt erreicht, von dem an der Ausgang der Kämpfe unmittelbar vom Können und Instinkt der Frontbefehlshaber abhing, dann nämlich, wenn es um die Frage ging, wann die Panzerarmeen, die an den meisten Fronten kurz vor den allgemeinen Armeen der ersten Staffel auf ihren Einsatz warteten, in das Gefecht eingeführt werden sollten.

Schukow hielt die Panzerarmeen zurück, bis die Infanterie, die Pioniere und die sie unterstützenden Panzer und Sturmgeschütze einen Weg durch die taktische Verteidigungszone in den rückwärtigen Raum des Gegners gebahnt hatten, und schickte sie erst am zweiten und dritten Tag der Offensive in den Kampf – die 1. Gardepanzerarmee am 15. Januar um 14 Uhr und die 2. Gardepanzerarmee frühmorgens am 16. Januar. Konew dagegen geizte, wie gesehen, bei der Zuteilung von Panzerkräften für den unmittelbaren Durchbruch, führte seine Panzerarmeen aber schon am ersten Tag der Offensive ins Gefecht ein – sowohl in der Weichsel-Oder-Operation (12. Januar) als auch in der Oberschlesischen Operation (15. Februar). In bezug auf letztere schrieb er dazu:

>>Das war keineswegs falsch, denn wäre die Infanterie allein vorgegangen, hätte sich unser Angriffstempo weiter verlangsamt, und unsere ohnehin schon gelichteten Schützendivisionen hätten wesentlich höhere Verluste gehabt. Abgesehen von der moralischen Verpflichtung eines Oberbefehlshabers, unnötige Verluste zu vermeiden, durfte ich angesichts der bevorstehenden entscheidenden Berliner Operation auch aus rein sachlichen Erwägungen kein Risiko eingehen.
Im Jahre 1945 war es meiner Meinung nach auch grundsätzlich falsch und rückschrittlich, Infanterie ohne Panzer angreifen zu lassen, denn wir wußten, daß der moderne Angriff ein enges Zusammenwirken aller Waffengattungen erfordert, wobei die Hauptrolle auf dem Gefechtsfeld den Panzern zufällt. [. . .] Die hohen Verluste unserer Panzertruppen am ersten Tag der Oberschlesischen Operation waren zwar bitter, aber ohne Panzer wären wir keinen Schritt vorwärts gekommen.<< (Konew, S. 66f.)

Daraus spricht eher rückblickende Rechtfertigung als militärische Einsicht. Wenn Konew den Panzerkräften der Sturmabteilungen mehr Gewicht beigemessen hätte, wäre es nicht notwendig gewesen, die Panzerarmeen im Nahkampf einzusetzen.

Eher für die von Schukow gewählte Vorgehensweise sprach eine nach dem Krieg vorgenommene Analyse, die zu dem Ergebnis kam, daß es ratsam war, den Panzerarmeen vor ihrem Einsatz den Weg in den offenen Raum zu ebnen:

>>Die Panzerarmeen, die in den Kampf geworfen worden waren, um den Durchbruch zu vollenden, kamen beim weiteren Vormarsch in die Tiefe des gegnerischen Raums in der Regel langsamer voran, da ihre Stoßkraft bereits erheblich abgenommen hatte. Deshalb lag der STAWKA des Oberkommandos und einer Reihe von Frontbefehlshabern, insbesondere G. K. Schukow, K. K.

Rokossowskij und I. D. Tschernjachowskij, daran, den Durchbruch durch die taktische Verteidigungszone des Gegners mittels des Einsatzes von Infanterieformationen zu erreichen, die durch unterstützende Panzerkräfte und Artillerieeinheiten sowie die mobilen Gruppen der allgemeinen Armeen verstärkt worden waren. Zweck dieses Vorgehens war es, die Panzerarmeen, die die mobile Gruppe der jeweiligen Front bildeten, in einen fertigen Durchbruch einzuführen, so daß sie ohne Verzögerung in den rückwärtigen Raum des Gegners vordringen und dessen gesamte operative Verteidigung vernichten konnten.« (Radsijewskij 1977, S. 123f.)

Entwicklung der Erfolge

Panzerarmeen und Panzerkorps

Die entscheidende Kraft bei der Entfaltung der Offensive an den Fronten nach einem Durchbruch waren die Panzerarmeen, die selbständigen Panzerkorps und mechanisierten Korps, die durch das Zusammenwirken mit der Luftwaffe einen Stoßkeil darstellten, der den anderen Armeen den Weg bahnte.
Schukow, S. 569

In der Weichsel-Oder-Operation legten die Panzertruppen in 24 Stunden im Durchschnitt 45–70 Kilometer zurück, die Schützenformationen 25. Daraus ergab sich ein allgemeiner Vormarsch von 500 Kilometern in 22 Tagen, wobei einzelne Panzerarmeen infolge der Richtungsänderungen, die sie vollführten, wesentlich größere Entfernungen hinter sich brachten (1. Gardepanzerarmee: 600 Kilometer; 2. Gardepanzerarmee: 700 Kilometer). Gleichzeitig verlängerte sich die Front der beiden Armeegruppen (1. Ukrainische und 1. Belorussische Front) von anfangs 73 Kilometern in drei einzelnen Abschnitten bis zum vierten Tag der Offensive auf 500 und bis zu deren Ende auf 1000 Kilometer. Dabei wurde sowohl am Tag als auch in der Nacht vorgegangen, nachts jedoch mit gewissen Einschränkungen, wie Konew hinsichtlich der Oberschlesischen Operation anmerkte:

364

»Anstatt das Nachtgefecht mit dem Personal einer ganzen Division zu führen, faßten wir hierfür besonders geeignete Leute zu Spezialbataillonen zusammen. Diese ausschließlich nachts eingesetzten Einheiten, die tagsüber in Ruhestellung zurückgenommen wurden, bewährten sich ausgezeichnet. Ihre Kampfhandlungen wurden hauptsächlich von den Geschützen im direkten Richten unterstützt, die wir schon vor Einbruch der Dunkelheit soweit wie möglich vorschoben.« (Konew, S. 67)

Das hohe Tempo des sowjetischen Vormarschs war im wesentlichen vier Faktoren zu verdanken:

1. einer kühnen, einsatzfreudigen Führung;
2. der Tatsache, daß die deutschen Truppen wieder und wieder in die eigenen vorbereiteten Stellungen zurückgeworfen werden konnten, so daß sie östlich von Posen nicht mehr in der Lage waren, sich irgendwo festzusetzen;
3. der Vermeidung von Kämpfen in bebauten Gebieten:

»Wir hatten im Januar 1945 bereits richtig erkannt, daß die Befreiung von Ortschaften keineswegs zu den Hauptaufgaben der Panzertruppen gehörte. Als vordringliche Aufgabe hatten sie die Verbindungen des Gegners zu durchschneiden, seine Verteidigung durcheinanderzubringen, Panik in seinem Rücken zu verbreiten, seinen Kräften den Rückzug abzuschneiden oder den Reserven die Anmarschwege zu verlegen.« (Katukow, S. 324);

4. der Ausnutzung des Vorteils, den der gefrorene Boden darstellte, um, wenn nötig, querfeldein vorzurücken und Städte und gegnerische Stützpunkte zu umgehen. Umgekehrt hatte das einsetzende Tauwetter zur Folge, daß sich der Vormarsch verlangsamte und im Fall der Oberschlesischen Operation sogar gänzlich zum Erliegen kam, da die Panzertruppen gezwungen waren, »entlang den Straßen und um deren Besitz zu kämpfen sowie Ortschaften zu durchbrechen, wo Häuser und Deckungen den Panzerfaustschützen gute Einsatzmöglichkeiten boten«. (Konew, S. 67) Ganz ähnlich entwickelte sich auch die Situation in Hinterpommern.

365

Mobile Gruppen und Vorausabteilungen

Der Angriffsschwung der Roten Armee wurde von »mobilen Gruppen« und Vorausabteilungen getragen, die im Prinzip nichts anderes waren als die kämpfenden Vorhuten, die Friedrich der Große im Siebenjährigen Krieg eingesetzt hatte. Die mobile Gruppe war eine große und äußerst schlagkräftige Formation, die als operative Spitze die Offensive vorantrieb. In der Weichsel-Oder-Operation hatten die beiden Fronten jeweils zwei Panzerarmeen (die 1. Ukrainische Front die 3. Gardepanzer- und die 4. Panzerarmee; die 1. Belorussische Front die 1. und 2. Gardepanzerarmee) und die allgemeinen Armeen ihre selbständigen Panzerkorps (die 5. Gardearmee das IV. und XXI. Gardepanzerkorps; die 3. Gardearmee das XXV. Panzerkorps; die 69. und 33. Armee das XI. und IX. Panzerkorps).

Vorausabteilungen waren kleine, aber hart kämpfende Gefechtseinheiten, die von den Panzerarmeen oder -korps, zu denen sie gehörten, vorausgeschickt wurden. Ihre Aufgabe bestand darin, die mobilen Kräfte des Gegners in Vorhutgefechten zu schlagen und die Deutschen an Verteidigungsstellungen, Straßenkreuzungen, Flußübergängen und ähnlichen Orten zu stellen und festzuhalten, bis die Hauptkräfte dort eintrafen. Sie waren für gewöhnlich um eine selbständige Panzerbrigade (siehe S. 344) mit ihren etwa 65 Panzern herum aufgebaut, die durch Infanterie, konventionelle Artillerie, Sturmgeschütze, Granatwerfer und Katjuschas, Luftabwehrkanonen und Einheiten der unterstützenden Dienste verstärkt wurde. Ein typisches Beispiel war die Vorausabteilung der 5. Stoßarmee, die aus der 220. Selbständigen Panzerbrigade, dem 89. Selbständigen Schweren Panzerregiment und dem 1006. Schützenregiment bestand.

> »Am 19. Januar um 12 Uhr setzte sich die Abteilung in Marsch. Panzer auf Panzer rollte über die Chaussee, gefolgt von 300 Kraftfahrzeugen. Die Hauptkräfte, darunter auch das schwere Panzerregiment, konzentrierte Oberst Jessipenko nicht vor, sondern hinter der Abteilung. Sollte der Gegner unter dem Druck zurückweichen und hinter die Abteilung geraten, so war man gewappnet. Die ›Katjuschas‹ fuhren in der Kolonnenmitte. Die Vorausabteilung bot dem Betrachter ein eindrucksvolles Bild.« (Bokow 1979, S. 74)

Innerhalb von drei Tagen (20.–23. Januar) nahm Jessipenko den Wartheübergang in Wolow und eroberte Strezelno sowie den wichtigen Stützpunkt Wągrowiec. Kurz vor dem Ende der Weichsel-Oder-Operation überquerte dieselbe Vorausabteilung auch noch die Oder und setzte sich am Westufer des Flusses in Kienitz fest, wo Berlin gewissermaßen schon im Blickfeld lag (siehe S. 132).

Bei den allgemeinen Armeen bildete man ebenfalls Vorausabteilungen, die den Kontakt mit den schneller vorankommenden Panzer- und motorisierten Truppen vor ihnen aufrechterhielten. Daraus ergab sich eine lockere Kette von Formationen, die sich in vereinfachter Form und mit stark gerundeten Abstandsangaben wie folgt darstellte:

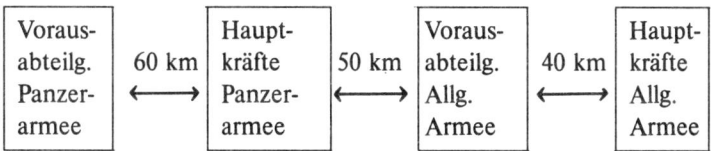

Nach den Vorschriften hatten Artilleriekommandeure »das Feuer von mobilen Beobachtungsposten – mit Funkgeräten ausgestatteten Panzern – aus zu leiten«, und es war üblich, daß in jedem Bataillon der Panzerspitzen Artilleriebeobachtungsoffiziere mitfuhren, um die Kanoniere so einzuweisen, daß sie einen Feuerteppich vor die angreifenden Panzertruppen legten. Im Fall des XI. Gardepanzerkorps der 69. Armee legte die Artillerie in Abständen von 1,5–2,5 Kilometern ein »rollendes« Sperrfeuer bis in eine Tiefe von 12 Kilometern hinter die deutschen Linien.

Die Rote Armee verfügte 1945 über große Mengen an Sturmgeschützen und Panzerabwehrwaffen, deren Feuerkraft besonders flexibel eingesetzt werden konnte. Daraus entwickelten sich im Lauf der Zeit feste Partnerschaften wie diejenige zwischen dem 1989. Panzerartillerieregiment und dem 239. Gardeschützenregiment (2. Belorussische Front), die allen Versuchen höherer Offiziere widerstand, die Geschütze anderen Regimentern oder Divisionen zuteilen zu lassen:

»Jedem Sturmgeschütz war für die gesamte Dauer des Gefechts eine feste Gruppe von Soldaten unter dem Kommando eines Unteroffiziers oder Offiziers zugeordnet, die das Geschütz weder im Kampf noch in den kurzen Ruhepausen verließ. Sie half der Geschützbedienung in jeder Weise und schützte sie tapfer gegen die panzerbrechenden Kanonen und Panzerfäuste des Gegners.« (Gorb, S. 245)

Luftnahunterstützung

Nach sowjetischem Verständnis war die Luftwaffe zuallererst der Diener der Bodentruppen. So galten mehr als zwei Drittel der 54 000 Einsätze, die die 2. und die 16. Luftarmee in der Weichsel-Oder-Operation flogen, der unmittelbaren Unterstützung der sowjetischen Panzerspitzen. Das Zusammenwirken der beiden Waffengattungen war allerdings lange Zeit mangelhaft gewesen, bevor die Luftwaffe aufgrund einer harschen Anweisung der STAWKA vom 30. November 1944 ernsthaft an diesem Problem zu arbeiten begann.

Funkstationen am Boden und in der Luft verbesserten die Kommunikation, und den Stäben der Armeen, Korps und führenden Brigaden wurden mit Flaggen und Funkgeräten ausgestattete Offiziere der Luftwaffe zugeteilt. »Dadurch wurde es möglich, den Luftstreitkräften zusätzliche Aufgaben zu erteilen, so daß sie in der Lage waren, neue Ziele anzugreifen, sobald sie auftauchten.« (Leljuschenko, S. 273) Fielen die Funkgeräte der Luftwaffe aus, war es theoretisch möglich, die Verbindung mittels der Funkgeräte der Panzerkommandanten aufrechtzuerhalten. Am 16./17. Januar konnte auf diese Weise die Verbindung zwischen dem IX. und XI. Panzerkorps und der zu ihrer Nahunterstützung eingeteilten Luftdivision wiederhergestellt werden.

Daß die Luftnahunterstützung während der Weichsel-Oder-Operation häufig nicht zum Zuge kam, war kein persönliches Versagen einzelner Kommandeure, sondern durch das Wetter bedingt, da zu Beginn der Offensive Schneefälle und Nebel dafür sorgten, daß nur wenige Flugzeuge aufsteigen konnten. Danach bestand das Hauptproblem darin, mit den rasch vorrückenden Bodentruppen Schritt zu halten und genügend Landebahnen in der Nähe der jeweiligen Schlachtfelder zu besetzen. Man behalf sich damit, Straßen wie die Autobahn bei Posen oder diejenige zwischen Breslau und Berlin als Landebahnen zu nutzen, und um die deutschen Flugplätze so schnell wie möglich in die Hand zu bekommen und einsatzbereit zu machen, rückten die semikombattanten Bataillone des Bodenpersonals unmittelbar hinter den vordersten Einheiten oder sogar mit ihnen zusammen vor. Der Vorrang, der dieser Aufgabe eingeräumt wurde, zeigte sich in dem Tempo, mit dem die Luftwaffe nach vorn verlegt wurde. So landeten die Jagdflugzeuge des III. Luftkorps bereits auf dem Flugplatz von Sochaczew, während an dessen Westrand eine Panzerbrigade der 2. Gardepanzerarmee noch mit deutschen Truppen kämpfte, und auch als am 18. Januar das 402. Jagdfliegerregiment dorthin verlegt wurde, war der Flugplatz noch keineswegs sicher.

In späteren Phasen der Weichsel-Oder-Operation war die Luftunterstützung jedoch nicht einmal mehr durch solch heroische Aktionen zu gewährleisten, da das Tauwetter viele unbefestigte Landebahnen unbenutzbar machte, was zum Beispiel dazu führte, daß die 16. Luftarmee nur über drei Flugplätze verfügte, die in Reichweite der Front lagen. Während die sowjetischen Flugzeuge häufig bis zu 200 Kilometer weit zu ihren Einsatzgebieten fliegen mußten, konnte die deutsche Luftwaffe von den bei Berlin gelegenen Flugplätzen aus unablässig ihre Einsätze fliegen und im Gebiet der sowjetischen Brückenköpfe an der Oder zeitweise sogar die Luftüberlegenheit gewinnen (siehe S. 139).

Erst im Frühling klarte der Himmel wieder für längere Zeiträume auf, so daß die Sowjets ihre große zahlenmäßige Überlegenheit an Flugzeugen voll ausspielen konnten. In den Kämpfen um Danzig waren tagsüber »ohne Unterbrechung die Sowjetflugzeuge in der Luft. Die Schlachtflieger mit dem roten Stern auf den Tragflächen beschossen mit ihren Bordwaffen jedes einzelne Fahrzeug auf der Straße, belegten die vorderste Linie [. . .] mit ihren Raketen.« (Schäufler 1991, S. 86) Ihren Höhepunkt erreichte die Luftunterstützung während der Belagerung von Königsberg, bei der die sowjetische Luftwaffe über 20 000 Einsätze flog und manchmal 300 Flugzeuge gleichzeitig in der Luft waren.

Pionierunterstützung

Der wichtigste Beitrag, den die Pioniere zur Beschleunigung des Vormarschs leisteten, war die Überbrückung von Flüssen. In der Weichsel-Oder-Operation stießen die Truppen zum Beispiel alle 50–90 Kilometer auf Flußläufe, die in drei Kategorien eingeteilt wurden: in breite (über 300 Meter), mittlere (100–300 Meter) und schmale (unter 100 Meter). Die Eisdecke der meisten Flüsse war zwischen 10 und 25 Zentimeter dick, was für den Übergang von Infanterie und leichter Artillerie – wenn nötig, mit Hilfe von Fahrdämmen aus Holzplanken – ausreichte, aber zu dünn war, um Panzer zu tragen. Es ist deshalb kein Wunder, daß fast ein Drittel der Operationen der Panzerarmeen der Überwindung solcher Hindernisse galten.

Die höchste Organisationseinheit der Pioniere war die Frontreserve. Diejenige der 1. Ukrainischen Front war besonders groß, da die Oder in deren Vormarschstreifen in nordwestlicher Richtung verlief und zu erwarten stand, daß die einzelnen Armeen, beginnend auf dem linken Flügel, nacheinander an ihr eintreffen würden. Konew schickte seine Reserven daher jeweils von einem Abschnitt in den nächsten. Die 1. Belorussische Front hingegen näherte sich der Oder im rechten Winkel, weshalb Schukow die Pioniereinheiten gleichmäßig auf seine Armeen aufteilte.

Bei den Flußübergängen hing viel vom Geschick der Vorausabteilung und der ihr zugeteilten Pionierkompanien ab. Die führenden Bataillone oder die Panzerbrigade des Kommandos folgten den Aufklärungstrupps auf dem Fuße und versuchten zwei oder drei Übergänge zu schaffen, um anschließend auf der anderen Flußseite auszuschwärmen und den Brückenkopf möglichst so lange zu halten, bis die Hauptkräfte mit der schwereren Brückenausrüstung eintrafen. Für die Flußüberquerung einer Panzerarmee waren etwa fünf Übergänge aus Holzplanken für die Infanterie und die leichte Artillerie und drei oder vier Trägerbrücken nötig, von denen mindestens zwei eine Tragfähigkeit von 60 Tonnen haben mußten. Der Bau einer solchen Brücke, etwa der 120 Meter langen 60-Tonnen-Brücke über die Pilica bei Palchew, dauerte nicht länger als siebeneinhalb Stunden.

Auf dem unbekannten Terrain des Reichs zeigte sich beim

Brückenbau wie auf vielen anderen Gebieten, daß die bis dahin angewandten Mittel nicht mehr ausreichten. So mußte die 53. Gardepanzerbrigade der 3. Gardepanzerarmee, als sie nach einem schnellen Vorstoß aus dem Brückenkopf Steinau in der Nacht vom 9. auf den 10. Februar den Bober erreichte, feststellen, daß sie nicht, wie gewohnt, ans andere Ufer übersetzen konnte, da die Deutschen die fünf stromaufwärts liegenden Staustufen je nach Bedarf öffneten oder schlossen. »Die Erfahrung im Bau von niedrigen Brücken, die wir in den Offensiven in der Ukraine und Polen gesammelt hatten, waren hier nichts mehr wert. Jedesmal, wenn wir eine Brücke bauten, ließ der Gegner den Wasserstand ansteigen, und sie wurde vom Strom des Wassers weggeschwemmt.« (Neresjan, S. 175) Man war gezwungen, die Brücke wesentlich höher als gewohnt zu bauen, wodurch der Fluß erst am Morgen des 12. Februar überquert werden konnte.

Logistische Unterstützung
Die Weichsel-Oder-Operation wurde mit folgenden Lebensmittelmargen begonnen:

Tagesrationen		
	1. Ukrainische Front	1. Belorussische Front
Brot	21,8	14
Hafergrütze	20	65
Fett	28,8	33
Zucker	35,5	66

Im Verlauf der Operation wurden Furagierkommandos ausgesandt, um von den deutschen Flüchtlingen zurückgelassene Kühe, Schweine und Schafe zusammenzutreiben:

»Sie waren für die Rote Armee von größter Bedeutung. Zum einen war Rußland über lange Zeit derart ausgelaugt worden, daß es seine Soldaten nicht ernähren konnte und auf amerikanische Lebensmittelhilfe und polnisches Getreide angewiesen war, und zum an-

deren waren die Nachschublinien während der Januar-Offensive
überdehnt worden.« (Korjakow, S. 67)

Ansonsten blieb es den hungrigen Soldaten selbst überlassen, auf
Nahrungssuche zu gehen.

An Munition mangelte es den Formationen der Roten Armee
selten, nicht einmal der 3. Gardepanzerarmee, die den höchsten
Verbrauch in der Weichsel-Oder-Operation hatte. Die 1. und 2.
Gardepanzerarmee verbrauchten weniger Munition und er-
schöpften die *bojekomplet* (siehe S. 355), mit denen sie den
Kampf aufgenommen hatten, nicht einmal annähernd.

Munitionsverbrauch (in *bojekomplet*)						
Armee	Gewehr	MG	8,2-cm- Granatwerfer	12-cm- Granatwerfer	7,6-cm- Ge-schütze	7,6–8,5-cm Panzer
1. Gd.Pz.	0,5	0,6	0,6	0,4	0,5	0,7
2. Gd.Pz.	0,5	0,6	0,2	0,5	0,4	0,65
3. Gd.Pz.	0,6	0,8	0,6	2,5	1,4	1,5
4. Pz.	0,54	1,25	0,57	1,11	1,22	0,59

Der 1. Belorussischen Front kam in der Endphase der Weichsel-
Oder-Operation eine gewaltige Transportaktion zustatten, durch
die am 24. Januar die Munitionslager der Artillerie in einem gewaltigen Sprung um 150–200 Kilometer vorgerückt wurden. Auf
der anderen Seite verfügten zum Beispiel die in Danzig eingeschlossenen deutschen Truppen im März 1945 kaum noch über
Munition:

»Die Truppen der Roten Armee dagegen hatten Munition in rau-
hen Mengen, – und sie sparten nicht damit. Sie luden sie fast vor
unseren Augen am Bahnhof von Zuckau [18 Kilometer östlich von
Danzig] aus, weil sie wußten, daß wir sie dabei nicht stören konnten. Russische Spezialtruppen hatten erstaunlich schnell in wenigen Tagen das deutsche Eisenbahnnetz bis hierher instandge-
setzt.« (Schäufler 1991, S. 80)

Schwieriger war die Versorgung mit Treibstoff. Der Treibstoffverbrauch der Panzerspitzen und motorisierten Verbände übertraf den Munitionsverbrauch, auf die jeweilige Grundeinheit bezogen, bei weitem. Die Fahrzeuge der Panzerarmeen verbrauchten in der Weichsel-Oder-Operation insgesamt das 3- bis 7,6fache der ihnen ursprünglich zugeteilten *naprawka*.

Treibstoffverbrauch				
	Diesel		Benzin	
Armee	Tonnen	*naprawka*	Tonnen	*naprawka*
1. Gd.Pz.	1175	3,9	2535	6,5
2. Gd.Pz.	885	3	2182	4
3. Gd.Pz.	1920	6	3519	7,6
4. Pz.	1214	4,7	1739	6,7

Die direkte Entfernung zwischen Weichsel und Oder betrug rund 500 Kilometer, aber die von den Panzerarmeen zurückgelegte Fahrstrecke war aufgrund der Richtungsänderungen, von denen diejenige der 3. Gardepanzerarmee wahrscheinlich die berühmteste ist, wesentlich größer (siehe S. 364). Ein weiteres Beispiel ist die 1. Gardepanzerarmee, die im Verlauf der Ostpommern-Operation viermal ihre Angriffsrichtung änderte.

Das sowjetische Transportwesen war den Anforderungen, die sich daraus ergaben, nicht gewachsen, was zu Folge hatte, daß die Panzer- und motorisierten Verbände, insbesondere gegen Ende der Weichsel-Oder-Operation, nach dem Stop-and-go-Prinzip vorgehen mußten, je nachdem, ob Treibstoff vorhanden war oder nicht. Die 2. Gardepanzerarmee mußte während der 16tägigen Offensive nicht weniger als fünf Tage pausieren (rund 31 Prozent), die 4. Panzerarmee sechs (37,5 Prozent). Der Treibstoffvorrat der 3. Gardepanzerarmee war am 24. Januar, als sie nach Südwesten schwenkte, um das oberschlesische Industriegebiet abzuschneiden, nahezu aufgebraucht, und General Rybalko konnte den vollständigen Abbruch des Manövers nur dadurch verhindern, daß er den gesamten verbliebenen Treibstoff General Schukows IX. Motorisiertem Korps zuteilte.

Die eroberten deutschen Treibstoffdepots waren daher eine höchst willkommene Nachschubquelle. Die 2. Gardepanzerarmee zum Beispiel bezog immerhin 25 Prozent des Treibstoffs, den sie in der Weichsel-Oder-Operation verbrauchte, aus solchen Depots. Die sowjetischen Tankwagen hatten von den hinter der Weichsel liegenden Depots und Endpunkten der Eisenbahnstrecken Fahrten von 500 Kilometern oder mehr zurückzulegen; den Rückweg traten sie paarweise an, um Treibstoff zu sparen, indem ein Tankwagen den anderen abschleppte, und die 1. Belorussische Front nahm mehreren Regimentern sämtliche Tankwagen ab, um sie in zwei Nachschubbataillonen zu 130 bzw. 160 Fahrzeugen zusammenzufassen. Aber es schien alles nichts zu nützen. In Nachkriegsanalysen zogen die sowjetischen Militärs daraus den Schluß, daß der Transport auf der Straße ungeeignet ist, um den Nachschub für Operationen in großer Tiefe zu gewährleisten. Man begann deshalb mit der Aufstellung spezieller Pipeline-Brigaden, die in der Lage waren, in 24 Stunden eine Rohrleitung von rund 30 Kilometern Länge zu verlegen.

Reparatureinheiten

Von allen sowjetischen Panzern und Sturmgeschützen, die im Großen Vaterländischen Krieg zeitweise oder auf Dauer ausfielen, war ein Viertel aufgrund von Pannen liegengeblieben oder hatte sich festgefahren. Die übrigen drei Viertel waren durch Feindeinwirkung ausgeschaltet worden, wobei sich, auf die deutschen Waffen bezogen, folgende Anteile ergaben:

Verluste der einzelnen Waffengattungen bei sowjetischen Angriffsoperationen	
Waffen	*Verluste*
Flugzeuge	1,5–17,7%
Panzerminen	2–14%
Panzerfaust	bis zu 24%
Artillerie/Panzer	58,8–94,8%

Zu den Panzerfäusten ist anzumerken, daß der große Anstieg der durch sie bewirkten Verluste gegen Ende des Krieges in der Schätzung nicht berücksichtigt wurde. Insgesamt waren sie für 65 Prozent der Verluste an Panzern und 45 Prozent der Verluste an Sturmgeschützen verantwortlich.

Am 11. November 1944 unterstellte die STAWKA sämtliche Reparatureinrichtungen einer einheitlichen Führung, was deren Produktivität um 50 Prozent steigerte. Eine bedeutsame Rolle spielten die Bergungstraktoren und Werkstätten der Sammelstellen für beschädigte Fahrzeuge (SPAMS), die, soweit möglich, die laufenden Reparaturen ausführten. Die schwierigeren Fälle wurden den Einrichtungen auf Armee-, Korps- oder Frontebene überlassen.

Die Leistungen dieser Einheiten waren bemerkenswert. Von den 159 Panzern und Sturmgeschützen der 8. Gardearmee (1. Belorussische Front), die in den ersten sechs Tagen der Weichsel-Oder-Operation ausfielen, mußten nur 71 auf Dauer ausgemustert werden. Im Januar wurden bei der 1. Belorussischen Front insgesamt 3786 und bei der 1. Ukrainischen Front 4267 Panzer und Sturmgeschütze repariert, das heißt, daß viele von ihnen mehr als einmal wieder zusammengeflickt wurden.

In der Endphase der Weichsel-Oder-Operation ging die Reparaturrate allerdings aus einer Reihe von Gründen zurück. Erstens erlitten die SPAMS jetzt selbst schwere Verluste; zweitens waren sie inzwischen 300–400 Kilometer von ihren Ersatzteillagern ent-

fernt, und drittens entwickelte sich der Vormarsch so schnell, daß
sie kaum noch in der Lage waren, sich irgendwo einzurichten und
ihre Arbeit aufzunehmen, bevor sich die kämpfenden Einheiten
weit mehr als 40–50 Kilometer von ihnen entfernt und damit die
für ihren Einsatz günstigste Reichweite überschritten hatten. Die
daraus resultierenden Mängel sind jedoch nicht überzubewerten;
im großen ganzen trugen die Reparatureinheiten nicht unwesent-
lich dazu bei, die »Ausdauer« der sowjetischen Offensiven über
die etwa 20 Tage hinaus zu verlängern, die 1942/43 noch die zeitli-
che Obergrenze dargestellt hatten.

Sanitätsdienst

Für »Schäden« an Menschen galt das gleiche Grundprinzip wie
für Maschinenschäden, das heißt, diejenigen Fälle wurden bevor-
zugt abgefertigt, deren Wiederherstellung am wenigsten Zeit kostete und die danach in der Lage waren, möglichst bald an die
Front zurückzukehren. Der Anteil der in diese Kategorie fallen-
den »Leichtverwundeten« betrug rund 40 Prozent. Mittelschwere
Fälle machten bis zu 37 Prozent aus, Schwerverwundete etwa 23
Prozent. Die Panzerarmeen hatten in den verschiedenen Operationen eine relativ gleichbleibende Verlustrate zu verzeichnen,
wie aus der folgenden Aufstellung ersichtlich ist:

Menschenverluste der Panzerarmeen			
Operation	Armee	Anteil der Ver-luste (Tote und Verwundete)	Anteil wieder-einsatzfähige Verwundete
Weichsel–Oder	1. Gd.Pz. 2. Gd.Pz. 3. Gd.Pz.	14,5% 7,2% 8,7%	27% 31,5% 24%
Ostpreußen	5. Gd.Pz.	17,5%	24%
Ostpommern	1. Gd.Pz. 2. Gd.Pz.	12,4% 14,5%	23% 16%

Die Verlustrate der Roten Armee insgesamt unterlag im Gegensatz zu derjenigen der Panzerarmeen großen Schwankungen. Mißt man die Verluste der Weichsel-Oder-Operation an dem, was erreicht wurde, waren sie mit 15 000 Gefallenen und 60 000 Verwundeten (siehe S. 136) erstaunlich gering. Außerdem war ein großer Teil der Verluste bereits in der ersten Phase der Offensive, das heißt beim Durchbruch durch die befestigten Stellungen des Gegners entstanden. In Ostpreußen, wo diese Durchbruchsphase wesentlich mehr Zeit in Anspruch nahm, lag dann auch die Verlustrate entsprechend hoch. Die Gesamtverluste beliefen sich allein dort auf horrende 200 000–250 000 Mann.

In diesen Zahlen spiegelt sich weiterhin die unterschiedliche Rolle der Infanterie, die in Ostpreußen weit stärker ins Gewicht fiel als zwischen Weichsel und Oder. Man war eben in einem Panzer bedeutend sicherer aufgehoben als außerhalb; die Panzertruppen erlitten im Durchschnitt nur zehn Prozent der Verluste der sie begleitenden motorisierten Schützen, die in dünnwandigen Fahrzeugen transportiert wurden oder außen auf den Panzern mitfuhren. Um eine Panzerbesatzung zu verletzen, bedurfte es schon einer Artillerie- oder Panzergranate oder einer Panzermine, während die motorisierten Schützen 32 Prozent ihrer Verluste durch leichte Waffen und MG-Feuer erlitten (bei den Panzerbesatzungen waren es nur 6–7 Prozent). Die Lehre, die daraus zu ziehen ist, lautet – auch wenn nur wenige Armeen bereit sind, sie zu beherzigen –, daß die Infanterie so lange überproportional hohe Verluste erleiden wird, bis sie Fahrzeuge erhält, die genausoviel Schutz bieten wie Panzer.

Besondere Kampfformen

Der Kampf gegen wandernde Kessel

Wie von einigen Pionieren des Blitzkriegs vorausgesehen, nahm der Kampf, sobald die Panzerkolonnen tiefer ins gegnerische Hinterland eindrangen, gewisse Züge des Seekriegs an, wenn die Verbände beider Seiten in »Begegnungsgefechten« aufeinanderprallten und abgeschnittene oder eingeschlossene Truppenteile sich den Weg zu ihren Stammverbänden freizukämpfen oder durchzuschlüpfen versuchten. Bei solchen Ausbruchsversuchen kämpften die deutschen Truppen, wie Konew einräumt, ausgesprochen hartnäckig und mit viel Geschick (Konew, S. 69), und Katukow berichtet von einer Einschließungsaktion des XI. Gardepanzerkorps in Hinterpommern, bei der der Gegner keine Ruhe gegeben und immer wieder Gegenangriffe vorgetragen habe. Es sei den Deutschen jedoch nicht gelungen, in diesem Abschnitt durch die sowjetische Linie durchzubrechen, denn: »Jeder Stabsoffizier hatte sich eine Gefechtsregel zu eigen gemacht: Bei Streifzügen von Panzertruppen im rückwärtigen Raum befand sich die Front überall, und daher war Wachsamkeit oberstes Gebot.« (Katukow, S. 350)

Angriffe auf Städte und Festungen

Die Rote Armee durchlief 1945 in den Offensiven in Polen und Deutschland zwei Nahkampfphasen. Die erste, relativ kurze war die des Durchbruchs durch die taktische Verteidigungszone. Die zweite begann, als die Deutschen an die Ostsee, die Oder und die Sudeten zurückgedrängt worden waren und man daranging, die Städte und Industriegebiete zu säubern. Die sowjetische Taktik bestand zumeist darin, die jeweilige Stadt einzuschließen und dann mittels konzentrischer Schläge durch die Außenbezirke und Industriegebiete – die sogenannte »neue Stadt« *(nowyj gorod)*, in der für gewöhnlich zwei Drittel der deutschen Besatzung standen – in leichter zu handhabende Teile aufzuspalten. (In Breslau hielt sich die Rote Armee merkwürdigerweise nicht an diese Taktik, so daß die Deutschen bis zum Ende in der Lage waren, eine zusammenhängende Verteidigung aufrechtzuerhalten.) Der letzte Schlag schließlich galt dem Zentrum der Stadt.

Die hierfür aufgebotenen Kräfte waren gigantisch. So konnte eine Division eingesetzt werden, um eine einzige Straße einzunehmen, und um die Verteidiger auf kurze Entfernung unter schweren Beschuß nehmen zu können, wurden so viele Geschütze wie möglich herangeschafft. Bei ihrem Großangriff auf Berlin Ende April und Anfang Mai setzte die Rote Armee nicht weniger als 46 000 Kanonen ein.

Die Kämpfe wurden von eigens aufgestellten Sturmabteilungen vorgetragen, die aus bis zu drei Infanteriekompanien, einer MG-Kompanie, einem halben Dutzend Panzern und Sturmgeschützen, 20 Kanonen (bis zu 15,2 Zentimeter) und einem großen Kontingent von Granatwerfern bestanden – insgesamt etwa 400 Mann. Sie waren ihrerseits in Sturmgruppen unterteilt, zu denen bei der 47. Armee beispielsweise 15–20 Schützen, drei oder vier Tornisterflammenwerfer, vier oder fünf mit Sprengstoff ausgerüstete Pioniere, ein oder zwei Sturmgeschütze und drei oder vier leichte Geschütze (45–76 Millimeter) gehörten. Die Aufgaben dieser Einheiten wurde sehr genau bestimmt:

»Nachdem er die Erkenntnisse der Feindaufklärung studiert hatte, legte der Kommandeur der Sturmabteilung oder -gruppe die verschiedenen Aufgaben fest: Die unterstützende Artillerie hatte die Stellungen und isolierten Infanteriegruppen des Gegners zu vernichten; die Pioniere bereiteten Sprengladungen vor, um Mauern zu durchbrechen oder bestimmte Gebäude oder Stützpunkte zu zerstören; die Flammenwerfer wurden gegen gegnerische Waffen oder Einheiten eingesetzt, die nicht von der Artillerie ausgeschaltet werden konnten; die Schützengruppen griffen in festgelegter Reihenfolge bestimmte Ziele an; das Feuer der schweren und mittelschweren Maschinengewehre konzentrierte sich auf die zugänglichsten und am wenigsten geschützten Ziele und bestrich, wenn nötig, die Straßen und Alleen.« (Sawjalow/Kaljadin, S. 68)

Da nur wenige Rotarmisten Erfahrungen in dieser Art des Angriffs hatten, stützte man sich auf diejenigen, die bereits in Stalingrad und anderen Städten gekämpft hatten. Der Lernprozeß setzte sich bis in die Gefechte hinein fort. So fand Tschuikow beim Sturm auf Posen zum Beispiel heraus, daß es am besten war, die Panzer paarweise beiderseits der Straßen vorrücken zu lassen, wobei sie den in der Mitte marschierenden Infanteristen Schutz boten und die jeweils gegenüberliegende Straßenseite im Schußfeld hatten. Als am 7. April der Angriff auf Königsberg ins Stokken zu geraten drohte, beriet sich Marschall Bagramjan mit seinen Offizieren, und General Schtscheglow schlug vor:

»Wir müssen den Einsatz des Artilleriefeuers gegen Stützpunkte und andere Bauwerke aus Stein ändern. Unsere ersten Ziele sollten die Dächer und oberen Stockwerke sein – denn dort befinden sich die Beobachtungsposten und die Stäbe des Gegners, die die Kämpfe leiten. Sie sind die »Augen« der Stützpunkte, und es ist wichtig für uns, sie herauszureißen. Danach sollten wir das Feuer abwärts streichen lassen, bis hinunter zum Hochparterre und zum Keller.« (Beloborodow, S. 381f.)

Als besonders schwierig erwies es sich für die Sowjets, den Widerstand der alten preußischen Festungsstädte zu brechen. Die Kernbefestigungen stammten zwar häufig aus früheren Zeiten – in Küstrin aus dem 16., in Graudenz aus dem 18. und in Posen und Königsberg aus der Mitte des 19. Jahrhunderts –, aber sie waren massiv gebaut, von dicken Erdabdeckungen geschützt und durch Unterstände, Minenfelder, Stacheldrahtverhaue und andere äußere Verteidigungsanlagen verstärkt worden. Der erste Schritt der Belagerungstruppen war für gewöhnlich ein Feuerschlag gegen die auf den Forts liegende Erdschicht, wie zum Beispiel am 2. April in Königsberg: »Das Artilleriefeuer riß nach und nach die Erdabdeckung weg. Detonationen mit grauem Qualm von bestimmter Färbung zeigten an, daß die Granaten auf Beton gestoßen waren, während schwarzer Qualm auf Ziegelsteinmauern hindeutete.« (Beloborodow, S. 377) Zwar waren nicht einmal direkte Treffer mit 28-Zentimeter-Granaten eine Garantie für eine Maueröffnung, aber wenn die Verteidiger erst aus den äußeren Stellungen verdrängt waren, konnten die Pioniere über die Schützengräben vorrücken und Breschen ins Mauerwerk sprengen oder bereits vorhandene Öffnungen erweitern, durch die die Sturmabteilungen in die Festungen eindrangen, um sie wie eine Stadt im kleinen zu säubern.

Der deutsche Stil

Die deutschen Truppen unter dem Sturm

Einen angemessenen Überblick über die 1945 angewandten Prinzipien der sowjetischen Kriegführung zu geben bereitet keine größeren Schwierigkeiten. Von der deutschen Kriegführung in der Endphase des Krieges läßt sich dies jedoch keineswegs so leicht bewerkstelligen. Sie war aufgrund innerer Widersprüche und der Materialüberlegenheit der Roten Armee nur noch Stückwerk, weshalb die Deutschen die Ereignisse nicht mehr selbst bestimmen, sondern nur noch auf sie reagieren konnten.

Die deutschen Kriegsanstrengungen litten allgemein darunter, daß die Reserve an einsatzfähigen Männer nahezu ausgeschöpft war. Bei der Roten Armee sah es in dieser Hinsicht zwar nicht besser aus, aber sie war in der Lage, den Mangel an Menschen oder ihr Versagen durch die Anzahl und Qualität ihrer Maschinen zu kompensieren. Der Niedergang auf deutscher Seite läßt sich am besten am Zustand einiger Panzerdivisionen ablesen, die *per definitionem* als Eliteeinheiten galten. Bei einer ganzen Reihe dieser Verbände ließen Disziplin und Moral deutlich nach, wie die Vorkommnisse belegen, die sich am 8. März, während des Rückzugs mit der Korpsgruppe von Tettau, bei der Panzerdivision Holstein und am 15./16. April, während der letzten Tage von Samland, bei der 5. Panzerdivision ereigneten. Auch bei der 4. und 7. Panzerdivision, die im Verlauf der Kämpfe in Pommern in den befestigten Raum Danzig/Gotenhafen zurückgedrängt wurden, war ein mit der Zeit zunehmender Verfall zu beobachten:

- Am 1. Januar meldete der Kommandeur der 7. Panzerdivision, daß der Mangel an Panzern und Treibstoff seine Truppen behindere. Der »Korpsgeist« der Männer sei jedoch gut, und es bestehe »Vertrauen in unsere Stärke«.

- Bis zum 1. Februar hatten schwere Verluste an Menschen und Fahrzeugen zwar ihren Preis verlangt, aber die Division war immer noch zu begrenzten Angriffen in der Lage.

- Bis zum 1. März hatten die Verluste kritische Ausmaße angenommen, und die neuen Offiziere waren »unerfahren und nicht hart genug«. Die Division war nur noch zur Verteidigung fähig. (Glantz 1986, S. 467)

Bei der 4. Panzerdivision waren die Verluste derart hoch, daß das 1. Bataillon des 33. Panzergrenadierregiments am 11. Februar nur noch aus zwölf kampffähigen Soldaten bestand, die einen Frontabschnitt von ebenso vielen Kilometern halten sollten. Von den Männern, mit denen die Einheiten aufgefüllt wurden, hieß es bei der Truppe:

> »Noch ehe man ihre Namen aufgenommen hatte, war ein Teil schon verwundet oder verschwunden. Ein alter Obergefreiter mit zwei bis drei Mann hielt eher einen Frontabschnitt, als zwanzig bis dreißig dieser ausgekämmten, unausgebildeten Leute ohne Fronterfahrung.« (Schäufler 1991, S. 85)

Schließlich wirkte sich in dieser Phase des Krieges auch aus, was niemand mehr übersehen konnte:

> »Daß dieser Krieg verloren war, das wußten inzwischen auch die Dümmsten. Es gab hier absolut nichts mehr zu erben, keine militärischen Ehren, keine Orden, keine Beförderung, keinen Sonderurlaub, – nur noch einen kalten Arsch, wie das die Landser jener Tage so treffend formulierten. Es war ein erbarmungsloser Kampf um das nackte Überleben [. . .]. (Schäufler 1991, S. 67)

Organisation und Waffen

Heeresgruppen

Die Heeresgruppen waren das deutsche Gegenstück der sowjetischen Fronten. Im Zielgebiet der sowjetischen Januar-Offensive in Polen befand sich die Heeresgruppe A unter Generaloberst Harpe. Sie bestand aus vier Armeen mit jeweils

28–30 Divisionen,
400 000 Soldaten,
318 Panzern,
616 Sturmgeschützen und diversen Pak-Kettenfahrzeugen sowie
4000 sonstigen Geschützen und Granatwerfern.

Armeen

Die Zusammensetzung der Armeen war sehr unterschiedlich und reichte von zwei bis sieben Korps. Die zur Heeresgruppe A gehörende 4. Panzerarmee verfügte im Januar bei einer Frontlänge von 187 Kilometern über 474 Panzer und Sturmgeschütze sowie 597 Kanonen und Granatwerfer, während die 9. Armee auf einer Länge von 220 Kilometern nur 323 Panzer und Sturmgeschütze sowie 586 Kanonen und Granatwerfer aufbieten konnte.

Korps

Auch diese Verbände waren sehr unterschiedlich zusammengesetzt. Sie zählten zwischen zwei und sieben Divisionen.

Divisionen

Die Divisionen waren die grundlegende Kommandoebene der deutschen Wehrmacht. Es gab zwar bedeutend weniger von ihnen als auf sowjetischer Seite, aber sie waren zum Teil doppelt so groß wie die Divisionen der Roten Armee. Folgende Kategorien sind zu unterscheiden:

Infanteriedivisionen

Sie bestanden aus 12 000 Mann (bei sechs Bataillonen) beziehungsweise 15 000 Mann (bei neun Bataillonen).

Panzergrenadierdivisionen

Zu ihnen gehörten zwei Panzergrenadierregimenter mit je drei Bataillonen sowie ein Panzer- oder Sturmgeschützbataillon und Hilfstruppen, insgesamt 14 000 Mann und 48 Panzer.

Panzerdivisionen

Sie bestanden aus einem oder zwei Panzerbataillonen, einer Panzergrenadierbrigade sowie Aufklärungs-, motorisierten Artillerie- und Jagdpanzerbataillonen. Ihre genaue Zusammensetzung variierte allerdings stark. Die in Ostpreußen eingesetzte 7. Panzerdivision zum Beispiel umfaßte ein Panzerregiment, zwei Panzergrenadierregimenter, ein Panzeraufklärungsbataillon, ein Panzerartillerieregiment, ein Panzerpionierbataillon und ein Nachrichtenbataillon. Bei Sollstärke verfügte eine Panzerdivision über 14 000–17 000 Mann und 103–125 Panzer.

Eine verläßliche sowjetische Quelle (Radsijewskij 1977, S. 21) gibt für den tatsächlichen Bestand im Jahr 1945 jedoch erstaunlich niedrige Durchschnittszahlen an:

11 400	Mann,
40	Panzer,
40	Sturmgeschütze und Jagdpanzer,
16	Panzerwagen,
120	Kanonen und Granatwerfer,
90	gepanzerte Mannschaftswagen,
350	Motorräder,
115	Traktoren und
2 171	andere Fahrzeuge

Die Kompanien von Tiger-Panzern gehörten nicht zu den Panzerdivisionen, arbeiteten aber für gewöhnlich eng mit ihnen zusammen. Außerdem verfügten Korps- und Armeekommandeure über eine persönliche Reserve aus Jagdpanzer- und Sturmgeschützbatterien und -bataillonen – manchmal auch Panzer-

regimentern –, die nicht in die Panzerdivisionen eingegliedert
waren.

Anmerkungen zu einigen Schlüsselwaffen

Panzer

Der neben dem Panzer III wichtigste Panzer, der vom Beginn des
Krieges an zur Verfügung stand, war der ursprünglich für die In-
fanterieunterstützung gedachte Panzer IV, der sich im direkten
Kampf allerdings nicht mit dem sowjetischen T 34 messen konnte. Die Panzerung war mehrmals verstärkt und die kurze 7,5-Zen-
timeter-Kanone 1942 durch eine mit längerem Rohr ersetzt worden, aber all dies änderte nichts daran, daß der Panzer IV nach
den 1945 anzulegenden Maßstäben unterbewaffnet und ungenü-
gend gepanzert war. Das zuletzt gebaute Modell war der

Panzer IV J

Gewicht:	25 Tonnen
Bewaffnung:	eine 7,5-Zentimeter-Kanone, zwei Maschinengewehre
Panzerung:	20–80 Millimeter

Der beste deutsche Allroundpanzer war mit seiner niedrigen Silhouette, seiner abgeschrägten Panzerung und seinen breiten Ketten der vom T 34 angeregte Panzer V »Panther«. Er ging Anfang
1943 in Serienproduktion und wurde von Anfang an mit einer langen 7,5-Zentimeter-Kanone mit großer Durchschlagskraft ausgestattet. Der Panther war, wenngleich komplizierter und weniger
zuverlässig als der T 34, ein schnelles, wendiges Gerät.

Panther (Panzer V F)

Gewicht:	45,5 Tonnen
Bewaffnung:	eine 7,5-Zentimeter-Kanone, zwei Maschinengewehre
Panzerung:	50–100 Millimeter

Der Panzer VI (»Tiger« und »Königstiger«) war ein schwerer Panzer, der zunächst mit einer 10,5-Zentimeter-Kanone bewaffnet wurde, bevor man ihn mit einer 8,8-Zentimeter-Kanone ausstattete, abgeleitet von der Flak gleichen Kalibers, die sich als bemerkenswert effektive panzerbrechende Waffe erwiesen hatte. Aber auch diese Schwergewichte unter den deutschen Panzern konnten der 12,2-Zentimeter-Kanone des sowjetischen Stalin-Panzers JS 2 oder der verheerenden 15,2-Zentimeter-Sturmhaubitze JSU 152 nicht standhalten.

Tiger (Panzer VI E)

Gewicht:	57 Tonnen
Bewaffnung:	eine 8,8-Zentimeter-Kanone, zwei Maschinengewehre
Panzerung:	80–100 Millimeter

Königstiger (Tiger II)

Gewicht:	70 Tonnen
Bewaffnung:	eine 8,8-Zentimeter-Kanone, zwei Maschinengewehre
Panzerung:	80–180 Millimeter

Bewegliche Artillerie, Sturmgeschütze und Panzerjäger

Bis 1945 war eine Fülle beweglicher Geschütze für die Wehrmacht gebaut worden, von konventionellen Selbstfahrlafetten bis hin zu speziellen Sturmgeschützen und Panzerabwehrwaffen – den eher behelfsmäßigen Panzerjägern und den zu diesem speziellen Zweck entwickelten, geschlossenen Jagdpanzern. Diese Fahrzeuge waren billiger als herkömmliche Panzer, da sie keinen drehbaren Turm besaßen, sondern nur eine in der Höhe verstellbare Kanone, die aus der Frontpanzerung herausragte. Als Oberfeldwebel Bix, ein Zugführer der 4. Panzerdivision, im Februar 1945 anstatt der versprochenen Panzer V nur Jagdpanther des Typs Pak 43/3 erhielt, war er zuerst enttäuscht:

»Doch dann schauten wir uns notgedrungen die Apparate etwas genauer an. Die Schlitten hatten keinen schwenkbaren Turm; man mußte mit dem ganzen Panzer grob richten und – man saß ein bißchen viel im Freien. – Aber bei anderem Licht besehen verfügte der Stahlkoloß in betont niedriger Bauart über eine prima 8,8-cm-Kanone mit einer enormen Durchschlagskraft, einer sagenhaften Reichweite und einer bestechenden Treffsicherheit. So vergaßen wir schnell das Ungewohnte am Jagdpanther und machten uns intensiv mit den Vorzügen bekannt. Wir hatten sehr bald Gelegenheit, sie voll auszuspielen.«

Die Gelegenheit ergab sich in der Nähe von Preußisch Stargard, als Bix am Morgen des 25. Februar insgesamt 15 sowjetische Panzer abschoß. Als ihm nur noch zwei Granaten geblieben waren, wollte er sich zurückziehen, aber sein Jagdpanther blieb im Schlamm stecken. In diesem Augenblick rollte ein sechzehnter Panzer auf ihn zu, und Bix versuchte verzweifelt, seinen Jagdpanther in Schußrichtung zu drehen. Aber auch der sowjetische Panzer konnte nicht schießen, da er im Schlamm nach hinten weggesackt war, so daß die Kanone in die Höhe zeigte und sich nicht auf den deutschen Jagdpanzer richten ließ. Schließlich hatte Bix seinen Jagdpanther in Schußposition gebracht und zielte nun auf den sowjetischen Panzer:

»Plötzlich flog drüben die Turmluke auf. Zwei Hände streckten sich heraus, winkten. Wollte sich die Besatzung ergeben, – oder wollte sie uns irreführen? – Wir waren da allerhand gewöhnt. Nein, ich durfte kein Risiko eingehen! – Wir schossen daher unsere vorletzte Granate in das Seitenvorgelege, – als Sicherheit für alle Fälle. Die Besatzung bootete aus: eins, zwei, drei, vier Mann. Alles in Ordnung: charascho! – Dann donnerte die letzte Granate voll auf den Sowjetpanzer, und er fing sofort zu brennen an [. . .].« (Zit. in: Schäufler 1991, S. 48, 52)

Die Luftwaffe

Wie viele Maschinen in der Geschichte der Luftfahrt, erwies sich auch das Sturzkampfflugzeug (Stuka) Ju 87 als überraschend anpassungsfähig, als es darum ging, neue Aufgaben zu erfüllen, in diesem Fall als panzerbrechendes Flugzeug (Ju 87 G) mit zwei 3,7-Zentimeter-Kanonen, der Waffe von Oberst Rudels Geschwader, das auf dem Höhepunkt der Weichsel-Oder-Operation an die Oder verlegt wurde und dort mithalf, den sowjetischen Vorstoß auf Berlin zu stoppen (siehe S. 139). Auch in den Kämpfen in Hinterpommern und Ostpreußen, wo die Luftwaffe bis zum 5. März 120 gegnerische Panzer vernichtete, zeigte sich, welchen Wert die Luftunterstützung hatte.

Die Führungsebene

Es war nach dem Krieg sehr leicht, Hitler allein die Schuld an dem Unglück zu geben, das in den ersten Monaten des Jahres 1945 über Deutschland hereinbrach, und es ist gewiß nicht einfach, eine Entschuldigung für die Hartnäckigkeit zu finden, mit der Hitler auf der dünnen, aber starren Vorwärtsverteidigung bestand, die die Deutschen in Polen so verwundbar machte. Er war sicherlich auch falsch beraten, bis hinunter zur Divisionsebene direkt in die Kampfhandlungen einzugreifen, wie er es kraft seines Befehls vom 19. Januar 1945 tat (siehe S. 53). Stalin war im Vergleich damit ein Olympier, der sich in gebührender Entfernung vom Tagesgeschehen bewegte.

Um jedoch vorbehaltlos feststellen zu können, daß Hitler völlig falsch handelte, indem er so viel Gewicht auf die Sicherung der ungarischen Erdölquellen legte, wäre eine eingehende Untersuchung der wirtschaftlichen Lage des Reichs vonnöten. Und die Beharrlichkeit, mit der er darauf bestand, daß Hoßbachs 4. Armee die tief nach Ostpreußen hineinreichende Frontausbuchtung halten sollte, war auf längere Sicht insofern gerechtfertigt, als dies vermutlich in die Überlegungen einging, die die STAWKA veranlaßten, die 2. Belorussische Front von ihrer ursprünglichen Stoßrichtung über die untere Weichsel abbiegen zu lassen, was eine Schwächung der Offensive in der Richtung Berlin bedeutete.

Was die nachrichtendienstlichen Erkenntnisse betraf, war Hitler, als er die durchschnittliche Mannschaftsstärke der sowjetischen Divisionen mit kärglichen 7000 Mann veranschlagte, der Wirklichkeit näher als seine Berater (tatsächlich waren sie noch kleiner). Das Problem war nur, daß weder er noch Gehlens Fremde Heere Ost eine Ahnung davon hatten, wie viele dieser Divisionen für die Offensive in Polen zusammengezogen worden waren. Auch hinsichtlich der Führung der Roten Armee befand sich der deutsche militärische Geheimdienst nicht auf dem laufenden. So stellten die Belagerer von Königsberg nach dem Fall der Stadt verblüfft fest, daß den deutschen Generalen die neue Generation der sowjetischen Kommandeure völlig unbekannt war, wie Marschall Bagramjan berichtet:

>Ungehalten fragte ich, ob ihnen tatsächlich nicht einmal solche Heerführer wie Shukow, Wassilewski, Rokossowski und Konew ein Begriff seien. Die Gefangenen schauten sich nur an und schwiegen. Nach einer kurzen Pause sagte General Lasch verlegen, daß er von Marschall der Sowjetunion Wassilewski zum erstenmal im Zusammenhang mit dessen Ultimatum an die Königsberger Besatzung gehört habe.
Offensichtlich hatten nicht alle deutschen Generale Zugang zu den Informationen, die zweifellos im Oberkommando des Heeres und dem Oberkommando der Wehrmacht über die sowjetischen Heerführer vorlagen.« (Bagramjan, S. 486)

Ein weiteres merkwürdiges Manko der deutschen Stabsarbeit war die Kartographie, die derjenigen der Roten Armee im allgemeinen unterlegen war. Die deutschen Offiziere an der Bucht von Danzig zum Beispiel mußten sich erst daran gewöhnen, daß die Halbinsel Hela auf den Karten mit dem ihnen unbekannten alten Namen als Putziger Nehrung bezeichnet wurde:

»Die Lösung ist einfach: die Karten sind ›herausgegeben von der kart. Abteilung der Kgl. Preußischen Landesaufnahme 1911‹. Gedruckt wurden sie 1914. Die inzwischen erfolgten Veränderungen der Landschaft – vor allem der Ortschaften – sind beim Gebrauch zu berücksichtigen! Bemerkenswert, daß Gotenhafen Gdingen heißt und wohl ein Bad, aber keinen Hafen verzeichnet.« (Huse-mann, S. 531f.)

Schließlich erhebt sich die berechtigte Frage, ob sich die ehemals sehr nützliche Tradition der Auftragstaktik (siehe S. 70) am Ende nicht als Weg in die allgemeine Auflösung erwies, wie angemessen sie auch für die Führung abgeschnittener Truppenteile gewesen sein mag. Hitler und das OKH hatten es sich allzu leichtfertig zur Gewohnheit gemacht, Generale und Stäbe zerschlagener Armeen an die Spitze völlig anders gearteter Armeen zu setzen, was äußerst nachteilige Folgen haben konnte. (Plato, S. 406) Es gab Divisionen, die am Ende nur noch selten geschlossen, das heißt mit allen Untereinheiten eingesetzt werden konnten (Neidhardt, S. 375), und die 4. SS-Polizei-Panzergrenadierdivision war Ende Februar fast vollständig gelähmt, weil, wie SS-Standartenführer Harzer beklagte, ihre Verlegung von Konitz nach Rummelsburg vier Tage anstatt fünf Stunden dauerte und weitere kostbare Zeit vertan wurde, da »meist nur infanteristisch geschulte Offiziere in den vorgesetzten Kommandostellen der Pz.- und mot. Verbände saßen, die diese weder taktisch immer richtig einsetzen, noch ihre Möglichkeiten übersehen konnten«. (Zit. in: Husemann, S. 487)

Der Bewegungskrieg

Die Natur des deutschen Blitzkriegs

Die Entwicklung der motorisierten Kriegführung vollzog sich in Deutschland kaum anders als in der Sowjetunion. Tatsächlich arbeiteten deutsche und sowjetische Offiziere und Techniker seit 1928 in Kasan eng bei der Entwicklung und Erprobung neuer Waffen zusammen, bis Hitler dem 1933 ein Ende setzte.

Die deutsche Version des Blitzkriegs ergab sich wie die sowjetische aus Konzepten, die die Mobilität und das Zusammenwirken der verschiedenen Waffengattungen in den Vordergrund rückten, in diesem Fall aus der Idee des »Gefechts der verbundenen Waffen«, die besonders von Generaloberst Hans von Seeckt propagiert wurde, der in den 20er Jahren Chef des Truppenamts (der Ersatzeinrichtung für den Generalstab) war. Die treibende Kraft bei der Entwicklung der deutschen Panzerwaffe war bezeichnenderweise kein ehemaliger Panzeroffizier, sondern Heinz Guderian, der als Infanterist Experte im Funk-, Fernmelde- und motorisierten Transportwesen war und Taktik sowie Militärgeschichte gelehrt hatte (siehe S. 61). Der damalige Major Guderian sah einen Panzer zum erstenmal 1929 von innen und entwickelte noch im selben Jahr sein Konzept der Panzerdivision als einer ausgewogenen Formation aus Panzern, Infanterie und Einheiten der unterstützenden Waffengattungen. 1933 stellte er dem neuen Reichskanzler Hitler dieses Konzept vor, und 1935 schließlich wurden die ersten drei Panzerdivisionen aufgestellt. Nachdem 1938 drei weitere hinzugekommen waren (am Ende waren es 21 Panzerdivisionen und 14 Divisionen, die ihnen gleichkamen, obwohl sie nicht als solche bezeichnet wurden), stieg Guderian zum Chef der Schnellen Truppen und General der Panzertruppen auf. Er verfügte allerdings über weniger Macht, als sein Titel vermuten läßt, da er sich dem, Widerstand konservativer Kreise der Wehrmacht gegenübersah und, was noch stärker ins Gewicht fiel, nicht in der Lage war, Hitler davon zu überzeugen, daß die neue Art der motorisierten Kriegführung den Einsatz erheblicher Mittel verlangte. Für Hitler waren die Panzer einfach ein verlockend wirtschaftliches Mittel, das es ermöglichte, in einem Krieg in kurzer Zeit den Sieg davonzutragen.

Bei den meisten Einheiten der Wehrmacht blieb das Pferd das wichtigste Fortbewegungsmittel. 1945 war an der Ostfront nur eine von zehn Divisionen eine Panzer- oder Panzergrenadierdivision, und bei den Panzerdivisionen gehörte nur ein Soldat von 13 tatsächlich zur Panzertruppe. Der Blitzkrieg war, wie schon mehrmals betont, nicht nur eine Angelegenheit der Panzer, doch die Deutschen hatten 1945 einen Punkt erreicht, an dem ihre Panzertruppen kaum noch als solche zu bezeichnen waren. Zahlenmäßig war die Rote Armee, was die Panzer betraf, im Verhältnis von 6:1 überlegen; grob gesagt, stand jeder deutschen Panzerdivision eine sowjetische Panzerarmee gegenüber.

Strategische und operative Mobilität

Tschuikow äußert sich in seinen Memoiren kritisch über Guderians Plan, Truppen vom Balkan sowie aus Italien, Norwegen und dem Ostseegebiet zu verlegen, um die gefährdetsten Abschnitte der Ostfront zu stärken:

> »[Der Plan] war völlig unrealistisch, weil er nicht kurzfristig hätte umgesetzt werden können und Straßen, Eisenbahnzüge und Schiffe erforderlich gewesen wären. Es muß daran erinnert werden, daß die alliierten Luftstreitkräfte zu dieser Zeit die totale Lufthoheit besaßen und ungehindert kreuz und quer über Deutschland flogen. Wenn Truppenverlegungen stattfanden, vollzogen sie sich, laut Guderian, ›äußerst schleppend. Die feindliche Luftüberlegenheit lähmte Transporte und Willen der Führung.‹« (Tschuikow 1978, S. 163; vgl. Guderian, S. 374)

Außerdem kamen die Straßen aufgrund des Treibstoffmangels nur in begrenztem Umfang als Anmarschwege in Frage, und zwar nicht nur für die Panzer, bei denen zusätzlich der Verschleiß der Ketten zu beachten war, sondern für alle Fahrzeugarten. Der Mangel an Treibstoff behinderte zum Beispiel im Februar die Bereitstellung der für das Unternehmen Sonnenwende vorgesehenen Truppen, und er erklärt, warum den Deutschen Anfang März daran gelegen war, Lauban zurückzuerobern: Es ging darum, die Eisenbahnverbindung zwischen der Lausitz, Nieder- und Oberschlesien wieder in voller Länge nutzen zu können.

Seitliche Truppenverschiebungen hinter der Ostfront waren verzweifelte, vom Vormarsch der Roten Armee bestimmte Anstrengungen, zu retten, was zu retten war. Wie Goebbels richtig erkannt hatte, waren die Deutschen »an allen Frontteilen zu schwach« und mußten ihre Verbände »wie die Feuerwehr an die brennenden Frontstellen schicken, um notdürftig nach schweren Einbußen die Sache wieder zu flicken«. (Goebbels, S. 96) Aber niemand konnte sagen, ob die in Marsch gesetzten Panzer von den Eisenbahnwaggons rollen konnten, bevor sie das Kampfgebiet erreichten. So wurde am 6. März die 4. Panzerdivision mit dem Zug von Bütow (Hinterpommern) in die Gegend von Neustadt a. d. Rheda (Westpreußen) verlegt:

»Es schneite [. . .]. Die Sicht wurde schlecht und schlechter. Das hatte auch sein Gutes, wir waren sicher vor sowjetischen Schlacht-flieger- und Bomberangriffen. Aber wir fuhren doch mit recht ge-mischten Gefühlen in die milchige Ungewißheit hinein. Die Lage war unklar. Vom Gegner war gar nichts bekannt. Es gab keine Luft-aufklärung mehr, nicht einmal eine Nahaufklärung der Aufklä-rungsabteilung, weil dazu kein Kraftstoff zur Verfügung stand. Ge-fangenenaussagen standen auch kaum zur Verfügung.

Es wurde daher befohlen, daß während des Eisenbahntransports alle Kampfwagen besetzt, die Waffen gefechtsklar sein mußten, da es vielleicht notwendig werden würde, vom Transportzug aus di-rekt in den Kampf einzugreifen. Alle Funkgeräte standen auf Emp-fang, aber es war strenge ›Funkstille‹ befohlen [. . .].

Langsam tastete sich der Güterzug, manchmal nur im Schritt-tempo, nach Norden. Die Bahnhöfe, die wir passierten, waren un-besetzt, vom Personal verlassen. Fast gespenstisch schlich der waffenstrotzende Transport in das Schneegestöber hinein. Die Lo-komotive hatten wir in die Mitte genommen. Jeder Panzer auf den offenen Loren hatte seinen genauen Beobachtungs- und Feuerbe-reich bekommen. Behelfsmäßiges Entladegerät lag auf jedem Gü-terwagen bereit für den Einsatz auf freier Strecke.« (Schäufler 1991, S. 59)

Dieser Alptraum war für das Panzerkorps Großdeutschland am 17. Januar Wirklichkeit geworden, als es in der Nähe von Łódź sei-ne Panzer in Sichtweite von Schukows Panzerkolonnen entladen mußte (siehe S. 98).

Der Einsatz der Panzerreserven

Lange vor Beginn der Weichsel-Oder-Operation hatten sich der Oberbefehlshaber der Heeresgruppe A, Generaloberst Harpe, und sein Stabschef, Generalleutnant von Xylander, eingehend damit befaßt, wie die unzureichenden operativen Reserven der Heeresgruppe, das XXIV. und XL. Panzerkorps, aufzustellen wa-ren und das Ergebnis ihrer Überlegungen in den »Weisungen für die Vorbereitung der Abwehrschlacht zwischen Beskiden und Warschau« vom 26. November 1944 festgehalten. Ihrer Ansicht nach war es auch angesichts von Treibstoffmangel und sowjetischer Luftüberlegenheit möglich, die Reserven knapp außerhalb der Reichweite der Artillerievorbereitung des Gegners bereitzustellen und ihnen auf diese Weise ihre Manövrierfähigkeit zu erhalten. Aber selbst dieser minimale Spielraum wurde von Hitler zunichte gemacht, als er beide Korps dicht hinter der taktischen Verteidigungszone aufmarschieren ließ.

Möglicherweise waren solche Details – es handelte sich um einen Unterschied von wenigen Kilometern – angesichts der Stärke und des Tempos des sowjetischen Vorstoßes sowieso irrelevant, denn es ist schwer vorstellbar, was die Rote Armee, sobald sie erst einmal in Schwung gekommen war, hätte aufhalten können. Das Panzerkorps Großdeutschland jedenfalls wurde in alle Winde zerstreut, als es versuchte, sich den sowjetischen Truppen entgegenzustellen. Vielleicht hätte sich nicht einmal die 6. SS-Panzerarmee besser geschlagen, wenn Hitler sie in Polen frontal gegen die Sowjets in den Kampf geworfen hätte, anstatt sie nach Ungarn zu schicken. Daß die Rote Armee schließlich an der Oder zum Stehen kam, war jedenfalls keinem brillanten militärischen Schachzug des Gegners zu verdanken, sondern logistischen Schwierigkeiten, den vor ihr liegenden Hindernissen und dem Aufbau einer deutschen Reserve an der Pommernflanke.

Verteidigungstaktik im Gefecht

Die alte Reichswehr hatte sich zwar in den 20er Jahren eingehend mit der Technik des hinhaltenden Gefechts beschäftigt, an der Ostfront aber war sie von der Wehrmacht vernachlässigt worden, bis sie 1943 während des Rückzugs nach der Schlacht von Kursk gezwungen war, sie von neuem zu erlernen. Der Rückzug erfolgte danach in Etappen, wobei die Infanterie und die ungepanzerten Fahrzeuge vorausgeschickt wurden, während Panzer, Sturmgeschütze und Artillerie einen Schutzschirm bildeten, von dem man hoffte, daß er genügend sowjetische Panzer ausschalten würde, um den Truppen die für den Marsch in die nächsten Stellungen nötige Zeit zu verschaffen.

Die klassische Kampfweise der nicht von anderen Waffen unterstützten Infanterie bei überlegenen gegnerischen Kräften war es gewesen, sich einzugraben und die sowjetischen Panzer über sich hinwegfahren zu lassen, um dann den Kampf mit der nachfolgenden Infanterie aufzunehmen. Diese heroische Taktik erwies sich jedoch zu Beginn der Weichsel-Oder-Operation aufgrund der verheerenden sowjetischen Artillerievorbereitung als unbrauchbar; die angeschlagenen Verteidiger wurden von den anschließend vorrückenden Vorausabteilungen einfach überrannt.

Als die Kämpfe ihr eigenes Land erreichten, begannen sich die deutschen Infanteristen wirkungsvoller zu wehren. Dabei half ihnen das Anfang Februar einsetzende Tauwetter, das die sowjetischen Panzertruppen zwang, ihre Vorstöße über die Straßen vorzutragen. Der Kampf fand jetzt nicht mehr wie in Zentralpolen im flachen Land statt, sondern an Flußläufen wie der Oder, dem Bober und der Lausitzer Neiße oder in unübersichtlichem Gelände, dessen Vorteile für die Verteidigung genutzt werden konnten. An der Südflanke verteidigten die Deutschen verbissen jeden Fußbreit Boden des nach Böhmen hineinreichenden Rests des oberschlesischen Industriegebiets, und im Norden schwärmten sie zwischen den Seen, Marschen und ausgedehnten Wäldern von Pommern aus:

»Vorher hatten die Deutschen Kämpfe in Wäldern vermieden und es aus Angst vor Partisanen und der einheimischen Bevölkerung vorgezogen, sie zu umgehen. Jetzt aber waren unsere Truppen diejenigen, die in Feindesland kämpften. Die Deutschen hatten keinen Grund mehr, die Feindseligkeit der Bevölkerung zu fürchten [abgesehen von den slawischen Bewohnern solcher Gebiete wie der Tucheler Heide], und sie nutzten die Wälder, um sich hartnäckig zu verteidigen.« (Sawjalow/Kaljadin, S. 48f.; vgl. auch Schatilow, S. 170)

Vor allem aber hatten die deutschen Infanteristen eine Waffe, die es ihnen gestattete, einzeln oder in kleinen Gruppen zu operieren und es dennoch mit Panzern aufzunehmen. Bis ungefähr Mitte des Krieges gab es nur drei Möglichkeiten, Panzer zu zerstören:

Luftangriffe, Panzerminen und »kinetische Energie«, das heißt mittels Granaten aus größeren Geschützen, wie sie nur bei den Panzertruppen oder der Artillerie vorhanden waren. Das neue Prinzip der Hohlladung dagegen beruhte auf »chemischer Energie«: Bei der Detonation des Sprengkopfs fraß ein gebündelter heißer Gasstrahl ein Loch in die Panzerung. Die Geschwindigkeit der Patrone war nebensächlich (die sowjetischen Panzerabwehrgranaten wurden sogar per Hand angebracht), sie mußte nur die Entfernung zwischen Schützen und Ziel überbrücken können. In der deutschen, amerikanischen und britischen Armee wurde eine Vielzahl leichter, aber höchst wirksamer Panzerabwehrraketen eingesetzt. Die deutsche Version war die »Panzerfaust«, die in ihrer schwereren, aber immer noch tragbaren Ausführung »Panzerschreck« genannt wurde.

Um die neue Waffe anzuwenden, brauchte es Mut und Einsatzbereitschaft, die 1945 offenbar viele Deutsche besaßen, wie es der Volkssturm (zumindest an der Ostfront) mit seinen zäh kämpfenden alten Männern und den flinken, furchtlosen Hitlerjungen bewies, die für die Panzer genauso gefährlich waren, wie es die PLO-Kämpfer mit ihren RPG-7 1982 im Libanon sein sollten.

Bei der Wehrmacht wurde auf einen Befehl Hitlers vom 26. Januar eine sogenannte Panzerjagddivision aufgestellt, deren Name martialischer klang, als sie in Wirklichkeit war, denn sie bestand aus nicht mehr als einigen mit Panzerfäusten ausgerüsteten Radfahrkompanien unter der Führung von Leutnanten. »Es war schade um die tapferen Leute!« (Guderian, S. 373) Daneben wurden bei den Panzerarmeen aus Panzerbesatzungen, die ihre Fahrzeuge verloren hatten, »Panzervernichtungskompanien« gebildet. Der einarmige Leutnant Klaus Schiller befehligte vor Danzig eine dieser Kompanien der 4. Panzerdivision. In der Nacht vom 23. auf den 24. März war von der Hauptstraße her schon geraume Zeit das Surren schwerer Motoren und das Klappern von Panzerketten zu hören. Als das Geräusch der Ketten plötzlich verstummte, entdeckten die Deutschen einen T 34, der stehengeblieben war und, nach einem Ziel suchend, seinen Turm drehte. Sowjetische Infanterie war nirgendwo zu sehen:

»Wir arbeiteten uns vorsichtig näher an das Stahlungetüm heran: 50 Meter, 40, 30 – und da war ein Granatloch. Klar hob sich aus dieser Perspektive der gepanzerte Gegner vom fahlen Nachthimmel ab.

Der Feuerschweif unserer Panzerfaust riß jäh das Dunkel auf – zwei Sekunden, in denen das Herz stille stand! – Und dann ein heller Blitz und ein harter Knall: Volltreffer!

Einige Schreie, eine Luke flog auf, erschreckte Gestalten fielen in das Leere und verschwanden humpelnd in der Nacht. Wir schossen nicht. Der Panzer fing Feuer und brannte mit lauten Detonationen aus.« (Schäufler 1991, S. 92)

Es gibt klare Belege dafür, daß sich die Waagschale im Panzer-Infanterie-Gefecht wieder zugunsten der Deutschen neigte. So merkt Konew in bezug auf die langsamen Fortschritte in der Oberschlesischen Operation an: »Zu den Ursachen der erhöhten Ausfälle unserer Panzerverbände gehörte ferner, daß wir in Oberschlesien zum erstenmal in diesem Krieg auf eine Verteidigung stießen, die mit Panzerfäusten ausgestattet war. In der Bekämpfung dieser Waffe waren wir damals noch unerfahren.« (Konew, S. 67) Und Generaloberst Erhard Raus, der Befehlshaber der 3. Panzerarmee, hat hinsichtlich der Kämpfe an der Nordflanke betont: »Als Besonderheit der Pommernschlacht ist hervorzuheben, daß von den insgesamt vernichteten 580 Feindpanzern zwei Drittel der Panzerfaust, also dem tapferen Einzelkämpfer, zum Opfer gefallen sind. Ein so hoher Prozentsatz an Abschüssen mit der Panzerfaust im Rahmen einer Armee ist noch niemals zuvor erreicht worden.« (Zit. in: Murawski, S. 182)

Kampfgruppen und wandernde Kessel

Wurde der Druck des Gegners so groß, daß die normale Befehlsstruktur zusammenbrach, unterstellten sich die Deutschen aus Instinkt und Erfahrung dem rangältesten Offizier in ihrer Mitte und bildeten unter seinem Befehl einen improvisierten Kampfverband, der von der Größe her jeder normalen Formation entsprechen konnte, von der Kompanie bis hinauf zum Korps. Mit einer solchen Kampfgruppe war es unter Umständen möglich, einer Einkesselung zu entkommen. Zu den Truppen, die in Nehrings wanderndem Kessel aufgingen, gehörte zum Beispiel eine Kampfgruppe, die Generalmajor Max Sachsenheimer um die 17. Infanteriedivision herum gebildet hatte. Sie war nach fünftägigen Kämpfen auf weniger als tausend Mann geschrumpft, und da ihr die Munition ausging, mußte eine Kanone nach der anderen gesprengt werden.

»Ein letztes Infanterie-Geschütz unter Hauptmann Reinhardt versuchte nach Verschießen der letzten Granate, sechsspännig galoppierend noch aus der Einkesselung auszubrechen. Die Zange war aber schon so eng, daß dieser Versuch nicht mehr gelingen konnte; Pferde und Geschütz brachen im konzentrischen Feindfeuer zusammen, die Männer konnten sich retten.« (Sachsenheimer in: Ahlfen, S. 52)

Wie verzweifelt die Lage der Deutschen war, verdeutlicht der Befehlsentwurf, der am 11. April von der 5. Panzerdivision für den Fall des Durchbruchs von Samland nach Ostpreußen aufgesetzt wurde. Die für das Vorhaben vorgesehenen Fahrzeuge sollten vor dem Start vollgetankt, Verpflegung, Munition und Medikamente verteilt, alles andere zerstört werden:

»Der Durchbruch wird zu Beginn der Nacht erfolgen müssen. Er ist unter Einsatz aller Waffen und sämtlicher Munition nach den üblichen Kampfgrundsätzen zu erkämpfen.
Ist der Weg in die Tiefe des Feindes geöffnet, so muß die Division durch Wahl geeigneter Wege, Vortreiben von Aufklärung und durch wendige Führung jeden Kampf zu meiden suchen [...].
Flanke und Rücken müssen durch Seitensicherungen und Anlage von Sperren gesichert werden.
Zur Durchführung dieser Aufgabe müssen die Marschgruppen klein, schnell und geländegängig sein. Auf Mitführung aller Waffen und allen Geräts, welche nicht unmittelbar der Stoßkraft dienen, ist zu verzichten. Es kommt darauf an, im Mot. Marsch noch in derselben Nacht soweit und schnell wie möglich Raum zu gewinnen. Bleibt die Division vor feindl. Widerstand oder unüberwindlichen Geländehindernissen hängen, so sind die Fahrzeuge zu vernichten

und der Marsch zu Fuß fortzusetzen. In diesem Falle kann Auflösung des Verbandes der Division und selbständiges Handeln der Kommandeure infrage kommen.« (Zit. in: Plato, S. 411)

Zu dem geplanten Durchbruch ist es nie kommen. Die 5. Panzerdivision wurde in Samland versprengt und größtenteils vernichtet. Auch die meisten wandernden Kessel blieben auf der Strecke und kamen, anders als die beiden Gruppen unter Nehring und von Tettau, nicht bis zu den eigenen Linien durch. Auf sowjetischer Seite hielt man von diesen Beispielen einer »schmählichen Flucht« nicht viel:

> »Ich weiß nicht, ob heute noch einer dieser Generale lebt. Wenn ja, mögen die ihrem Schöpfer danken, daß sie damals mit heiler Haut davongekommen sind. Das lag aber nicht an ihrer Tapferkeit, wir hatten einfach anderes zu tun, als versprengten Gruppen in den Wäldern nachzujagen.« (Babadschanjan, S. 209)

Die Angehörigen der 16. Panzerdivision sahen dies kaum anders. Sie waren merkwürdig unbeeindruckt von Nehring und folgten ihm nur, weil sie wußten, daß ihre einzige Chance zu überleben in der Richtung zu suchen war, in die er sie führte.

Der Stellungskrieg

Guderians Rolle

Im allgemeinen wird die Bedeutung von festen Verteidigungsanlagen in der modernen Militärgeschichte stark unterschätzt. Ihre Beschreibung ist für den Leser nicht sonderlich spannend, und für die meisten Berufssoldaten, die den Kitzel und das aggressive Element der mobilen Operationen vorziehen, ist damit kaum ein Gedanke an Auszeichnung und Karriere verbunden. Es ist deshalb angebracht, sich für einen Augenblick den großen, wenn auch eher verkannten Möglichkeiten des Stellungskrieges an der Ostfront zuzuwenden. Wie Guderian eingesteht, erfüllten die

Befestigungen beileibe nicht alle denkbaren Erfordernisse, aber »niemand kann sagen, wie schnell der russische Vormarsch sich vollzogen hätte und wie weite Landstriche Deutschlands seine sengende Hand zu spüren bekommen hätten, wären die deutschen Befestigungen damals nicht gebaut worden«. (Guderian, S. 326) Dies ist für jemanden, der zu den Pionieren des Blitzkriegskonzepts gehörte, eine bemerkenswerte Äußerung. Zu Beginn des Jahres 1944 zeigte sich jedoch, daß Deutschland in die Tiefe reichende Befestigungen fehlten, und zwar sowohl im Osten wie auch im Westen, »weil Hitler im Westen glaubte, sich auf den Atlantikwall verlassen zu können, und weil er im Osten mit dem Argument arbeitete, die Generale würden sich durch das Vorhandensein von Befestigungen verleiten lassen, die Fronten weniger energisch zu verteidigen, und leichter geneigt sein, rückwärtige Stellungen vor der Zeit zu beziehen«. (Guderian, S. 325)

Als nun die Front im Osten dem Reich bedrohlich näher rückte, drängte Guderian bei Hitler darauf, die alten Ostbefestigungen an der ehemaligen deutsch-polnischen Grenze wiederherzustellen und zwischen ihnen und der Front Zwischenstellungen einzurichten. Zusammen mit General Alfred Jakob, der im OKH für die Pioniere zuständig war, fertigte er einen Ausbauplan an und richtete die von seinem Vorgänger im Amt des Generalstabschefs aufgelöste Festungsabteilung wieder ein, um die Arbeiten an den nötigen Befestigungen zu fördern.

Guderian war auch verantwortlich für die Bildung von je einhundert Bataillonen Festungsinfanterie und -artillerie, die als Besatzung der Zwischenstellungen vorgesehen waren. Von September 1944 an wurden ihm jedoch insgesamt 78 dieser Bataillone sowie alle erbeuteten sowjetischen Kanonen mit einem Kaliber von 7,6 Zentimetern oder mehr entzogen. Wo sie eingesetzt wurden, ist nicht eindeutig festzustellen. Guderian behauptet in seinen Memoiren, sie seien an die Westfront verlegt worden; wahrscheinlicher aber ist, daß sie einfach nach und nach in die Kämpfe an der Ostfront geworfen wurden. Das Ergebnis war in beiden Fällen dasselbe: Die »schönen Stellungen und Festungen« blieben leer »und konnten den zurückgehenden Fronttruppen später nicht den erwarteten Rückhalt bieten«. (Guderian, S. 326) Guderian hoffte, durch die Aufstellung von Landsturmverbänden, dem späteren Volkssturm, einen Ersatz für die Festungstruppen zu erhalten (siehe S. 67 f.). Die meisten Volkssturmeinheiten fanden sich jedoch in offenen Feldgefechten wieder oder wurden in die verteidigten Städte zurückgedrängt.

Feldbefestigungen

An vorderster Front befanden sich die Gräben, Unterstände, Geschützstellungen, Stacheldraht- und Minengürtel der sogenannten taktischen Verteidigungszone, die weder im einzelnen noch im ganzen besonders stark war. Einen der Hauptgründe dafür hat Generalmajor Hans von Ahlfen im Vergleich mit dem Ersten Weltkrieg benannt:

>»Je länger der Erste Weltkrieg dauerte, desto mehr wuchsen bei allen Waffengattungen Fähigkeiten und Leistungen in der Feldbefestigung [. . .]. Mit der zunehmenden Länge des Zweiten Weltkrieges dagegen nahm dieses Können überall, selbst bei den Pionieren, den Lehrmeistern der Feldbefestigung, von Jahr zu Jahr ab – ohne Schuld der Truppe. Denn Hitlers Art der Kriegführung hetzte die Truppe von 1941 ab unter immer stärker werdenden Verlusten an besten Kräften von einer Schlacht zur anderen, von einem zum anderen Kriegsschauplatz, von verlorenem Sieg zu Sieg, ja, schließlich von Niederlage zu Niederlage. So fehlte es an Zeit, an Lehrern und Gelegenheit zum Lehren, Lernen und Hineinwachsen in dieses Gebiet.« (Ahlfen, S. 26)

Obwohl die Deutschen seit dem Spätsommer 1943 im wesentlichen im Verteidigungskampf standen, beschränkte sich ihr Konzept des Stellungskrieges über ein Jahr lang auf eine einzige Hauptkampflinie (HKL). Hitler ließ sich erst im Herbst 1944, als die Rote Armee nur noch zweihundert Kilometer vom oberschlesischen Industriegebiet entfernt war und bei Goldap bereits die Grenze von Ostpreußen überschritten hatte, davon überzeugen, daß das Reichsgebiet selbst in Gefahr war. Für Guderian lag die Notwendigkeit eines in die Tiefe gestaffelten, bis an die Oder reichenden Systems befestigter Stellungen auf der Hand. Was die Stärkung der Front betraf, schlug Guderian sogenannte Groß-kampflinien vor, die etwa 20 Kilometer hinter der HKL, das heißt außerhalb der Reichweite der sowjetischen Artillerievorberei-tung, liegen sollten. Hitler stimmte der Idee im Prinzip zu, nahm ihr allerdings weitgehend die beabsichtigte Wirkung, indem er befahl, sie nur 2–4 Kilometer hinter der Front zu errichten. Wel-che Konsequenzen dies hatte, wurde am 12. Januar 1945 in Polen deutlich:

»HKL, Großkampflinie und Reserven [die, wie erwähnt, ebenfalls in Frontnähe bereitgehalten wurden] gerieten in den Strudel des ersten russischen Einbruchs und wurden gleichzeitig über den Haufen gerannt. Hitlers Wut kehrte sich nun gegen die Leute, die die Stellungen gebaut hatten, und – als ich widersprach – auch ge-gen mich. Er ließ das Stenogramm der Besprechungen vom Herbst 1944 über die Lage der Großkampflinien holen, weil er behauptete, immer für einen Abstand von 20 km gewesen zu sein. ›Welcher Narr hat denn diesen Blödsinn befohlen?‹ Ich machte ihn darauf aufmerksam, daß er es selber getan habe. Das Stenogramm kam und wurde verlesen. Aber nach wenigen Sätzen unterbrach Hitler die Verlesung. Die Selbstüberführung konnte nicht deutlicher sein.« (Guderian, S. 341)

Die Verluste waren noch dadurch erhöht worden, daß die Heeres-gruppe A den größten Teil ihrer Truppen in der HKL eingesetzt und sie, obwohl es ihr freigestellt worden war, nicht zur Groß-kampflinie zurückgenommen hatte, was die Wirkung des sowje-tischen Artillerieschlags ein wenig abgemildert hätte. Das Prinzip der Verteidigung in der Tiefe wurde erst in den letzten Wochen des Krieges mit einigem Erfolg angewandt, nachdem Hitler der Heeresgruppe Weichsel am 30. März einen entsprechenden Be-fehl für die Verteidigung an der Oder erteilt hatte:

»Etwa 3–6 km hinter der jetzigen vorderen Linie ist eine Groß-kampf-HKL zu bestimmen und auszubauen, deren rechtzeitiges Beziehen der Oberbefehlshaber der Heeresgruppe bei erkanntem unmittelbarem Bevorstehen des fdl. Großangriffs anzuordnen hat.

Auf keinen Fall darf die zu erwartende Artillerie-Massenwirkung des Gegners unsere gesamte Verteidigung zerschlagen.« (Zit. in: Magenheimer 1976, S. 135f.)

General Tschuikow erlebte am 16. April, dem ersten Tag der Berliner Operation, wie wirksam die neue Art der deutschen Verteidigung war, als der Vorstoß der 1. Belorussischen Front am Fuß der Seelower Höhen zum Stehen gebracht wurde. Bei früheren Operationen waren sowohl die Hauptkräfte als auch die Reserven der Deutschen bereits durch den ersten Schlag vernichtet oder versprengt worden. Aber diesmal waren die Bedingungen völlig anders:

»Hitlers Generale hatten alle Maßnahmen zur Errichtung eines tiefgestaffelten und starken Verteidigungssystems um Berlin getroffen. Begünstigt wurde das durch die geographische Lage. Eine große Seenplatte, verbunden durch zahlreiche Flüsse und Kanäle, war für Panzer und andere Kampffahrzeuge ein schwer passierbares Gebiet, erschwerte aber vor allem den Einsatz der großen Kampfverbände.
[. . .] Das Hochwasser hatte die Niederungen mit ihren Wiesen überschwemmt und Äcker und Kartoffelfelder in Morast verwandelt. Es gab nur wenige Straßen von der Oder zu den Seelower Höhen. [. . .]
Bei der Festlegung des Zeitplans hatte unser Frontstab bedauerlicherweise solche Faktoren wie die Besonderheiten der geographischen Lage und das Vorhandensein von neun in den letzten Monaten zusätzlich errichteten Verteidigungsanlagen nicht einkalkuliert.« (Tschuikow, S. 123, 125)

Die Betonung der landschaftlichen Gegebenheiten und der fehlenden Straßen läßt indirekt erkennen, wie sehr die Manövrierfähigkeit der Roten Armee während der Weichsel-Oder-Operation vom gefrorenen Boden abhängig gewesen war.

Die a-1-, b-1- und c-1-Stellungen

Diese rückwärtigen Stellungen wurden vom Herbst 1944 an nach Entwürfen des OKH durch zivile Arbeiter unter der Leitung des jeweiligen Gauleiters errichtet. Sie erstreckten sich in dem Gebiet zwischen unterer Weichsel, Pommern und den Karpaten in einer Tiefe von 200–300 Kilometern. Für die vorderste Linie, die a-1-Stellung, wurden im Süden und in der Mitte die natürlichen Hindernisse der Dunajec und der Nida genutzt; sie verlief von Tarnow über die Pilica nach Tomaszow und von dort über Sochaczew bis zur Weichsel. Die wichtigste rückwärtige Linie war die b-1-Stellung, die das oberschlesische Industriegebiet und den Warthegau schützen sollte; sie begann westlich von Krakau, verlief im Osten an Tschenstochau vorbei, erreichte bei Sieradz die Warthe und bei Thorn die Weichsel und folgte von dort in einiger Entfernung in etwa dem Lauf der Weichsel zwischen Bromberg und Graudenz.

Die sowjetischen Panzerspitzen näherten sich den Gefahrenherden der rückwärtigen Stellungen mit großem Respekt:

»Die Erfahrung hatte uns gelehrt, daß es bei der Verfolgung wichtig war, dem Gegner nicht die Gelegenheit zu geben, vorbereitete Stellungen einzunehmen. Wann immer der Gegner in der Lage war, eine solche Stellung zu beziehen, war es für unser Korps [das XI. Panzerkorps] unmöglich, ihn vollständig zu überwältigen, bevor die Infanterieeinheiten eintrafen, um uns zu helfen.« (Juschtschuk, S. 138f.)

Diese Aussage deutet an, welchen Wert die rückwärtigen Stellungen hätten haben können, wenn sie angemessen verteidigt worden wären, was sich jedoch aufgrund der mangelnden Abstimmung unter den deutschen Dienststellen als nahezu unmöglich herausstellte. Die deutschen Reserven wurden derart schlecht verteilt, daß die Heeresgruppe A, als am 12. Januar die sowjetische Offensive begann, über ganze sechs Bataillone Festungsinfanterie verfügte, mit denen sie die a-1-Stellung halten sollte, und der Befehlshaber des Wehrkreises XXI (Posen) konnte am 18. Januar nicht mehr als 21 Volkssturmbataillone für die Verteidigung seines Abschnitts der b-1-Stellung aufbieten – eine Aufgabe, für die 14 Divisionen erforderlich gewesen wären, zumal die Rote Armee die Stellung schon am Vortag an mehreren Stellen durchbrochen hatte.

Darüber hinaus steuerten die Gauleiter eigene Entwürfe für Befestigungen bei. So pflasterte der »Feuerwehrgeneral« Fiedler die ostpreußische Grenze vom Juli 1944 an mit aus dem Boden ragenden Betonröhren, in denen zwei Maschinengewehre Platz fanden. Sie wurden, nach dem berüchtigten Gauleiter von Ostpreußen, bald nur noch »Koch-Töpfe« genannt. Wenn der Kampf erst einmal begonnen hatte, kam eine Flucht aus ihnen nicht mehr in Frage, und daß der Beton schon beim ersten Artillerietreffer brach, war für die Besatzungen auch nicht sehr ermutigend. Etwas näher bei Königsberg war das zur 5. Panzerdivision gehörende 14. Panzergrenadierregiment am 28. Januar nicht in der Lage, das Dorf Gutenfeld zu halten, weil sich die sowjetischen Soldaten in die Gräben geschlichen hatten, die auf Kochs Befehl ausgehoben worden waren. Es war nicht das erste Vorkommnis dieser Art, wie aus Hauptmann Jaedtkes Bericht hervorgeht:

»Diese verdammten Gräben haben uns schon seit Beginn der Kämpfe in Ostpreußen mehr geschadet als genutzt. Wir als Panzerdivision – infanterieschwach – können die Gräben selbst nicht nutzen. Sitzt der Russe aber erst in den Gräben, ist er von uns nur schwer herauszubringen.« (Zit. in: Plato, S. 382)

Grenzbefestigungen

Um die starken Befestigungen, die vor dem Krieg an den Grenzen errichtet worden waren, stand es kaum besser als um die anderen Verteidigungsanlagen. In Ostpreußen war in einer Zeit, als die deutsche Handlungsfähigkeit noch durch den Versailler Vertrag eingeschränkt war, der Bau des Heilsberger Dreiecks in Angriff genommen worden. Die Befestigungen waren mit dem Wegfall der Beschränkungen schrittweise erweitert worden und verbanden am Ende in einer weitgeschwungenen, fast 200 Kilometer langen Kurve das Frische mit dem Kurischen Haff. Sie bestanden aus 1100 größeren Anlagen und umfaßten ein Drittel von Ostpreußen, einschließlich der Hauptstadt Königsberg und der wirtschaftlich bedeutendsten Gebiete der Provinz. Den Deutschen fiel jedoch zu spät auf, daß sich niemand die Mühe gemacht hatte,

405

das Heilsberger Dreieck zu modernisieren und den neuen Gegebenheiten an der Ostfront anzupassen, wie die 24. Panzerdivision Anfang Februar feststellte, nachdem sie den Befehl erhalten hatte, die nach Westen weisenden Stellungen des Dreiecks einzunehmen:

>>Die Tatsache, daß es unmöglich war, Karten für diese Verteidigungsanlagen oder auch nur die Schlüssel für die Bunker aufzutreiben, war typisch für das in dieser Phase des Krieges herrschende Durcheinander. Abgesehen davon waren die Anlagen, die in den 20er Jahren erbaut worden waren, für unsere Waffen ungeeignet. Die Feuerstreifen waren seit Jahren nicht mehr gesäubert worden und daher für den Einsatz moderner Panzerabwehrwaffen nicht geeignet. Es war deshalb unmöglich, diesen unter völliger Mißachtung der tatsächlichen Situation erteilten Befehl auszuführen.<< (Major Hans von Knebel Döberitz in: Glantz 1986, S. 419)

Objektiv betrachtet, waren die auf dem direkten Weg nach Berlin gelegenen Stellungen des befestigten Raums von Meseritz (Tirschtiegel-Riegel) an der deutsch-polnischen Grenze von 1939 erheblich stärker. Sie bestanden aus mehreren Linien, die im Norden an Netze und Warthe und im Süden an die Oder stießen. Aber so, wie die Dinge sich entwickelten, trafen die sowjetischen Panzerspitzen vor den deutschen Truppen dort ein, und am 31. Januar konnte die 8. Gardearmee trotz des Widerstands einer in aller Eile aus dem Hinterland herangeführten deutschen Division den größten Teil des Gebiets erobern:

>>Bedauerlicherweise hatten wir keine genauen Informationen über die fest ausgebauten Verteidigungsanlagen in diesem Raum, was uns die Kämpfe mit den heranrückenden Einheiten des Gegners sehr erschwerte. Die neuen Truppenverbände des Feindes waren anscheinend auch unzureichend über die Verteidigungsanlagen orientiert. Sie verstanden es jedenfalls nicht, ihre Feuerkraft voll auszunützen. Sie kämpften zwar erbittert, doch fehlte es ihnen an Erfahrung. Wenn die Führung der deutschen Division sich besser in dem Verteidigungssystem ausgekannt und wenigstens einen oder zwei Tage Zeit gehabt hätte, um sich Klarheit über die Lage zu

verschaffen, die Feuerkraft und das Zusammenwirken der Truppenverbände zu organisieren, dann hätte sich leicht das Blatt wenden können.« (Tschuikow 1966, S. 93f.)

Verteidigung der Städte

Der unvergleichlich härteste und erfolgreichste Widerstand wurde in den Städten geleistet, wofür Posen, das erst am 22. Februar nach fast fünfwöchigen Kämpfen fiel, zum Vorbild wurde.

Die vorhandenen Befestigungen waren für die Verteidiger, in Posen wie in Königsberg, sicherlich nützlich, aber nicht so sehr wie ihre eigene Findigkeit. So durchbrachen sie die Kellerwände benachbarter Häuser und verbanden auf diese Weise ganze Straßenzüge unterirdisch miteinander. Über die Straßen wurden Teppiche und Vorhänge gespannt, um den Belagerern die Sicht zu versperren. Täglich wurden Tausende von Minen hergestellt, die man, wie in Königsberg, mit dem Sprengstoff von Minen und Torpedos der Kriegsmarine oder, wie in Breslau, mit dem von sowjetischen Blindgängern füllte. Kurz, die Deutschen waren mindestens ebenso erfinderisch bei der Lösung unerwartet auftauchender Schwierigkeiten wie die Rote Armee. In Breslau zum Beispiel zerrte der peitschenartige Geschoßknall der gut getarnten sowjetischen Panzerabwehrkanonen an den Nerven der deutschen Infanterie, weshalb sich Leutnant Hartmann, der ein Sturmgeschütz führte, für ihre Bekämpfung ein besonderes Verfahren ausdachte:

»Zunächst suchte ich die Stellung wenigstens eines Pakgeschützes auszumachen. Das war meist nicht leicht, weil der bei diesen rasant schießenden Kanonen mit dem Abschußknall zusammenfallende Geschoßknall leicht täuschte. Gelang es mir aber, aus irgendeiner Ecke, manchmal auch mit dem abgenommenen Scherenfernrohr, das Ziel auszumachen, nahm ich noch meinen Richtschützen mit und zeigte ihm genau, welchen Punkt er anzurichten hatte. Hierauf machten wir unser Geschütz feuerbereit, fuhren wie die Feuerwehr um die Ecke, und in wenigen Sekunden fegte unsere erste Sprenggranate die Straße entlang. Kein Russe getraute sich angesichts unseres feuerspeienden Sturmgeschützes noch an seine

Kanone, und wir konnten in aller Gemütsruhe die feindlichen Paks erledigen.« (Hartmann, in: Ahlfen/Niehoff, S. 65)

Kampfunterstützungstruppen und Logistik

Kriegsmarine und Luftwaffe

Der Beitrag von Kriegsmarine und Luftwaffe wurde im Haupttext ausführlich besprochen. Großadmiral Dönitz, der Oberbefehlshaber der Kriegsmarine, war laut Goebbels »eine vornehme und imponierende Erscheinung« (Goebbels, S. 55) und stand bei Hitler in hohem Ansehen. Das OKH warf ihm zwar vor, daß er so lange darauf bestand, die in Kurland abgeschnittenen Truppen dort zu belassen, um im Ostteil der Ostsee weiterhin U-Boot-Besatzungen ausbilden zu können. Andererseits aber leistete die Kriegsmarine Hervorragendes, indem sie zwei Millionen Soldaten und Zivilisten von der Küste evakuierte und die an Land kämpfenden Truppen durch das Feuer der *Prinz Eugen* und anderer Kriegsschiffe unterstützte.

Die Luftwaffe dagegen besaß in ihrem Element nicht die Überlegenheit, wie sie die Kriegsmarine auf der Ostsee behaupten konnte, stellte aber die einzige schnelle Waffe dar, die gegen die sowjetischen Durchbrüche aufgeboten werden konnte. 1945 wurde der Kampf gegen Panzer zum wohl wichtigsten Beitrag der Luftwaffe zur deutschen Verteidigung. Sie gewann in einzelnen Abschnitten vorübergehend sogar die Lufthoheit und nutzte sie, um die Ausweitung der Berlin bedrohenden sowjetischen Brükkenköpfe zu stören und den in Pommern operierenden Verbänden der Roten Armee empfindliche Verluste beizubringen.

Logistik und Reparatur

Es gab auf deutscher Seite keine einheitliche Logistik, und die Notbehelfe, mit denen man sich zunächst über Wasser gehalten hatte, brachen gegen Ende des Krieges fast völlig zusammen. Deutschland verfügte nicht mehr über die industrielle Basis und die Transportkapazitäten, um die verschiedenen Kriegsschauplätze auch nur mit dem Nötigsten zu versorgen. Weiträumige Operationen der motorisierten Truppen waren aufgrund des Treibstoffmangels von vornherein ausgeschlossen, aber auch jede andere Aktion war beeinträchtigt, da es fast überall an Munition für Artillerie, Panzer und Sturmgeschütze fehlte (vgl. die Meldung der in Pommern stehenden 2. Armee an die Heeresgruppe Weichsel vom 25. Februar, in: Murawski, S. 92).

Dennoch hätte eine flexiblere und effektivere Verwaltung einiges bewirken können, zumal die Munitions- und Treibstoffknappheit »nur zum Teil ein echter Mangel« war, denn es gab durchaus Reserven. Aber die Ausgabe der Bestände wurde ausgesprochen restriktiv gehandhabt, um so lange wie möglich mit dem Vorhandenen auszukommen. Außerdem war der Transport der hochexplosiven Ladungen angesichts der sowjetischen Luftüberlegenheit jedesmal ein »Himmelfahrtskommando«, und die strengen Verkehrskontrollen sorgten für zusätzliche Verzögerungen. (Schäufler 1991, S. 87)

Auch die Tatsache, daß die Verluste der motorisierten Truppen derart hoch ausfielen, war nicht zuletzt Führungs- und Organisationsmängeln zuzuschreiben:

»Panzer waren nun einmal hochtechnische Kampffahrzeuge [...], die der ständigen Wartung und Pflege bedurften. Kleinste Schäden konnten im Gefecht zum Totalausfall und Verlust des wertvollen Panzers führen. Mangelndes technisches Verständnis, fehlende Kenntnis über die Einsatzmöglichkeiten und Kampfesweise und ihrer Leistungsgrenzen, zum Teil aber auch egoistisches und engstirniges Denken, in Einzelfällen sogar brutale Machtausnutzung, führten bei Abstellungen zu nichtmotorisierten Truppen oft zu Verlusten und Mißerfolgen [...]. Darum fröstelte jeder Panzerkommandant, wenn er etwas von einer Abstellung zur Infanterie hörte.« (Schäufler 1991, S. 46)

Ostpreußen kann als Beispiel angeführt werden, das im kleinen widerspiegelt, was für das Reich insgesamt galt. Die dortigen Depots der Kriegsmarine wurden vom fernen Kiel aus verwaltet; der Volkssturm erhielt seinen Nachschub sowohl von der Wehrmacht als auch von der SS, und daneben verfügten SS, Luftwaffe, der Gauleiter (in seiner Eigenschaft als Reichsverteidigungskommissar) sowie der Reichsarbeitsdienst und die Organisation Todt jeweils über eigene Nachschubwege.

Als sich die 3. Panzerarmee im Januar dem sowjetischen Vorstoß entgegenstellte, hatte sie Treibstoff und Munition für nicht mehr als drei Tage. Die Kämpfe waren jedoch derart heftig, daß eines ihrer Korps pro Tag drei Zugladungen an Munition verschoß, was die Transportkapazitäten bei weitem überforderte. Die Instandsetzungseinheiten konnten nicht lange genug an einem Ort bleiben, um irgendwie von Nutzen zu sein, selbst wenn es möglich gewesen wäre, die beschädigten Fahrzeuge vom Schlachtfeld zu schleppen. Der Kommandeur der zur 5. Panzerdivision gehörenden Panzerjägerabteilung 53, Major von Ramin, meldete am 6. Februar:

»Die wenigen Abschleppmittel der Abteilung reichen nicht aus, um bei den durch Ziviltrecks völlig verstopften Straßen alle Schadjäger rechtzeitig zu bergen. Von den vierzehn Totalausfällen der Abteilung gingen nur drei im Kampf und durch Feindeinwirkung verloren. Die restlichen elf mußten wegen fehlender Abschleppmittel, um nicht in Feindeshand zu fallen, gesprengt werden.« (Zit. in: Plato, S. 383)

Als die zusammengewürfelte Armeeabteilung Samland schließlich nach Pillau zurückgedrängt wurde, stieß sie in den Wäldern der Halbinsel zu ihrer Empörung auf reichhaltige unterirdische Depots der Kriegsmarine und der Luftwaffe, deren Inhalt jetzt in die Luft gesprengt oder, im Fall der Treibstofftanks, ausgepumpt werden mußte, um wie die deutschen Hoffnungen im Sand zu versickern.

VERZEICHNIS DER KARTEN*

---

* Sämtliche Karten wurden vom Autor erstellt.

411

Bibliographie

WISch = *Wojenno-Istoritscheskij Schurnal (Moskau)*

P. Adair, »The German Army in 1945«, in: Glantz (1986).

H. v. Ahlfen, *Der Kampf um Schlesien. Ein authentischer Dokumentarbericht,* München 1961.

ders. / H. Niehoff, *So kämpfte Breslau. Verteidigung und Untergang von Schlesiens Hauptstadt,* München 1959.

W. S. Antonow, *Put k Berlinu,* Moskau 1975.

A. Ch. Babadschanjan, *Dorogi Pobedy,* Moskau 1981.

ders., *Hauptstoßkraft,* Berlin 1985.

I. K. Bagramjan, *So schritten wir zum Sieg,* Berlin ²1989.

P. Bamm, *Die unsichtbare Flagge,* München 1952.

O. Bartov, *The Eastern Front 1941-1945. German Troops and the Barbarisation of Warfare,* London 1985.

A. P. Beloborodow, *Wsjegda w Boju,* Moskau 1978.

W. Benz, *Potsdam 1945. Besatzungsherrschaft im Vier-Zonen-Deutschland,* München ²1992.

M. Binder, »Armoured Group of 5th Panzer Division in the Defensive Operation«, »Operation of XX Army Corps«, »Views of a Red Army Officer«, in: Glantz (1986).

F. J. Bokow, »Nastuplenije 5-i Udarnoi Armii s Magnuschewskowo Plazdarma«, *WISch* 1/1974.

ders., *Frühjahr des Sieges und der Befreiung,* Berlin 1979.

M. Broszat, *Nationalsozialistische Polenpolitik 1939-45,* Stuttgart 1961.

C. J. Burckhardt, *Meine Danziger Mission,* München 1960.

412

M. Carver (Hg.), *The War Lords,* London 1976.

G. I. Chetagurow, *Ispolnenije Dolga,* Moskau 1977.

G. Choroschilow / G. Peredjeskij, »Artillerija w Sraschenijach ot Wisly do Odera«, *WISch* 1/1985.

W. Churchill, *Der zweite Weltkrieg. Memoiren,* Bd. 6: *Triumph und Tragödie,* Erstes Buch, Frankfurt/M.–Berlin–Wien 1985.

Brigadegeneral Condne, »Employment of 7th Panzer Division with Emphasis on Its Armoured Group«, »Terrain and Weather Conditions«, in: Glantz (1986).

M. van Creveld, *Kampfkraft. Militärische Organisation und militärische Leistung 1939–1945,* Freiburg 1989.

F. W. Danilow, *Radom-Lodsinskaja Operazija,* Moskau 1958.

W. A. Delwa, *My schli sjuda dolgo,* Charkow 1983.

C. J. Dick, »The Operational Deployment of Soviet Armour in the Great Patriotic War«, in: Harris/Toase, a.a.O.

K. Dieckert/H. Großmann, *Der Kampf um Ostpreußen. Ein authentischer Dokumentarbericht,* München 1960.

M. Dönhoff, *Kindheit in Ostpreußen,* Berlin 1988.

I. G. Dragan, *Wilenskaja Krasnosnamennaja,* Moskau 1977.

T. N. Dupuy / P. Martell, *Great Battles on the Eastern Front,* London 1982.

R. Edwards, *Panzer. A Revolution in Warfare, 1939–1945,* London 1989.

J. Ellis, *Brute Force. Allied Strategy and Tactics in the Second World War,* London 1990.

J. Erickson, *Stalin's War with Germany,* Bd. 2: *The Road to Berlin,* London 1983.

ders. (1976), »Konjew«, »Schukow«, in: M. Carver, a.a.O.

R. J. Evans, *Im Schatten Hitlers? Historikerstreit und Vergangenheitsbewältigung in der Bundesrepublik,* Frankfurt/M. 1991.

J. Farquharson / J. Hilden, *Explaining Hitler's Germany. Historians and the Third Reich,* London 1983.

G. D. Frolow et al., *Wyschli na Front Katjuschi,* Moskau 1982.

L. O. Gaunitz, *Die Flucht und Vertreibung aus Ostpreußen, Westpreußen, Pommern, Schlesien und Sudetenland. Ein Tatsachenbericht in Bildern, Berichten und Dokumenten,* Bad Nauheim 1987.

413

A. L. Getman, *Tanki idut na Berlin,* Moskau 1982.

D. M. Glantz (Hg.), *1986 Art of War Symposium. From the Vistula to the Oder: Soviet Offensive Operations, October 1944–March 1945,* Carlisle (Penns.) 1986.

ders., *Soviet Military Deception in the Second World War,* London 1989.

ders., *Soviet Military Intelligence in War,* London 1990.

J. Goebbels, *Tagebücher 1945. Die letzten Aufzeichnungen,* hg. von R. Hochhuth, Hamburg 1977.

M. I. Golownin, »Uroki dwuch Operazii«, *WISch* 1/1988.

M. G. Gorb, *Stranu saslonjaja Soboj,* Moskau 1976.

F. Grieger, *Wie Breslau fiel,* Stuttgart 1948.

H. Guderian, *Erinnerungen eines Soldaten,* Heidelberg 1951.

S. R. Gurjewitsch et al., *S Bojami do Elby,* Moskau 1979.

J. P. Harris/F. H. Toase (Hg.), *Armoured Warfare,* London 1990.

Oberst Hartelt, »Battle Report of a Panther Tank Company of Panzer Division ›Hermann Göring‹«, in: Glantz (1986).

H. Hartung, *Schlesien 1944/45. Aufzeichnungen und Tagebücher,* München 1976.

W. Haupt, *Heeresgruppe Mitte 1941–1945,* Dorheim 1968.

ders., *Kurland. Bildchronik der vergessenen Heeresgruppe 1944/45,* Dorheim 1970.

ders., *Das Ende im Osten. Chronik vom Kampf in Ost- und Mitteldeutschland,* Dorheim 1970.

ders., *Die 8. Panzer-Division im Zweiten Weltkrieg,* Friedberg 1987.

W. Heinemann, »The Development of German Armoured Forces 1918–40«, in Harris/Toase, a.a.O.

A. Hillgruber, *Zweierlei Untergang. Die Zerschlagung des Deutschen Reiches und das Ende des europäischen Judentums,* Berlin 1986.

Oberstleutnant Humboldt, »View from OKH«, in: Glantz (1986).

F. Husemann, *Die guten Glaubens waren. Geschichte der SS-Polizei-Division (4. SS-Polizei-Panzer-Grenadier-Division),* Bd. 2: *1943–1945,* Osnabrück 1973.

D. Irving, *Hitler und seine Feldherren,* Frankfurt/M.–Berlin–Wien 1975.

414

ders., *Hitlers War*, London 1977 (gekürzte deutsche Fassung: *Hitlers Krieg. Die Siege 1939-1942*, München–Berlin 1983).

W. Iwanow, »Is Wostotschnoi Prussii - w Wostotschnuju Pomeraniju«, *Wojennyj Westnik* 2/1980.

H. James, *Deutsche Identität 1770-1990*, Frankfurt/M. 1991.

A. Jefimow, »Primenenije Awiazii pri Wedenii Operatsii w wyssokich Tempach i na bolschuju Glubinu«, *WISch* 1/1985.

K. Jonca, *The Destruction of »Breslau«*, Poznań 1961.

I. I. Juschtschuk, *Odinnadzatyj Tankowyj Korpus w Bojach sa Rodinu*, Moskau 1962.

T. E. Kaljadin / A. S. Sawjalow, *Wostotschno-Pomeranskaja Nastupatjelnaja Operazija Sowjetskich Woisk*, Moskau 1960.

N. Kaluzkij, »Boi Strelkowogo Bataljona sa Sachwat i Uderschanije Plazdarma na Wisle«, *WISch* 1/1977.

J. Kaps, *Die Tragödie Schlesiens, 1945/1946*, München 1952/53.

W. W. Karpow, *The Commander*, London 1987.

ders., *Der General und ich*, Berlin 1989.

L. S. Kartaschew, *Ot Podmoskowja do Kenigsberga*, Moskau 1980.

M. E. Katukow, *An der Spitze des Hauptstoßes*, Berlin 1979.

W. Keilig, *Die Generale des Heeres*, Friedberg 1983.

I. Kershaw, *Der NS-Staat. Geschichtsinterpretationen und Kontroversen im Überblick*, Reinbek 1988.

N. Kirejew, »Primenenije Tankowych Armii w Wislo-Oderskoi Operazii«, *WISch* 1/1985.

M. M. Kirjan, *S Sandomirskogo Plazdarma*, Moskau 1960.

ders., *Wojenno-Technitscheskii Progress i Wooruschennyje Sily SSSR*, Moskau 1982.

H. Kissel, *Der deutsche Volkssturm 1944/45. Eine territoriale Miliz im Rahmen der Landesverteidigung*, Berlin–Frankfurt/M. 1962.

N. Kobrin, »Advance Detachment«, *Soviet Military Review* 11/1984.

E. Kolibernow, »Charakternyje Ossobjennosti Inschenjernogo Obespetschenija Woisk Frontow w Wislo-Oderskoi Operazii«, *WISch* 1/1985.

I. S. Konew, *Das Jahr fünfundvierzig*, Berlin ⁵1989.

N. Konitschew, »Organisazija Swjasi pri Podgotowka i w Chode Wislo-Oderskoi Operazii«, *WISch* 1/1985.

W. Konkow, »Tak kowalsja Uspech. Tylowoje Obespetschenije 1-i Gwardeiskoi Taknowoi Armii w Wislo-Oderskoi Operazii«, *Tyl i Snabschenije Sowjetskich Wooruschennych Sil* 2/1983.

M. Korjakow, *I'll Never Go Back,* London 1948.

E. W. Korjander, *Ja »Rubin« prikaschywajy,* Moskau 1978.

I. T. Korownikow, »Udar na Krakow«, *WISch* 1/1975.

L. Koslow, »Nekotoryje Wyprossy Wojennogo Iskusstwa w Wislo-Oderskoi Operazii«, *WISch* 3/1975.

ders., »From the Wistula to the Oder«, *Soviet Military Review* 1/1980.

K. Krainjukow, »Special Weapon«, in: *Soviet Military Review* 9/1979.

Kriegstagebuch des Oberkommandos der Wehrmacht (Wehrmachtführungsstab), hg. von P. E. Schramm, Bd. 4, Frankfurt/M. 1961.

N. I. Krylow / N. I. Alexejew / I. G. Dragan, *Nawstrechu Pobjede. Bojewoi Put 5-i Armii Oktjabr 1941 g.-Awgust 1945 g.,* Moskau 1970.

F. Kurowski, *Endkampf um das Reich 1944-1945. Hitlers letzte Bastionen,* Friedberg 1987.

W. Larionow et al., *World War II. Decisive Battles of the Soviet Army,* Moskau 1984.

O. Lasch, *So fiel Königsberg. Kampf und Untergang von Ostpreußens Hauptstadt,* München 1958.

D. D. Leljuschenko, *Moskwa – Stalingrad – Berlin – Praga. Sapiski Komandorma,* Moskau 1970.

Brigadegeneral Liebeskind, »Operations of the 21st Panzer Division in the Kuestrin Area and between the Oder and Neisse Rivers«, »The Soviet Soldier in World War II«, in: Glantz (1986).

Oberst Liebisch, »17th Panzer Division Operations to 27 January 1945«, »Second Phase of 17th Panzer Division Retrograde Operations East of the Oder River«, in: Glantz (1986).

F. J. Lissizyn, *W te grosnyje Gody,* Moskau 1978.

C. v. Lucke, *Die Geschichte des Panzer-Regiments 2,* Kleve 1963.

H. Magenheimer, *Abwehrschlacht an der Weichsel 1945. Vorbereitung, Ablauf, Erfahrungen,* Freiburg 1976.

416

ders., »Das Kriegende 1945 in Europa«, *Österreichische Militärische Zeitschrift* 3/1985.

A. P. Maryschew, »Proryw Oborony Protiwnika«, *WISch* 3/1988.

W. Mazulenko, »Operatiwnaja Maskirowka Woisk w Wislo-Oderskoi Operazii«, *WISch* 1/1975.

E. Middeldorf, »Die Abwehrschlacht am Weichselbrückenkopf Baranow«, *Wehrwissenschaftliche Rundschau* 4/1953.

S. W. Mitcham, *Hitler's Field Marshals and Their Battles*, London 1988.

E. Murawski, *Die Eroberung Pommerns durch die Rote Armee*, Boppard 1969.

H. Neidhardt, *Mit Tanne und Eichenlaub. Kriegschronik der 100. Jäger-Division vormals 100. leichte Infanterie-Division*, Graz–Stuttgart 1981.

N. G. Nersesjan, *Fastowskaja Gwardeiskaja*, Moskau 1964.

Oberst Nes, »German Intelligence Appreciation«, in: Glantz (1986).

W. v. Oven, *Finale furioso. Mit Goebbels bis zum Ende*, Tübingen 1974.

F. D. Pankow, *Ognennyje Rubeschi. Bojewoi Put »50-i Armii w Welikoi Otjetschestwennoi Woine«*, Moskau 1984.

W. Paul, *Der Endkampf um Deutschland 1945*, Esslingen 1976.

A. D. v. Plato, *Die Geschichte der 5. Panzerdivision 1938–1945*, Regensburg 1978.

M. Poluschkin, »Dostischenije Neprerywnosti Nastuplenija Obschtschewoiskowych Army«, *WISch* 1/1977.

A. I. Radsijewskij, *Tankowoi Udar*, Moskau 1977.

ders., Proryw, Moskau 1979.

K. Rokossowskij, *Soldatenpflicht. Erinnerungen eines Frontbefehlshabers*, Berlin ⁴1986.

G. Roos, »Die Problematik ständiger Befestigung im Licht der Erfahrungen des II. Weltkrieges«, *Wehrwissenschaftliche Rundschau* X/1953.

H.-U. Rudel, *Mein Kriegstagebuch. Aufzeichnungen eines Stukafliegers*, Wiesbaden/München 1983.

S. Rudenko, »K 40-letiju Wislo-Oderskoi Operazii«, *WISch* 1/1985.

C. Ryan, *Der letzte Kampf*, München–Zürich 1966.

G. Sajer, *Denn dieser Tage Qual war groß. Bericht eines vergessenen Soldaten*, Wien–München–Zürich 1969.

I. A. Samtschuk, *Trinadzataja Gwardejskaja. Bojewoj Put 13 Gwardejskoj Poltawskoj . . . strelkowoj Divisii*, Moskau 1971.

W. M. Schatilow, *Snamja nad Rejchstagom*, Moskau 1970.

H. Schäufler, *Der Weg war weit . . . Panzer zwischen Weichsel und Wolga*, Neckargemünd 1973.

ders., *1945 – Panzer an der Weichsel. Soldaten der letzten Stunde*, Stuttgart [4]1991.

R. Schieder (Hg.), *Dokumentation der Vertreibung der Deutschen aus Ost-Mitteleuropa*, 5 Bde., Wolfenbüttel 1953–1961.

P. A. Schilin, *Istorija wojennogo Iskusstwa*, Moskau 1986.

S. M. Schtemenko, *Im Generalstab*, Bd. 1, Berlin [6]1985.

B. Schtscherbakow, »Materialnoje Obespetschenije 4-i Tankowoi Armii w Wislo-Oderskoi Operazii«, *WISch* 6/1979.

G. K. Schukow, *Erinnerungen und Gedanken*, Stuttgart 1969.

I. Schulze-Bidlingmaier, *Entstehung und Räumung der Ostseebrückenköpfe 1945*, Neckargemünd 1962.

A. Seaton, *Der russisch-deutsche Krieg 1941–1945*, Frankfurt/M. 1973.

G. G. Semjonow, *Nastupajet Udarnaja*, Moskau 1970.

D. I. Skorobogatow, *Odnopoltschane*, Moskau 1976.

E. Smirnow, »Deistwija 47 Gw. TBR w Peredowom Otrjade Tankowogo Korpussa«, *WISch* 1/1978.

A. Speer, *Erinnerungen*, Frankfurt/M.–Berlin [8]1970.

W. Syropjatow, »Nekotoryje Woprosy Tankotechnitscheskowo Obespetschenija w Wislo-Oderskoi Operazii«, *WISch* 1/1985.

M. Tarassuk, »Views of a Red Army Soldier«, in: Glantz (1986).

K. Telegin, »Wojennyj Sowjet 1-go Belorusskogo Fronta w Wislo-Oderskoj Operatsii«, *WISch* 1/1977.

J. Thorwald (d. i. H. Bongartz), *Es begann an der Weichsel*, Stuttgart 1950 (zit. 8. Auflage, o. J.).

ders., *Das Ende an der Elbe*, Stuttgart [6]1958.

K. v. Tippelskirch, *Geschichte des zweiten Weltkriegs*, Bonn 1975.

W. I. Tschuikow, *Das Ende des Dritten Reiches*, München 1966.

ders., *The End of the Third Reich*, Moskau 1978.

418

W. Werthen, *Geschichte der 16. Panzerdivision 1939-1945,* Bad Nauheim 1958.

D. A. Wolkogonow, *Triumph und Tragödie: politisches Porträt des J. W. Stalin,* Düsseldorf 1989.

F. I. Wyssozkij, *Gwardeiskaja Tankowaja,* Moskau 1974.

E. F. Ziemke, *Stalingrad to Berlin. The German Defeat in the East,* Washington, D. C., 1984.

PERSONENREGISTER

Ahlfen, Hans von 115, 145, 153–155, 163, 166, 280, 283–286, 288, 292, 300, 336, 398, 401, 408
Antonow, Alexej I. 27, 135, 138
Antonow, W. S., Oberst 34f., 48f., 92–94, 133, 202, 321, 353f.

Babadschanjan, Amazasp Ch. 49f., 130f., 199, 211f., 245, 317, 354, 399
Bagramjan, Iwan Ch. 226, 230, 234f., 240, 379, 389
Ballauf, SS-Brigadeführer 202
Bamm, P. 305, 309
Banit, Major 250
Baumann, Major 177
Beck, Ludwig 52
Beloborodow, A. P. 179, 242, 310, 380
Benz, W. 329
Bersarin, Nikolaj J. 35, 90f., 354, 360
Betzel, Clemens 251, 253
Bix, Oberfeldwebel 386f.
Blomberg, Werner von 52
Bock, Fedor von 88
Bokow, F. J. 90, 127, 132, 142, 356, 361, 366
Bonin, Bogislaw von 125
Borgelt, Unteroffizier 220
Bormann, Martin, 58f., 283
Borodin, Stabschef 125f.
Bracht, Fritz 58
Brauchitsch, Walther von 52
Broszat, M. 311
Bruchmüller, Oberst 359
Brühl, Graf von 9
Budjonny, Semjon 30
Burchardi, Theodor 315

Burckhardt, C. J. 246
Busse, Theodor 198, 265, 269, 271

Carlyle, Thomas 317
Chetagurow, G. J., General 270, 317
Christern, Oberst 305
Churchill, Winston Spencer 20, 29, 42, 138, 146, 310
Clausewitz, Carl von 16, 73
Condne, Brigadegeneral 71
Creveld, M. van 70

Danilow, F. W. 359
Decker, Generalleutnant 205
Delwa, W. A. 273
Dick, Charles 9, 47
Dieckert, Kurt 182, 184, 186, 191, 195, 228, 236, 241, 246, 303, 353
Dietrich, Sepp 73
Dirning, Helmut 322
Djatschenko, Hauptmann 193f.
Dönitz, Karl 324f., 408
Dolbanossow, Oberstleutnant 125f.
Dragan, I. G. 310

Ehrenburg, Ilja 299
Eisenhower, Dwight David 321
Eismann, Hans Georg 200, 267
Elisabeth, russische Zarin 309
Erickson, John 113, 325

Ferche, katholischer Weihbischof 289
Fiedler, Gauleiter 405
Fontane, Theodor 264
Forster, Albert 246, 250, 311
Frank, Hans 58f., 296

421